PUBLIC POLICY

公共政策

公共政策系列

林水波 張世賢◆著

序

社會愈進步，問題亦愈多；公共政策的制訂多未能及時配合問題解決的需要；而有關之知識更未能及時迎合政策制訂的需要。由是，需要激發思考及行動。在美國，每年出版有關公共政策的書籍及論文何止千數，且每每推陳出新，頗多創意，並對現實問題有所助益。

反觀國內，公共政策研究則只是起步。作者鑒於國內公共政策教科書不多，而學生極為殷切期望，乃於民國69年3月開始著述，於70年9月完成。本書凡七章，依政策過程階段安排章節，除導論、結論外，分別為政策問題之認定、政策規劃、政策合法化、政策執行、政策評估。本書第二章「政策問題之認定」乃綜合增刪張子俊之碩士論文、林水波「政策問題之認定」一文而成。第三章「政策規劃」由張世賢執筆，餘由林水波執筆；並附以姜言斌與林水波合著之「當前晚國人口政策」，以及張世賢之「選舉公共問題之解決」。

作者懷著為本國人寫書的宗旨，不論在架構的建立、資料的取捨，抑或遣詞用字，均力求符乎國情，冀能為學術紮根，並得裨補時用。然仍有諸端困難：（一）資料太多，一一遍覽，精力與時間均不及；雖加取捨，亦有顧此失彼之嫌。（二）思想觀念進步太快，雖緊追不捨，符合時代潮流，而出版時，若干論點又已過時。（三）中西國情互異，表達困難，要找適當實例連結理論，恰到好處，以貫通古今，旁及中外，實不易得。所幸，心誠則靈，雖不中，亦不遠矣。敬祈雅博君子不吝指教。

最後，感謝何華勳先生有關人口政策之論點，以及美國賓大蕭全政先生所提供之最新資料。

林水波
張世賢 謹識

民國71年2月

再版序

「公共政策」一書自民國71年3月出版迄今，已歷經兩年餘，這期間社會環境有所變動，有關政策與法令亦有修正，而公共政策這門新興的研究領域更有了突飛猛進的成長與發展，尤其在政策規劃及政策評估的探討上，不斷地精緻及向前邁進。茲值初版售罄之際，乃針對這種情勢的演展，將其內容加以斟酌、修正與補充，其重點有六：

一、強化政策規劃的內容：政策規劃往往須有妥適的政策論據爲基礎。蓋有關決策當局針對環境的變遷，無論是主張制定新的政策，採取新的活動，持續維持現行的政策，抑或採取以靜制動的不作爲行爲，均應有充足的論據，用以爭取一般人民對政策的支持，排除具有競爭力的不同政策方案。本書第三章就增加一節來探究政策論據的模式，檢視政策論據在轉化政策相關資訊時，其各項論據結構的形式及所扮演的角色。

二、詳細舖陳德菲預測法：德菲預測法原是爲軍事策略問題的預測而設計，後來逐漸擴及各方面的政策領域上。處今科學的預測尚待發展之際，其地位已日趨重要，有必要加以進一步詳細地指陳，以爲普及應用而輝煌預測的準確性、規劃的有效性。

三、充實政策評估研究的課題：政策評估本爲政策變遷的基石。蓋當今瞬息萬變的時代，有關決策當局，唯有適時適地謀擬對策，因應環境的變遷，以化解其所面對的問題。不過，如何因應環境的變化，適時謀擬對應之策，則有賴於政策評估。茲爲了確實達到政策評估的目的，一方面要針對不同的政策評估類型，選定妥當的評估標準；更要深究評估時究竟可能衍生哪些問題，而影響到評估的可行性或精確性；三要剖析在面對一些評估的問題時，有無良策加以克服與化解。凡此均在附錄二中一一加以論述，並指出政策評估的典型特性及其將來發展的展望。

四、調整內容編排的結構：初版將本書的分析架構置於第二章「政策問題之認定」的第一節，顯屬不甚妥當。再版乃將其移置第一章第六節，使其更符合體例，而有一氣呵成之勢。

五、訂正原引用現已修改的法令：司法院大法官會議釋字第一七五號解釋令，肯定了司法院就其所掌有關司法機關之組織及司法權行使之事項，得向立法院提出法律案；大學規程有關大學生成績優異得提前畢業的標準，於73年4月19日修正；行政機關法制作業應注意事項亦於73年4月2日修正，因之凡初版援引之處，均配合上述之修正情形予以訂正。

六、改正錯誤遺漏之字：初版由於出書匆促，校對並不甚周到，尚有錯誤之字存在，實爲一大憾事，再版時則加以檢出補正，俾以提高本書的品質。

前述一、二兩點的修正補充由張世賢負責；三、四、五點由林水波爲之；六點則由兩人共同爲之。惟遺誤疏漏之處，恐仍有之，尚祈學林方家不吝珠玉，惠賜匡正，則不勝感激之至。

林水波
張世賢 謹識

民國73年8月

四版序

「公共政策」一書自出版迄今，已歷經二十四年之久，這期間台灣出現政治、經濟、社會與文化的巨幅變遷，尤其在民國89年首度發生政黨輪替執政的政治不連續現象，進而帶動一些明顯的變革，演化出值得關注的議題。再者，又因嶄新學子的加入，有志於對這一專業的鑽研，對之提供相對上較爲周延的文本，以及較能反映台灣系絡的作品，乃成爲我們的責任。於是，在投入一段的時間成本及進行必要的更新後，才以今天這樣的樣貌呈現給各界關懷的朋友。

至於新版的主要重點可歸納如下：

一、強化每章的結論：結論本應總結各章核心的內容，引領讀者神入，進而於適當時境加以發揮，並帶出多元不同而可資深化的研究議題。基於對結論有了這樣的體悟，乃趁這次改版之際，盡量予以強化，俾能貼近這樣的自我期許。

二、更新政策合法化：政策合法化過程的滿足，在形式要件上，每要對應最新的規定，並依程序、依內容加以符應，才能完備合法化的要求。而立法院在回歸民主國家的國會地位後，爲杜絕黨際之間的立法爭議，爲促進立法的品質及效率，而於民國88年1月12日修正或制定五大法案，用以因應政黨政治新形勢之所需。因之，有關政策合法化這個部分，就順應相關的新規定予以更新，而且提供至爲清晰的程序及要件圖，俾能引領學子領會嶄新政策合法化的堂奧，激勵他或她加入這個領域的耕耘，並期待立法院徹底因應這些新規定的產出，從中鞏固立法院的正面形象。

三、填補變遷的罅隙：政策變遷是政策過程另一個循環的開始，更是最近密集成爲政策研究者的關注焦點，設定探討的議題。因此，本書乃由政策變遷的政治動力、標竿原則及調適做法等三個向度，深入剖析及鑽研，用以彌補國內這方面的短缺，並至祈以政策作爲研究的志業者，因其新鮮度、迫切度及前瞻性而加入開拓研究的行列。

四、提出設計的新題：「公共政策」原書的結論，以台灣人口政策的個案作爲本論的對照，藉以闡明各個過程的實際應用，強化讀者進行個案分析的能力。而今，人口結構的演化已分向少子化、高齡化及多元化發展，是以在人口邁向緊縮的時代，如何自人口擴張的思維架構，轉型到人口緊縮的思維視框，而完備人口政策的對應部署及設計，用以減輕人口結構對多元不同政策領域的衝擊，進而事先構思未雨綢繆的因應。同時，至盼有志者加入人口政策變遷的探討、事態發展的模擬，以及對應之策的設計及評估。

五、適當文字的調整：原書的文字，姑不論有所闕如，有所謬誤，甚或出現多餘的贅字，趁此新版之際，均一一加以改正，以解讀者之疑惑，提升內容的品質。

這樣的對應調整或順時更新，所奉行的宗旨在於：提供一本內容廣博豐富的文本，備妥對應政經系絡演展的讀物，優質可讀的領域題材，及引發後學持續耕耘的興趣作品。唯距離這項旨趣之期許，恐仍有待後續的努力與投入，尚祈學林方家不吝鼓舞及催促，進而以永續發展的方式，邁向那項宏遠深具未來性的旨趣。

林水波
張世賢 謹識

民國95年9月

目次

{第一章}

導論

第一節 緒言

最近幾項政府的決策，均遭到社會輿論的批評與詬病，爲了免除不該有的弊端，吾人深以爲政府機關制訂各項政策的過程，已到了迫切需要徹底而通盤地檢討之地步，負責政策制訂者應在觀念上對政策之爲何物有了正確的瞭解，對於各項事關千萬居民禍福的政策制訂，無法再僅以常識判斷與熱情關懷而貿然從事了，政策的科學分析，乃爲當前刻不容緩之事。蓋知識就是力量，實爲自古不變的名言，當今爲政者，在面臨複雜的國際情勢、國內環境之下，應具備有適合時宜的知識，乃非苛刻的要求，而是不可或缺的條件。

近年來由於能源的危機、環境的污染、都市化所造成的社會問題、人口的過度成長、有限資源的濫用，造成羅馬俱樂部的振筆疾呼，評述當前人類的困境以及應有的覺醒[1]，更造成了西方學者熱衷於政策分析的研究，其目的在於希冀解決當前的問題。美國各大學公

---

1 See D. H. Meadows, etal., *The Limits to Growth: A Report for the Club of Rome's Project on the Predicament of Mankind* (N. Y.: The New American Library, Inc., 1974); M. Mesarovic & E. Pestel, *Mankind at the Turning Point* (N. Y.: The New American Library, Inc., 1972); E. Goldsmith etal., *Blueprint for Survial* (N. Y.: The New American Library, 1972).

共行政系所與政治系所均或多或少地著重於這一方面的探討，有的甚至於以一篇論文作爲獲取碩士學位或攻讀博士學位的基本條件，這種性質的論文要求：發現某一項社會問題；探討該問題產生的背景與發展的情形；提出解決問題的各種方案；根據成本——效益的分析方法，評價各項方案對社會可能產生的償付，並在數個方案中，選擇獲純益最多的方案，以作爲政策的定案；而爲了推行已決定的方案，政府機關應採行何項因應措施與之配合，諸如：通過立法、成立專司機構、編列預算、徵募人才、教育與溝通等等。經過各大學幾年來的鼓吹與努力，已獲得可觀的成果，爲美國政府提供制訂政策的指針。

多少年來，政治學與公共行政學，正如其他科學，也發展了許多概念、模型，以及尙未完整與周密的理論，用以幫助我們瞭解、描述與解釋政治與機關組織的生活。概括言之，政治學上所建立者，其主要的目的有下列五端：

1. 簡化與闡明我們對政府與政治的思維。
2. 確認社會上重要的政治力量。
3. 溝通有關政治生活的知識。
4. 指外從事政治的研究。
5. 提供對於任何政治事件及其結果的解釋[2]。

公共行政學上所發展的概念、模型和理論，亦有下列諸端功用：

1. 促進行政人員確認問題與情境的各種面向。
2. 探討與預測各項事件間的關係。
3. 提供鑽研與評估行動方向方案的指導原則。
4. 建立在任何決策的場合中，隔離訊息的標準[3]。

---

[2] T. R. Dye, *Understanding Public Policy* (Englewood Cliffs, N. J.: Prentice-Hall, Inc., 1975), p. 17.

[3] B. M. Gross, *The Managing of Organization* (N. Y.: Free Press, 1964), p. 17.

本章主要的旨趣在於介紹政策分析常用的八個基本模型，促使國人注意，並依照這八個角度，研討與分析各項政策，然後，對各種模型予以檢討與批評。這八個模型爲：理性決策模型、漸進決策模型、綜合決策模型、機關組織決策模型、團體決策模型、精英決策模型、競爭決策模型與系統決策模型[4]。這些模型，個個提供人們對政策的不同思維方式，進而提出某些公共政策的一般因果；再者，這些模型並不互相拒斥，而且在某種意義上，個個均可被評價爲好的模型。因爲，每種模型適用於不同的決策場合與政策類別，且每種模型亦可提供吾人探索政治生活的不同重點，所以有助於我們瞭解不同的公共政策。誠然，有些政策在乍看之下，需用某種特殊的模型來解釋，但大多數的政策，乃是理性計畫、漸進主義、團體活動、精英偏好、系統力量、競爭與機關組織等等的綜合影響。

不過，在進入本章重要主題的討論之前，須先簡介政治學研究定向或領域的演變、公共政策的界說及政策制訂過程的複雜性、政策分析的不可或缺性，用作本章的基石與背景。蓋有了這些基石與背景，或將有助於我們體認這些模型的全貌。文中決策與政策制訂所指涉的內涵相同，但爲配合修辭，遂不同耳。

第二節　政治研究定向或領域的演變

一、Orientation或Paradigm的內涵

英文“orientation”一詞，自政治學上的行爲主義興起後，一直爲學者所愛用，該字在我國通說，作爲定向或取向之義，不致造成含糊

4 See T. R. Dye, *op. cit.*, P.XI; Y. Dror, “Muddling Trough “Science” or Inertia?”, *Public Administration Review*, V. 24 No.3 (September 1964), p. 155-156; A. Etzioni, "Mixed Scanning: A Third Approach to Decision making”, *Public Administration Review*, V. 27 No.4 (December. 1967), p. 389-392.

不清的現象。定向概念，在任何經驗科學中，均有其不可或缺的地位，它的主要功能在於顯示學者選擇適當的研究範圍，利用合適的研究途徑及研究方法蒐集資料，進行詳盡的分析，而獲致輝煌的研究成果。

自從1962年，名學者*T. S. Kuhn*開始使用"paradigm"一詞後，一時廣爲流傳，學者紛紛採用，而有逐漸取代「定向」一詞的趨勢。本來"paradigm"一詞有原型之義，爲一種已被接受的模式或範例[5]，不過，當其被應用到政治學或行政學的研究時，即指涉另一種內涵。*Kuhn*認爲：科學的演進，必以過去的某些成就爲基礎而進行，每一階段有每一階段爲學者所公認的成就，用爲指引各學科學者選擇研究問題與解決問題的標準，設若這些成就具有下列兩個特性——史無前例地吸引同學科者拋棄其他科學活動、毫無限制地留下新進學者所必要解決的問題——就是所謂的"paradigm"了[6]。蓋一般科學的基本特質，在於各學科擁有普遍一致的基本理論領域或架構，致使各科學者享有共通的理論假設、由共通語言所界定的重要術語與關係。學者若根據某一個領域，可以決定研究的方法、使用的概念，以及研究的題材。然而，時空的更迭、環境的變遷、科學技藝的發展、人類價值觀念的轉變，使得一般科學的研究領域也會隨之演變，此即*Kuhn*所謂的：科學演進的基本條件，始於新研究領域的產生；且新的研究領域，提供學者新的研究眼界、分析的單位，促使各學科的解釋與量度，更富於正確性與可信性[7]。

由於*Kuhn*的解釋比較抽象，故可能使多人不易懂得該字所指涉的內涵，不過我們可從下列兩個角度來強化認識：一爲研究的所

---

5 T. S. Kuhn, *The Structure of Scientific Revolutions* (Chicago: The Univ. of Chicago Press, 1970), p. 23.

6 Ibid., p. 10.

7 Ibid., chs. 3, 5, and 7; See also V. Ostrom, *The Intellectual Crisis in American Public Administration* (University, Alabama: The Univ. of Alabama Press, 1974), p. 13-15.

在（locus），二爲研究的重點（focus）。若以行政學爲例，政府機關的官僚體制（bureaucracy），一度爲其重要的研究所在；而行政的原則也曾爲行政學研究的重點[8]。*N. Henry*乃根據這兩個標準，將行政學的 “paradigm” 之演進，分成五個階段[9]。據上所述，我們乃將 “paradigm” 一詞譯爲研究領域，蓋領者，有要領、要點之義；而域者，有所在、界限之義，兩者均能符合上述的原則。

二、政治學研究領域的演變

政治學的研究定向或研究領域的演變，依*A. C. Isaak*[10]及*T. R. Dye*[11]的看法，主要可分成三個階段：傳統主義時期、行爲主義時期、後行爲主義時期或現代。傳統時期的政治學，其主要的研究所在是國家：研究途徑有歷史、法律與制度；研究重點爲制度結構與政府統治的理論基礎。因之，其所研討的主題有憲政制度，例如聯邦主義、權力分立、司法審查等等；有政府機構的權力與職責，諸如國會、總統、法院；有各級政府間的相互關係；立法、行政與司法機關的組織與運作。換言之，傳統的政治學，主要在於描述形成公共政策的制度，只可惜當時的學者，並未探討種種制度的安排與公共政策之間，所可能有的關聯性與連鎖性。

第二次世界大戰時，由於許多政治學家，擔任戰時重要的決策職位，從實際的經驗中他們發現：既存的國內與國際政治知識，已無法

---

8 N. Henry, Public *Administration and Public Affairs* (Englewood Cliffs, N. J.: Prentice-Hall, Inc., 1975). p. 5.

9 Paradigm 1: The Politics / Administration Dichotomy, 1920-1926; Paradigm 2: The Principles of Administration, 1927-1937; Paradigm 3: Public Administration as Political Science, 1950-1970; Paradigm 4: Public Administration as Administrative Science, 1956-1970; Paradigm 5; Public Administration as Public Administration, 1970-?

10 A. C. Isaak, *Scope and Methods of Political Science* (Homewood, I11.: The Dorsey Press, 1969), p. 31-41.

11 T. R. Dye, *op. cit.*, p. 2-3.

解決或解釋當時所面對的難題。這些人於戰後，乃紛紛探尋新的研究方向，冀求補救以往研究的缺失，因而倡導行爲主義，他們一致認爲：傳統的政治學，不能產生正確而可靠的政治知識；而較可靠的政治知識，尙可經由不同的研究途徑與方法來達成[12]。政治學上的行爲主義，著重於政治舞臺上的演員，其所表現的行爲與歷經的過程之研究，這種研究涉及到下列各項題材：個人或團體行爲的社會與心理基礎；決定投票及其他政治活動的因素；解析利益團體與政黨的功能；描述立法、行政與司法的各種不同過程和行爲。這個研究領域，雖詳盡地描述公共政策制訂的過程，但其並不直接地處理各種過程及行爲與公共政策之間產生的所有任何關聯。

今日或現代的政治學，著重於如何發現問題，提供解決問題的方法之研究，即公共政策的制訂與過程之分析。學者通常致力於描述與解釋政府活動的前因與後果，因之，在這個研究領域裡，學者鑽研的題材有：描述公共政策的內容；評估環境因素，對於公共政策制定的內容之影響；分析各種制度性的安排與政治過程，對於公共政策的影響；調查各項公共政策，對政治系統所產生的後果；依據預期的和非預期的後果，評價公共政策對於社會所產生的正負影響。具體言之，下列幾個問題爲近年來學者所熱衷研究的：

1. 戰爭與經濟不景氣，對於政治活動的消長，有何影響？
2. 國防外交與國內政策孰重？決定孰重的基準又爲何？
3. 核子報復的威脅，能否阻嚇外來的侵略？
4. 公民積極的參與，能否促成福利、衛生、教育政策的加強？
5. 保障最低限度的家庭收入，是否會增減失業率與社會依賴性？
6. 如何防止能源危機、各項污染與暴力犯罪？
7. 糧食的分配與人口成長的問題[13]。

---

[12] A. C. Isaak, *op. cit.*, p. 35.
[13] T. R. Dye, *op. cit.*, p. 3.

第三節　公共政策的界說與決策過程的複雜性

一、公共政策的界說

政策是執行行動的指引，它是一個人、團體或政府在固定的環境中，所擬訂的一個行動計畫。而公共政策一詞的界說，我們可從政治學的學術論著中，發現許多精緻的界定，不過，筆者認爲*T. R. Dye*的界說，中肯且令人易懂，本書內所用的公共政策一詞，乃*T. R. Dye*所指的：政府選擇作爲或不作爲的行爲[14]。蓋從諸多學者的解釋中，我們若仔細加以檢視一下，它們似乎均顯示同樣的內涵，例如，*D. Easton*將公共政策界定爲「整個社會所從事的權威性價值分配」[15]，然而，只有政府才能代表整個社會，從事權威性的行爲，更何況政府選擇作爲或不作爲的行爲，其結果均影響到價值的分配；*H. D. Lasswell*與*A. Kaplan*認爲政策爲一種含有目標、價值與策略的大型計畫[16]，*C. Friedrich*也認爲政策概念的基本要素，在於其必有一個目標、目的或宗旨[17]，這兩個界說說明了特殊的政府行動，不同於爲達成既定目標而採取的行動計畫，不過，他們雖堅持政府行動具有某些目標時，始能稱之爲公共政策，但有時卻不能自圓其說。蓋我們向來無法確知：一種特殊的政府行動，是否含有一個或多個特殊的目標？因之，通常我們雖假定政府在選擇某一項作爲時，含有一個目標、目的或宗旨，但我們所能觀察到的，只是政府選擇作爲或不作爲的行爲而已。事實上，公共政策概念必須包括所有的政府活動，不僅是政府或政府官員已明示目標之行動而已。再者，我們必須承認政府的不作

[14] Ibid., p. 1.

[15] D. Easton, *The Political System* (N. Y.: Knopf, 1953), p. 129.

[16] H. D. Lasswell and A. Kaplan, *Power and Society* (New Haven: Yale Univ. Press, 1970), p. 71.

[17] C. J. Fredrich, *Man and His Government* (N. Y. Mc Graw-Hill Book Co., 1963), p. 70.

爲行爲，也是公共政策的一種，如政府決定不製造原子彈。誠然，政府的不作爲行爲，亦能與政府之作爲行爲相同，對社會產生極大的影響，其理不言而明，由是筆者認爲：公共政策乃政府選擇作爲或不作爲的行爲。

一般而言，政府所能做的事情是有規律性、組織性、分配性或徵收性的。例如：規定衝突的社會生活；組織社會用以從事折衝與其他社會的衝突；分配象徵性的報酬與實際性的物質；徵收各項稅收，以爲提供服務的財源。

從實質的觀點觀之，公共政策可能處理的問題有：國防、外交、教育、福利、警察、公路、稅收、住宅、社會安全、公共衛生、經濟機會、都市發展、通貨膨脹與緊縮、國土安全、人權保障、犯罪預防等等；其所涉獵的範圍，可大如決定不製造原子彈、或者分配天文數字的預算、建立反彈道飛彈系統，小如指定一國的國花或國鳥。

二、決策過程的複雜性

英文 "policymaking" 與 "decisionmaking" 二詞在意義上，並沒有絕對的差異，不過，政策（policies）建立了行動方向，用以指引執行各項作爲所須做的各項決定（decisions）。一般而言，政府制訂了重大的施政計畫；政府官員在其機關內，爲了執行他們所擔任的任務，而做各項決定。

公共政策制訂是一種非常複雜，而且是動態的過程。它通常是由政府擬斷或規劃將來主要行動的指針，而這些指針意欲經由最有可能的途徑來達成公眾所企盼的目標[18]。

公共政策制訂過程，人言言殊，或簡或繁，不過，一般人均認爲：其乃一種非常複雜的過程。美國總統杜魯門就曾說：「沒有

[18] Y. Dror, *Public Policymaking Reexamined* (N. Y.: Chandler Pulishing Co., 1968), p. 12.

一個人能知道，一個總統在重要的決策上，其整個的思考過程及步驟[19]。」這個說法，雖有點過分與危險，但卻顯示了決策過程之複雜性；*C. E. Lindblom* 也曾言及：「政策制訂的主要特徵在於其複雜性與紊亂性[20]。」話雖如此，學者仍從實例的研究中，抽絲剝繭而提出決策所經由的過程，茲舉幾個學者的看法，來證明決策過程複雜的程度。

H. A. Simon 在「管理決定的新科學」一書中指出：任何問題之解決，均可分成下列三個階段，第一階段：情報活動（intelligence activity）——尋求引發做決定的環境因素；第二階段：計畫活動（design activity）——探討、發展和分析可能的行動方案；第三階段：抉擇活動（choice activity）——從諸多可行的行動方案中選擇較佳的一個[21]。

T. C. Sorensen 在鑽研白宮的決策後，發現了一套理論上應有的步驟，這一套步驟共有八個方面：事實的認定；目標的確定；問題的界定；根據可能牽涉的細節及變化，對可能的解決方案做仔細的分析；列舉每一解決方案，所可能產生的後果；推介並抉擇最後方案；抉擇後的溝通；執行上的準備[22]。

R. W. Jones 認為：一個決策者無法避免抉擇何時、如何、是否做決策的問題，以及其所面對的問題，應透過哪些過程而獲致解決，他提出了九個程序：分析情況，用以確知有無問題需要解決；蒐集事實；分析事實與問題間的關係；考慮解決問題的新觀念與新方法；權

[19] To C. Sorensen, *Decision-Making in The White House* (N. Y.: Columbia Univ. Press, 1963), p. 10.

[20] C. E. Lindblom, *The Policy-Making Process* (Englewood Cliffs, N.J.: Prentice-Hall, Inc., 1968), p. 3.

[21] H. A. Simon, *The New Science of Management Decision* (N. Y.: Harper and Row, 1960), p. 2.

[22] T. C. Sorensen, *op. cit.*, p. 18-19.

衡新舊行動方向方案；擇一行動方向方案；根據四個問題，重新評價該行動方案——能否達成目標？能否解決問題？是否可行？副作用如何？做成決策；追蹤考核[23]。

*F. A. Nigro*在「現代行政學」一書上，首先討論時下流行的決策順序：認定問題；蒐集資料；分類與分析；發現解決途徑；列舉方案；評估方案；做成決定；執行；追蹤與回應。隨後他將這九個順序歸納成三個主要的步驟：決策人員必須竭盡所能認知適合的各種行動方案；分析各種方案，若經採用，究竟其可能產生哪些後果；權衡各種可能的行動方案所能產生的利弊，再從這些行動方案中根據抉擇標準擇其較佳的一個而做成決策[24]。

由以上諸學者的看法，我們可以得到一個事實：政策制訂過程的複雜性。一方面其不僅要涉及事實的蒐集與瞭解、價值的分析與判斷，還得顧及將來可能產生的後果、發展的形勢與事態。

第四節　公共政策分析的重要性

一、政策分析與政策主張

政策分析是一種分析型態，功用在於產生與提出資訊，用以改良決策者進行判斷的基礎[25]；政策主張則在於向政府相關職司提出應行的政策，以促成現行政府政策的變更。因之，兩者是有差異的，一方面政策分析之目的在於解釋各種政策的成因與後果，探討政府何以如此作爲，以及政府活動的成果，所以政策分析者需具備分析、想

[23] R. W. Jones, "The Model as a Decision Makers' Dilemma", *Public Administration Review*, V. 24 No. 3, (September 1964), p. 160.

[24] F. A. Nigro, *Modern Public Administration* (N. Y.: Harper & Row, 1966), p. 174.

[25] E. S. Quade, *Analysis for Public Decisions* (N. Y.: American Elsevier Publishing Com., 1975), p. 4.

像與判斷的能力；政策主張由於是向政府提出應行的政策，政策主張者就應具有演說的技巧、說服力、組織力和力行實踐的精神。再者，政策分析鼓勵學者利用有系統的調查研究工具，政府重大決策的缺失問題，因此，政策分析蘊含著一項任務：發展一套科學知識，用以解釋促成公共政策的因素，預測政策設計與規劃的後果，評估政策的何去何從。政策分析是政策主張的先決條件，亦即是開處方、提出主張與落實實踐的前提。總之，政策分析爲人類反應需要的思維，促使社會科學更能與實際社會問題配合。具體言之，政策分析有下列三種特性：

1. 政策分析著重於解釋而不在於開處方。政策分析若有任何政策推薦，其只附屬於描述與解釋之下。蓋任何問題之解決，瞭解爲開處方的先決條件，而瞭解問題之捷徑在於仔細的分析，藉以釐清問題的原委及成因，而不在於爭論或演說。
2. 政策分析乃致力於追求公共政策的前因與後果。這種追求需要應用合乎科學標準的推理，精緻的數量分析技術，或許有助於有效的因果推論之建立。
3. 政策分析致力於發展與檢定關於公共政策因果的一般命運，累積普遍相關的且可靠的研究發見。其目的在於發展可靠的一般公共政策理論，冀能普遍應用到不同的政府機構與政策領域。政策分析者顯然希望發展的，爲不僅適用於某一個決策或個案的解釋而已，且能適用於不同時間和空間的解釋[26]。

二、公共政策分析的理由

公共政策其實並非政治學新近所注意的焦點，蓋在早期政治哲學家的名著中，即已顯示有趣於政府所追求的政策、塑造這些政策的力量、這些政策對社會產生的衝擊之探討。不過，以往政治學所著重

[26] T. R. Dye, *op, cit.*, p. 5-7.

者，從未實際地集中於政策本身，而是熱中於政府的制度和結構，與政策制訂有關的政治行為與過程上。

傳統上，一般人均認為：法律一旦經立法機關通過，權責機關公布，開支大量經費後，法律與開支的目的就已達成。他們假定：國會採用了一項政策且撥付了執行該項政策所需的經費；行政機關組織一項行動計畫，僱用員工，支付必要的開銷，從事為執行該項政策而安排的種種活動，就會造成政策本身所意欲的結果。一般人向來樂觀地以為：政府一旦採用了正確的公共政策，公共政策就能達到以下這些目的：消滅貧窮、清除四害、消除髒亂、結束種族偏見與歧視、確保和平、預防犯罪、更新城市、清潔空氣與水源、兩岸關係平穩等等。然而，目前有許多學者與決策者對於政府的效能漸感不安，尤其美國人民在經驗越戰、貧窮計畫、公共住宅、都市更新、人力訓練、公共補助及其他多方面的公共計畫的教訓之後，認為當前首要之途，乃是仔細評估公共政策的真正影響力。再者，從上述各項經驗中，美國人學習到：美國的問題，不能僅以通過某項法律、投資幾億美元，就可解決所面對的問題。於是社會科學家們，逐漸對許多以社會科學的名義而發展的計畫，所能產生的效度表示懷疑，影響所致，他們紛紛覺醒，而熱中於政策的研究。

今天，無論公私機關的決策者，無不處心積慮地尋求較好的方法，用為：發現與選取公眾有興趣的目標、設計與抉擇達成這些目標的方案、考核所抉擇的方案是否適當地予以執行，這種需要是何等的迫切！然而，我們依然到處可見到無效能的計畫，浪費國帑與不能解決問題的跡象，人民對政府提出的解決方案，表示抱怨與不滿。這種現象之所以產生，關鍵繫於我們尚未充分應用最佳的方法來瞭解與分析問題，發現我們的趨向，或解決我們的問題，這一切的希望完全寄託於充分應用公共政策分析的方法上[27]。

---

[27] E. S. Quade, *op. cit.*, p. Vii.

歸結言之，政治學之所以將其研究領域，自鑽研行爲主義階段轉向到政策分析上，其來有自，並非空穴來風，憑空杜撰，除了上述的基本背景外，尚有幾個重大的原因：

（一）政策研究的目的

*E. J. Meehan*認爲政策研究的目的有四：描述、預測、解釋和價值判斷[28]。*R. W. Johnson*在考慮*Meehan*的四個術語後，將其修正爲：描述、預測、解釋與批評。如此既能合乎政策分析的原旨，也比較傳神。政策分析在描述：政策制訂中，參與者可觀察到的行爲；預測：一種可觀察到的事件模式，或將來可能持續的或然率；解釋：計畫影響變數與計畫環境變數間的關係；批評：可能成爲抉擇的方案，而未爲決策者所考慮到之處[29]。

（二）科學的理由

政策分析可使我們瞭解公共政策的前因與後果，有助於我們瞭解社會問題的知識。公共政策一方面可被視爲一種他變數，由此我們可探求：環境因素與政治系統的特性，對於政策內容之形成，所具有的影響；另一方面它亦可被視爲一種自變數，我們據此可探究：政策對於環境與政治系統的影響。經由這些問題的探討後，大大地增進我們對於環境因素、政治過程與公共政策間的關係之瞭解。總之，這些關係的瞭解，將有助於增進社會科學的廣度、重要性、可信度，以及社會理論的發展。

（三）專業的理由

我們若能瞭解公共政策的前因與後果，就能應用社會科學的知

---

[28] E. J. Meehan, *The Foundations of Political Analysis: Empirical and Normative* (Homewood, I11,: The Dorsey, Press, 1971), ch. 2, 3, 7.

[29] R. W. Johnson, "Research Objectives for Policy Analysis", in K. M. Dolbeare (ed.), *Public Policy Evaluation* (Beverly Hills, Calif: Sage Publications, Inc., 1975). p. 79-80.

識，從事實際問題之解決，蓋事實的知識爲醫治社會病態的先決條件。如果社會上某些最終的價值是可意欲的，那麼哪些政策最能實現這些目的的問題，是一項事實問題，需要科學的研究。換言之，政策研究可以產生專業性的忠告，指示如何達成意欲的目標。

（四）政治的理由

政策分析在於確保國家採用正確的政策，達到正確的目標。政治學家在面臨重大的社會與政治危機時，不能表示沈默、無能或束手無措；相反地，政治學家應負有推進特殊公共政策的道德義務。於是，政治學若排他性的研究制度、政治過程或行爲，是一項不切實際的、枯燥的與不道德的行爲。蓋如此作爲，不能喚起人民注意當前社會所遭遇的重大政策問題。政策研究不僅用以從事科學與專業的目的，而且也用來鼓舞政治討論、增進政治認知的水準、改進公共政策的本質[30]。

第五節　公共政策分析的基本模型

一、模型概說

任何政策分析的核心，在於建立一個清晰、可靠、合理的過程，使其產生關於預計行動後果的資料，這個過程通常利用一個或數個模型來完成。模型實爲政策分析的基礎，雖然政治分析者不能因有了科學的模型，而正確地預測決策的後果，但因模型根據所關注因素的各種假設，得以告訴我們有多少或然率的正確性，由是提供了有益於我們較清楚地瞭解情境的資料。事實上，個人對某一問題的分析，可以被界定爲：利用一個或多個模型，追求解決問題的方案[31]。

[30] T. R. Dye, *op. cit*,. p. 4-5.

[31] E. S. Quade, *op. cit.*, p. 141.

然則，何以學術上通常要以模型分析各種社會問題呢？因爲，實際的世界上，不但所有社會問題的形成因素錯綜複雜，而且任何實際的情況，均蘊含著數不盡的事實，加諸任何可能的行動方向，又是始於一連串的因、果連鎖而成，永不止息。何況，截至目前爲止，由於世界本身內含的複雜性，使得人類的智慧猶未能考慮到任何經驗問題的每個面向，因之，有時決策者爲做成決定以應付環境所需，不得不忽視某些問題的屬性。在這種情況之下，決策者必須從經驗場合中，抽繹出他認爲與他所遭遇的問題，最有關的要素，蓋抽象爲解決任何人類問題的初步與必要過程。決策者從經驗的場合中，選取了重要的因素與變數後，再根據邏輯的推理與演繹，將其加以綜合，此時這些重要的因素與變數，就成了經驗問題的模型了[32]。

模型可說是從眞實世界的某一部分，化約而成的一幅圖象，是一個經驗場合的簡單代表，它具有某些眞實世界的特性，但並非全部；它是一套對眞實世界所做的、相互關聯的臆測；正如所有的圖象一樣，模型較簡單於它所代表的或要解釋的現象[33]。既然模型僅具有眞實世界的一些特性而已，對於同一個問題的探究自然就有不同模型，每個模型從不同的面向來考慮問題。前已言之，公共政策是針對極複雜的社會問題之解決，而且已成爲今日政治學研究的主要領域，各國政府均希望透過學者的研究，提出參考性的解決方案，以爲政府從事作爲或不作爲的指針。因爲，任何一項政策之制訂，歷經經緯萬端，影響深鉅，關係人類禍福與安危，以及未來的命運，所以政治學者紛紛根據自己的學識背景，從各種不同的角度建立政策分析的模型，祈能幫助我們瞭解問題、發現目標與解決問題。

模型的建立，是解決人類問題的基本，分析資料價值的先決條

[32] H. Bierman, JR., etal., *Quantitative Analysis for Business Decisions* (Homewood, I11.: Richard D. Irwin, Inc., 1973), p. 3.

[33] C. A. Lave and J. G. March, *An Introduction to Models in the Social Sciences* (N. Y.: Harger & Row, 1975), p. 13 and p. 19; See also A. C. Isaak, *op, cit.*, p. 143-144.

件，瞭解決策過程的關鍵，發現重要變數的良方。決策者在建立與瞭解某一個問題的過程中，模型提供考慮問題的指涉構架；所以它是一種指南，一種羅盤，不致使研究者迷失方向；再者，它具有啓示性（heuristic）的功能，幫助人類組織思想，顯示我們的知識與實際社會的鴻溝，導引我們如何尋求變數間的關係；學者在累積公共政策的基本知識時，激發學者豐富的想像力與敏銳的洞察力。

不過，我們在應用模型分析公共政策時，千萬不能掉以輕心，要懷著如臨深淵、如履薄冰的態度爲之。一方面我們不得過於重視模型，因一個完美的模型並不意謂其爲眞，模型本來既不眞也不假，只是抽象所探討問題而出的相對而已；另一方面模型也可能過於簡化而縮小一個人透視的角度，而致使他忽視相關的理論面向或省略觀察有關的重大問題，以及未思及但可能產生的例外。總之，模型只是眞實社會的一種類比，而類比不能期望其爲全眞[34]。

二、理性決策模型——政策乃有效目標之達成

公共政策正如組織理論一樣，是一不斷發展成長的研究學科，對政治學、經濟學、社會學、心理學、商業行政學、社會心理學、人類學和公共行政學均對之或多或少地予以討論。蓋政府所制訂的公共政策涉及到上述諸方面，不同的政策需要從不同的角度來研究，公共政策學者乃根據上述八個角度，試圖分析所有的社會現象，而建立了許多模型。本章根據 *T. R. Dye*、*A. Etzioni* 與 *Y. Dror* 的分類和論點，將公共政策分析的基本模型分成八大類：理性決策模型、漸進決策模型、綜合決策模型、機關組織決策模型、團體決策模型、精英決策模型、競爭決策模型與系統決策模型。

理性決策模型受到經濟學、管理科學、政治學、行政學和預算

[34] A. Kaplan, *The Conduct of Inquiry* (Scranton, PA.: Chandler Publishing Co., 1964), p. 258-291; E. S. Quade, *op. cit.*, p. 308-311; R. J. Thierauf and R. C. Klekamp, *Decision Making Through Operation Research* (N. Y.: John Wiley & Sons, Inc., 1975), p. 22-24.

學的重視，尤其在經濟學與管理科學上可以發現許多類的理性決策模型。這個模型，乃泛指決策者依據完整而綜合的資料做成理性的決策，又稱爲「理性——綜合模型」（rational-comprehensive model）。所謂理性（rationality），乃是一種行爲。*R. A. Dahl*和*C. E. Lindblom*認爲：設若一個人追求的目標，在實際的世界中存在的話，則理性的行爲爲擴大目標成就的行爲[35]；或一個人在某一個既定的場合中，爲追求某一個目標，根據可用的資料，選擇達成目標的手段時，這個人是有理性的[36]，如既定的目標不只一個（通常實際的情況是如此），則一個理性的行爲爲擴大純目標成就的行爲[37]。比如，一個人正受饑寒而欲求溫飽，如果在這種情況下，他站在爐火旁邊並享受飲食，這種行爲就是理性的行爲；反之，他如果避爐與絕食就是非理性的行爲了。總之，一般理性的界說，其核心在於應用最佳的手段，達成某一個既定的目標；不過，政治上的理性可以從兩個角度加以概念化：理性的一般行爲用以達成政治目的，或理性的政治行爲導向一般的目的[38]。換言之，吾人認爲一個理性的人應具備下列幾項條件：

1. 當他面對許多方案時，他通常會做一個決定。
2. 他根據他自己的偏好程度，對所面對的所有方案予以優劣的列序，何者優於何者，差於何者，或者彼此均等。
3. 他的偏好等第非一成不變的，乃隨時空而轉移。
4. 他通常從所有可能的方案中，選取偏好等第最高者。
5. 當他面對相同的方案時，他通常做相同的決定[39]。

---

[35] R. A. Dahl and C. E. Lindblom, *Politics, Economics, and Welfare* (N. Y.: Harper & Brothers, 1953), p. 38.

[36] A. C. Isaak, *op. cit*., p. 188.

[37] R. A. Dahl and C. E. Lindblom, *op. cit*., p. 38.

[38] A. C. Isaak, *op. cit*., p. 188-89..

[39] A. Downs, *An Economic Theory of Democracy* (N. Y.: Harper & Brothers, 1957), p. 6.

這種理性的觀念應用到公共政策的制訂上來，論者也要求政府的決策必須是理性的，其因在於決策的過程，幾乎均涉及到稀少資源的分配。*J. Carlson*特別強調：由於政府可資應用的資源有限，而人民對於政府施政的要求又無窮；法律、道德義務與過去決策者所做的承諾，只有少部分的預算得以控制；預算過程必須確保公款的有效分配，以及經濟地達成國民優先的偏好與目的，使得政府亟需做成理性的決策了[40]。因之，理性決策不僅是高度可欲的，也是必須的，這種決策過程可以確保政府服務以最大效率達到最佳分配。

理性決策模型主張：爲了選取一個理性的決策，政府的決策者必須具備下列條件：

1. 知道所有的社會價值偏好及其相對的比重。
2. 知道所有可能存在的政策方案。
3. 知道每一政策方案所能產生的後果。
4. 估計每一政策方案所要承擔的社會效益及成本比例。
5. 選擇最經濟有效的政策方案[41]。

歸結言之，在這個模型中的理性，乃意謂著整個社會的價值偏好是可以被知曉與權衡的，若只知曉與權衡某些團體的價值，而對其餘團體的價值，無法確知與權衡，那是不夠的。理性的決策需要有關政策方案的詳盡資訊、正確預測各種政策方案之後果的預測能力、準確估計成果與效益的比例。此外，理性的決策需要建立一種決策體系，在政策做成過程中促成理性。理性決策模型所提出的幾個決策階段，如圖1-1。

---

[40] J. Carlson, "The Status and Next Steps for Planning, Programming, and Budgeting", in J. Carlson (ed.), *The Analysis and Evaluation of Public Expenditures*, *PPB System* (Washington, D. C.: U. S. Government Printing Office, 1969), p. 613-47.

[41] T. R. Dye, *op. cit.*, p. 27.

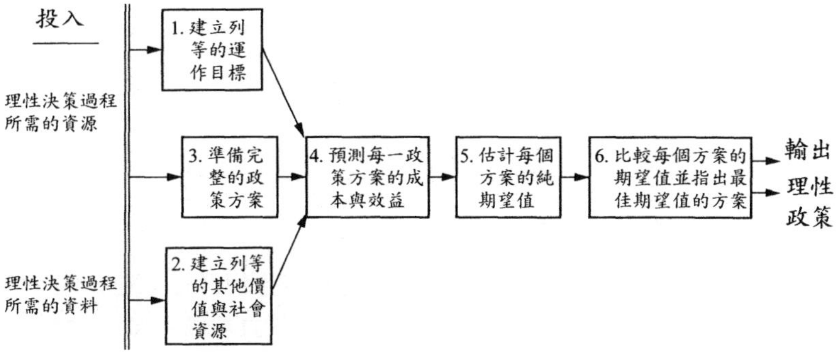

圖1-1　理性決策模型

理性決策模型向來受到許多學者[42]的挑戰性批評，他們指出理性決策模型所需的基本要件本有所限制，而且對這些要件所能達到的程度表示懷疑；換言之，他們認爲這個模型存在著不少的障礙與錯誤。事實上，正因它有如此之多的障礙，所以理性決策法甚少在政府決策中發生，然而，這個模型在分析的目的上，仍有其重要的地位，因它能裨益於指出理性的障礙所在，提出何以決策不能更理性的問題；它是一種崇高的理想，希望將來政府的決策能逐漸達到這個理想，制訂滿足人民需求的政策。至於這個模型面對了哪些難題呢？歸結各家的批評，有下列幾點：

1. 社會上並沒有經常一致的價值存在，可能只有特殊團體與個人的價值，況且許多價值彼此間是衝突的。
2. 這許多相互衝突的價值並不能比較或權衡，例如，我們無法比較個人尊嚴價值與增加稅收價值，究竟何者爲重。
3. 決策者的環境，尤其是權力與影響體系，致使決策者無法觀察或正

[42] See R. A. Dahl & C. E. Lindblom, *op. cit.*, p. 59-64; C. E. Lindblom, "The Science of Muddling Through", *Public Administration Review*, V. 19 No.2(Spring 1959), p. 79-88; D. Braybrooke & C. E. Lindblom, *A Strategy of Decision* (N. Y.: The Free Press, 1963); A. Etzioni, *op. cit.*; A. Downs, *Inside Bureaucracy* (Boston: Little, Brown and Co., 1967), p. 75; C. E. Lutrin and A. K. Settle, *American Public Administration: Concepts & Cases* (Palo Alto, Calif.: Mayfield Pubishing Co., 1976), p. 95.

確權衡許多社會價值。

4. 決策者的動機往往難於捉摸。
5. 決策者有時並未積極擴大純目標的成就，只是期望滿足進步的要求；他們一旦找到一可行的方案，就不再繼續尋找最佳的途徑了。
6. 最初適於決策者所面對問題的資料有限；有關特殊問題的額外資料，雖可得到，但成本太高；許多問題的重要面向，尤其是有關將來的事件，所涉及的資料，往往無法獲取，因之許多決策只有在不可避免的未知狀態下做成。
7. 對現行施政計畫的投資（沈澱成本），阻止決策者重新考慮其他的政策或方案的機會。
8. 不但社會與行為科學的預測力，不足於幫助決策者瞭解每一政策方案所可能產生的影響，自然與生物科學也是如此。
9. 現今雖普遍應用電腦來分析各項資料，然而決策者的智慧猶不足以在大多數不同的政治、社會、經濟與文化價值夾雜其中的環境裡，正確估計成本與效益。
10. 決策者因個人的能力、需要、限制與不足，妨礙其更理性地進行決策。
11. 決策者無法確知各種不同決策方案的後果，因之決策者寧願蕭規曹隨，以免除不必要的麻煩與非預期的後果。
12. 政策制訂通常牽涉到每一機關的各個部門，以致協調不易，遂引進專家來做決定。不過專家有時只見樹而不見林，只瞭解其本行而不及其他面向，所以難做成完整的政策。

為瞭解決上述諸多障礙與難題 *R. Dahl* 與 *C. E. Lindblom* 在「政治、經濟與福利」一書上，提出許多解決方法[43]，其中以漸進主義（incrementalism），最為切題，茲就這個模型加以檢討如下。

43 R. A. Dahl and C. E. Lindblom, *op. cit*., p. 65-87.

三、漸進決策模型——政策只是針對過去的修正而已

漸進決策模型是由名經濟家及傑出的政府實務家*C. E. Lindblom*對理性決策模型做了挑戰性的批評後，所提出的解決方法，最初的名稱爲漸進主義（incrementalism）[44]，演變成邊際調適科學（science of muddling through）[45]，後又修改成斷續的漸進主義（disjointed incrementalism）[46]，不過，名稱雖異，而所指的內涵則一。他認爲：政策的做成乃根據過去的經驗，經由漸進變遷的過程，而獲致共同一致的決定。換言之，漸進主義乃是一種社會行動的方法，以現行的政策爲一基本方案，與其他的新方案相互比較後，做成哪些現行政策應修改、或應增加哪些新政策的決策。這裡所謂其他的方案，包括對現行政策所做的小規模或大規模的調適，或者兩者綜合進行，其主要關鍵完全繫於環境如何而定[47]。

因之，漸進決策模型認爲公共政策爲過去政府活動的持續，只是做了某些針對環境演變漸進的修改而已。根據*C. E. Lindblom*的看法，決策者並未每年評閱整個現存的和被提議的政策；全盤探討社會的目標；依據成本效益的比例，對於每一政策方案的偏好予以列等；以及基於所有有關的資料做成抉擇。相反地，由於下列各項原因，使得決策者無法檢視所有政策方案的範圍及後果。

（一）基本的原因

當今政府所推行政治爲漸進的政治[48]，漸進的政治具有下列幾個特徵：

1. 政黨與政治領袖對於基本國策的看法是一致的，當他們在競選爭取

---

[44] Ibid., p. 82.

[45] C. E. Lindblom., "The Science of Muddling Through", *op. cit.*, p. 79-88.

[46] D. Braybrooke & C. E. Lindblom, *op. cit.*, ch. 5.

[47] R. A. Dahl & C. E. Lindblom, *op. cit.*, p. 82.

[48] C. E. Lindblom "Policy Analysis", *American Economic Review*, V. 48 (June 1958), p. 300-301.

選票時，僅對每一項政策提出漸進地修改而已，這是民主政治本身生存的條件，也是西方民主體制中，政治生活的特徵。

2. 每一個參與競爭的政黨，每一次只漸進改變自己本身的政策。事實上，這種黨綱的漸進修改，在兩黨與某些多黨制的國家，雖非一成不變的原則，但係正常的現象。
3. 政策制訂乃透過一系列概算的過程而進行的，某個政策之成爲解決某個問題的良方，乃經由不斷地試驗與修正的過程。總之，在解決某一個既定的問題時，政策乃經漸進修改而達到至善的地步。

（二）技術上的原因

漸進決策模型，基本上是保守的，其以現行的計畫、政策與消費爲基礎，而將注意力集中於少數幾個增加的新計畫與政策，和增刪或修正現行計畫而已。一般而言，決策者往往接受已建立計畫的合法性，且默許以往政策之承續，決策者之所以如此，在技術上有下列原因：

1. 決策者並沒有足夠的時間、智慧或經費，用以調查所有的政策方案；再者，決策者雖處於電腦化的新時代裡，但並未具有充分的預測能力，以獲悉每一項政策方案的將來後果；何況，決策者處在那麼多不同的政治、社會、經濟和文化價值交互攸關的情境下，實在無法預估每一項政策方案的成本與效益。
2. 決策者接受以往政策的理由，在於全新或不同的政策後果，處在未知的狀態之下，因之，他們一貫的哲學是：在新計畫的後果不能預測時，固守已知的計畫乃爲上上之策。在這未定的情況下，決策者姑且不論以往的政策或計畫已被證實爲有效否，只好先承續下來了。
3. 現行的計畫可能已投下鉅額的資本（sunk cost），因而排除了任何根本上的變革。這些投資有的是經費、建築物或其他現款的項目；有的是心理性向、行政慣例或組織結構。例如，不計較組織的效用如何，先讓它持續一段時間，再予以檢討，是一種很正常的心理現象。因之，實際的決策情況，並非審慎地考慮全部的政策方案，而只檢討不致造成自然、經濟、組織與行政失調的方案而已。

4. 漸進主義是政治上的權宜之計，通常在政策制訂過程中，爭論中的項目，若只限於增刪預算、或修正現行計畫，決策者較易達成協議；反之，在重大的政策變更之際，引起極大損益的政策決定之時，容易引發決策者間的衝突。既然每年通過的新計畫或政策，會引起嚴重的政治緊張，則過去成功的政策，在未來幾年將會維持下去，除非產生幅度極大的政治改組。由上觀之，漸進主義在化解衝突、維持穩定和維護政治系統上，居於不可或缺的地位[49]。

（三）人性的原因[50]

自決策者的本性上觀，亦可證明他們傾向漸進的政策做成方式。蓋人類從事擴大他們一般價值的活動之機會少，從事滿足特殊需求的行爲之時機多。人可說是現實主義者，他們不常追求唯一的最佳途徑，一旦他們發現一可行的途徑時，可能就會停止追求了。這種追尋最保險之處，乃考慮已熟悉的事物或政策，亦即，政策方案與現行政策相近似者。決策者只在這些熟悉的方案，不能再滿足他們需求時，才會冒險而尋求較根本性的政策改革，這種情勢我們可以從許多的實例中，發現這種決策現象。凡是修正現行計畫得以滿足特殊的需求，研議擴大社會價值所需的政策革新，就會被擱置或緩議。

（四）社會價值的問題

當今的社會，實缺乏一致的社會目標與價值，蓋社會是由各種不同的階層，甚至不同的種族所組織而成；不同的團體，各有不同的目標。因之，在現階段多元的社會環境下，政府爲維持社會的穩定，通

[49] T. R. Dye, *op. cit*., p. 31-33; R. A. Dahl and C. E. Lindblom, *op. cit*., p. 82-84.

[50] T. R. Dye, *op. cit*., p. 33.

常希望保持現行的計畫，較不願意從事全面性的政策改革，因其雖可能促成特殊的社會目標，但相對地也要付出可觀的代價。

從上述漸進主義的界說、產生的背景之探究，再根據*C. E. Lindblom*的論著，我們將這個模型的要件歸納成六個：

1. 決策者不必企圖調查與評估全面的政策方案，其只要著重於那些與現存政策，只具有漸進性的差異者就可以了。
2. 決策者只要考慮到幾個有限的政策方案就行了。
3. 決策者對每個方案，只評估幾個可能產生而重要的後果而已。
4. 決策者所面對的問題，一直在重新的界定。漸進主義斟酌目的——手段與手段——目的之調適，其結果使得問題較易處理。
5. 因之，社會問題並沒有單一的解決方案，而是透過分析與評估的過程，永無休止地對所面對的問題，提出一系列的指正。
6. 漸進決策是一種補救性的，適應於減輕現行與具體的社會瑕疵，但較少著重於將來社會目標之增進[51]。

圖1-2可以說明漸進決策模型，其所指涉的內涵與過程。這個模型簡化了決策者的決策過程，化約了價值問題，縮減了全部決策過程的複雜性，問題之解決，只於邊際的比較，決策者抉擇於邊際，並不全盤考慮每一項計畫或每一方案。好的政策決定於決策者態度一致的

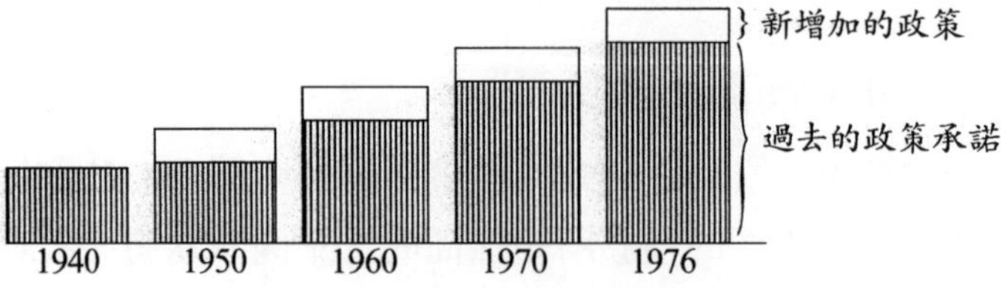

圖1-2　漸進決策模型

[51] C. E. Lindblom, *The Intelligence of Democracy* (N. Y.: The Free Press, 1965), p. 144-148.

程度，壞的政策則忽視了參與者計畫的行動方向之看法。

論者或謂，決策者在決策過程中僅做邊際性的調適，長期下來，政策將不會觸及眞正的社會需要。*C. E. Lindblom* 認爲這個弱點，可由政黨相互調適（partisan mutual adjustment）的方式來彌補。因爲，每一政黨不但對於任何問題的看法，可能並沒有共通的標準，且其所重視的價值也有差異，再者他並不必非要承認任何共同的問題或相互合作不可。何況，漸進主義與政黨相互調適，又可以以下列三個方式達成協議：

1. 決策者在理念上和價值上的差異，不可能阻礙邊際價值的協議。
2. 決策者評估實際的決策情況，可導致決策者依據實際情況的限制，重新考慮價值；這種重新考慮的機會，經常導向決策者在計畫上達成協議。
3. 個人縱然擁有衝突的價值，在決策的過程中，彼此可能互相折衝讓步，經常在政策或計畫上達成協議[52]。

漸進決策模型，誠然較能適應實際的決策情況，對決策者提供了科學支持，加強了他們的實際行爲模式。設若我們將其與理性決策模型相較，漸進決策模型創造了極有價值的貢獻，它比較接近實際的決策情況，模型的架構上比較精緻完美，且更適合於人性。舉例言之，政府年度預算案的做成，最足以說明此模型的特點，因爲，我們知道預算過程在本質上是唯一漸進的，因其乃一步一步的構成。*J. P. Crecine* 實際研究底特律、克利夫蘭與匹茲堡的預算過程後，毅然指出：漸進的預算決策者，每年分配增加的歲入時，並不太重視計畫的價值，而經費的分配首先考慮到薪水，其次設備，再次維護，三者與

[52] R. W. Boss, “Decision Making: Theories and Applications to the Budgetary Process”, in R. T. Golembiewski, etal (eds.), *Public Administration* (Chicago: Rand McNally College Publishing Co., 1976), p. 108-109.

新的計畫有時並無關聯[53]。

然則，漸進決策模型本身亦具有顯著的特點，我們若從 *Y. Dror* 與 *A. Etzioni* 的批評就可得知。*Y. Dror* 根據 *C. E. Lindblom* 的論著，認爲這個模型需具備兩個前提：一爲政策的變更是漸進的；二是決策者在政策上達成協議的程度，爲決定政策品質的標準。這兩個前提，其固有的效度，及其對實際政策制訂所可能產生的影響，有待進一步的檢討。

C. E. Lindblom 主張：決策者在決策上的基本策略爲漸進變遷，這種變遷最安全；人類所擁有的可靠知識，乃是過去經驗的累積；唯一不遭遇風險的變遷之道，乃繼續以往的方向，限制考慮政策的方案，亦即只考慮哪些與現行政策稍微不同的政策方案[54]。因此，如果具下列三個先決條件時，這似乎是一項完整的忠告：

1. 現行政策的成果，大體上能滿足決策者與社會各階層成員的需求，則邊際變遷在政策成果上，方能充分地顯示其業已達到可接受的進展。
2. 決策者所面對的問題，在本質上必須具有高度的持續性。
3. 決策者有效處理問題的方法，也須具有高度的持續性[55]。

因之，設若以往的政策成果，並不令人滿意，衡之常情，人們寧願冒各種危險力持採用新的行動方針。例如，一個新近發展中國家，主政者通常熱切盼望經社快速的成長與發展，在這樣的前提之下，如果主政者猶採用以往的殖民地時代之政策，只是稍加漸進地變更而已，這種決策實無法適應時代的需要；同理，在現代的國家中，由於環境的更迭，價值觀念的轉變，致使以往被接受的政策成果，無法適

[53] J. P. Crecine, "A Simulation of Municipal Budgeting", in A. Wildaskky, *Policy Analysis in Political Science* (Chicago: Markham Pubishing Co., 1970), p. 270-303.

[54] C. E. Lindblom, "The Science of Muddling Through", *op, cit*., p. 84.

[55] Y. Dror, "Muddling Through "Science" or Inertia?", *op. cit*., p. 154.

應時代的需要，斯時決策者就不得不冒一切的危險，制訂嶄新的政策方針，用以配合環境的發展。何況，知識的變遷日新月異，無論在技藝或行爲方面均有今非昔比的可能，迫使決策者非採取新的行動方向，訂定新的政策不可。比如，軍事技藝的革新、醫藥的發達、教育的普及，凡此種種導致決策者面臨了新的環境需求，逐步的修改以往的政策，實非得宜。

總之，漸進決策模型所要具備的三要件，對該模型的效度具有決定性的影響。不過，這三個要件只能盛行於高度承平的時代，因爲，在穩定承平的社會中，人心思定，蕭規曹隨通常是最佳的政策；且在變遷速率緩慢的社會裡，漸進的政策變遷也是合乎理想的。然而，我們須知：縱然在一個高度穩定的社會裡，許多本質上極爲重要的問題，會緊隨著人類慾望的昇華、問題的性質和可行的行動方案之變遷而變遷，決策者實乃迫切需要一個不同於漸進變遷的決策法。

從檢視決策者達成協議的程度，作爲評斷政策質地的標準觀點觀之，我們亦可得到同樣的結論。蓋在穩定承平的社會裡，所有的政黨均或多或少地對某個政策的期望值，擁有清晰的概念，通常達成協議的或然率極高，不致引起大的政治風暴。再者，處在這種情境之下，決策者對於個別具體的政策比抽象的目標，更易達成協議。反之，在極速變遷的社會裡，無知往往會引起政治風暴，斯時，決策者在抽象或運作的目標（如提高國民生活水準、年度純國民所得）上，比具體的政策較易達成協議，其主因繫於沒有共同的經驗背景可作爲獲致政策一致的基礎。*L. Gawthrop* 就曾謂：「社會上一旦發生快速的變遷，諸如人口膨脹、設備利用增加和科學知識發展，漸進過程就無法有效地解決問題[56]。」

歸結言之，漸進決策模型的前提，只具有有限的效度，這個模型

[56] L. Gawthrop, *Administrative Politics and Social Change* (N. Y.: St. Martins' Press, 1971), p. 82-83.

在一個相當穩定承平的社會裡，其效度較高；反之，在極速變遷的社會，漸進變更實不能滿足環境的需求，則效度較低。而這個模型對於實際政策制訂的影響，在理念上加強了維持現狀與反對革新，並不太合乎科學的。

*A. Etzioni*雖然同意*G. E. Lindblom*對理性決策模型的批評，但他認爲：在實際的決策上，基本決定（fundamental decisions）的角色與數目，大於漸進主義者所陳述的，而且當決策者只求漸進的修改以往的政策，因而迷失了基本的決定時，決策者乃陷於漂泊不定、缺乏行動的方向了[57]。

另外，他也提出這個模型所蘊含的重大缺失，蓋社會上有許多問題是不能以黨派調適來克服的，因只根據黨派間的同意所做成的決策，實乃欠缺全體社會所指向的重心與掌舵的趨向，就不能被視爲一個好的決策模型。其所舉述之理由如下：

1. 黨派相互調適所做成的決策，因各黨派均居要職，極可能只是反應有權勢有組織的黨派之利益；反之，沒有權勢與漫無組織者的利益，有時就會被忽視。
2. 漸進主義但求墨守成規，維持現狀，不欲基本的社會革新，推究其因在於：這個模型著重於短期的目標和僅追求過去政策的有限變遷。不過，吾人須知：任何小步驟的累積，均可能導致重大的變遷，然則這種模型並未提出累積的良方。
3. 這個模型不能適用於基本性的決定，有如戰爭，蓋戰爭往往產生劇烈的社會變遷，非漸進決策模型所能應付的。何況，基本的決定，乃構成漸進過程的環境系絡因素，絕對不能忽視[58]。

爲了解決上述漸進決策模型的缺失，*Y. Dror*提出規範最佳決策模

---

[57] A. Etzioni, *op. cit*., p. 388.
[58] Ibid., p. 387-388.

型（normative optimum model for policy making）：*A. Etzioni*提出綜視決策模型（mixed-scanning model），筆者將此兩者統稱爲綜合決策模型，因其爲理性與漸進兩決策模型的綜合。

台灣在2000年政黨輪替執政後，黨際之間一直處在極端對立之下，在重大政策的形成上，無法以黨派調適來克服政治衝突的情勢，就可知本模型的限制。

四、綜合決策模型——政策為理性與漸進過程的綜合

*Y. Dror*認爲：建立完整的、加權的社會價值與資源資料；提出所有可能的解決問題方案；從事每一方案的成本——效益之有效預測，此爲非現行人類的知識與能力所可解決的[59]。換言之，理性決策模型所要求的要件由於太過理想化，在現實世界中本是無法達到的；反之，漸進決策模型雖與實際的決策過程較相近似，但因其只較能適於穩定承平的社會，而當今的時代，卻有瞬息萬變之可能，墨守成規以及稍事變革，有時確實會妨害社會的進步，並令人覺得該模型有閉門造車之感。因之，*Y. Dror*針對前述兩個模型的缺點，提出規範最佳的決策模型。這個模型的基礎，主要有四個假設：

1. 最佳決策爲一種增加理性內容的努力，這種努力可經由更詳盡的目標說明、廣泛地追求新方案、精心設計期望、加諸以明確的政策範圍與決策標準來完成。
2. 這種增加理性的過程，針對複雜的問題，在做成最佳的決策時，扮演一重大的角色。蓋人類由於欠缺完整理性所需的資源與能力，經過這種增加理性的努力後，對於較佳的政策做成實具有積極的貢獻，比如直覺判斷、沈浸於某一情況而獲致問題的全盤印象與創造發明新方案，均是最佳政策做成過程中增加理性的一面。
3. 這種增加理性的過程，可經由許多手段來增強，諸如個案討論、無

[59] Y. Dror, *Public Policymaking Reexamined*, *op. cit.*, p. 133.

限制地自由討論、敏感性訓練（sensitivity training）等等。此外，理性決策可利用投入的增加（如時間與精力等）、決策者知識適格性的提高、設立改進概念分析工具的特殊思維單元等方面來改進。

4. 現代國家中，實際決策傾向於蕭規曹隨、漸進變遷、逐漸調適、維持現狀與常規，此若與政策所面對問題的變遷率，如慾望水準的提高、可行方案的增加、決策過程所需的大量知識相比較，我們認爲當代決策慣例顯然已經落伍，這種現象非但能且有必要改進，用以應付變遷的時代[60]。

根據這些假設，重新調整理性決策模型與漸進決策模型的缺點，就是所謂的規範最佳的決策模型。其具有下列各項特性：

1. 認清某些價值、目的和決策標準。
2. 探討問題的解決方案，加諸積極致力於新方案的研究（如比較性論著之閱讀、實際經驗的操作、可行理論之應用），以促成創造性的新方案。
3. 預先估計各種方案與決策的期望償付，而決定做成最少風險的策略或革新的策略。
4. 決策者首先依據漸進決策模型檢討現行政策，然後再根據可用的知識與直覺，建立一條捷徑，用以考慮政策方案的可能成果，並指出主要的期望值。
5. 測定最佳政策的方法，是不同的分析者經一至四階段的充分而坦誠的討論後，獲致協議。
6. 爲了決定某一個問題是否值得從事廣博性的分析，決策者應進行積極的努力。
7. 理論與經驗、理性與額外理性均是本型所依賴殊深的，至於其如何綜合，完全取決於它們的可行性與問題的本質而定。
8. 爲了改進決策的品質，有必要進行各種具體的安排，諸如自經驗中

[60] Y. Dror, "Muddling Through "Science" or Inertia?" *op. cit.*, p. 155-156.

從事有系統的學習，創造性、啓發性的增減，幕僚作業的發展，學識進修的鼓勵等[61]。

規範最佳決策模型的過程，可分成三個主要階段：(1)決策中（meta-policymaking）；(2)政策做成（policymaking）；與(3)決策後（post-policymaking）。第一階段又可分成七小段：①處理價值問題；②認識現實環境；③認識問題；④調查、處理與發展資源；⑤設計、評價與重新設計決策體系；⑥分配問題處理面向、價值與資源；⑦決定決策策略。第二階段又分成七個小段：①細分資源；②建立配合優先順序的運作目標；③建立一套配合優先順序的其他重大價值；④準備一套主要的政策方案（包括好與壞的）；⑤對各種不同方案的效益與成本進行可靠的預測；⑥在比較預測的成果後，建立各種不同方案所可能得到的效益與所需的成本，並指出最佳的方案；⑦評估最佳方案的效益與成本，並決定其好壞。第三階段有三個小段：①激勵政策的執行；②執行政策；③執行政策後的評估。前述十七小段乃利用複雜的溝通與回應網絡相互連接起來，因之最後一階段爲連繫前述各階段的溝通與回應的通向[62]。

Y. *Dror* 的模型著重於積極努力於新方案的考慮，刺激創造性的革新方案，因之，激勵乃成爲這項努力所面對的難題。因爲這種積極努力的激勵之來源，以及此模型以不同的分析者在政策上達成協議與否，爲檢定政策品質的標準，但同時也遭遇了困難，因爲不同的分析者究何所指呢？不同的分析者如何開始檢討分歧的問題呢？何況，*Y. Dror* 太重視創造力與額外理性的因素，故有人認爲他太過理想，深恐他的模型會爲人所利用，而做成不民主的政策。他雖一再駁斥這種疑慮，但始終並未明示他的偏好所在。誠如 *C. O. Jones* 所言：「*Y. Dror* 希冀儘可能做成好決策，但其意令人難懂。最佳的意思可能是

---

[61] *Ibid.*, p.156.

[62] Y. Dror, *Public Policymaking Reexamined*, *op. cit.*, p. 163-164.

利用理性與額外理性爲手段，使決策做得更好，然而較好到何等程度，達到何種目標，則是未知的[63]。」

A. Etzioni 認爲理性決策模型與漸進決策模型各有所偏：前者太過理想，而致超越決策者的智識與能力的範圍；後者則過於守成，漸進改變有時無法接觸到社會的核心問題。因此，他提出了綜觀（mixed-scanning）決策模型，至於他所企盼的目的：一方面解決理性決策模型所發生的困難；另一方面補救漸進決策模型的缺失。兩種模型互補各自的不足，加強了做成最佳決策的可能性。

綜觀模型乃應用理性決策模型，審視一般性的政策要素；漸進模型著重決策者所認爲必要調查的特殊項目。這樣一來，決策者只調查經選擇的要點，他或她不致受制於細節的診視，而忽略了基本的政策目標。*A. Etzioni* 說：「決策者根據自己對目標的看法，探究主要的方案，而做成基本性的決定，但綜觀模型與理性模型不同，決策者爲了便於縱覽，忽略了各項細節和特殊項目；而漸進的決定在基本而重大決定的系絡中做成[64]。」由是，綜觀模型有助於減縮理性與漸進模型的缺點，漸進模型減少理性模型的不實際面，只檢閱基本而重大決定所需的細節；理性模型用以探討長期方案，有助於克服漸進模型的保守傾向。

我們可以從下列一例中，窺知這個模型的梗概，假定決策者面對一個決策場合：應用氣象衛星圖，建立一全世界氣象觀察的制度。決策者若採用理性模型來分析與解決這個問題，他或她必須應用得以細微觀察的相機，徹底檢視氣候的情況，並儘可能隨時安排檢視整個天空，因之，決策者將會面臨無窮盡的細節問題，耗費昂貴的分析經

---

[63] C. O. Jones, "State and Local Public Policy Analysis: A Review of Progress", in C. O. Jones (ed.), *Political Science and State and Local Government* (Washington D. C.: American Political Science Association, 1973).

[64] A. Etzioni, *op. cit.*, p. 389-390.

費，並可能牽制決策者的行動；反之，漸進決策模型可能只著重於最近的過去，而已發生的類似模式，以及少數臨近區域的情形，卻忽視了應注意的焦點[65]。

綜觀決策模型，指示決策者在面對上述這個決策場合時，應從兩個角度同時進行觀察：一爲利用廣角的相機，企圖檢視天空的每一部分，但不拘泥於細節，甚至不必鑽牛角尖；二爲利用狹角的相機，瞄準第一種相機所顯示出來的資料，需要決策者從事較深度檢驗的區域。如此一來，決策者非但不會發生理性模型的難題，而且也不致於沈溺在不熟悉的問題上，迷失了重大者，有如漸進決策模型所犯的毛病[66]。

自抽象的觀點觀之，綜視模型提供了蒐集資料的特殊程序、資源分配的策略，以及作爲理性與漸進兩模型間關係的指南。這個策略綜合了理性與漸進兩模型，一方面進行理性模型能做的檢視，但並不徹底地檢視決策者所面對的全部面向；另一方面根據漸進模型的要旨，縮減審查的範圍。這兩種檢查所花費的相對投資，全視忽略所可能產生的代價、額外檢查的成本、所需的時間如何而定。進一步言之，資產與時間的消費量，完全視決策者可資應用的量而定，於是，消費量是隨時空而變的，尤其當決策者面對劇烈的環境變遷，或者漸進決策不能改善情況，或帶來更惡化的成果時，檢視的投資就應增加。因之，綜觀模型不僅綜合了不同層次的檢視，而且提供了決定檢視某一層次的情境標準[67]。

L. L. Wade 在「公共政策的要素」一書中，就以綜觀模型來分析社會問題。他應用廣角相機代表了一般的社會監督，大略蒐集了許多資料，以就業水準指數來論，如果在這方面的資料上顯示困惑之處，

---

[65] *Ibid.*, p. 389.
[66] *Ibid.*
[67] *Ibid.*

則狹角相機就用來詳盡檢視這個瓶頸，鎖定經濟或失業者的工作技能等面向。在這樣的情況之下，決策者在詳盡檢視的範圍內，就必能從事完整的行動；而在鼓勵社會革新之同時，又可承認廣博檢視社會之每一面的不切實際性，且維持漸進主義的穩定性與可預測性[68]。據上所述，我們可得知，這個模型具有多種優點：

1. 綜視模型截取理性決策模型之長，而補漸進決策模型之短；反之亦然。它完全視實際的情況而定兩者被重視的權重。
2. 綜視模型可以調適急速變遷的環境，它具有制訂適應特殊環境的政策之彈性。有的情況漸進模型勝任有餘，有的情況則非徹底進行理性的檢視不可。
3. 綜視模型顧慮到決策者的能力問題。一般而言，決策者並不具備同樣的能力，凡是能力愈高者，愈能進行更廣博的檢視層次，一旦檢視愈詳盡，決策的過程就愈有效。

不過，在哪些條件下，應採用綜觀模型，而非理性模型或漸進模型呢？理性模型與漸進模型各應應用到何種程度呢？這兩個問題，*A. Etzioni*並沒有詳盡而清晰的解釋，是其學說缺憾之所在。要解決這兩個問題，決策者除了要有主觀的條件——基本智識的培養、想像力的提高、科學的理論訓練爲基礎外，還要有客觀的條件——實際的決策經驗來磨練，方能運用之妙存乎於心了。

五、機關組織決策模型——政策為機關組織的活動

政府的結構與機關組織，爲政治學研究定向或研究領域發展的開始，蓋傳統政治學就是政府機關組織之研究。這個研究領域認爲：政治活動向來集中於幾個政府特殊的機關組織——行政、立法、司法、與政黨等等；個人和團體的活動，集中於彼等與政府機關組織的往來與關係；公共政策則由政府機關權威性的制訂、執行與推動。

[68] L. L. Wade, *The Elements of Public Policy* (Columbus. Ohio: Merrill, 1972), p. 110.

公共政策與政府機關組織的關係，非常密切，嚴格言之，一個政策須經某些政府機關採納、執行與推展。政府機關賜與公共政策三個顯著的特性：

1.政府賦與政策的合法性：一般而言，政府的政策是有法律義務的，得以命令全體國民遵守的。常人可能認爲政府之外的團體或會社的政策，也極爲重要，甚至有拘束力，然而，這類政策只能拘束其所屬的成員而已，唯有政府的政策才具有廣博的法律義務。

2.政府政策的普遍性：只有政府的政策適用於社會上全體的人民，其他團體或組織的政策，僅能達及其所屬的成員而已。

3.政府壟斷社會的強制力：只有政府能合法地逮捕違背政策的犯人入獄，社會上其他的團體或組織所能加諸其成員的制裁者，通常是有限制的[69]。

總之，政府有能：命令全體公民遵守，執行統治整個社會的政策，壟斷合法力的使用，用以激勵個人與團體，執行其所偏好的政策。

不過，傳統政治學上的機關組織研究途徑，並不太致力研究：政府機關組織與公共政策內容間的連鎖。相反地，這個研究途徑經常描述特殊的政府機關，它們的結構、組織、職責與功能，但並不有系統地調查研究機關組織的特性，及其對政策制訂與執行的影響。蓋憲法與法律規定極爲詳盡，各級政府的組織與職責亦在上述諸法律上做了明確的規定，學者乃根據這些規定進行靜態的描述，公共政策只偶爾被敘及，但極少被分析。至於結構與政策間的連鎖，仍有待學者的檢視。其基本的模型，如圖1-3。

政治學上機關組織的研究，在範圍上雖比較狹隘，但並非一無是

[69] T. R. Dye, *op. cit.*, p. 18.

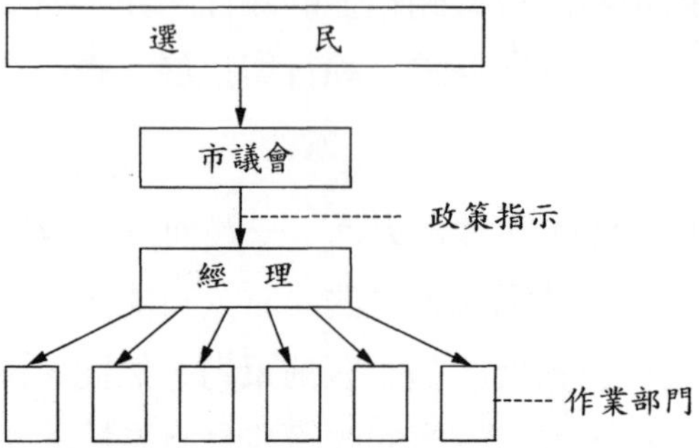

圖1-3 機關組織決策模型：美國市經理制

處，蓋政府機關是由個人與團體的行爲模式所結構而成的，且這些行爲模式大都能持續一段時間，這種穩定的行爲模式，有時就決定了公共政策含涉的內容。何況政府機關成員的更換，可能促成某些政策成果，或阻礙其他政策的做成；它可能有益於社會上某些人的利益，而不益於其他人的利益。誠然，在某一套結構的特性下，個人與團體可能享受到更大的權力。歸結言之，政府機關的結構，對於政策的做成，是可能具有重大的影響。

機關組織研究途徑，可以透過下列方法擴大其研究範圍：研究機關組織與公共政策內容之間的關係；自比較與系統的觀點，調查它們的關係。不過，我們要特別注意，機關安排對於公共政策的影響，是一種經驗的問題，須經過調查研究才能下決定的，經常有些人既未調查結構與政策間的關係就直覺認爲：某一個特殊的機關，其結構一旦更改，就會促成公共政策的變遷，由是，他們跌陷於先驗邏輯的陷井。因之，我們在評估結構對於政策的影響之際，除了要從事經驗的調查之外，不得忽略環境的因素，因爲環境因素若維持不變，機關安排的輕微變動，不致於影響公共政策的全盤內容。

六、團體決策模型——政策為團結間折衝後的均衡

研究政策時，吾人首先要考慮者，爲政府會注意哪些問題？何以

只注意了哪些問題，而忽略了其他？國內的公共問題向來多如過江之鯽，然而並非所有的問題均被列入政府機關的議程，尤其是中央政府的層次，何況問題總在受到政府注意並研討對策予以解決時，人們的特殊需求才能形成。人們如何喚起政府注意他們的問題呢？團體模型可以得到部分的解釋。

蓋人是一種社會的動物，他不能離群而索居，必須營團體生活。所謂團體乃是個人的集合體，其成員具有某種共同的特性，從事最低限度的交互來往[70]。而團體的主要功能在於維持某種合理的均衡，一旦某事威脅到這個均衡，甚至於團體的存在時，自然而然就有對應產生。正如*D. B. Truman*所言：「當團體的均衡受到嚴重地干擾時，各種不同的行爲就隨之而起；如果這個干擾不太大時，團體的領袖就致力於恢復原來的均衡……，這時政府的居中協調爲恢復均衡不可或缺者；如果干擾嚴重到分裂的階段，則其他的行爲就會應運產生[71]。」

團體決策模型的基本命題：團體間的交互影響爲政治活動的中心。一般言之，具有共同利益的個人，均正式地或非正式地結合成某一個團結，以便向政府提出他們的需求，這種利益團體的存在，乃政治生活的主要特徵之一。所謂利益團體，乃具有共同態度的團體，向社會中的其他團體提出主張，目的在於建立、維持與增進共同態度所蘊含的行爲模式[72]；當利益團體向政府任何機關提出這個主張時，它就是政治性的團結了。個人在政治上如要有重要地位，就必須爲代表團體利益的行爲，因之，團體乃成爲個人與政府間的重要橋樑；政治實際上是團體間爭取影響公共政策的行爲。政治系統的主要任務：建立團體競爭的規則、安排妥協與平衡利益、制訂公共政策用以規定妥協的方式、執行妥協以解決團體間的衝突。

---

[70] D. B. Truman, *The Governmental Process* (N. Y.: Alfred A. Knopf, 1971), p. 23-24.

[71] *Ibid.*, p. 30.

[72] *Ibid.*, p. 33.

根據團體模型的論點，任何時期的公共政策，乃是團體競爭後所達成的均衡，這個均衡取決於利益團體的相對影響力，任何利益團體的相對影響力，一旦發生變化，公共政策可能就隨之改變。公共政策轉變的情形如下：傾向於得勢團體所盼望者，而背離失勢團體的欲望。此種現象證之於*E. Latham*對於公共政策所做的描述，其謂：「公共政策為任何既定時間內，團體競爭後所達成的均衡。這個均衡代表著競爭黨派或團體內，費力爭取他們利益後的一種平衡……。立法機關仲裁團體競爭，批准得勢的團體，記載失勢團體讓步的情形[73]。」

團體影響力的大小完全取決於下列諸因素：成員的大小、財富的多寡、組織能力之強弱、領導能力之高低、與決策者的接近或遠離、團體內部的凝結力，以及結盟團體間的協力度等等。

從上觀之，團體決策模型的旨趣，在於依據團體競爭的原則，描述所有有意義的政治活動。決策者經常遭遇利益團體的壓力，每要折衝遵阻不同的要求，達成各方均衡的政策。

美國聯邦教育補助的政策，其做成的情形，為團體決策模型的典型例子。種族與宗教團體對於聯邦教育政策、各社區的教育利益、黑人兒童教育機會等問題上，均有不同的看法，這兩類團體彼此間相互競爭後所達到的均衡，就是公共政策取向的所在了。圖1-4及圖1-5可表示團體模型的梗概。

歸結言之，團體向政府提出威脅到他們福利的問題，促使政府做成必要的決策，幫助他們維持生存。一旦某一個團體在政府中贏得勝利，其他團體立即跟進，如此周而復始，最後由政府做成適應各團體的公共政策，維持各團體的均衡。因之，團體決策模型認為：政策乃

[73] E. Latham, "The Group Basis of Politics", in H. Eulau, etal. (eds.), *Political Behavior* (N. Y.: The Free Press. 1956), p. 239.

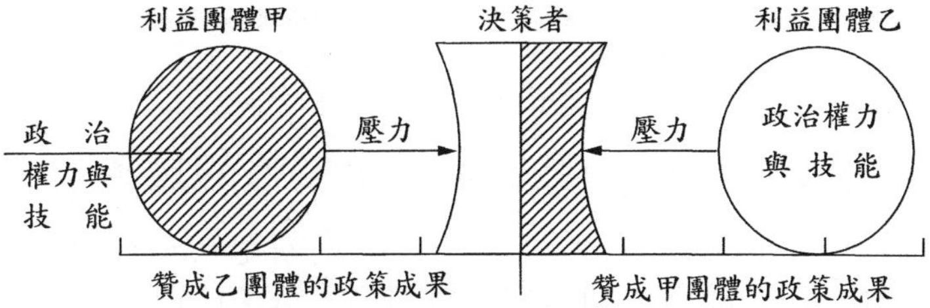

圖1-4　團體決策模型（I）

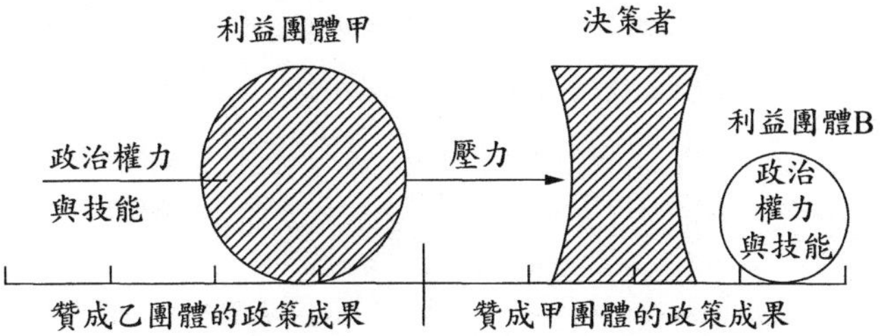

圖1-5　團體決策模型（II）

團體內相互折衝後所導致的均衡。

團體模型的分析，確實有助於政策分析，尤其經過仔細地檢視該模型之後，可以讓我們瞭解問題如何接觸到政府的複雜過程。不過，當我們研究許多特殊的案例之後，我們發現團體模型只是政府接觸問題的一個方式而已。上述我們所討論的團體過程，無法解釋所有的問題，如何被列入政府議程的過程。正如 *D. G. Smith* 所言：「許多人類在政府與政治過程上的活動，團體決策模型無法解釋。例如，重大的事件發生、權利與正當法律程序瀕於危險邊緣、領導產生副作用、政府職能擴大，由是，團體模型甚少解釋政府的常規、重大政策或權利的變遷[74]。」*C. O. Jones* 亦提出幾個政府接觸問題的途徑：政治競選、發生立即引起許多人安危的情況、個人的呼籲、問題已得群眾行

[74] D. G. Smith, "Pragmatism and The Group Theory of Politics", *American Political Science Review*, V. 58 (September 1964), p. 610.

動支持者[75]。由此可知，團體決策模型在先天上亦有其無法突破的瓶頸。

七、精英決策模型——政策為精英偏好的呈現

精英模型（elite model）爲*T. Dye*與*H. Zeigler*在「民主政治的諷刺[76]」一書上，所提出的主張，他們認爲這個模型有幾個基本的特色：

1.精英主義的中心命題：主張精英型者認爲社會是由兩個階級所構成的，一爲少數的治者，二爲多數的被治者。前者執行政治的功能，壟斷權力，享受權力所帶來的利益；後者受前者的指揮與控制。社會由精英而非大眾治理的原因，在於精英是有組織的與目標一致的；而大眾是一盤散沙似的，各有各的目標。

2.精英主義產生的背景，認爲是由於都市化、工業化、技藝發展、現代社會中社會、經濟與政治組織的快速成長。

3.精英主義主張：少數統治者與被統治者間是有區別的，蓋精英較能控制資源——諸如權力、財富、教育、威望、地位、領導技能、訊息、政治過程的知識、溝通能力與組織，他們來自社會的上層階級。

4.精英主義允許社會流動（social mobility），使得原本非精英者有機會晉升爲精英；所以其並不意謂著：來自下層階級的個人，永遠無法晉升到精英階層。

5.精英們享有共識，代表社會系統的基本價值與維持該系統的運行，社會系統的穩定與生存，全賴這個共識，當政策方案符合共識時，方予以慎重考慮。美國精英們的共識爲：私有財產的神聖、有限

---

[75] C. O. Jones, *An Introduction to the Study of Public Policy* (Belmont, Calif.: Wadsworth Publishing Co. Inc., 1970), p. 30-32.

[76] T. R. Dye and L. H Zeigler, The Irony of Democracy (Belmont, Calif.: Wadsworth Publishing Co., Inc., 1975), p. 3-6.

制的政府和個人自由。

6.公共政策反映人民的需求者，少於反映精英的利益與價值者。雖然一般人均主張：公共政策應反映人民的需求，不過，*T. Dye*與*H. Zeigler* 認爲這是一種秘思（myth），並非美國民主政治的實際情形。再者，公共政策的變遷與革新，來自精英們的重新界定其價值。衡諸常情，精英傾向保守，導致政策的變遷爲漸進的，非革命的，公共政策雖經常修正，但不全面更替。不過，精英主義絕無蘊含：公共政策會侵害大眾的福祉，只是主張維護大眾福祉的責任，落在精英而非大眾的肩上而已。

7.精英主義認爲：大多數的大眾是消極的、冷漠的與消息不靈通的、孤陋而寡聞的；大眾的情感經常受到精英的控制與掌握；精英的價值卻不受大眾情感的影響；精英與大眾間的溝通是下行的而非上行的；大眾最多只能對精英的決策行爲具有間接的影響。

8.精英主義並不意謂著：權力階層一直與大眾衝突，或者享權者不惜犧牲公共利益以維護他們的目標，精英主義絕不是壓迫大眾的一種陰謀。

9.精英主義並不認爲：精英份子間絕無衝突或對基本價值表示爭論，精英份子間，絕不競爭的社會，實不可能存在。不過，精英間的競爭僅限於狹隘的範疇，而且精英間相互贊同的事多於彼此爭論者。

10.公共政策爲精英偏好的呈現：精英在政策問題上，塑造大眾輿論多於大眾塑造精英輿論，蓋人民是冷漠的、消極的、孤陋寡聞的。因之，公共政策實際上成爲精英偏好的展現，公務員只執行精英所決定的政策，政策的流程爲精英到大眾。

質言之，精英決策模型認爲公共政策所表現的爲精英的偏好與價值。如圖1-6。

精英決策模型對於公共政策的分析，可以使我們瞭解一部分的社會現象，決策的做成過程，這種情形在知識落後的鄉村，意見領袖所

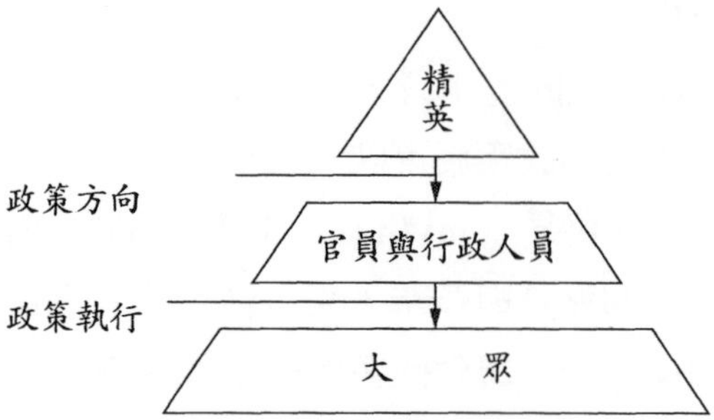

圖1-6　精英決策模型

表現的功能，最爲突出。然而，民主政治的基本前提之一爲爲人民謀福利，亦即由人民提出他們的需求，經由政府做成決策，反映他們的需求而獲得他們的支持，否則政治系統就不會穩定與持續。蓋人如水一樣，能載舟亦能覆舟，我們絕不能忽視人的內在潛力；其次，精英主義認爲大眾是冷漠的、消極的、孤陋寡聞的，吾人實不敢苟同，因當今教育普及、媒介發達、民智大開、大眾已不再是井底之蛙，不知天下大事了，他們隨時可表示意見，提出主張，促請政府注意問題，此已在批評團體決策模型提及；再其次，精英決策模型，對於政策的變遷，採用漸進主義，這種現象在社會穩定時較易達成，而處今瞬息萬變的時代，過於保守恐未能應付時代的要求，此亦其缺失所在。

八、競爭決策模型——政策為競爭情況下的理性抉擇

"Came Theory" 一詞，國內一般均譯成遊戲理論、賽局理論或博奕理論，其實其只是一種模型而已，並未演進到理論的階段，同時筆者認爲競爭模型較能涵蓋其內涵。

在決策的模型中，量化程度與形式化較高者，當推競爭模型了。這個模型用以分析衝突的情況，在這種情況下，兩個或兩個以上的行爲者彼此競爭爭取價值，這些競爭的對手，在相互競爭時，各自推出自己的策略，造成不同的得失。一般而言，決策者應用競爭模型來幫助他或她在一特殊的場合下，建構最佳的策略；政治學者則以其提示

政治行爲者可能的行爲或對於不同的政治決策之解釋。*W. Riker*是建構政治學上競爭模型最傑出的學者[77]。

這一模型具有幾個基本的假定：競爭者（players）可確定；各自擁有各自的策略；每一配對的策略有一數値的成果；在充足的訊息運作下，競爭者持有保守的理性，此亦即假定競爭者或決策者在某一個競爭的場合裡，企圖確保最高平均懼益或最低平均損失[78]。

爲了增進讀者的瞭解，這個模型中有幾個概念必須予以確定：

1.競爭者（player）：可以是個人、團體或政府，只要其具有明確的目標且能爲理性的行爲即可。

2.競爭行爲（game）：決策者參與相互依存的抉擇，每一個競爭者必須調適自己的行爲，使其不但反映自己的欲望與能力，且反映自己對他人可能作爲的期望。

3.償付（pay-off）：指涉每一位競爭者所接受的價値，該價値爲自己的與對手的抉擇之成果。

4.策略（strategy）：爲一種行動計畫。決策者考慮其對手所可能採取的行動後，在一套達成最佳償付的行動中，做成合理的決定。

5.最小中的最大原則（minimax）：理性的策略取決於兩個原則：縮小最大的損失或擴大最低的收益。根據這兩個標準所做成的策略：是一種保守的策略，只用來減少損失與確保最低收益，並不企求最大的收益，而冒最大損失的危險。

競爭模型應用到公共政策的研究，其乃意指：研究兩個或兩個以上的競爭者，在決策的場合中，所做成的理性決定，與決策的成果因決策者的抉擇不同所導致的不同。這個模型通常應用於任何人無法獨

[77] W. Riker, *The Theory of Political Coalitions* (New Haven, Conn.: Yale Univ. Press, 1962).

[78] G. D. Garson, *Handbook of Political Methods* (Boston: Holbrook Press, Inc., 1976), p. 92-93.

立地做成最佳抉擇的決策，最佳的成果有賴於他人作爲之配合時，戰爭與和平的決定、核子武器的使用、國際外交、國會或聯合國的折衝與結合，以及其他各種不同的政治情境，均是競爭決策模型最適於分析與解釋的決策行爲。

競爭模型是一種抽象與演繹的決策模型，它並不描述人民實際如何做決定，無寧是：如果決策者具有全然理性，那麼在競爭的情況下，他們應如何做成決定。因之，競爭模型是理性主義的一種型態，只不過其應用在競爭衝突的場合，決策成果取決於其他競爭者的作爲，而非決策者自己的行爲。

據上所述，競爭模型蘊含著複雜與簡單的觀念。不過，社會科學家常以競爭模型分析社會現象的一種工具，很少以其作爲政府官員制訂政策的實際指南；再者，競爭模型的各項假設，甚少能與實際的現象配合；其所具的條件，在實際生活中無法類比；決策者往往不知道決策對自己的眞正償付，或對對手的償付。更何況，我們已提出理性決策所遭遇的諸多障礙，然而，無庸置疑者，競爭模型對政策分析，提供了一有趣的思維方式，尤其是在衝突情況中的政策抉擇。因之，在政策分析上，目前競爭模型的眞正用途是提示有趣的問題，以及提供一些字彙用以處理衝突的決策。

九、系統決策模型——政策為系統的輸出

系統模型爲伊士敦（*D. Easton*）最早提出來的，乃是針對傳統政治學所提出的挑戰。這個模型指示我們思維公共政策的另一個方向，其認爲：政治系統爲了適應周遭的環境壓力，必須隨時採取對應措施，做成必要的決策；環境中所產生的壓力而影響政治系統的穩定者爲投入；環境則爲任何條件或情境，被界定在政治系統的境界之外者；政治系統爲相互關聯的結構與過程所形成的團體，其功能在爲某一個社會從事權威性的價值分配；政治系統的產出爲系統的權威性

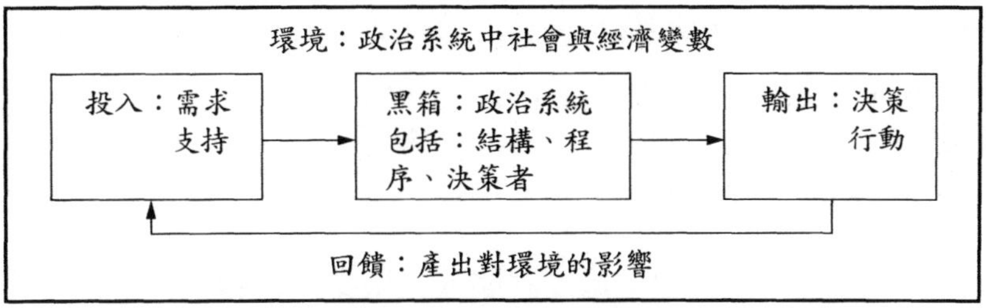

圖1-7　系統決策模型

價值分配，以及這些分配所構成的公共政策。圖1-7可顯示系統模型中，政治活動與公共政策的概念化。

系統模型描繪公共政策爲政治系統的一種輸出。系統概念所指涉的內涵，爲社會中一套可認明的制度與活動，其功能在於將需求轉換成權威的決定，這個決定需要全體社會的支持。同時，系統的概念也蘊含著：系統的要素本是相互關聯，其會不斷地反應系統環境的壓力，因系統爲了賡續不得不因應環境的各種變遷。政治系統的投入有二：需求與支持。需求之發生，在於個人或團體反應實際或想像的環境條件後，所爲影響公共政策的行爲；支持則表示個人或團體接受選舉的結果，遵守法律的規定，繳納各種徵稅，順應政策的決定。任何系統均可能同時吸進了不同的需求，有些甚至是相互衝突的，系統爲了轉換這些需求成爲產出，它必須安排各項解決方案，且對當事者執行這些方案。一般言之，輸出可能有改變環境與需求的影響力，也可能影響到政治系統的特性。系統的賡續倚賴下列三方式爲之：做成合理而令人滿足的輸出、政治社會化，與使用或威脅使用武力。

系統模型如能對下列諸問題徹底而圓滿的解答，則對政策分析的貢獻深具價值：

1. 政治系統的成員遭遇到何種的環境壓力，會對系統提出需求？
2. 政治系統具有哪些重要的特性，得以將需求轉換成公共政策，並不斷賡續下去呢？

3. 環境的投入，如何影響政治系統的特性？
4. 政治系統的特性，如何影響公共政策的內容？
5. 環境的投入，如何影響公共政策的內容？
6. 公共政策如何透過回應的過程，影響環境與政治系統的特性[79]？

總之，系統決策模型，最易說明政治現象的複雜性、靜態性與動態性，蓋系統由各種不同的成員組織而成，不同的成員往往有不同的需求；在穩定的環境裡，由於成員的要求不致有太大的改變，系統只漸進地修正公共政策的內容，就能滿足成員的需求與獲得其支持；但在極速變遷的環境裡，成員的需求隨著環境的變遷而變遷，系統爲了持續與生存，必須適時反應成員的需求，做成政策解決系統所面對的困難。論者或謂，有些重大的政策做成，很難應用投入、輸出的概念來解釋，因爲這些重大的政策，有時在政黨、壓力團體等方面，很少有明顯的推動行爲，亦即決策的產生並非由於系統中的分子，提出積極的需求，而是由於政府自行認爲當然而做成決策，我國宣布不製造原子彈的政策，即是一例。不過在這種情況下所做成的政策，一方面如得不到人民的支持，人民可提出修正的需求，需求政府制訂合乎民意的政策；反之，政府亦可利用政治社會化的過程，向人民解釋何以制成該項政策，而要求人民支持。因之，系統決策模型無論在何種環境裡，是一比較能解釋社會現象的模型。

第六節　本書的分析架構

社會上的事件，往往因人、因事、因地的不同而有不同的解釋，政策分析爲社會事件之一，其亦由於國情的差異、環境的變遷、時間的更迭、政策的類別，而有人言言殊、或簡或繁之別，我們可從有關

[79] T. R. Dye, *Understanding Public Policy*, *op. cit.*, p. 37-38.

公共行政學的論述及政策分析的名著中發現這個事實。在諸多政策分析者中，要以*J. E. Anderson*與*C. O. Jones*對政策分析所建立的分析架構，最爲學術界所注目及重視，蓋他們兩者的論點，雖有時因決策的特殊情況，而無法與實際的決策過程完全符合，但其架構深入政策分析的核心，提供研究政策做成過程的主要方向。筆者擬介紹這兩個分析架構，再以其爲基礎，試擬一簡而易行的政策分析架構。

*J. E. Anderson*認爲政策過程爲一系列的行動模式，在每一行動模式中，涉及多類的功能活動。這些功能活動有[80]：

1.問題形成與議程設定（problem formation and agenda setting）：在這個功能活動中，決策者要分析其所面對的政策問題爲何？何種因素致使該問題成爲公共注目的問題？該問題透過哪些途徑而被列入政府的議程？何以某些問題只是以雷聲大雨點小的姿態消失於政府的議程之外？

2.政策規劃（policy formulation）：有哪些方案可資遵循而解決某一政策問題？這些方案如何發展而成？參與政策規劃者爲誰及其影響力爲何？

3.政策採納（policy adoption）：在諸多政策方案中，何以採納與通過某一方案？此亦即：政策方案如何合法化的問題——政策方案必須具備何種形式與實質要件？何者才有權做成決定而使政策立於合法的地位？

4.政策執行（policy implementation）：爲了推行已決定的政策方案，政府與民間應採行何項因應措施與之配合，始能達到預期的目的？有哪些人參與執行？執行時應應用何種步驟或技術？執行行動對政策內容有何影響？

5.政策評估（policy evaluation）：政策對其所欲解決的問題產生何

[80] J. E. Anderson, *Public Policy-Making* (N. Y.: Praeger Publishers, 1975), p. 26; J. E. Anderson, *Cases in Public Policy-Making* (N. Y.: Praeger Publishers, 1976), p. 5.

種影響？政策之效力或效率如何評定？何者負責政策之評估？評估的後果爲何？是否產生因應而要求修正、變更或廢止原政策？

這個分析架構之主要宗旨在於類化何人對於何種問題，在怎樣的情況下，以何種方式參與決策之做成，達成何種效果，因而向建構一套中程理論（middle-range theory）的目標邁進。其次，問題形成與政策執行被認爲是政治性的，它們涉及到個人與團體之間，由於對政策問題所具的期望不一致，而引起的衝突與競爭。由上觀之，這個架構是有其優點的：組織和澄清我們的思維、調查研究公共政策之形成。不過，這個架構主要用於分析美國國內政策，甚少涉及到外交政策或美國以外的政治系統之政策制訂。

C. O. Jones 在「公共政策研究導論」一書上，提出一詳盡的分析架構，以爲合理地、系統地檢視政策之發展與執行。他認爲政策過程架構的基本要素有：人們根據其需要與價值體認社會存有公共問題、某些人對該公共問題具有共同的看法、有的人因而發起組織與提出要求或委由代表代爲提出、決策當局認知與評判該要求、做成與執行對應的決定、公共問題遂而受其影響、人們對決定的反應、某些人具有共同的反應、重新提出需求[81]。上述這些過程要素，若以一系列的功能活動表示，則爲認知、界定、集結、組織、代議、規劃、合法化、撥款、執行、評估與終結等等。

再者，*C. O. Jones* 依據系統分析的概念，將政策分析的過程，分類成五個階段：

1.問題認定（problem identification）：人們一般透過認知、界定、集結、組織與代議等系列的功能活動，提出政策問題，俾以引起政府之注意與考慮是否將該問題列入相關議程，希冀政府採取行動以

[81] C. O. Jones, *An Introduction to the Study of Public Policy* (North Scituate, Ma.: Duxbury Press, 1977), p. 9.

解決該問題。這個階段若依政府對公共問題的因應措施則言，爲由問題走到政府的階段（problem to government）。

2.政策發展（program development）：政府認定公共問題的嚴重性，必須採取行動予以解決時，乃歷經方案規劃、方案合法化與撥付款項等功能活動，發展解決問題的政策。因此，其乃屬於政府爲對付公共問題所採行的行動階段（action in government）。

3.政策執行（program implementation）：政策發展後，政府爲瞭解決所認定的問題，執行擬訂的計畫，乃組織必要執行人員，解釋計畫的內容，執行各項措施，預期獲致公共問題之解決。因之，其乃屬於政府解決問題的階段（government to problem）。

4.政策評估（program evaluation）：政策既經政府執行之後，政府有關機關對政策之施行，加以說明、檢討與批評、量度與分析。其功能不但可認定政策之正確與否，而且可提出種種推介，以爲將來改進政策的參考。因之，其乃屬於由政策又回到政府的階段（program to government）。

5.政策終結（program termination）：政策在評估之後，評估當局認爲原來問題已獲致解決或業已發生變遷，致使原政策得以終結或須變更以應付新問題。因此其乃屬於問題解決或變更階段。

*C. O. Jones*之分析架構，可由表1-1清楚地明顯顯示出來。從這個表中，各項功能活動、政府因應過程、系統分析觀念、各階段的產出間，彼此連鎖在一起，使得政策做成過程具有複雜、發展與動態的特性。

表1-1　政策過程：分析架構

功　能　活　動	政府因應過程	系統概念	產　　出
認知、界定集結、組織代議	政府接近問題	問題認定	需求
規劃、立法撥款	政府採行行動	政策發展	預算計畫建議
組織、解釋執行	政府解決問題	政策執行	服務、付款、設備、監督等
說明、量度分析	政府檢討政策	政策評估	合法化推介等
解決終結	問題解決或變更	政策終結	解決或變遷

資料來源：C. O. Jones, *An Introduction to the Study of Public Policy*, 2nd. ed. (North Scituate: Duxbury Press, 1997), p. 12.

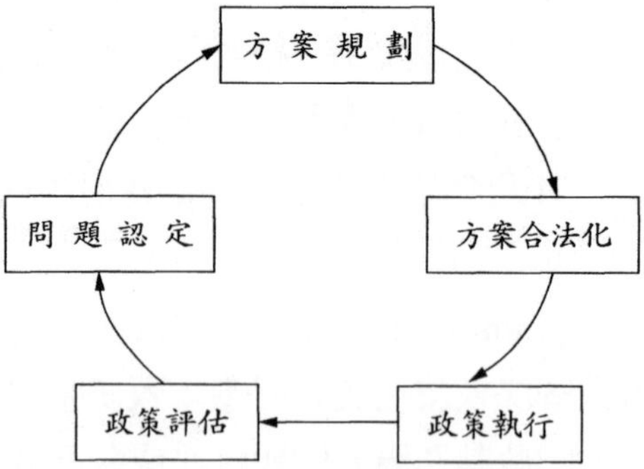

圖1-8　本書的分析架構

筆者所擬提出的公共政策分析架構，乃根據上述兩位學者的架構而建立的，如圖1-8所示。

一、問題之認定

在這一套分析的架構中，政策問題之認定爲任何決策的第一步，亦爲一般政策制訂必經的過程。蓋決策者面對了一個決策的情境時，其所遭遇的正如*C. E. Lindblom*所言，並不是一個既定的問題；相反地，決策者必須首先認定他們眞正所面對的問題及其產生的原因，才能對症下藥，解決問題[82]。比如，許多美國城市發生了暴動的情形，其根本的問題何在呢？是不是因種族的歧視而生，亦或由於黑人要求更多的權利、都市解組、疏離而形成呢？再者，臺灣正面臨著極速的社會變遷，社會上因而不斷產生各類青少年問題，執政當局為了解決該問題，探究形成該問題的癥結所在，乃為首要之途；究竟青少年之所以滋生各項問題，諸如搶掠、酗酒、吸毒及變成卡奴等，其原因是否緣自：快速的社會變遷導致社會的解組，使得傳統的行為規範，失去約束力或與新的規範相衝突；自利主義取向的增強；代間的差距；價值觀念的窄化；大眾傳播媒介的影響；社會流動；銀行過度開放，引發惡性競爭等因素[83]。如果前述城市的暴動，主因在於種族歧視，則解決之方案就與都市解組不同；青少年問題若由社會變遷導致社會解組，則其解決方案或為減低變遷的速率，或是建立一套管制行為的新規則。由是，探究與認定真正的問題後，決策者始能開對處方，採取相對性較佳的解決方案，而達成制止前述之城市暴動與輔導青少年走向正途之目的。

比如*F. N. Kerlinger*就曾謂：「如果我們要設法解決某一問題，通常我們必須知道該問題為何，蓋解決問題的方案大多繫於我們知悉我們正要為何事[84]。」*J. S. Livingston*也提醒過我們：「問題的發掘重於問題之解決；就經理人員而言，一個完整又優雅的解決方案，用以解決錯誤的問題，其對公司所形成的不利影響，遠甚於用比較不完整的方案而來解決正確的問題[85]。」*P. F. Drucker*亦強調：「政策之成果，最主要與中肯的關鍵，並不完全在於如何正確地作為，而主要

[82] C. E. Lindblom, *The Policy-Making Process* (Englewood Cliffs, N. J.: Prentice Hall, Inc., 1968), p. 13.

[83] 楊國福，社會變遷中的青少年問題，聯合報第三版（民國67年6月20日）。

[84] F. N. Kerlinger, *Foundations of Behavioral Research* (N. Y.: Holt, Rinehart and Winston. Inc., 1973), p. 7.

[85] J. S. Livingston, "Myth of the Well-Educated Manger", *Harvard Business Review* (Jan. -Feb. 1971).

在於發現正確的事並採取對策爲之，以及集中資源與努力爲正確的事[86]。」

由上可知，問題之認定是何等的重要了，一方面，某一問題最初被認定的方式與內涵，會影響解決方案之本質；另一方面，錯誤了政策問題，幾乎導致選擇錯誤的政策方案，而使原本的問題不但未獲解決且更形惡化，最後甚難解決。

俗語云：「認定眞實問題爲解決問題的一半。」蓋有時問題的表面，只是眞實問題的徵候而已，需要透過深度認定的過程，才能發現或找出眞正的問題。政策問題之認定基礎，乃取決於不同形式的政策成果，諸如：消滅貧窮程度、失業率、物價指數、健康水準等等資訊，是否滿足目前人類的價值與需求。換言之，如政府以前所採取的作爲或不作爲行爲，不能實現人類現行的價值或滿足其需求，那就顯示社會存有政策問題需要解決了。因之，所謂政策問題之認定爲：應用政策評估資料，以判定人類的價值與需求是否滿足。

二、政策規劃

政策過程的第二個步驟，爲規劃可能解決政策問題的行動方案，即政策方案之規劃。所謂政策方案，乃得以實現人類價值或滿足人類需求的可能行動方向。換言之，其乃所有可能被擇以解決政策問題的行動方向。蓋任何已認定的政策問題，均有多種不同的方案適於減輕或解決之。比如，人口爆炸問題可由家庭計畫的推行、教育水準的提高、經濟社會的快速發展等方案來解決；又如，爲加強各級農會總幹事的功能，減低地方派系干預，省農林廳曾提出四個解決方案：保持現狀、政府直接派任、會員或會員代表選舉、理事會自行選擇合格人員聘任，擬請有關當局取決。

政策問題認定後，往往因其認定而含攝某些行動方向，排斥一些

86 P. F. Drucker, *Managing for Results* (N. Y.: Harper and Row, 1964), p. 5.

行動方案。決策者，姑不論政策問題之認定妥當否，乃根據有關政策問題的資料，包括背景、範圍及成因等，透過規劃的程序，將其轉換成政策方案資訊，此亦即說明這個事實：方案之選擇受制於最初認定問題的方式。

規劃的特性、政策規劃的類型、參與規劃的人員與機構、規劃的方法與原則、規劃的可行性與有效性、規劃的限制、預測的應用等，均是方案規劃所要探討的問題。

方案的規劃在政策制訂過程中，有助於決策者抉擇一項較令人滿意的行動方向，其也是採取行動的先決條件。當一個機關組織進行規劃時，其先決定了組織的目標或方向，再尋求達成該目標或方向的途徑。處今瞬息萬變的時代與環境，政策規劃必須富有彈性，隨時調適各種變遷，問題情境的演變；其也必須考慮各種的政治限制與壓力，及作業的適當方式，爲了達成這個目標，組織內的規劃人員必須斟酌目前的作業程序、人事動態、管理技術、協調溝通情形及結構上的問題。總之，政策規劃必須與機關人員管理、資源分析、預算相互配合。

三、政策合法化

政策合法化政策得以付諸執行的先決條件，任何政治系統均有兩種層次的合法化：第一層次爲政治系統及其支系統取得正當性，有權制訂各種政策，以解決其所面對環境所發生的問題；第二層次爲有權限的機關，在其權限範圍內，遵循一般人所確認的原則或接受的準則，對政策規劃機關所提出的方案，予以通過、加以核定或備查，而完成法定程序的過程。前者爲後者有效運作的基礎；後者可以加強前者的程度。

政策之取得合法化地位與否，關乎政策的有效執行、政策標的的團體的順服，進而影響到政策的成果與績效、政策目標的成就。

政治系統之取得正當性，有各種不同的理論，比如有學習論、需要滿足論、支持論、第二層次政策合法化論，凡此均構成探討的中心。第二層次政策合法化，其主要運作的機關，有總統、立法機關、行政機關、司法機關等，各機關合法化政策的過程，也構成研究的焦點。

四、政策執行

政策執行是一種動態的過程，在這個過程中，負責執行的機關人員，組合各種必備的要素，採取各項行動，扮演管理角色，進行適當裁量，建立合理可行的例規，培塑目標方向與激勵士氣，應用商議化解衝突，冀以成就某特殊的政策目標。

我們須知：國家宣布了一項政策，只是決定政策成果的肇端而已，我們若圖充分認識決策後實際的政治運作，非要瞭解決策做成以後的各個階段，其演進的情形不爲功，由此，可知政策執行的重要性了。

政策執行成敗的關鍵因素，可自三個角度剖析之：一爲政策問題的特質；二爲政策本身所能規劃與安排的範圍；三爲政策本身以外的條件之配合，這三個角度，構成探討政策執行的重心。

五、政策評估

政策評估乃利用有系統和客觀的方法，評斷政策的過程。其目的在於提供現行政策運行的實況及其成果之資訊，以爲政策持續、修正或終結的基礎。

政策分析最終的目標，爲提供實際的政策績效資料，以決定政策之持續或終止，或者須建構新的政策來解決問題。既然在未採取行動之前，無論政策方案如何合理、妥善與周全，由於人類本身的能力及技藝所限，無法完全預測公共政策的後果，我們必須應用系統的分析程序來督導與評估政策的成果。何況，政策規劃往往有不同程度的冒險與不確定性，利用系統程序來決定政策績效，而獲致人類價值與需求是否透過公共行動得到實現與滿足的資訊。

評估爲應用某些價值標準評斷現行或過去的政策行動，當政策成果達到政策的目的時，我們就認爲某種層次的政策績效已達到，其乃泛指政策問題已被解決，或至少已獲改善。歸結言之，評估在政策分析上，通常具有下列功能：

1. 建立政策績效之資訊。
2. 顯示政策目的達到的程度或範圍。
3. 解釋政策目的成就或未成就、問題解決或未解決之因素。
4. 提供認定新政策問題、政策持續、調適或終止之基礎。

上述這個分析架構之每一階段，彼此相互作用與交互影響，構成一動態循環的體系：政策成果與績效影響政策問題之認定；政策問題範圍政策之規劃；政策方案限定政策合法化；政策合法化影響到政策執行；政策執行結果用以評估政策的績效及反應新的政策問題。從這個分析架構，可以顯示幾個優點與特性：

1. 政策過程爲一種動態、發展與循環的過程，而不是靜態與橫斷的過程。
2. 這些順序的模式活動，可視情境之演變、問題之難易繁簡而隨意變更與調適：我們可按經驗的需要，增加其他必要的順序，用以達成詳細分析與描述的目的；我們亦可減除評估程序，以節省預算與人力。
3. 這個架構得以用來比較政策過程，有助於發展中程的理論。蓋我們可從比較中，建立政策問題認定的途徑、方案的規劃、政策合法化、政策執行與評估之通則。
4. 這個分析架構，不僅可用來分析我國的政策過程，其亦可用以研討美英各國運作的情形，質言之，其並不受任何政治文化或政策環境之限制。

結語

政治現象錯綜複雜，人類行爲變化莫測，決策者面對這種環境，如何做成最佳的政策，以符合人民的需求，適應環境的需要，著實並非一件易事，絕不能以等閒視之。不過，每一項公共政策，無論大如安邦定國，小如指定國鳥，均有其特殊的特性，可以自不同的角度，來檢視大體的過程，應注意的面向。近年來社會科學家根據自己的體認、研究的重點，建立了不少模型，大大的幫助我們對於實際政治現象的瞭解、描述、解釋與預測。

模型只是一種政治生活的抽象或代表而已，上述吾人所提的八大模型，乃是學者從實際的世界中抽象出來的，其目的在於簡化、澄清政治現象，及瞭解政治上重要的面向。不過，模型有時是最好的主人，有時又是最壞的僕人，因之我們從事政策分析時，對於模型的選擇要特別注意。通常一個模型的好壞，可從下列幾個標準衡量之：

1. 模型的效用全繫於其處理與簡化政治生活的能力，促使我們能更清楚地思維和瞭解，實際世界中所運行的各種關係。不過，模型也不能過於簡化，因太過簡化會影響我們對於實際思維的正確性，設若某一個模型太過狹隘或僅指出表面的現象，我們就不能用爲解釋公共政策的形成；反之，設若某一個模型太過廣泛，包羅太複雜的關係，以致於變得非常錯綜複雜而無法駕馭與處理，這樣對我們瞭解政治現象的裨益就不大了。因之，模型的狹隘與廣泛必須適度地配合。
2. 一個模型應能指出公共政策實際重要的面向，它不但要能引導我們忽視不相關的變數或情境，而且令我們全神貫注公共政策眞正的因與重要的果。

3. 模型必須某一部分與實際配合或對應，亦即模型應有實際的經驗指涉。
4. 模型必須能溝通某些有意義的觀念，如果有太多的人對某一模型所指涉的內涵持有異議，則其溝通的效用就縮小了。
5. 模型必能裨益指引公共政策的調查與研究。再者，一個模型必是可運作的，亦即得能直接指涉實際世界上，可供觀察、量度和驗證的現象。
6. 模型應能提出公共政策的解釋[87]。

上述我們所論述的八大模型，乃從八個角度探索公共政策的種種面向。從八方五面中觀察政策現象是有其必要的背景，蓋每一項公共政策的做成，其考慮的因素不同、面對的時機有異，系統成員的要求或有區別。就一般適用而言，譬如理性決策模型較適於分析擴大福利與消滅貧窮的政策；漸進政策模型適於分析歲入與歲出的預算政策；綜合決策模型適於分析就業政策；機關組織決策模型適於分析都市管理政策；團體決策模型適於分析教育補助政策；精英決策模型適於分析民權政策；競爭決策模型適於分析國防與外交政策；系統決策模型適於分析環境資源分析政策。

總之，當公共政策分析已發展成政策科學的今日，決策者不能僅憑常識判斷與熱情衝動，而從事影響幽遠的、事關生靈禍福的政策制訂。蓋每一項政策的產生，必有其發展的背景、解決的各種方案，決策者必須深究事情的來龍去脈、問題的關鍵所在，分析與比較各種方案的利弊得失，才能做成較合理的決定。決策者在面臨一個決策場合之際，至少要具有三種判斷的能力：事實判斷、價值判斷與後果判斷。事實判斷所根據的事實，可從下列兩個標準衡量之：一為決策場

[87] *Ibid*., p. 38-39.

合的廣度，二爲決策者所要達到的目的，進而根據這兩個標準蒐集客觀、可靠、周全的事實以爲決策的基礎；每一項公共政策，無論其是作爲或不作爲的行爲，均可能有其企圖達到的目標，而對於目標的認定，就是價值判斷了；每一項即將做成的政策，將來是否可行？可能產生哪些後果、效益與損失？就是後果判斷了。這三種能力的培養，除了實際的經驗外，科學理論的訓練、政策分析的重視、學識的累積均是迫切之道。

政策分析課程，在國內大學正處在啓蒙與不斷發展階段，由於其具有刻不容緩的背景，對於主政者做成決策的參考，又具有不可磨滅的功勞，個人至盼政府過去在制訂公車聯營、米酒加價，終止國統會及國家統一綱領等政策所得到的體驗，更加重視政策分析，試圖從各種角度探討政策所涉及的各種要素。總之，處今瞬息萬變的時代，主政者要隨時掌握各種情況，分析解決問題的良方。

{第二章}

政策問題之認定

第一節　政策問題的內涵

大凡以往有關政策的研究甚多，且學者在研究政策的形成時，所重視的焦點亦各有不同，不過多數人均認為：決策者所面臨的是一個既定的問題，這種說法在目前而言，已不成立。自過去發展的趨勢而言，從政策議程的建立開始，就有不少人進行研究，其焦點都集中在政策問題所經過的立法和行政過程，至於政策問題的性質如何、其界定和分析過程如何、問題的正確性如何、政府到底是在何種情況下，注意或發現問題的存在，則往往被忽略[1]。晚近對於政策執行的過程已有所重視，不過政策所欲解決的問題，在執行之前的有關界定過程，是否相當精確，亦值得重視。蓋問題的認定一旦有誤，將導致政策的失敗，而問題的界定方式，更會決定了最佳政策的選擇。

一般而言，一個問題到底如何界定？由誰界定？過程如何？以及它是如何地到達議程設定的地位？少為人知。有些學者辯稱，政策問題的實質內容為何，乃是政治學研究範疇以外的問題，不必加以研

[1] 朱志宏，公共政策概論（台北：三民書局，民國68年7月），頁91。

究[2]，然而，依筆者之見，一個完整的政策分析，必須考慮問題的各個層面。一般而言，政府往往受問題的刺激以後，才採取必要的行動，謀求解決之道，唯問題的性質往往會決定決策過程的性質。抑有進者，與問題的實質內容有關的資料，是政策評估的基礎，因有了這種資料，我們才能對政策成果做較爲正確的評估。

由於過去學者們的忽視，有關政策問題的各種分析過程和方法，少爲人所提及，我們只能零星地從一些決策分析書中看到[3]。但是，他們所提到的都不是眞正分析問題的方法，以往政策學者們就如*C. E. Lindblom*所評，他們認爲決策者所面臨的：是一個既定的問題。因此，有關政策問題分析的方法不外作業研究（operation research）、系統分析（systems analysis）、成本效能分析（cost-effectiveness）、成本利益分析（cost-benefit analysis）[4]，這些分析方法的目的不在探討政策問題的本質，而是爲一個既定的問題分析最有效的解決方案。

有關問題分析的方法，在企管或管理學上所談的已相當多，本章將依政策問題的特質，做一種選擇性的介紹，希望有助於政策問題的分析和解決。

至於政策問題形成過程方面，晚近學者已頗爲重視，特別是一些社會學者已拋棄「社會問題是一種客觀條件」的觀點，他們也開始重視社會問題形成過程的政治現象[5]，甚至有人認爲「社會問題是集體行爲」的後果[6]。

---

2 同前註。

3 See E. S. Quade, *Analysis for Public Decisions* (New York: American Elsevier Publishing Co., Inc., 1975).

4 *Ibid.*, p. 21-28.

5 See Roberf Ross and Graham L. Stains, “The Politics of Analyzing Social Problems”, *Social Problems*, Vol. 20 No. 1 (Summer 1972).

6 Herbert Blumer, “Social Problem as Collective Behavior”, *Social Problem*, V. 18 (Winter 1971), p. 298-306.

政治學或公共政策方面，學者們也慢慢注意到政策問題形成的政治意涵。他們分析公共問題成爲政策問題的政治過程，以政策議程（policy agenda）的概念作爲分析的基準[7]，研究的內容包括：政策議程的意涵、種類、政策議程建立的條件與途徑等[8]。但是，這些研究只是一種描述性的探討，對於瞭解政策問題形成的政治意涵上，或許有所幫助，但於知識的累積效果上，較難產生助益。因爲科學知識的最終目的，在建立通則，以達到最高層級的統一理論[9]，爲了達成知識上的目的，分類化、通則化的研究是必須的。

因之，我們試圖分析政策問題的內涵，討論認定政策問題的方法，政策問題認定的政治因素，建構政策議程建立的模型，用以導向通則建立之途，希冀在知識的累積效果上，有所貢獻。

政策問題之認定，重點在如何認定政策問題的內涵，及公共問題如何透過各種途徑進入政府部門，成爲決策者必須考慮制訂政策的功能活動。在研究這些主題前，先得界定政策問題，因爲隨著政策問題之差異，有關過程活動，就有不同的運作方式，而解決方案也有差異，是以明確地界定政策問題的意義，瞭解政策問題的內涵是有其必要的。本節擬就政策問題的意義、特質、情境、結構分別探討，用以明晰政策問題的各個重要層面。

一、政策問題的意義

儘管人類社會的分類，可有不同的類別，有所謂未開發、開發中或已開發的社會；也有所謂農業社會、工業社會的類別，但均有一個

---

7 See Roger W. Cobb and Charles D. Elder, *Participation in American Politics: The Dynamics of Agenda-Building* (Boston: Allyn and Bacon, 1972); and Charles O. Jones, *An Introduction to the Study of Public Policy*, 2nd. ed. (North Scituate Ma: Duxbury Press, 1977).

8 *Ibid.*

9 易君博，政治學論文集：理論與方法（台北：台灣省教育會，民國64年10月），頁6。

共同的特徵，即各有各的問題。

大凡對一位社會科學的研究者而言，若說一個社會絲毫沒有問題的困擾，那簡直是一件不可思議的事，就算是太平盛世的社會，也或多或少會有問題存在的，而且問題隨著時間、空間、不同的文化背景、生態環境和社會結構之變化，不斷的在孕育及呈現之中，這恐怕是人類社會一直無法擺脫的社會事實。總而言之，每個時代和每個社會，均有其特殊問題，或許問題的本質是相同，但保留問題的嚴重性，卻可能有著不同的界定和體認。基於這個理由，以及為了更明白政策問題之癥結所在、解析其形成的可能原因，首先我們必須澄清「政策問題」這個概念。

政策問題（policy problem）一詞常與社會問題（social problem）、公共問題（public problem）等相互混用，事實上這三者之間有相通之處，亦有差異之點，常隨研究者之偏好而有不同的運用。三者之中，以公共問題範圍最廣，要大於社會問題，它甚至可以包括政治問題、經濟問題……等；而社會問題就範圍言，可能較政策問題為廣，不過政策問題另有所指，它可以是外交問題、軍事問題……等；政策問題與社會問題、公共問題之最明顯的界線是，政策問題指的是公共問題或社會問題已進入政策分析或政策過程者而言[10]。

我們日常生活中所感受到的問題為數甚多，均需要我們解決，但不是任何發生於社會中的問題，都是公共問題。譬如，古代傳統的中國家庭認為多子多孫多福氣，但並沒有在當時造成人口問題，頂多只是使得某些家庭造成經濟上的困境而已。現在讓我們引用 *M. C. Wight* 對私人困擾（private troubles）與公共論題（publiissue）的區

[10] 張世賢，「選舉與公共問題的解決」，政治學報第八期（民國68年12月），頁178。

分，來澄清這個概念[11]。*M. C. Wight*認爲：私人困擾是因個人性格或與別人間的直接關係而引起的問題，它的產生與個人自我或自己親自接觸的社會生活有關，因爲這純粹是個人的事情。就社會學觀點言，這斟酌上是個人感到其所持有之價值、觀念、利益或生存條件遭受威脅而引起的。吾人欲解決這種問題，首先必須把個人看成是一個具有個性的獨立體，解決的可能途徑，也要在其可直接經驗的社會情境中，經由個人的意志行動來找尋。

至於「公共論題」，是超越個人的特殊環境和其內在生活範疇，而與人類較大的社會生活、制度或整個歷史有關的。是故，公共論題是屬於大眾的事，乃大家（或至少某一部分人）所持有之價值、觀念、利益或生存條件遭受威脅，而且人們經常爲了「何者爲其眞價值」或「何者確實是受到威脅」等等前提有所爭論。總之，這一類型的問題，常常意涵著人類制度安排中存有危機，也常常意涵著一種對立或矛盾的存在，它必然牽涉到較爲廣泛的社會關係，並與較多的人們有所關聯。

上面這兩種問題的區分告訴我們，雖然人們在日常的社會生活中，所可能遭遇到的問題，具有兩種不同性質，儘管兩者的根本來源，可能均與外在的社會條件有關，但只有其中的一種，才具備形成「公共問題」的條件，而另一種則純屬個人的問題。

美國的社會學者*R. C. Fuller*和*R. R. Myers*，對社會問題曾下過相當完善的定義，他們認爲，一個社會問題即是：「一種情境，爲相當數目的人們，認爲其與他們所持的某些社會規範產生了偏離的情形[12]。」其謂社會問題必須是相當數目的人們體認社會規範有了問

---

[11] Mills C. Wright, *The Sociological Imagination* (New York: Oxford University Press, 1959).

[12] R. C. Fuller and R. R. Myers, "The Natural History of a Social Problem", *American Sociological Review* (June 1941), p. 320-328.

題，察覺到其偏離的情形；反之，如這種偏離情形，不被所涉及的人認爲是社會問題，其也就不成爲人們迫切關注的問題。他們接著又說：「社會學者所研究的，不應該只限於社會問題之客觀情況，同時也應研究人們對同一情況所下的定義，並因而產生解決辦法的方式，以及其所根據的價值判斷[13]。」由此，我們知道*R. C. Fuller*和*R. R. Myers*強調社會問題的客觀條件和主觀的察覺，以客觀條件及主觀察覺爲社會問題存在的必要條件與充分條件。所謂客觀條件即指：可由公正及訓練有素之觀察者，確認出可驗證情境的存在和數量，比如國防狀況、出生率趨勢等等；主觀察覺則指某些人體認到某種情況，對其所持有之某些價值造成威脅的情形[14]。他們倆人最後又說：「這種偏離的情形，只有靠眾人集體的行動，才能袪除或有改善的可能，單憑一個或少數幾個人的力量，是無法做到的。」

再者，美國的社會問題研究者*Herbert Blumer*，亦曾言：「社會學者將社會問題錯置於客觀情境之上」，其實「社會問題是存在於一個集體界定（collective definition）的過程之中。這一過程，決定一個社會問題是否產生？是否變成存在合法性？如何被討論而塑造出來？如何才能被官方的決策當局所注意？及如何建立付諸實施的計畫行動[15]？」繼而他將社會問題形成過程，分成五個階段：(1)社會問題的出現；(2)社會問題的取得合法性；(3)動員種種活動研討該問題；(4)形成官方行動；(5)將官方計畫付諸實際的執行[16]。

瞭解社會問題後，茲再進一步探討公共問題與政策問題。公共政策學者*C. O. Jones*，對「公共問題」的定義，常爲政策科學研究者所引用，*C. O. Jones*在其初版的「公共政策研究導論」一書中認爲：

---

13 *Ibid.*

14 *Ibid.*

15 Herbert Blumer, "Social Problems as Collective Behavior", *Social Problem*, V. 18 (Winter 1971), p. 298-306.

16 *Ibid.*

「問題」是一種人們的需要感知、權益受剝奪、或對現況不滿足，可由自己認定或他人代為認定，且要加以解決[17]。然而並非所有的問題，都是研究公共政策者所感興趣的，他們所特別注意的，乃是哪些能進入政策過程的公共問題。因此 *C. O. Jones* 接著認為「人們的需要感知、權益受剝奪、或對現況不滿足，包括自己認定或他人代為認定，其察覺受影響而有所反應並訴諸解決者，已不限於直接當事人[18]。」隨後公共問題，經由各種途徑而進入政策分析、政策過程者，就是政策問題了。

綜上所述，所謂政策問題，乃「在一個社群中，大多數人察覺到或關心到一種情況，與他們所持有的價值、規範或利益相衝突時，便產生一種需要感知，公益受剝奪或對現況不滿足的感覺，於是透過團體的活動，向權威當局提出，而權威當局認為所提出者屬其權限範圍內的事務，且有採取行動，加以解決的必要者。」

二、政策問題的構成要素

由前面的綜合定義中，吾人可以將政策問題剖析出以下幾個組成要素。

（一）一種情況

當人們察覺到一項問題的存在時，必然有些具體的事實呈現在眼前，這是一種客觀的條件，因為人不能無中生有，或憑空想像。這些事實，可能是具體的事件或數字符號，如失業率、青少年犯罪案件、出生率、人口數、卡奴分布狀況、對中國的經濟依賴指數、人才外流率……等。

[17] Charles O. Jones, *An Introduction to the Study of Public Policy* (Belmont: Wadeworth publishing Co., Inc., 1970), p. 17.

[18] *Ibid.*, p. 20.

（二）它是察覺的、體認的

一種情況雖事實上已存在，但如果不為人們所察覺，就不足以成為問題，如吸毒、吸食強力膠，如果不為人知道，便不構成一個問題，頂多它僅如 *R. Merton* 所說的，是一些潛在性的社會狀況，雖已與社會中流行的價值觀念相衝突，卻未被任何人所體認。不過，一旦被體認，就會啓動後續的政策過程。

（三）關係到大多數人並為其察覺到的一種情況

如果一種社會狀況只為個人或少數人所察覺，那純粹是一個私人或少數人的事情，當然不會引起社群中多人及權威當局的重視，其所產生的衝擊力因而是有限的。再者，除了察覺到之外，這種情況還須關係到社群中的大多數人，因一種社會情況，雖為多數人所察覺，但它對多數人卻不發生直接的影響，則其所產生的衝擊和反應，亦不足以形成一股巨大的力量，蓋這種關係和影響，乃因人而異。是以，一種情況要成為政策問題，除了涉及廣度外，還須視其嚴重性程度而定，而這種嚴重性程度因關係人對事件情況之察覺和體認情形而異。

（四）衝突的利益、價值和規範

某種情況之所以被人們認定為問題，完全在於不同的人，各自擁有不同的利益和價值。當此一情況與他們所持有之利益或價值相衝突時，人們便群起而維護之。譬如，最近常從報上看到一些百貨公司出售過期的貨品，當消費者發覺受騙時，便向百貨公司提出賠償的要求，這是一種利益的衝突。當商人與消費者間的衝突，不能得到合理的解決，就要訴諸公正的裁決者，於是向政府提出請願和要求，逐漸成為政府所須解決的政策問題。

除了利益和價值之外，社會上維持人類行為、秩序的規範，亦是產生問題的一些因素。譬如，近年來，在一些工業區中的青年勞工們，由於工作之餘，缺乏正當的休閒活動，而這批年輕人又正值青春期，他們爲了排遣時間，追求新奇和刺激，於是有所謂的「鑰匙俱樂部」等事情發生，這些事情以一般社會的觀念和規範繩之，似乎都已踰越了恆定的界線，社會人士、傳播媒介等乃大聲疾呼，要求當局採取對策。

（五）需要、受剝奪、不滿足感的產生

一種情況之所以被認爲是問題，除了與利益、價値、規範相衝突外，它所產生的結果，還必須使人們感覺到有一種需求，必須滿足它，或有一種受剝奪的感覺，且這種感覺必須強烈到非迫切地採取行動加以解決不可的地步。

（六）團體的活動過程

一個情況之所以成爲政策問題，除了具備以上的要素之外，一個問題通常無法以個人或少數人的力量來影響政府，蓋政治衝突乃團體衝突，團體衝突又是政治活動的重要特徵。因之，大多數的人，在政治衝突中，並非獨自行動，沒有參酌他人支持的情況，或獲得別人的支持。事實上，其均爲結合政治團結中的其他份子一同共事[19]。我們雖然不能說所有政策問題的衝突，均是政治衝突，但是我們卻可以認爲，政策問題中的衝突，同樣是團體的衝突，因爲，唯有透過團體或社會中的多數人，對問題一再界定的過程，才能產生一個較爲多數人認知的問題，況且這也是將問題從產生而傳遞到政府部門的必經橋樑。就如*Herbert Blumer*所說：「社會問題是集體的行爲[20]。」我們亦可以稱政策問題是集體行爲的產物，而且是一連串活動的結果。

（七）權威當局有必要採取行動加以解決者

另外，一個問題要成爲政策問題，必須這個問題是屬於政府管轄

[19] Austin Ranney, *Governing-A Brief Introduction to Political Science* (N. Y.: Holt Rinehart and Winston Inc., 1971), p. 13.

[20] Herbert Blumer, *op. cit.*

權之內的事務。儘管政治學者認爲，當今政府的統治權已擴大到人民生活的各種層面，但是我們卻不能說政府是萬能或是無所不管的，尤其在實施憲政主義的國家裡，政府的權力是受限制的，超越政府權限之外的事務，政府也就無能爲力了；再者在聯邦制度之下，政府事務由聯邦、州、地方分別管理，依權限劃分之不同，各有其不同政策問題的管轄範圍。*Roger Cobb* 等人就曾言：「一個公共論題要列入政策議程，必須社群中的成員，認爲這個問題是屬於政府適當管轄權之內的事務[21]。」

總之，客觀的情境、人們的察覺、多數人利益價值的衝突、團體的活動、解決行動的要求及政府的適當權限，乃構成政策問題的主要因素。

三、政策問題的特質

就如前面所述，政策問題乃是一些未被實現的社會價值或需求，而這些需求和價值，無論如何的認定，都可經由公共活動達成；至於一個問題的特質及其可能的解決辦法，則可由問題分析得知。問題分析，是一種知識推理的過程，旨在探索有關該問題情境的可能涵義。無疑地，問題分析，是政策分析中最重要的核心，但只爲少數人所瞭解而已。誠然，有關政策問題分析的過程，似乎還沒有可資遵循的明確法則，究其因係由於政策問題本身過於複雜，以致難以進行較有系統的處理之故。儘管如此，問題分析仍是政策分析中，一個相當重要的階段。

我們從每日新聞報紙的消息中，都可看出許多潛在的政策問題：犯罪、污染、通貨膨脹、能源、福利、失業、卡奴、網路犯罪、教育改革……等等，這些問題情況，都蘊含著人類的期望——即要維持某

[21] Roger Cobb, etal., "Agenda-Building as A Comparative Political Process", *The American Political Science Review*, Vol.70 (March 1976), p. 127.

些價值或滿足某些需求，例如：維護個人的案例與健康、保障消費者的權益與福祉等等。不過，問題的內涵卻因人而異：對某些人而言，犯罪是人類社會的一種自然狀況；對另外某些人而言，犯罪是對貧窮和非法利益的反應。況且犯罪的實質構成意義，亦因人而異：一個人可能認為犯罪是一種對人身自由、生命安全的不法行動（殺人、綁架）；而另一個人則認為犯罪是對財產的非法行動（竊盜、詐欺、挪用公款、政府人員的貪污）。至於產生犯罪的原因，亦因人而異：某些人認為犯罪是一種經濟問題，其解決之道在於社會中之勞務與財貨的重新分配，或改變生產結構；另一些人則認為犯罪是一種社會的、心理的或行政上的問題，其解決之道則在提供更多社會流動的機會，由教育來改變態度，或嚴格的執行某些防止犯罪的法律。

由上面的說明可以看出，政策問題有以下幾點特性：(1)相互依賴性；(2)主觀性；(3)人為性；(4)歷史性；(5)動態性或不確定性。茲分別再申述其義。

（一）相互依賴性

在一個領域內的政策問題（如能源），經常會影響到其他領域的政策問題（如衛生保健、失業等）。事實上，政策問題並不是一個獨立的個體，它們是整個問題系絡的一部分。問題系絡很難或根本不可能用一種分析方法來劃分清楚，有時我們同時處理幾個相互連鎖的問題，要比單獨處理一個問題來得容易；分析幾個相互關聯的問題，需要從整體著手，即將此一相互連鎖的幾個問題，視為整個問題系統不可分的部分，從全局的角度著手攻克之道。

（二）主觀性

政策問題的外在條件，向來被選擇性的加以認定、分類、解釋和評估，只是有人認為問題的情勢是有客觀存在的，例如，空氣污染可經由空氣中廢氣的含量來測定，不過同樣的污染資料，卻會有不同的感受和解釋方法。政策問題乃是思維作用的產出，由問題情境演展而來的，是從問題情境中，經由分析而抽繹出來的。政策問題的成立，必須先有一些已發生的現象爲其基本條件，如失業、犯罪等，但是這些現象僅是政策問題形成的必要條件而非充分條件[22]。蓋一個現象之成爲政策問題，最重要的還是在於人類主觀的認定，這就是政策問題的主觀性了。

據前面政策問題的定義而言，政策問題是察覺和體認的，這種人爲的認定，是以個人的利益、價值或觀念爲基礎。因此，不同的人對同一問題情境，會有不同的看法，有人認爲電動玩具是危害孩童身心的，有人則持相反的看法，深信電玩可以啓發玩者的思維及邏輯分析，政策問題的主觀性，由此亦可以看出。

（三）人爲性

政策問題的存在，乃繫於人們的判斷，且改變某些問題情境是可能的。換言之，政策問題乃人類主觀判斷的產物，係隨人爲的認定而存在。論者曾謂：「政策問題始自產生，終於解決，均要透過人類的行爲，因爲，政策問題及其所產生的社會，均是人類活動的產物[23]。」離開了認定問題的個人或團體，問題也就不存在，蓋自然界本身無法形成政策問題，倘若大自然環境裡，沒有人類存在，則問題更無從產生。再者政策分析，即在指出各種政策問題的存在，若在政策分析中，所建立的政策問題，其分析者未能提供解決的方案，則該政策問題顯然沒有多大意義[24]。由此，我們可以確定政策問題的人爲性。

---

[22] 楊國樞、葉啓政，當前台灣社會問題（台北：巨流圖書公司，民國68年9月），頁7。

[23] 林水波，「政策問題之認定：台灣家庭計畫的個案分析」，載思與言第16卷第4期（民國67年8月），頁42。

[24] Aaron Wildavsky, *Speaking Truth to Power: The Art and Craft of Policy Analysis* (Boston: Little Brown and Co., 1979), p. 26.

（四）歷史性

問題的發生，常常不是突發的，而是逐漸形成的。公共政策學家 *C. E. Lindblom* 認爲：決策者並不是定期的檢討既有政策的整個範圍，認定社會的目標，研究各個達成該目標方案的效益和成本，及從效益與成本之比率，對所有方案的偏好做優先次序的安排，然後根據所有相關的情報資料，做一個明智選擇。相反的，時間、知識、和成本的限制，阻礙決策者對政策方案及結果的充分認定[25]。由於這種漸進的決策方法，我們知道政策問題的發生，乃由於以前所做決策因執行偏差或不當的結果，因此就如 *Aaron Wildavasky* 所言：「政策分析乃是問題創造……問題解決……問題取代，這一類循環的過程[26]。」當一個既定的問題解決了，接著便可能又產生另一個取代的新問題，而這一問題的產生，則是源於前一個問題的解決，新舊問題間，常存在一種因果的關係。因此，在問題分析過程，問題的歷史性，是一個重要的關鍵。由政策的歷史性，從事追溯既往政策分析之外，我們尚可對政策問題做一種展望未來的預測工作，高瞻遠矚，杜微防漸可以說是政策科學的目的。

（五）動態性或不確定性

一般而言，隨著不同的問題界定，會有不同的解決辦法，所以問題與解決一直在不斷的變遷，在做成一個決策時，就經常會有許多不同程度的不確定性存在。因爲我們所生存的環境，無論國內、國外、生態環境、地理環境、社會心理環境等，隨時隨地都在改變。例如，能源問題在幾世紀前並不存在，在轉眼的幾年後，可能亦會消失。再者，在問題分析的過程中，研究者常需要先追溯既往，瞭解問題的動態情形，才可能有正確的解決辦法。

---

25 C. E. Lindblom, "The Science of Muddling Through", *Public Administration Review*, V.19 (Spring 1959), p. 78-88.

26 Aaron Wildavsky, *op. cit.*, p. 387.

以上對政策問題特質的探討，是有其重要性的，其理由如下：首先，政策問題經常由許多相互關聯的問題所組成，將一些相互關聯的問題，分別地解決，其後果不但會將不正確的徵兆，誤認爲問題的原因；同時，亦可能產生新的或不可預期的問題。其次，瞭解問題與問題間的相互關聯性後，使分析人員在分析政策問題時，能夠有一整體觀或全局觀，不致產生見樹不見林的錯誤。最後，認知了這些特質之後，可以提高分析人員認定問題的品質，才能加強解決政策問題的能力。

四、政策問題的情境

政策問題的結構往往因抉擇的基礎及決策的情境之差異而有別，決策者所面臨的情境更是影響問題結構的重要因素。一般而言，與政策問題相互關聯的決策情境有完全確定之狀況、風險狀況與不確定狀況[27]，而在每一種情境下，對政策問題的認定，有著不同的方式和限制，茲分述如下。

（一）確定的情境

在確定的情境之中，決策者在認定問題與做成決策之前，對環境已有相當瞭解，因此，他能夠很容易地掌握影響問題的變數，並瞭解問題的各種可能及可採行動的原因。此外，亦能夠從追求目標的角度，及可能產生的結果，來計算它的成本及效益。從組織的觀點言，這種情境常存在於組織內部的運作層面，比如，在一個工廠裡頭，進行各種人員之工作指派時，對於每一個人員的能力和效率高低，我們似乎都很清楚的。因之在這種情境之下的決策，決策者所做的選擇，乃是哪些最能有效達成目標的方案，而此時所面對的問題，只是每一方案之成本效益間之差距的計算而已。

---

[27] Herry L. Tosi and Stephen J. *Canoll, Management: Contingency, Structure, and Process* (Chicago, Illinois: ST. Cluin Press, 1976), p. 268-270.

（二）風險的情境

在風險的決策情境下，有很多種可能發生的情況，但是決策者並不知道、或不能確定將會發生何種情況。在這種情境下，決策者只能預估或猜測每一種情況所可能發生的或然率，而這種或然率的估計，有時是憑藉經驗，有時是根據直覺的判斷。我們知道但憑經驗往往會產生誤差，因爲過去的情況，和現在的情況未必相似；而直覺的判斷，更是容易犯錯。這種情境可以囚犯的困境（prisoners' dilemma game）來加以說明最爲恰當[28]。

假設有一位監獄長抓到兩位犯人，而這兩位犯人如果都不承認有犯罪的事實，則兩個人都不會受到判刑和處罰。監獄長爲達到判刑的目的，他就個別地和兩位犯人面談，並對兩位犯人說：「假定你們其中的一位承認有犯罪的事實，同時承認的時間要比對方早一天時，則先承認犯罪事實者就可以獲得自由，而且可以領取一筆獎金，而另一位不承認犯罪事實者，就要判二十年徒刑；可是假定兩位都在同一天承認犯罪的事實，則每位均判刑十年；如果兩個人都不承認，則兩人皆判刑5年徒刑。」兩位犯人彼此隔離，不能互通訊息。此時他們各種選擇的後果如圖2-1。

		囚犯A	
		承認	不承認
囚犯B	承認	A(10)	A(20)
		B(10)	B(0)
	不承認	A(0)	A(5)
		B(20)	B(5)

兩位犯人所面對的情境，即是存有風險的情境。

圖2-1　囚犯困境

[28] Karl W. Deutsch, *The Analysis of International Relations*, 2nd. ed. (Englewood Cliffs, N. J.: Prentice-Hall, 1978), p. 144.

（三）不確定的情境

在不確定的情境下，決策者所面臨的困難，乃是每一個選擇方案，都有許多可能發生的情況，且產生的結果也互異。它與風險的情境所不同的是，其可能發生的「或然率」我們無法預測。例如，一個工人在選擇工作時，常常因考慮工作薪資與工作安全間的差異，而陷入這種情境。一般人都想要薪資高且安全的工作，但事總與願違，魚與熊掌往往不可兼得，到底要選擇高薪的工作或工作安全性高的，經常是困擾而無法決定的事。選擇高薪資而工作安全低的工作，最好在經濟成長或繁榮的時候；選擇低薪資而工作安全高的工作，最好在經濟衰退的時候。這種選擇，主要是依賴市場競爭者的反應、消費者的偏好和其他的因素而定，而這些因素影響著每一個方案的可能後果，於是決策者被迫面對這些不確定的因素來做一種抉擇。

就問題的本身而言，一個問題的可能影響因素，不只一端，甚且也難以確定各因素的影響權重。比如說，影響人口出生率增減的可能因素，不下幾十個，有人認爲是社會文化背景、社會經濟條件；有人則認爲是實施家庭計畫的後果；有人更認爲是人口結構因素。到底是哪些因素，或哪一個因素在哪一種時空條件下，才是眞正影響人口問題的可能變數？實在很難下決定。

總之，隨著問題情境的不同，問題分析與認定的方法亦有異，其抉擇的標準也有別。決策者當體認，政策問題所面對的情境，而構思下一步的行動。

五、政策問題的結構

政策問題複雜情形爲何，常常決定和解決此一問題的技術和方法，政策問題的複雜性，乃由某些顯著性因素的影響而定。學者認爲，任何政策問題都具有以下幾個共同的要素：問題的情境（已如前節所述）、政策關係人、備選方案、利益（價值）、方案的後果、後果產生的或然率，根據這些要素組成問題相對的複雜性。一般而言，政策問題有三種相對程度不同的結構類型：結構優良的、結構適度的及結構不良的[29]。

（一）結構優良的問題

這類政策問題所面臨的情境，有時是相當確定的，有時則處於風險的情境下；它所牽涉到的政策關係人（決策者、受益者、受害者……等）只有一個或少數幾個人；其用以解決問題的方案，亦相當有限；政策方案的效益和價值，較能反應政策關係人，其在目標和目的上的共識；而且這些政策目標，是依政策關係人的偏好，給予優先次序的安排；每一方案的後果若不是完全的確知，便是在可容忍的邊際誤差之內；此類的政策問題，可用電腦化的方法來處理，所有方案的可能後果，吾人皆可事先加以程式化。在政府機關中，層級較低的作業問題，都可視為結構優良的問題，例如，公私機關中，交通工具的更新問題，只要從成本效益的觀點上，去計算最理想的情況，便可根據計算結果，在適當時間決定進廠保養或更換新車。

（二）結構適度的問題

此類政策問題所涉及的政策關係人為數亦不多，有關之政策方案，為數亦有限，各方案的效益和價值得以反應各關係人的目標和偏好。不過，每一個方案的後果並不確定，也不在可容忍的邊際誤差之內，即每一方案的後果具有不確定性，且誤差的或然率無法完全估計，這來在問題同樣可以用「囚犯的困境」加以說明[30]。

（三）結構不良問題

這類政策問題涉及到許多不同的政策關係人，而這些關係人的效益和價值是未知的，或無法用一致的形式加以安排，其與前面兩種結

[29] Henry L. Tosi, *op. cit.*, p. 268-270.

[30] 請參閱本章「政策問題的情境」一小節。

構類型，亦有所不同，即政策關係人間存在著相互衝突的目標，政策的方案及方案的後果都是未知的，決策的風險和不確定性亦是無法加以估計的。政策分析者面臨這種情況時，其主要的抉擇，既不是發現已確定的關係，也不是計算政策方案的風險和不確定性，而是界定問題本身的本質。結構不良的問題，幾乎是完全不可傳遞性（intransitive）的決策問題，即決策者無法選擇，甚至不能提出一個爲所有人均贊同的方案。然而上述兩種結構的政策問題，其解決問題的方案優劣有序，所以具有傳遞性，即當甲案優於乙案，乙案優於丙案時，那麼甲案必優於丙案。但結構不良的政策問題，其各方案之間，並不具有可傳遞性。

我們日常所面對的重要政策問題，大多是結構不良的問題，因爲各種複雜的政策問題，具有相互依存性、主觀性、人爲性及動態性。政治學、行政學也告訴我們，在複雜的政府環境中，甚少出現結構優良與適度的問題。比如，公共政策是一套相關的決定，由許多政策關係人所制訂與影響，所以決策者並不是一人或少數幾人，其價值偏好也不一致，目標的共識並不是原則而是例外，政策制訂過程中，往往涉及到利害關係人的衝突。

更何況由於資訊取得的限制，規劃解決方案的困難，致使決策人員不可能認定解決問題的所有的可行方案，因之，政策分析的主要任務之一，在於竭盡所能的分析和解決結構不良的政策問題。

歸結言之，結構優良、適度與不良的政策問題，其主要的特性，可以表2-1加以說明。

第二節　政策問題的分析

事實上，認定一個政策問題並不是一件簡單的工作，就整體而

表2-1　政策問題的結構表

要　素	問題結構		
	結構優良	結構適度	結構不良
決策者	一個或少數幾個	一個或少數幾個	許多
方　案	有限	有限	無限
價　值	共識	共識	衝突
後　果	確定或風險	不確定	不確定
或然率	可計算	不可計算	不可計算

言，有些事物有了錯誤似乎很容易就看出來，但眞正個別的錯誤在哪裡，則很難找出來，誠如*C. E. Lindblom*所言，決策者所面臨的並不是一個既定的問題[31]。由於決策者必須認定問題的本質，因此他們就須專注於觀察、評估及抽繹事實，而在這個含糊籠統的認定過程中，有時會滋生出不同的結果以及尖銳的政治衝突。

職是之故，爲了澄清這個籠統的過程，化解其間的衝突，分析人員必須建立一套有系統的分析過程，同時根據每一個過程階段上的需要，提出一些有效的分析工具和分析方法。以下我們擬就幾點要項逐一加以探討：(1)政策問題產生的因素；(2)政策問題認定的過程；及(3)政策問題認定的方法。

一、政策問題產生的因素

政策問題認定之主要旨趣，在於探討問題的根源，瞭解眞正的問題，以期對症下藥而得適時加以解決，因之，筆者在這一節企圖分析幾個問題：政策問題的發動者；政策問題產生的一般原因；流行的秘思（popular myth）在判斷政策問題產生的因素上，具有何影響？科學秘思的角色又如何呢？

[31] C. E. Lindblom, *Policy-Making Process* (Englewood Cliffs: Prentice-Hall, 1968), p. 13.

（一）政策問題的發動者

根據學者*R. W. Cobb*和*G. D. Elder*的研究結果，喜歡發動政策問題者有四：再調適者、環境反應者、行善者與開拓者[32]。再調適者之所以發動問題，緣於社會上現行職位或資源的分配，造成有所偏差或不公允的現象，凡是受到這種現象所影響的個人或團體，可能因此提出問題，喚起社會輿論的重視、執政當局的注意與考慮。比如，資方剝奪女工的權益之事，一度引起激烈的爭論，而有內政部規定與提高最低工資的決策。

環境反應者於社會上發生非預期的事件時，發現問題之所在。例如布拉哥油輪污染台灣北部海岸的事件，環境反應者乃反應淨化、漁民生活、觀光等問題，呼籲政府即時制訂政策，解決上述哪些問題；又如，甘迺迪總統被槍殺後，美國許多人士紛紛討論槍械管制的問題；艾森豪總統心臟病發後，引起關注有關總統的能力問題。

開拓者爲了自己的利益得失而引發問題，例如，個人爲競選公職的勝利，乃盡力發掘問題或尋找問題，以爲政見的主題，並爲將來當選後施政運作的指標，高雄市前後任市長處理違建戶的事爲明顯的例子。

行善者之發動問題並不在於爲了個人職位或資源上的利益，他們純粹爲了公益著想。蔣夢麟先生不斷爲台灣的人口問題，發出呼籲，提請當局注意，而不計其個人之譭譽，實爲一例。

這四類問題的發動者，彼此並不具有排他性，任何個人或團體爲了特殊的行動均有一種或多種的動機。因之，有的人之所以支持美國1964年之民權法案，乃站在人道主義者的立場；有的人之支持，則爲了追求個人或團體的利益。

[32] R. W. Cobb and C. D. Elder, *Participation in American Politics* (Baltimore: The John Hopkins Univ. Press. 1975), p. 82-93.

（二）一般原因之探討

政策問題產生的一般原因，可自國內與國外的角度來觀之，因爲公共政策的產生不外乎因應國內與國外的情境之變化。國內的原因可緣自下列幾個方面：自然的災害，例如八七與八一的大水災、礦坑的爆炸等；非預期的人文事件，諸如暴動、暗殺、劫機和謀殺等情境；社會的變遷，比如過去二十幾年來，由於政府與人民的共同努力，促進了經濟發展與社會建設，而邁向現代化的歷程，然而由於社會解組與價值失序的結果，引發了一些新社會問題，尤其是青少年的犯罪問題；科學技藝的變遷，也引發了大眾交通捷運、公害、水與空氣污染，以及電腦犯罪等問題；資源分配的不均，造成女權運動、勞工方面的問題；生態的變化，形成嚴重的人口爆炸、糧食缺乏的問題。

國外的原因有戰爭或軍事行動的爆發，比如中東之戰、韓戰、越戰、兩伊戰爭、美伊和美阿之戰產生了諸多對應的問題；武器的革新、發展與演進，引起戰略武器之控制與裁軍等問題，甚至於升高冷戰與熱戰的紛爭、如何設防反擊之問題；國際間的分合、衝突，影響到外交政策之制訂；國際間聯盟型態的變更，引起各國對這種情勢之因應問題。

（三）流行秘思與政策問題

由於政策問題具有主觀性、動態性、人爲性、不確定性等特性，而且問題之認定更有不同的人性、不同的價值判斷，由是往往有許多政策問題產生的說法不一定正確，時或可能曲解問題產生的眞正原因之現象。蓋有許多情況，個人對客觀事物之認識或採行各項行動的基礎，完全基於社會上的流行秘思，而不是客觀具體的事實，以致無法認定眞正的政策問題、發生問題的根由。換言之，流行秘思有時左右人們對於問題之認定。所謂流行秘思，乃凡是足以導致人們對一知半解與觀察不全的事件，遽下定論而建立一般性的意識之部分事實、或對實際現象之曲解，以及基於一些可行證據而爲的選擇性認知[33]。比如，一般人認爲各類之犯罪，尤其是暴力犯，此時比以往任何時期均高，推究其因乃人們只是根據有關機關所發布的統計數字，而不從人口增加、社會變遷等因素去探討；又如，貧窮被視爲當代任何地方所不能避免的現象；失業的因素被嫁禍於教育不足、資格不符、激勵不高；吸毒與酗酒純粹是社經地位較低者、道德墮落與心理不正常所致；污染則爲富庶的資本家，意圖維持目前的利潤水準而引起；環境之破壞又爲繁榮經濟必付的代價；種族與性別歧視乃因位居高職者，在決定雇用與升遷時的偏見所致[34]。

流行的秘思雖然得以使我們認識部分的情境，但其極可能讓我們曲解事件的眞義。因之，在認定政策問題時，我們須戒愼恐懼，格外小心，蓋流行秘思只具有部分的眞實性，不得用以解釋任何既定現象的全部，我們千萬不能根據個人最初的先見，得到部分的證實，就認爲實際的現象是如此。誠然，某些流行秘思，在事實上有一部分眞正的基礎，但我們絕不能因此只觀察支持該秘思的社會與文化刺激，或者誤解環境的刺激。

在政策問題的認定過程中，有三種流行秘思對其具有重大及決定性的影響，它們是自然的秘思、邪惡的秘思與內在的秘思。自然的秘思認爲政策問題是自然的、必然的及不可避免的，或者是不能控制的意外事件之結果。蓋在當代社會科學尙未發展之前，社會問題源自意外事件、自然與不可避免的過程，運氣不佳、人類無法控制環境、上帝的處罰等觀念，乃作爲犧牲者之不幸的註腳，由是貧窮、失業、種族歧視等現象在實質上乃不能改變，因爲人們信念人性、社會與組織之不變性。在這種情況下，原則上我們不能認定眞正的政策問題的根

[33] R. P. Lowry, *Social Problems: A Critical Analysis of Theories and Public Policy* (Lexington, Ma: D. C. Heath and Co., 1974), p. 20.

[34] *Ibid.*, p. 23-24.

由，蓋我們沒有任何基礎來寄望事件或情境得以重要的方式變更之。

邪惡的秘思認爲社會問題之所以存在，乃因社會上存有邪惡，然而邪惡的根源是基本的人性、不良的社會環境、或者壞人位居高職者。比如，低階層的壞人從事犯罪；自私的資本家製造污染；偏見的經理產生任用的歧視；邪惡之人乘控制權力之便，追求個人的利益，忽略一般人的需求，破壞正當權力程序，造成種種社會問題。

內在的秘思則認爲問題之產生，在於產生問題本身具有內在的缺陷、弱點與不足，比如弱者吸毒、懶者貧窮。換言之，內在秘思乃從問題製造者本身追溯問題的根源，或從道德意志之薄弱、動機之不足與態度之消極來解釋，而忽略環境因素、社會制度之探究。

這三個流行的秘思在認定政策問題上，雖然可能提供我們部分的眞實性，但往往導致我們錯認眞正的問題所在。在美國，一旦提到貧窮問題，人們就會認爲大多數的窮人爲黑人——身爲寡母而又擁有很多小孩者。然而，事實上根據調查統計的結果，也有許多白人及男性家長的家庭也被列入貧窮階段；此外，一般人亦往往有一種錯覺：貧窮人爲不能或不願工作者，其實，有許多貧困的家庭，均有人就全職或半職的事[35]。總之，流行秘思在瞭解眞正的社會問題上是有其限度的，無法認定眞正問題的本質及成因，則難以找尋對症下藥的解決方案。

（四）科學秘思與政策問題

過去幾十年來，社會科學家不斷地追求社會問題的各種透視，亦即從各種不同角度來思維與探究社會問題或公共問題產生的背景、原因，及其解決之道，因之，隨著時代的演進，建立了多種科學秘思或典範（paradigm）。一般言之，科學秘思乃以理論的方式來認識所研

---

[35] A.M. Rivlin, *Systematic Thinking for Social Action* (Washington D. C.: The Brookings Institution, 1971), p. 12.

究的世界，其與流行秘思同，只具有一部分的眞實性，爲對實體世界所持的暫時成見，有時亦曲解和誇張事實，但對科學家觀察世界的視野是有用和必需的[36]。蓋科學家若沒有科學典範，就不能從事科學的研究，不過有了科學典範，科學家可能只認識有限的和誇張的事實。*T. S. Kuhn* 曾堅決地強調科學典範的重要性爲：決定研究的方法、使用的概念及研究的題材[37]。

社會科學家根據歷史演進的層次，對有關社會問題的科學秘思，曾提出五個主要的透視，用以解釋各層次之社會問題產生的原因及其解決之道。這五個透視爲社會病態、社會解組、價值衝突、偏差行爲與稱示透視[38]。

1.社會病態：這個秘思主張：任何事件之成爲問題，在於該事件妨害到社會的正常功能，正如疾病被視爲問題，係由於其破壞個人正常的身體運作過程。社會病態構成違背現行規範、道德與法律所期許行爲之因素，早期的學者常論證社會病態存在於有病的人身上，即個人內在的破壞衝動、缺陷與懦弱，爲產生酗酒、犯罪、吸毒及青少年問題的根由。晚近的學者則主張有病的社會環境爲滋生社會問題的溫床，當社會在某些重要的面向，顯現反常的成長，影響到許多人的生活，形成病態的情境，威脅社會的生活時，就會導致社會問題。總之，個人或社會的病態爲產生問題的主要原因，要解決社會問題，必先醫治有病的個人以及社會環境。

2.社會解組：科學技藝的推陳出新、人口快速的成長、文化不斷的興革鼎替，往往帶動整個社會的變遷。然而社會急速變遷的結果，會導致社會系統的各部分無法及時順應變遷而調適，因而造成無規

---

36 L. P. Lowry, *op. cit.*, p. 47.

37 T.S. Kuhn, *The Structure of Scientific Revolutions* (Chicago: The Univ. of Chicago Press, 1970), p. 10.

38 E. Rubingtonand and M.S. Weinberg, *The Study of Social Problems* (N.Y.: Oxford Univ. Press, 1977), p.`15-197.

範、文化衝突和崩潰等社會解組的現象，叢生了社會問題。蓋社會生活乃建立於共同和一致的規範上，若無規範，社會上就沒有範限行爲的規則，斯時慣例之維持、正常生活之從事，也就有所困難。再者，在文化衝突的情況下，人們行爲的規則彼此對立，若遵行某一標準所爲的行爲，則可能違背另一套標準，致使人們陷於無所適從之境。此外，設若人們順從既存的規範，非但不能形成寄望的報酬，且無法施以應有的懲罰時，人們由此而居於崩潰的狀態之下。在上述三種情況內，社會問題因社會的業已解組，乃應運而生了。

3.價值衝突：這個科學秘思強調社會問題存在於團體之間各自追求之價值不能並存的社會情境中，由團體的成員引發的行動要求。蓋社會上所有的團體，往往根據它的價值追求利益，而在追求利益的過程中，他們時常與其他追求類似利益的團體發生衝突與競爭。中東問題的癥結在於以阿雙方利益的無法協調，爲價值衝突產生的著例。

4.偏差行爲：在一個社會內，總有些共同接受或承認的行爲標準或規範，凡脫離或違背這個標準的行動，爲偏差行爲，換言之，違反社會制度所期許的行爲和事件，均爲偏差行爲。社會問題乃反映期許行爲之違背。個人之所以發展偏差行爲，乃學習傳統行爲的機會有限，而學習偏差行爲的機會增加之緣故。

5.稱示透視：偏差行爲秘思假定社會問題之產生，爲偏差行爲的結果；稱示秘思則主張社會問題是社會中之個人和團體主觀界定所致。質言之，社會問題之確定，實取決於個人和團體如何反應已宣稱的規則或期許被違背的情況而定。比如*E. C. Stanton*和*L. Mott*就界定禁止婦女之參政權爲社會問題；參議員*J. Q. McCarthy*認定政府中的共產主義爲公共問題等均屬之[39]。

[39] M. S. Weinberg and E. Rubington, *The Solution of Social Probems: 5 Perspectives* (N.Y.: Oxford Univ. Press. 1973), p. 245.

這五種科學秘思提供我們不同的判斷與期望，而不同的判斷與期望，影響我們對於政策環境中的事件或情境的認識。換言之，政策成果資訊之解釋，往往繫賴於科學秘思所形成的判斷與期望。不過，由於科學秘思僅具有一部分眞實性，因此社會科學家乃不斷檢視現行秘思的特性，決定其在分析和解決當代問題的有用性與不可行性，而有不同的秘思產生。各種秘思提供我們認定政策問題的一部分基礎，並非全部，由是，決策者在認定政策問題時，除了參閱科學秘思外，更要利用各種認定問題的方法，務求發現眞正的問題，提出有效的解決方案。

二、政策問題認定的過程

政策分析中政策問題的認定，有三個不同但相互依存的階段過程，即：問題察覺、問題界定與問題陳述（如圖2-2）[40]，這三個階段過程總稱之爲政策問題認定的過程。不過，政策問題認定不一定是依上述三種程序進行的，它可從三個階段中的任何一個開始，而問題認定的一個先決條件，是認知或感覺一種問題情境的存在。將問題情境轉變爲實質問題（substantive problem）時，分析人員或決策者通常是用一些傳統或習慣的語言加以界定，即應用最基本的和一般的辭彙

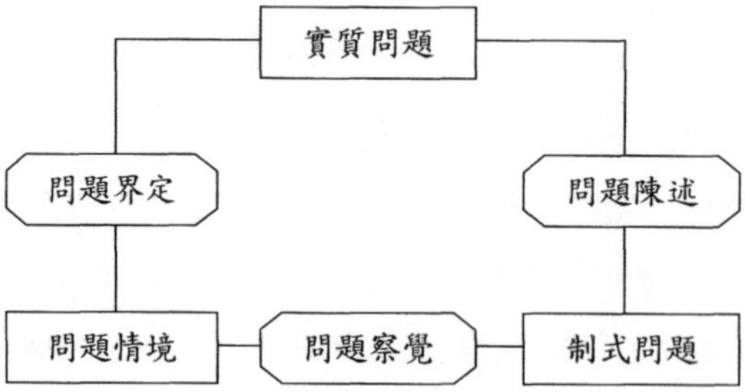

圖2-2　問題認定邏輯結構圖

[40] 這三個階段引自Keith G. Banting, *Powerty, Politics & Policy* (London: The Macmillan Press, 1979), p. 140.

予以定義問題。例如，在認定某一政策問題時，分析人員先要決定這個問題是屬於經濟的、社會的或政治的問題。假定是經濟問題，那麼分析人員，可以用財貨和勞務或市場與價格等觀念來界定這一問題；如果是政治的或社會的問題，那麼分析者將運用權力分配、利益團體競爭、社會變遷等概念來界定此一問題。事實上，選擇界定問題的概念架構（concept framework），就如同在許多價值觀念、意識型態或流行秘思中做一種抉擇[41]。因爲一個政策問題之所以爲問題，與決策者及人們所持有之文化背景有關。文化所包括的內容，牽涉到人們對人類行爲、世界觀、所持有的信仰、價值和態度[42]。美國人向來認爲言論、宗教信仰，是人類所享有的至高無上的自由，這些自由權如果受到明顯的剝奪或侵害，就會引起人們廣泛的注意，且視爲一個需要政府採取行動加以解決的問題；在其他國家，這些自由有時不是有意的加以忽視，便是被用來作爲政治的口號，人們即使被剝奪了這些自由，也不會過度的重視，或有任何需要解脫的要求，在他們的認知意識裡，這種情勢是自然的、不可變更的，於是，在此種情況下，政策問題無從發生或根本不存在。

價值觀念、意識型態、社會秘思，致使分析人員就問題情境中所包含的因素，做一種選擇性的察覺。就以貧窮問題的界定爲例，貧窮的定義、種類繁多，不同的學術背景，有著相異的看法，即使同一學科領域，亦有不同的定義：從道德家的眼光來看，貧窮只是社會道德的低落，強者剝奪弱者，惡人欺壓善人的結果；由自然主義者的角度觀之，貧窮是社會長期變遷演進中，一時不可避免的現象，這是社會自然演變必經的歷程；若以環境主義（時勢主義）者的觀點而言，貧

[41] Thomas Kuhn, *The Structvre of Scientific Revolutions*, 2nd. ed. (Chicago: University of Chicago Press, 1971).

[42] George C. Edwards, III and Ira Sharkansby, *The Policy Predicament: Making & Implementing Public Policy* (San Francisco: W. H. Freeman and Company, 1978), p. 90.

窮是社會一時不健全所促成的犧牲品。由這些價值觀念、意識型態和社會秘思中，尋求分析政策問題的概念架構，有其功效性，亦有其冒險性。因爲這些觀念、意識型態和社會秘思，只具有部分的眞實性而已。不過，這些觀念、意識型態和社會秘思，在政策分析中扮演著相當重要的角色，其可能決定政策問題的本質。

再者問題情境經界定成爲實質問題之後，在有意無意間，我們已建構一個詳細和特殊的制式問題。從實際問題轉化成制式問題，須透過問題陳述的功能來完成，而在此功能階段中，必須運用或發展一些數學模型來表示。但是此時，很可能會發生一些困難，因爲結構不良的政策問題，在實質問題與制式問題代表的模型間，可能存在相當含糊的關係，所以政策分析中，運用數學符號來陳述政策問題的方法，大都不太可能用於結構不良的問題。所幸分析一個結構不良的問題，主要的工作不是尋求一種數學符號上的解決方案，而是如何界定問題的本質（nature）。

政策分析在認定政策問題時，引起最大的爭議是：如何使建構的實質問題（界定之後）和制式問題（陳述後的）能符合最初的問題情境？如果問題情境事實上包含了整個問題產生的系絡，則政策分析的中心要點是：如何建構實質與制式問題，使其足以代表問題情境的複雜性。分析人員比較問題情境與實質問題的特徵時，大都利用一些關於人類本質、社會變遷的假定及各種信念爲基本的概念架構；而衡量問題情境與制式問題的相對應程度，則常以一些數學模型說明兩者的關係。在第一種情形下，分析人員冒著選錯概念架構（觀念、意識型態、秘思）的風險用以界定問題的情境；在第二種情形下，主要的風險是：以錯誤的制式模式代替實質問題或問題情境。

問題認定過程中，可能引起的諸多困擾，大致是政策分析和科學方法論上的問題。蓋問題認定的每一個階段，需要各種不同「方法-邏輯」的技術，以及不同的合理標準。例如，適於界定實質問題的技術，是屬於概念的或理論的。由於這些技術上的要求，政策分析人員應該接受哲學、倫理學和一般社會科學理論的訓練，至於數理統計、經濟學、作業研究、系統分析方面的技術訓練，主要是爲了陳述制式問題及獲得解決這些問題的技術。

三、政策問題認定的方法

政策問題認定是一個過程，在這個過程中不斷地產出和檢驗有關問題情境的概念。政策問題的認定，就如同我們前面所看到的圖2-2，它包含三個相互關聯的階段：問題察覺、問題界定和問題陳述，而在這三個階段過程中，分析人員得以產出和轉化有關的問題情境、實質問題和制式問題的訊息。有關政策問題之察覺、界定和陳述的方法很多，此處我們將介紹五種：類別分析法（classificational analysis）、層級分析法（hiearchy analysis）、類比法（synectics）、腦力激盪法（brainstorming）及假定分析法（assumptional analysis）。不過，每一種方法雖各有其不同的目的、程序、焦點和評價標準，但這些方法設計的主要目的，都是在有效地改進政策分析中問題認定的缺失，激發政策分析中的創造力，產出較爲完善的問題認定成果。

（一）類別分析法

類別分析法（classificational analysis）乃用以澄清、界定和區分問題情境的內涵。在察覺一個問題情境時，分析人員或多或少根據他們過去的經驗，而對問題情境加以分類。蓋問題情境最簡單的一種描述方式，乃是基於過往所獲得的經驗，將之加以歸納推理而分類，即經由特殊的或具體的事物或情境的經驗，形成一般的或抽象的概念，諸如貧窮、犯罪和污染等。於是，當我們將一個問題情境區劃爲某一類之後，我們就排除了將它劃分爲其他類別的機會。

類別分析以兩個主要過程爲基礎：邏輯區分和邏輯歸類。所謂邏輯區分（logical division），指的是我們選擇了某一類問題之後，將它們解剖成許多次類的過程，有如對一把槍枝進行細部分解的過程；相反的，我們將許多情況、事物和個人組合成一個大的團體或類別，這種過程我們稱之邏輯歸類（logical classification），譬如我們將手槍、步槍、機槍……等合稱爲槍。不過，任何分類的基礎，端視分析者的目的而定，但分析之目的，又視分析者對問題情境之實質如何認識而定。以我國貧民問題爲例，所有的家庭可以分爲兩個次類（subclass），即根據政府所建立的標準，在某一所得水準之下者爲貧民，在其上者則爲非貧民。如果分析人員只停留在這個邏輯區分的過程上，那麼他會得到一個結論：即我國貧民人數已漸漸下降，且這是實施資本主義、自由經濟政策的結果；但如果我們更深入的區分貧民所得，可以根據政府移轉性支付之前，和之後的所得爲基礎，將貧民區分爲兩類，那麼分析人員將會就此一問題得到一個截然不同的認識，於是分析人員將無疑地認爲：貧窮的減少，是政府福利政策或社會安全計畫的結果。因此，其可能主張貧窮不是由自由競爭的經濟政策來解決，必須以三民主義的民生主義經濟政策來突破。

雖然我們目前仍無法確知，甚麼樣的分類基礎才是正確的，但許多原則有助於我們確信，某些分類確實與問題情境相關而且具有邏輯上的一致性。茲分述五個原則：

1.實質的相關性（substantive relevance）：這是根據分析人員的目的和問題情境之特徵所發展出來的分類基礎。此一法則指「類」（class）與「次類」（subclass），應該儘可能地與問題情境的事實（realities）相一致，即分類應當以對象本身的特徵作爲基礎[43]，但是我們對情境的瞭解，乃取決於我們對情境所經驗的概念，因此，目前尚沒有任何絕對可靠的方法，讓我們體認正確的問題情境。以貧窮爲例，可以因不同的標準或基礎而形成各種不同類別的問題，譬如有人認爲貧窮是一個不合理所得的問題；有人認爲是文化剝奪的問題；或

[43] 柴熙，哲學編輯，增訂版（台北：台灣商務印書館，民國64年），頁90。

者有人認爲是心理動機的問題。就我們所知，其可能是這些因素中的一種、多種或所有因素的組合。

2.窮盡性（exhaustiveness）：在一個分類系絡裡的類目，應該窮盡，即分析人員所感興趣的所有主題或情境，都能爲這些類目所涵蓋殆盡或包含。在我們區分貧戶與非貧戶時，我們必須使得所有的家庭均分屬於兩類中的任一類，如果我們發現一些根本沒有任何收入的人，我們可能須再創造另一種類別，是以前面的分類標準，便沒有達到窮盡的原則，而產生漏網之魚。

3.相互排他性（disjointness）：類目間必須是相互排他而且獨立，每一對象或情境只能被派到一個類目或次類目（subcategory）。在區分貧戶與非貧戶時，必須使每一家庭不是屬於貧戶便是屬於非貧戶，同時不能有一個家庭既屬於貧戶又屬於非貧戶。簡言之，在同一分類的各次類目間，彼此應是相互排斥的[44]。

4.一致性（consistency）：每一類目或次類目，應該基於一個單一的分類原則，即同一分類所採用的基礎必須首尾一貫，同一分類的基礎，不可以前後不同，也不可夾雜其他的基礎，如把「人」分成亞洲人、歐洲人與農人，即違犯了此項規則[45]。這一原則實際上是「窮盡原則」與「相互排他原則」的延伸。

5.層次有別性（hierarchical distinctiveness）：其意指在分類的系絡中，層次的意義，必須小心且明顯的加以區別。分類應按序將高等級類別分出，緊接著列出下一等級之各類，如將「動物」區分成各「門」，再將「門」分成各「亞門」，每一「亞門」又分成爲若干「綱」等，以此類推。一般而言，區分時不可由高級類越級而下[46]。層級間有順序的區別，這個法則值得我們更深入的深思熟慮，因爲

44 同上，頁92。
45 同上，頁91-92。
46 同上，頁92。

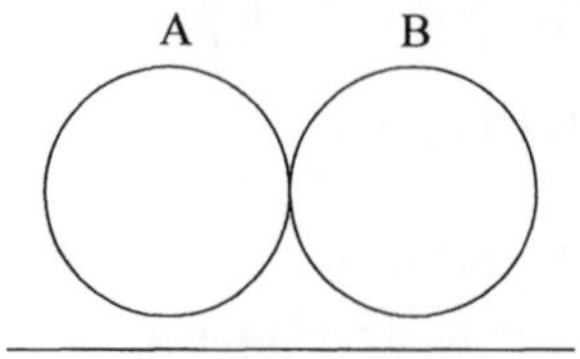

(一) A∪B = u

(二) A∩B = ϕ

圖2-3 AB聯集圖

它是問題認定的中心。蓋在認定政策問題時，常發生分析人員漠視成員（member）與類別（classes）問題的基本差異，譬如，個人（individual）是人類（human kind），而人類卻不是個人；同時，一個類別之次類的範圍，不得超過被區分類別的整個範疇[47]。

在類別分析中，一個最有用的途徑是集合思考的觀念。集合思考指涉集合與其他集合間，或集合與子集合（subset）間的關係。集合是由一些對象或因素所組成的，並具有相當清楚界限的集合體，並在分類的系絡中，類別與次類別就如集合與子集合的關係一樣[48]。而這種集合關係，可以用圖2-3說明。

在集合符號中「∪」代表一種運算稱之為「聯集」；「∩」代表另一種運算，稱之為「交集」；「u」代表全集合，即分類對象之全體；「ϕ」代表空集合，即不包含任何元素之集合。譬如我們以全國家庭為分類對象之全體，而圖中之B為貧戶所成的集合，A為非貧戶所成的集合，則：(一) 式A∪B＝u，讀做「A聯集B等於u」，即A集合與B集合包含了所有的家庭，此關係式即說明了窮盡原則。(二) 式A∩B＝ϕ，讀做「A交集B等於空集合」，即A集合與B集合，彼此不互相重疊，也就是屬於A者，就不屬於B，此關係式即說明了相互

[47] 同上，頁92。

[48] Fred N. Kerlinger, *Foundations of Behavioral Research*, 2nd. ed. (New York: Holt Rinehart and Winston, 1973), p. 4.

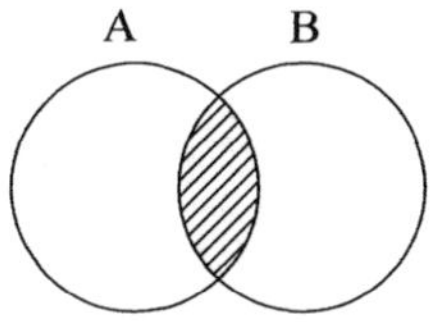

(一) A∪B＝u

(二) A∩B＝D

圖2-4　AB交集圖

排他原則。

兩個集合也常會相交，形成另外的子集合如圖2-4，例如：非貧戶A與貧戶B的交集D，可以用來說明A與B中，包含某些接受政府移轉性支付的家庭，其表示符號A∩B＝D，讀做「A交集B等於D」。

聯集與交集是最重要的兩個運算，我們可以利用這兩個運算概念形成「分類架構圖」（classification schemes）和「交錯剖析圖」（crossbreak），如圖2-5及圖2-6。而交錯剖析圖是邏輯區分的基本形式，通常以圖表來組織資料。

集合圖、分類架構圖和交錯剖析圖，是認定政策問題的重要技術。類別分析的程序主要以個別的分析者爲主，而不是一個團體或集

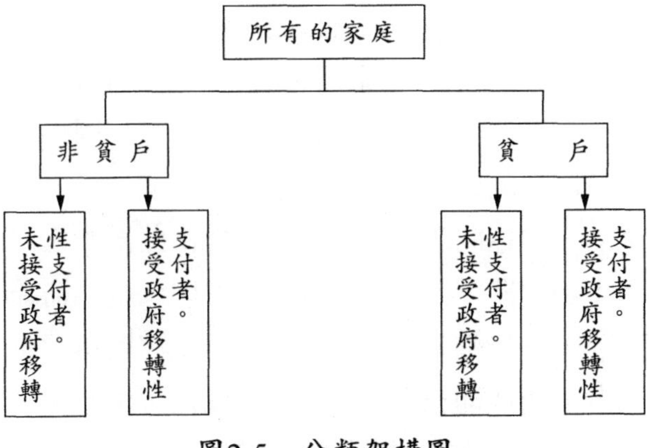

圖2-5　分類架構圖

	A_1	A_2
B_1	B_1A_1	B_1A_2
B_2	B_2A_1	B_2A_2

A_1＝非貧户。
A_2＝貧户。
B_1＝未接受移轉性支付。
B_2＝接受移轉性支付。

圖2-6　交錯剖析圖

體的分析方法。這種分析方法，其好壞的評價標準，以其是否能符合邏輯上的「一致性」原則爲主，雖然邏輯上的一致性是分類方法中一個重要的面向，但是沒有任何有效的方法使我們能夠確信，哪一個才是這些類目的或次類目的實質基礎，因爲不同的分析人員，常常對一個分類的實質基礎，有著不同的意見。因此，以個人爲焦點的類別分析法，可以會排除其他許多「可能分類」的機會。簡言之，類別分析只是有助於澄清既定概念間的關係，其實這個方法並不能保證我們可以獲得這些概念間所存在的實質關係。

（二）層級分析法

層級分析法（hierarchy analysis）乃認定形成政策問題的各種可能原因的方法。無論是形式邏輯（formal logic），或是許多社會科學的理論，對認定問題的可能原因，都未曾提出任何有效的辦法。而在推論因果關係上，我們尚未發現任何可靠的辦法，因爲社會科學的學者們，其所提供的理論或研究，都太過於空泛或抽象，以致於政策分析人員和決策者在描述問題的情境時，不能由此得到任何的助益。爲了精確而有效地認定問題情境的各種可能原因，我們需要一套有效的思維架構，透過此一思維架構，希望能描繪出問題情境產生的諸多可能原因，而層級分析法即在幫助分析人員認定三種原因：可能的原因（possible causes）、合理的原因（plausible causes）與可以行動的原因（actionable causes）。

可能的原因指的是一切事件或行動，不論關係如何，只要它是可能促成問題情境發生的便是，例如，拒絕工作、失業、或精英份子（elite）間財富與權力的分配，都是貧窮問題的可能原因；合理的原因指的是以科學的研究或直接的經驗爲基礎所獲得的，這些原因受到廣泛的信任，相信它們是問題情境發生的重要影響因素。根據經驗性的觀察，上面例子中，拒絕工作在我國傳統文化背景之下，似乎並不是個合理的原因，而失業與精英份子間財富和權力的分配，則成爲貧窮的合理原因。最後，精英份子的財富和權力結構，並不是一個可以行動的原因。蓋決策者甚難控制和操縱社會結構，只因我們很難制訂出一個可以立即改變現存社會結構的政策，且政府所表現的往往是政治系統中精英份子的價值。由是，只有在現存的社會結構和社會價值的基礎下，才有可能制訂政策、解決問題，因之，「失業」乃成爲這個例子中唯一可行的原因。

在這個例子中所呈現的，不僅在說明層級分析在問題認定中所具有的創造性角色，更顯現出它對揭示公共政策一些非預期結果上的貢獻。

層級分析法的原則和類別分析法相同，爲實質相關原則、窮盡原則、相互排他原則、一致性原則和層級原則；同樣地，邏輯區分和邏輯歸類，這兩種程序同時都可運用於這兩種分析方法上。兩者所不同的是類別分析法指涉到全稱概念的邏輯區分和邏輯歸類；層級分析法則在建構可能、合理和可以行動原因的特稱概念。兩者雖有異，但兩者的分析形式，都以個別的分析者爲核心，且評斷其界定政策問題效果之優劣的標準，都是以邏輯上的是否一致性爲主。不過，兩者均無法保證，發現概念化問題的正確而具體的基礎，因爲層級分析法，亦有排除其他因果解釋出現的機會。蓋層級分析法著重於個人分析，而非團體的相互影響。分析者個人的背景、意識型態、價值觀念不同，所探索出的問題原因也有別。

（三）類比分析法

類比分析法（synectics）旨從類似問題的確認中，指出政策問題的成因、特質與類別[49]。類比法乃調查問題間的相似性，冀以幫助政策分析人員，依據類比的結果，進行結構政策問題的內涵分析。許多研究顯示，人們常無法確認外表似乎是新問題，其實是舊問題，只是舊瓶換新瓶而已；而且從舊問題的體認中，可能隱含瞭解決新問題的方法。類比法的基本假定，乃分析人員若能察覺問題間，所存在的相同、或相似的關係，將有助於提升分析人員解決問題的能力。

在認定政策問題時，分析人員每每應用四個不同的類比型態，來體認問題的類別、成因與性質。

1.人的類比（personal analogies）：這種類比方式是分析人員將自己想像爲其他的政策關係人（stakeholder）一樣，沉浸在一個問題情境之中，有如眞正的決策者或利益團體。人的類比，在認定構成問題情境的政治層面，其所包含的諸因素，是相當重要的，因爲除非我們願意而且能夠進行政治性的思考，否則我們將無法進入政策制訂者的現象世界及瞭解政策過程[50]。

2.直接類比（direct analogies）：在直接類比中，分析人員直接比對兩個或更多的問題情境，冀圖找尋他們之間相似的關係。譬如在認定吸毒的問題時，分析者可從酗酒的類比中，找出吸毒者的特性、原因與解決防制之道[51]。

---

[49] W. J. Gordon, *Synectics* (New York: Harper & Row, 1961).

[50] Raymand A. Bauer "The Study of Policy Formation: An Introduction", in R.A. Baue rand K. J. Gergen (eds.), *The Study of Policy Formation* (New York: Free Press, 1968), p. 4.

[51] Mark h. Moore, "Anatomy of the Heroin Problem: An Exercise in Problem Definition", *Policy Analysis*, V.2 No.4(Fall 1976), p. 639-663.

3.符號類比（symbolic analogies）：符號類比旨在發現一個既定問題情境與符號運作過程間的相似關係。我們以*David Easton*的系統理論（Systems Theory）爲例說明之。*David Easton*爲所有的政治系統建立起一個可供比較分析的概念架構，雖然它只是一種高度抽象的符號概念，但它卻能幫我們瞭解一些我們不需要直接經驗的政治現象，且擴大了我們的政治視野。在系統理論中的一些觀點如系統、投入、輸出、環境、回饋等都是引用操縱學或生物學上的概念，在政治系統的概念架構中，就以這些符號來表示政治現象和政治過程[52]。

4.幻想類比（fantasy analogies）：進行此種類比時，分析人員可以就問題情境與某些事物之想像情況，完全放任地探討它們之間相似的關係。有些問題太過複雜，極難控制，而每一問題又並非只包含單一的形式，情境也常是不確定的。這種幻想的類比，大都是問題情境本身無法直接控制或實驗的情形。一般而言，核子戰爭之防護策略，通常都是一種幻想的類比，因爲沒有任何人經歷過核子戰爭的經驗。

類比分析，如同前述的方法一樣，完全依賴個別的分析人員，對問題進行適切的類比，其對既定的問題情境，進行各種不同的類比時，就受到前述的限制。於是，一個問題經由類比分析而將其概念化的好壞與否，其主要的評斷標準乃視在類比過程中，其比較過程合理的情形如何，即一個既定問題情境與作爲類比之另一個對象間，它們之間實際相似的程度如何而定。總之，類比分析中的各種類比，即人的類比、直接類比、符號類比、或幻想類比，有助於分析人員瞭解問題情境，建構問題的內涵，但無法確切地將問題予以適當的概念化或界定。

[52] David Easton, *A Framework for Political Analysis* (Englewood Cliffs: Prentice-Hall, 1965).

（四）腦力激盪術

腦力激盪術又稱激智術或腦力激發術，其乃*Alex Osborn*於1941年所創之「創造性思考力激發法」：由五至十人所組織成之討論會，一一提出問題，更由各種角度討論，俾能在短時間內，誘發刺激產出大量之構思。討論時應注意：(1)不去否定，或批評他人發言之內容；(2)儘量激發出很多意見；(3)愈離譜，愈不可思議之看法愈妙；(4)將各人所提出之構思加以組織整理、改進[53]。

腦力激盪術是一種過程，在這過程中可以就某一特殊的問題提出對策，亦可以誘出一種氣氛，並在這氣氛中，人們可以證明他的創造力。此法之運作，在強制人們發展他的創造力，而不著重其判斷或分析的能力[54]。

此法所產生出來的觀念、目標和策略，有助於我們認定和界定問題的情境。腦力激盪術包含的階段如下：

1. 組成腦力激盪的團體，其對團員的選擇，是根據我們所欲研究調查之問題情境的特質來決定。因之，所選的人員必須對既定的問題情境，已有了相當的瞭解，即他們必須是具有專業知識的專家。
2. 觀念的產生與觀念的評估，應予嚴格的區分，因過早的批評和辯論，會抑制團體激烈的討論。
3. 腦力激盪的活動氣氛，在觀念產出階段，應該儘可能地保持開放和隨意的狀態。
4. 觀念評估階段，應在所有的觀念產出後方可開始。
5. 在觀念評估階段結束後，腦力激盪團體應當對這些觀念做優先次序的安排，同時編組成計畫方案，且各計畫方案要包含有關問題的概念和可能的解決方法。

---

[53] 吳堯峯，現代管理淺釋，增訂版（台中：瑞成書局，民國69年），頁29。

[54] Philip E. Barton, “Brainstorming”, *Management Review* Vol.64 No.11 (Nov. 1975), p. 54.

腦力激盪術是一種多用途的方法，包含「結構」與「無結構」（unstructured）的活動，完全視分析人員的目的及問題的情境在實際上所發生的限制而定。無結構的腦力激盪術，通常發生在政府機關、公共或私人的智囊團（think tank）中。在這些地方大都以非正式的方式來討論政策問題，而且是很自然的。其成員包括來自各學科領域的專家，彼此參與此一互動的過程。

此法有時也是相當有條理、有結構的設計，以此設計可協調和集中團體內的討論，包含一些討論會、委員會等。一般而言，這些都是常設的智囊團，或顧問性質的諮詢委員會。

腦力激盪術和前面所討論之各種有關問題認定的方法，其中最主要的差別在腦力激盪術是將焦點置於具有知識的團體，而非在個別的專家。因此，在評估認定問題之良窳時，不以邏輯上的一致性或過程的合理性，而是依腦力激盪團體的成員間共識程度及意見一致的程度而定。

通常，以共識程度作爲評估問題認定的績效標準，有一個主要的限制，即有關問題本質之衝突或爭議，可能遭受壓抑，因而排除了產生和評估各種可能產出之觀念、目標和策略的機會。簡言之，任何計畫及結構之腦力激盪活動，都不應該有明顯具體的程序，以免減損在認定政策問題過程中的創造性衝突。

（五）假定分析法

假定分析法之目的，乃就政策問題相互衝突的立論假定，進行創造性的綜合[55]，旨在希望對結構不良的政策問題提出一套有效的處理辦法。前述幾種認定的方法，在運作上和功能上都有些缺陷，爲了彌

[55] Ian I. Mitroff and James R. Emshoff, "On Strategic Assumption-Making: A Dialectical Approach to Policy & Planning", *Academy of Management Review*, Vol.4 No.1 (1979), p. 1-12.

補這些缺陷，此處介紹由 *C. W. Churchman* 和 *R. O. Mason* 首先倡導的「策略性計畫的辯正途徑」，也就是 *Ian I. Mitroff* 等人所稱假定分析法（assumptional analysis）[56]。此法乃以論證「衝突」、「假定」、「陳述」和「假定挑戰」等辯證過程的概念爲核心。

假定分析是所有問題認定法中最具廣博性（comprehensive）的方法之一，它包含了前面所述各種方法所運用的程序，且具備剖腹術各方法所未有的假定辯證功能；其運作方式可以由個別的專家，亦可由團隊的形式進行；此法在問題認定上之績效評估標準，爲有關問題情境之各種衝突假定，是否已提出、是否受到挑戰，以及是否已完成創造性的綜合結論。

論者咸謂目前我們用以處理結構不良的政策問題的方法，具有以下幾種缺點[57]：

1. 大多數的政策分析，無法對不同見解所提出的問題特質及其可能的解決方案，進行有系統且明確的考慮。
2. 許多組織都具有自我防禦的特質，此種特質妨礙政策分析人員，對組織所偏好的與傳統的政策，進行各種有效的挑戰，批評現行建構問題的方法。
3. 組織內部對問題建構及解決方案，所進行的評估，往往只偏於結構特徵和一些表面徵象而已，並不針對問題概念化與政策方案的基本假定。換句話說，大多數的評估都沒有深入政策表面之下的基本假定。
4. 政策分析通常只是基於決策者個人的假定，而決策者本身往往具有很明顯的個人價値偏好，是以對問題的認定會有所偏差。

假定分析法，就是針對前述各種的缺失而設計的，旨在克服這些

[56] Ian I. Mitroff, etal., "Assumptional Analysis: A Methodology for Strategic Problem Solving", *Management Science*, Vol. 15 No.6 (June 1979), p. 583.
[57] *Ibid.*

限制，希望對政策問題能有創造性的貢獻。假定分析法意識到衝突與認同具有積極和消極的雙重和持性，在這項分析的運作過程中，衝突有其存在的必要性。蓋衝突的主要功能，是在找出每一個政策各種不同的基本假定，並予以有效的批判。此法在運作過程中，允許各種反對意見的存在，同時儘可能的擴大彼此的見解衝突；另一方面，認同也是必需的，因爲每一個政策的基本假定，都必須有一些忠實和堅強的支持者，他們爲自己所認同的政策基礎，提供有力的辯護，以對抗反對者的挑戰，同時向反對者採取攻擊。這是假定分析兩個重要的特質，經由兩者的相互作用，最後才能達到完美的綜合結論。

假定分析法在運作過程中，包含以下幾個主要的階段：

1.利害關係人的認定：政策問題的形成，其要件之一是受到此問題情境直接或間接影響的人，對此一情境的察覺和體認。因此假定分析法運作過程中的第一個步驟，就是認定這些影響問題或受問題影響的關係人，然後就關係的親疏、影響之大小、有無，給予先後次序的安排。這種認定的功能，在於找出各種利害關係人，以及排除一些不相關的人，旨在確定哪些人可以參加整個假定分析的過程，或哪些人的立場、觀點，在整個運作中必須予以考慮。

以我國家庭計畫政策爲例，政策問題的直接影響者是已婚婦女；間接影響者是這些已婚婦女的親人，如丈夫、公婆等；而影響此一政策的關係人，有各執行機構的宣導人員、醫護人員、或此一政策問題的發動者，如當年提倡節育的蔣夢麟先生，此外，也包括與蔣先生持相反意見的立法委員們。

2.假定的呈現[58]：第二階段最主要的目的，在於找出所欲認定的政策或政策問題，其背後的基本假定（概念架構）。而其運作過程，是從既有的政策開始，追溯到此政策的基本假定，進而建立此一假定

[58] Ian I. Mistroff and J. R. Emshoff, *op, cit.*, p. 3.

的原始資料。因爲，我們的基本假定是根據原始資料歸納而來，而此一政策又是根據基本假定的推論而規劃的。以家庭計畫爲例，當年蔣夢麟先生，根據人口增加率、糧食消耗量等統計資料，於民國48年4月13日於台北記者招待會上發表其有名的「人口宣言」，「讓我們面對日益迫切的台灣人口問題」一文中[59]，提出兩項事實：

(1)每年增加一個高雄市的人口；

(2)十六個月就能消耗石門水庫所生產的糧食。

根據這些資料，蔣先生提出他的假定，認爲人口快速增加是問題之所在，而影響人口變動的三個變數：出生率、死亡率、移民，其中出生率是一個可以採取行動的解決原因。因此，蔣先生認爲：唯有推行「家庭計畫」，節制生育才是解決人口問題的根本之道。

這一階段的運作過程，可以圖2-7說明：

此一階段除了找出政策的基本假定之外，我們可以從推論的過程，印證三者（政策、假定、資料）之間是否具有邏輯上的推演性。也就是說，印證政策是否根據假定的推論而來，以及假定是否根據原始資料的歸納而得。這一階段中，我們還可根據每一政策背後的基本假定，看出利害關係人對每一個政策的偏好情形。

3.假定挑戰：在這一階段，政策分析者就每一組政策及它們的基本假定，進行比較和評估，其主要的目的，在確定假定彼此間的差異、優劣和正確性。比較的原則是以相對假定間，其差異最大者開

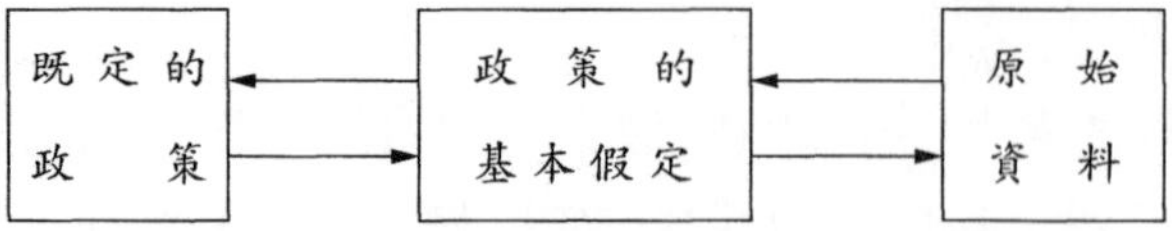

圖2-7　從既定政策與原始資料推出政策假定

[59] 蔣夢麟，讓我們面對日益迫切的台灣人口問題，聯合報第三版（民國48年4月13日）。

始。譬如，我們可將主張節育及反對節育兩者間彼此所持的基本假定來做比較和評估，如比較和評估的結果發現，主張節育的假定較符合事實，則反對節育的假定就要加以排除；相反的，如果我們發現反對節育的假定較爲合理，則主張節育的假定就要排除，而反對節育的基本假定就成爲界定人口問題的新基礎。

4.假定的匯集：當政策分析者完成假定挑戰的階段後，即匯集前面各階段所提出的假定與各種解決方案，然後各利害關係人按假定的相對確定性和重要性，予以排列其先後次序。凡是利害關係人確定是重要的假定者均予以匯集，匯集的目的在於建立一組可能爲大多數利害關係人同意並接受的假定。由此可知這一階段，在本質上具有政治上的意義，而最終目的在建立一組可接受且可行的基本假定。

5.假定的綜合：這是整個假定分析過程中最後的階段，其目的在根據前階段所建立的可接受之假定，創造出一個可能解決問題的組織或綜合方案。這一階段是政策分析人員發揮政策分析的藝術和技巧的時候，他們必須巧妙地組合政策的目標和資源，適當地協調知識思考和社會互動的影響，正確地運用教條與懷疑的精神[60]。

這些綜合之後的假定，提供重新概念化問題的基礎，於是有關問題概念化及其可能的解決方案之爭議和衝突，到此都會煙消雲散，這種利害關係人集思廣益的情形，將顯現合作和累積的成果。

假定分析的最後四個階段，可以圖2-8來說明，最佳的方案指的是相對的或比較的最佳方案，而非絕對或唯一的最佳方案。

據上所述，我們可以對結構不良的問題，下一個更精確的定義，即一個結構不良的問題，乃此問題之各種解決方案，所依據的假定間有著尖銳的衝突。在此一情境下，我們應用假定分析法，冀圖發現下

[60] See Aaron Wildavsky, *Speaking Truth to Power: The Art and Craft of Policy Analysis* (Boston: Liffle, Brown and Company, 1979).

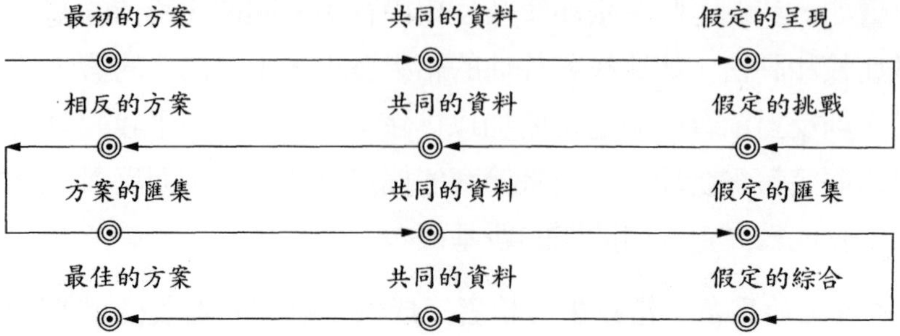

Source: I. I. Mitroff and J. R. Emshoff, "On Strategic Assumption-Making: A Dialectical Approach to Policy and Planning", *Academy of Management Review*, V.14 No.1(1979), p. 5.

圖2-8　假定分析的四個階段

列所欲的事實：

(1)呈現出分析人員、決策者、利害關係人對政策問題所下的基本假定。

(2)比較和評估分析人員、決策者、利害關係人的基本假定。

(3)檢視假定以及由假定推論之政策問題，在邏輯上的推演性。

(4)獲得一個嶄新的以及前所未有的政策。

從圖2-8中可以看出假定分析法的幾個重要特徵：首先，假定分析法，是從問題可能的解決方案，而不是從問題的基本假定開始，原因乃是大多數的利害關係人，特別是決策者本人，通常對解決問題的各種方案，稍有瞭解，但是對各方案的基本假定則所知有限。因此，從政策關係人所熟知的方案開始，其效果較佳，然後再以此爲起點，推演到各方案的基本假定；其次，第二個重要特徵是，此法在整個運作過程中，始終用同一組資料，理由是，發生在政策問題界定上的衝突，主要不在對問題情境的事實（reality）上所起的爭議，而是對同一組資料上相互衝突的解釋，儘管假定、資料、解決方案彼此是相互關聯的，但是，問題情境（資料）並不如一般人所想像的，完全支配整個問題界定和陳述的過程，相反的，支配整個界定過程是政策分析人員或其他利害關係人對問題情境所持的基本假定（概念架構）；最後，在此法的運作過程中，透過這些程序的運用，可以對各種衝突做有效而且創造性的處理，同時可以配合前節所述的各種方法截長補短，將可認定出一個精確而可行的政策問題。

以上我們所論述的五種時下流行的問題認定法，其主要目的、程序、焦點與評價標準互有不同，茲列表2-2如下，用以表明各法的特質。

第三節　政策問題認定的政治因素

據前述*C. O. Jones*的政策過程分析架構，政策過程可分爲五個階段：問題認定、政策發展、政策執行、政策評估、政策終結[61]。政策問題認定的過程，屬於整個政策過程的第一個階段，且包含有：察覺、界定、匯集、組織、代議等功能活動，察覺與界定屬政策問題分

表2-2　問題認定法

特質／分析方法	目的	程序	焦點	評價標準
1.類別分析	概念的澄清	邏輯區分與邏輯歸類	個人	邏輯的一致性
2.層級分析	認定可能、合理、可行的原因	邏輯區分與原因分類	個人	邏輯的一致性
3.類比分析	認定問題間的相似點	人的、直接的、符號的、幻想的類比建構	個人	相似性的比較
4.腦力激盪	產出觀念、目標和策略	觀念的產出與評估	團體	共識
5.假定分析	衝突假定之創造性的綜合	關係人的認定、假定呈現、挑戰、匯集、綜合	個人或團體	衝突

[61] Charles O. Jones, *An Introduction to the Study of Public Policy*, 2nd. ed. (North Scituate, Mass: Duxbury Press, 1977), p. 2-12.

析的過程，而後三者屬於政策過程中，問題認定的政治過程。

一般而言，公共政策學者在分析公共問題成爲政策問題的政策過程，常以政策議程（policy agenda）的概念，作爲研究的基準。研究的內容包括：政策議程的意義、政策議程的種類、政策議程建立的條件與途徑，學者大都從政策議程建立的正面功能來研究，缺乏從政策議程建立的反面來看。換句話說，他們較少探討公共問題爲什麼不能進入議程，而成爲政策問題的原因。爲了補偏救弊，本節擬就*P. Bachrach*和*M. S. Baratz*就「非決定」（nondecision）的觀點，進一步分析政策議程建立中的雙重阻礙[62]。

一、政策議程的種類與意義

任何政治系統中，均有許多政策議程，根據*R. W. Cobb*和*C. D. Elder*的分類，政策議程有兩種基本類型：系統議程（system agenda）與制度或政府議程。系統議程乃「由政治社群的成員，共同認爲值得大家注意的所有問題，以及現行政府管轄權限內的有關事務所組成[63]。」每個國家、州及地方政治系統，皆有其系統議程，以國家而言，每天從各種大眾傳播媒介（報紙、雜誌、廣播等）中，可以看到許多討論國家大事的新聞，而這些新聞報導的內容，可能沒有或未曾列入政府議程的項目內，但小的如竊盜宵小，大的如國家的統一，都可以成爲系統議程。系統議程本質上是一種大眾的討論議程，指的是一些引起社會大眾注意且加以討論的論題，例如，聯合報於民國70年3月16日報導：「由於經濟進步，道德退步，他人權益不受尊重，李國鼎遂倡導建立第六倫，在嶄新規範下共享繁榮。」李先生的倡導，經由傳播媒體的報導，引起了社會大眾和學者對此一問題的各

[62] Peter Bachrach & Maston S. Baratz, *Power & Poverty: Theory & Practice* (New York: Oxford University Press, 1970), p. 39-47.

[63] Roger W. Cobb and Charles D. Elder, *Participation in American Politics: The Dynamics of Agenda-Building* (Boston: Allyn & Bacon, 1972), p. 85.

種爭論，在此以前，有關「第六倫」的事務，並未被列入系統議程內，也未曾引起大眾的討論，經李先生的拋磚引玉，才深受大眾的注意與討論，而成為系統議程。

當政府察覺到某一公共問題，已受到廣大的群眾所矚目，而且也嚴重到非採取行動不可的時候，就將此一問題列入政府議程內。例如，行政院每週一次的院會、立法院每期的院會、司法機關準備審判的案件，這些機關所討論的，乃是一些具體的事項，經由機關的討論而決定某一問題是否要解決？要如何解決？這些便是政府議程或制度議程；就全國而言，我們可以發現，有國會的、總統的、行政的、司法的議程；就地方而言，則有省府的、省諮議會的、縣府的、縣議會的議程等。制度議程或政府議程本質上是一種行動議程，而且比系統議程來得具體。就同一個問題而言，在系統議程上所表現的，較為含糊籠統，以青少年犯罪問題為例，如該問題列入政府議程，政府機關則必須詳列青少年犯罪的情形，及其各種解決的辦法，其表現的就較為具體。

R. W. Cobb 和 *J. K. Ross* 後又將系統議程和政府議程，改為公眾議程（public agenda）和正式議程（formal agenda）[64]，其意義與原來的內容類似。公眾議程，係指經由一個問題的肇端，而引發各種爭議的事項所組成，這些爭議已引起社會大眾的注意和興趣；正式議程是由一些已編列成目的項目所組成，其都是決策者正式接受且要慎重考慮的項目，但只是慎重考慮而已，不一定要做成任何決定。

一個問題要建立起或達到公眾脅肩諂笑聽境地，須具備三個要件：

[64] John N. Kingdon Agendas, Alternations and Public Policies, (N. Y: Harper Collins College Publishers), p. 3-4. Roger W. Cobb, etal., "Agenda-Building as a Comparative Political Process", *The American Political Science Review*, Vol. 70 (Step. 1976), p. 126-138.

1. 該問題必須在社會上廣為流傳並受到密切注意，或至少必須為社會大眾所察覺。
2. 大多數的人均認為有採取某種行動的必要。
3. 這些論題必須是社群中的成員，共同認為是某政府機關權限範圍內的事務，而且應予以妥適注意的。

不過在運作上，我們對公眾議程的某些構成要素，甚難說明清楚，譬如所謂「廣為流傳」，廣到什麼程度？「大多數」大到什麼數目？並沒有一定的範圍，隨著不同文化背景、不同地區、不同政治體制，會有不同的內涵。

前述公眾議程和正式議程，在本質上是有差異的。公眾議程：僅是由一些較抽象的項目所組成；其概念和範圍都還很模糊；它只是整個政策過程中，問題發生或創始的階段；它可以不提出可行的方案或一些解決問題的辦法，因此公眾議程所表現出來的，可能是一種眾說紛紜的情形。而正式議程，則是由一些較具體可見的項目所組成；這一階段可以說是問題認定的終了；其主要的，在認定與問題有關的種種事實。

正式議程的項目，可分為舊的項目與新的項目。舊的項目是一些規則性的議程，例如，公務員的提高薪資、國會的改革措施、或預算的分配等，政府官員對這些項目都很熟悉，而且用以解決這些問題的方案，也或多或少是定型的；新的項目是由特殊情況或事件所引起的，如全國性的罷工或外交政策的危機等。舊項目被認為是決策者優先考慮的課題，而決策者認為老問題之能受到較多的注意，乃因為它們存在時間較長，官員們對其亦較為熟稔之故[65]，這一點是符合漸進改變理論（Incrementasl Theory）所主張的假定，該理論認為決策者所做的決定，大多立於原來的政策基礎上。因為當政府對某一問題採

[65] Roger W. Cobb & Charles D,. Elder, *op. cit.*, p. 85.

取行動或措施時，這一問題本身就具備了大眾性和社會性[66]。

問題發動者爲了讓問題進入議程，達到議事地位，其策略乃使新問題與舊問題相互競爭，致使決策者感到情勢緊迫不可延遲。蓋事實上，決策者與人們對事件嚴重性的察覺，比事件本身來得重要，只因問題是經由主觀認定而存在的。如果大多數人皆認爲我們生活在一個不平等的社會，大多數人就想改變現狀，至於事實的眞象如何，常常不是問題存在的主要條件。

C. O. Jones 依據議程建立過程中各個功能活動的先後次序將正式議程分成以下四類[67]：

1.問題界定的議程：由一些受到積極而且愼重研究的項目所組成。

2.規劃議程：由一些已達到規劃階段的項目所組成。

3.議價議程：根據每一規劃方案的利弊得失，政策關係人彼此之間進行討價還價。

4.循環議程：已進入正式議程的每一方案，都要不斷地接受檢視，一再地加以修正。

這項議程的分類，有助於我們分析政策問題認定的整個經過情形，而此一分類架構亦可以用來分析單一問題建立議程的過程，作爲多數問題議程建立過程的比較分析。因此在分類原則上，此一分類較「新項目、舊項目」之分類更爲嚴謹和精密，具有分析上的價值。

二、政策議程設立的條件

一個政治系統之內，其所面臨的公共問題向來繁多，但不論任何政治系統（極權專制或民主憲政），對問題的負荷量都是相當有限，

---

66 Geroge C. Edwards III and I. Sharkansky, *op. cit.*, p. 101.

67 Charles O. Jones, *op. cit.*, p. 40-41.

因此一些公共問題得能進入議程，而某一些則須被排除在議程之外。儘管事情皆有輕重緩急，然而一些具有某些條件的公共問題，可能較另一些孤立無援的公共問題，更易進入政策議程，然則到底一個公共問題最起碼要具備哪些條件，才能進入或較有可能進入政策議程呢？

一般而言，一個公共問題經常已存在很久，只是一直沒有被人發覺，或雖有人察覺，但是它的嚴重性不強，其也可能被忽視。以台灣的鐵路安全爲例，如果沒有「新竹鐵路平交道事件」，有關鐵路平交道的問題，可能永遠不會受到重視，更不可能被行政機關或立法機關列入議程，這是一個很具有代表性的例子。因此公共問題要進入政策過程，常常需要一些與問題有關的事件或情境發生，才能促使問題明顯化。

不過，有些公共問題並沒有特殊或明顯的事件來激發問題的明顯化，是以常常需要一些明智之士，由某些不甚明顯的徵兆中察覺出來，然後將其公諸社會大眾。蔣夢麟先生當年提倡「節育運動」便是明顯的例子，由於蔣先生的細微觀察，洞察出台灣的人口危機，才引起社會大眾和有關當局對人口問題的重視。

由上可知，成爲政策問題的第一個條件是，必須要有問題創始者，無論是事件或人。在*J. E. Anderson*的「公共政策制訂之個案研究」一書中，稱這種創始者爲「板機觸發器」（triggering device）[68]，並特指事件而言。根據*J. E. Anderson*的分法，板機觸發器可以分成內在（internal）與外在（external）兩種。內在板機又有下列五種情形：(1)自然災禍、地震、洪水風災等；(2)意外的人爲事件，如外雙溪放水造成的師生慘案；(3)科技進步的結果，工業化所造成之空氣或水污染；(4)資源分配不平衡所造成的結果，可以是政治資源如政治權力，可以是社會資源如社會地位，可以是經濟資源，

[68] James E. Anderson, *Cases in Public Policy-Making* (N.Y.: Praeger Publishers, 1979), p. 12.

如市場之壟斷、獨占等；(5)生態的變遷，如人口的膨脹、人口的轉移集中都市等。外在板機又可分爲以下五種情形：(1)戰爭或軍事侵略等，如蘇俄侵入阿富汗便是；(2)國際科技的改變，特別是軍事武器的創新，如美國發射太空梭；(3)國際衝突，以兩伊戰爭爲最近的一個代表；(4)國際政治之變動情形，如過去美國國務卿海格、英國首相柴契爾夫人訪問中東，代表美蘇在中東地方勢力競爭的漲落。

政策議程的建立是一種政治競爭的過程，因此單憑個人的力量，是無法將公共問題列入政策議程的。當年蔣夢麟先生一直無法將人口問題送入立法過程，除了一些其他因素外，蔣先生背後沒有一個強有力的組織或團體來支持，亦是一個重要因素，其後尙須承蒙故考試院長孫哲生先生的出面澄清和支持，否則人口問題仍不會受到重視，由此再印證政治衝突是團結衝突[69]。在政治衝突中，個人的能力是有限的，唯有透過團體組織的力量，才能達成政治競爭的目的。故*J. E. Anderson*認爲一個問題能成爲大家所注意的論題，另一個要件必須是一個或許多個相互競爭之政黨間彼此論爭的結果[70]。

當然，我們必須要注意的是，這些公共問題的創始者，不論是個人或團體，它們可能隸屬於政府當局或執政當局，亦可能屬於社會大眾或在野黨派團體，這種分法實具有某種特殊的意義。蓋如果是社會大眾，他們的目的，是在爭取個人的利益能受到政府的重視；如果是政府當局，則可能是爲了便利執行某項政令。因此，不同的創始者，代表著不同的意義和目的。

此外，一個公共問題，要想被社會大眾所矚目而成爲公眾議程的項目，甚至受到政府的重視列入正式的議程，人與事這兩個啓動者的交互作用，是重要的且是必要的。從系統的觀點視之，投入包括創始者（人）和事件，透過人與事件的導火線，將問題轉化成大眾討論的

[69] Austin Ranney, *op. cit.*, p. 13.
[70] James E. Anderson, *op. cit.*, p. 12.

議題，隨後的產出則是政府議程的產物。

除了創始者之外，一個公共問題尚須具備其他的條件才可成爲或較易成爲政策問題。一個事件或一個情境的發生，可能並不對決策者或立法者構成直接的影響，在這種情勢之下，受問題影響者，如較易接近政府官員或與某立法委員有密切的來往者，就能直接透過私人關係，將問題所產生的需求反應到決策當局，由是牽涉到溝通媒介或途徑的問題。我們以「消費者利益之保護」爲例，如果在消費者設計者基金會裡的組成委員中，正好有一位是立法委員，則這位先生在院會中必然成爲消費者的傳聲筒。當然溝通的媒體或途徑不止此一端，容下節再做詳述。

有了溝通媒介或進入決策核心的門徑之後，另一政策議程建立的要件，便是政治過程，也就是群眾與政府、上級與下屬之間的溝通互動過程。如溝通管道流暢，則人民可以表達他們的需求，政府亦較易傳達政令。在一個多元或民主的政治體制之下，社會互動密切，人與人、團體與團體之間有更多的接觸機會，政策行動者就較能迅速反應受影響者的情境，公共問題也愈有可能進入政策議程；相反的，在一個封閉的或專制的政治體制之下，上下流動和社會互動，受到極端的限制，人民有任何的需求，只有祈求上天的幫助，希望決策者碰巧能察覺此一問題的存在，否則任何政府之外所引發的公共問題，都不可能進入政策議程。

經由上面的論述，政策議程建立之要件可歸納爲以下幾項：(1)事件本身；(2)個人及組織團體；(3)溝通的門徑；及(4)政治過程。從這些議程建立的條件裡，有幾個關鍵變數需要更清楚的加以說明，比如政府在政策議程建立過程中，所扮演的角色如何？這對我們瞭解政策議程建立過程之研究，有很大的幫助；又如政策問題藉以進入政策議程的孔道爲何？也就是政策議程建立的途徑爲何？殊值深究。上述這些問題，均從正面的角度，探討政策議程建立的現象。

最後我們試著從反面來探討政策議程建立的過程，即在政策過程中可能面臨的一些阻礙爲何？說清楚一點，也就是探討爲什麼有些公共問題不能進入政策過程，達到議事地位的原因。

三、政府的角色

政府擁有對整個社會之價值，做權威性分配的權力，是掌有整個國家控制權、支配權、管轄權的超級巨人，其所擁有的政治資源，不是任何人或任何團體堪與之比擬，更沒有人能夠超越的[71]。在具有這種優越的條件之下，政府當局對於任何公共問題，是否能夠進入政策議程，有決定性的影響力。按政治原本是一種衝突，且是一種團體的衝突[72]。從政黨政治來看，一個政府經常是某一政黨所運用、駕御的工具，因此，談論政府在政策議程建立過程中所扮演的角色，等於在討論某一執政黨或少數幾個統治黨派，在政策議程建立中之角色。

政府在公共問題列入其議程所居的角色，根據學者的觀察分析，依政府在政策議程建立中，所扮演之創始者的情形可分爲三類：(1)任其產生；(2)鼓勵其產生；(3)促使其產生[73]。

（一）任其產生

政府在這個模型中，採取相當消極的角色來設定議程，可以說是一種放任的作風。政府雖設有接近民眾和溝通的管道，使得下情得以上達，然而他們並不積極的去發覺問題，或協助任何個人及團體界定問題、組織或擔任問題界定與優先設定的工作。人們自行界定自己的問題，設立自己的目標，組織成員，尋求接近途徑，呼籲他人支持以影響決策。因此在這一模型之下，政策問題的創始者，是政府之外的個人或團體，政府在此所扮演的是一個政治衝突結果的肯定者及執行

---

71 Austin Ranney, *op. cit.*, p. 13.

72 *Ibid.*, p. 11-13.

73 Charles O. Jones, *op. cit.*, p. 37-38.

者[74]，它本身並不參與任何的黨派，也不加入衝突的戰場，管理團體的衝突成爲它主要的工作。

（二）鼓勵其產生

在這個模型中，政府從旁協助人們界定與表達問題。不過，政府只擔當訓練人民參與的能力或動員社會群眾支持某一政策問題或政策；此一政策問題或政策，可以是政府創始的，或由政府所支持的團體、黨派所創始的；其訓練或動員社會群眾，目的不僅在使公共問題能進入公眾議程或正式議程，最重要的是在使這一政策付諸實施時，能獲得社會大眾的順服和支持。因此，在這一類模型中，政府所扮演的角色，要比前一角色更爲積極，它會透過各種溝通途徑和方法來動員社會大眾。

（三）促使其產生

政府在這一模型中，擔任更爲積極或主動的角色，換句話說，政府是問題的創始者，且直接將政策問題，排定其優先順序於正式議程的項目之上；政府直接界定問題和設定政策目標，完全不考慮，政府之外的其他個人或團體，對這一問題的看法和意見，決策者不待系統之運行，他們逕行指揮其運行。換言之，政府並不是因民眾提出需求後，才界定問題，設定優先次序，建立目標，其乃有系統地檢討社會事件對它的影響，而且設定政府行動的議程。

政府在公共問題列入政策議程上，雖扮演上述三種角色，但世上沒有一個政府，只扮演三者中的一個，而是視時空的變化，隨時予以綜合與調整。

四、政策議程設立的途徑

民主理論的一個基本前提，是人民有機會聽取各種消息及有權利

[74] Thomas R. Dye, *Understanding Public Policy* (N.Y.: Prentice-Hall Inc., 1978), p. 33.

讓政府當局考慮他們的各種偏好[75]，這些基本權利，可爲政治制度導出了許多應該遵循的原則，及人民自由權利的保證，如集會、結社、言論、選舉、出版等自由權；這些權利的目的，莫過於在保證人民的意見、意願能有效地成爲政策的基礎，能與他的同胞共同享有這些意願和意見，能將他們傳送到決策者的耳裡。換句話說，這些權利莫非在提供人民一種有效的工具，以保證民意能對政策之制訂發生左右的功能。此處的論述及剖析，即在探討這些工具在政策議程設立過程中所扮演的角色，以及它們的功能。

學者對於政治過程中各種有效的溝通途徑之研究頗多。*J. E. Andenson* 認爲有以下五種情形：(1)組織團體；(2)政治領導；(3)危機或特殊事件；(4)抗議活動；(5)大眾傳播媒介[76]。Susan Welch等人則提出以下幾種：(1)民意代表；(2)選舉；(3)政黨；(4)利益團體；(5)抗議活動[77]。筆者認爲政治領導本身可能是一個政策問題的創始者，不可否認地，它是政策議程設立的導航者，然而就作爲政策議程設立途徑而言，地位仍稍嫌模糊。危機或特殊事件亦然，兩者在前文中已列入政策議程創始者的地位，下面就不再重複討論。

此處擬就下列幾項加以說明：(1)民意代表；(2)選舉；(3)利益團體；(4)政黨；(5)抗議活動；(6)大眾傳播媒介。

（一）民意代表

就政治制度設計的目的而言，民意代表起源於西方的「代議政治」，目的在使全國各階層於政府議決政策時，皆能有爲發言的機會，希望政府的政策得能在參酌各方面的意見後，做成最爲合適的決策。發展至今，民意代表制度可說已甚爲健全和完善，這是所在政策

---

[75] Susan Welch & John Comer (eds.), *Public Opinion* (California: Mayfield Publishing Co., 1975), p.409.

[76] James E. Anderson, *op.cit.*, p. 59-64.

[77] Susan Welch & John Comer, *op. cit.*, p. 40.

議程設立途徑中最正式、制度化最高的、有目的指向的設計。不過，民意代表是否能夠有效地將民意反映在政策之上，常常因民意代表們對他們自己角色扮演的認定而異，依學者的研究，民意代表的角色類別有以下各種：(1)代理人（trustee）；(2)委託人（delegate）；(3)政治人（politician）[78]。代理人常認爲他們的意見和判斷是最好的，因此，自以爲自己的意見就是人民的意見；委託人則不同，他們沒有自己的意見和判斷，他們的意見必須實實在在的反映人民心聲，作爲人民的傳聲筒，以美國總統選舉人團爲此類最典型的代表；最後，政治人則是結合兩者，他們有時須忠實地報告民意，有時則可反應自己的判斷。

（二）選舉

選舉亦是民主政治中用以反映民意的設計，運用選舉使人民對民選官員或代表做有效的控制：對於一些貪官污吏，不顧民意者加以懲罰；對能充分反映人民疾苦者加以獎賞。總之，選舉可確保民意之反映，如果民選官員不能反映民意，將在下次選舉中受選民唾棄，反之將再當選連任。再者，選舉活動本身亦有反映民意的功能，用在選舉中，各候選人爲了爭取選舉之勝利，乃四處發掘問題，探求民隱，以爲競選的政見及當選後施展抱負的依據。不過，選舉是否能如所願的代表民意呢？其有效性完全依據選民與候選人間的基本假定而定，其最重要之一則是，人們必須完全知道候選人所持之政策立場爲何，以及選民須依他們對各候選人所持政策之偏好來投票，但是這種條件卻是很難具備的。

（三）利益團體

有關民意與政策形成之間的途徑，近年來在政治學的研究中，已從結構性的機制上轉到非正式的機制上，而利益團體是最爲人注意

[78] *Ibid.*, p. 410.

的焦點之一。一般人皆相信利益團體較選舉或政黨更能反映民意[79]，蓋人是一種社會動物，他們必須營團體生活，特別是在發生政治衝突時，人更需要依賴團體來維護自己的利益。依*David B. Truman*之見，團體與團體之間，原來維持一種平衡的狀態，這種平衡一旦遭到破壞，團體的生存就受到威脅，團體的功能也無法達成，未來發展將受到阻礙，因此，團體必須恢復原來的平衡，而這種恢復的工作有賴於政府的協助[80]，因而利益團體反映民意的功能就此而發生。然而，利益團體能否反映民意有其必備的條件：首先，人民必須就某一問題，能與共同心願的人組成一個團體；其次團體的領導者，要能夠有效地向決策者反映團體的利益；最後，必須決策者在決策過程中能留意到利益團體的心聲。遺憾地是，這些條件往往不能配合得恰到好處。

（四）政黨

政黨和利益團體是兩種不同類型的政治性組織，政黨的首要目標是取得政權或參與政權的行使。它們設法在選舉中贏得席次，派遣議員及部長，進而上台執政；利益團體則不然，他們本身無意取得政權或甚至參與其行使[81]，因此，政黨與選舉制度及議會同時出現，其發展也與後者之演進並行。政黨亦是反映民意的機構，蓋政黨爲了競選能夠獲勝，必然竭盡全力探求民隱，加以整合成爲政見或政綱，因此選民便可很理性地來行使他們的選舉權，選出足以代表他們的代表；在反映民意的功能上，政黨所具備的條件要優於選舉制度本身的功能，主要是選民只要能區別出政黨的差異，不需要在眾多的候選人當中加以選擇。不過，表現出這種功能的一個前提是：政黨必須提出一

[79] David B. Truman, *The Governmental Process: Political Interests and Public Opinion* (N.Y.: Alfred A. Knopf, 1971).

[80] *Ibid.*, p. 30.

[81] Mavrice Duverger, *The Idea of Politics*，張保民譯，政治之解析（台北：長橋出版社，民國68年7月），頁117。

套具體的方案，且一旦進入政府，必須保證誠願努力去實現它，同時也必須擁有實現這一套方案的制度工具，這一前提界定了所謂的「責任政黨模型」（responsible party model）[82]，這是一種假設前提，也是一種理想型態，我們很難找到一個能符合這種需要的政黨。

（五）抗議活動

抗議活動經常也成爲一種個人或團體表達心願和需求的管道。抗議活動是一種政治活動，目的在以一種較激烈的方式來引起別人對他們的不滿或需求的重視[83]，它可以是示威遊行、罷工、絕食、暴動等方式，波蘭過去激烈的罷工可說是一個典型的例子。不過，抗議活動並不是一個反映民意最好的方式，也不是一個解決問題最好的方法，因爲它必須付出相當的代價，波蘭的罷工，使得全國經濟瓦解，國力大衰；「中壢事件」、「美麗島事件」喪失多少財力及死傷了多少同胞，這是我們必須記取的教訓，因爲政治首要目標是消滅暴力，以斯文的競爭形式代表流血[84]。我們雖不否認抗議活動是一種有效的方法，但必須一再強調的是它不是最佳的方法。

（六）大衆傳播

科技進步除在政治上造成重大影響之外，便是大眾傳播媒介之出現。印刷術之發明，是導致文藝復興、宗教改革、自由主義思潮，乃至法國大革命的一個決定因素。十九世紀報紙的興起，對民主政治之發展作用尤大。今天，語言、視聽等傳播業與文字傳播業，同樣具有影響力。「大眾媒介」一詞便是指這些傳播消息和思想的現代工具。公共與迅速是它的特性，因此，它們構成十分強大而有力的政治武器。凡經其報導，均會引起各方的回應，促請執政當局注意情勢的發展，並考慮適時的對策。前美國總統尼克林「水門事件」一案是最典

[82] Susan Weleh & John comes, *op. cit.*, p. 418.
[83] *Ibid.*, p. 418.
[84] 張保民譯，前揭書，頁32。

型的例子。姑且不論大眾傳播媒介的動機爲何，其爲重要之輿論塑造者是不容置疑的。不過，不容否認的是，傳播媒介經常會有不實或歪曲的報導，或爲少數人掌握控制的情形。在集權式的政體中，大眾媒體通常是由國家控制及壟斷，用來進行官方宣傳；在民主政體中，國家並未完全壟斷大眾媒介，大眾媒介之多元化反成爲民主政體本身多元性質的表徵[85]。

總之，設立政策議程其途徑之多，就如同各類政策問題一樣，我們實無法全部盡列。雖然有上述這麼多的途徑，但並不是所有問題都能如願地進入政策議程，是以我們將進一步的探討，政策過程中建立議程的一些阻礙因素。從反面來探討政策議程，想必對政策問題之形成會有一個更完整的認識。

五、政策議程設立的雙重關卡

以上所討論的都是從一個政策問題如何地進行政策議程，爲決策當局接受且做成決策。不過，*D. Bachrach* 和 *M. S. Baratz* 卻從相反的方向來看決策問題，他們以「非決定」（non-decision）的概念，來分析某些阻礙決策的可能原因[86]。他們兩位並不認爲，理性是不能夠作爲選擇的指導，或者是懷疑選擇時以理性作爲基礎的可能性，然而他們所強調的是哪些確實影響我們日常生活的許多政治決策中，只有少數的一部分政治決策，是經由正式的決策過程來決定的。

他們在文章中指出，許多探討權力（power）的學者，認爲只有在做決定的情況下，才能顯現出權力的運用，但這些學者忽略了權力的另一面，其實就是他們寫出 “Two Faces of Power” 後[87]，又

[85] 同前註，頁138-139。

[86] Perter Bachrach & Morton S. Baratz, “Decision and Nodecision: An Analytical Framework”, *American Political Science Review*, Vol. 57 (Sept. 1963), p. 632-642.

[87] Peter Bachrach & Morton S. Baratz, “Two Faces of Power”, *American Political Science Review*, Vol. 56 (Sept. 1962), p. 947-52.

繼續寫 "Descision and Non-decision" 的主要因素。*P. Bachrach* 和 *M. S. Baratz* 首先引用 *Robert Dahl* 對決定一詞所給予的定義。所謂決定，是「一組相關的行動，並且包括對某一行動的選擇。」此外 *P. Bachrach* 和 *M. S. Baratz* 也引用 *Peter Rossi* 對決定所下的定義，即在許多不同行動方案中的一種選擇。

假定「決定」的定義如上所述，則「非決定」的意義是什麼呢？所謂「非決定」的意義是，指在一個社會中假定有主要的價值存在，而在政治過程中，又有共同的行爲規範，並且社會各種團體之間的力量也達到一種均衡的狀態，而社會本身又有單一或綜合性的力量抑制住某些不滿或抱怨，使其無法發展成爲社會問題，導致演變到使用權力的情況。這種情況也就是「非決定」。這種「非決定」與消極性的決定不做某事是有差別的[88]。蓋在整個政策決定過程中，其他支配政治選擇的因素，諸如主要政治價值、政治秘思或者社會中的政治組織和政治程序，對政治選擇的影響力是不容忽視的，其類皆足以造成非決定。至於消極性的決定不做某事，乃是經抉擇後的不作爲行爲。

P. Bachrach 和 *M. S. Baratz* 進一步指出影響「非決定」的形式有以下四種情形[89]：

1.武力：武力（force）是防止改變現存秩序之要求，進入政治過程最直接最激烈的一種方法。大凡對付各種抗議活動，武力鎮壓是最好的例子。例如1950年代與1960年代美國中南部幾個白人團體扼殺黑人所提出平等權的要求。

2.權力：權力的運用，雖沒有武力那樣的激烈，但也是一種形成「非決定」的手段。比如，利用懲罰來威脅各種潛在需求的創始者，但若他們不依據權威當局的決定，將受懲處。又以政黨與黨員的關係

[88] Peter Bachrach & Morton S. Baratz, "Decision and Nondecision", *op.cit.*, p. 641.

[89] Peter Bachrach & Morton S. Baratz, *Power & Poverty: Theory & Practice* (N.Y.: Oxford University Press, 1970), p. 44-47.

而論，政黨可以開除黨籍或不提名等方法來馴服黨員的行動；就老板與受僱人而論，則可以用減薪或解僱來執行懲罰。

3.動員社會偏見：政治系統動員政治系統中既存的偏見，是一種間接形成「非決定」的方式。這些偏見指的是一些規範、慣例、法則、歷史傷痕或程序。經由這些偏見，可抑制住任何具有威脅性的需求或初期性的問題。例如，一種要求改變現狀的需求，可被加上共產主義、不愛國、漢奸走狗、不道德等罪名。當年蔣夢麟先生提倡「節育運動」就曾受到這種社會偏見的圍剿。

4.塑造或加強偏見：政治系統重新塑造或加強原有偏見的動員是形成「非決定」的另一種形式。大凡既得利益者爲了防止各種對現狀提出挑戰的要求，經常建立起許多新的規則和程序以爲抵制。至於其他的辦法不是加強現有的阻礙，便是再樹立起另一個新的個人或團體，來對抗這些挑戰者。例如中國共產黨雖已逐步顯式微的徵象，但他們還是要一再強調共產主義的優越性。他們的「統一戰線」拉攏第三號敵人，打擊第二號敵人，也是這種方法最好的寫照。

縱然有人認爲「非決定」是一種不可運作的概念，但是*D. Bachrach*和*M. S. Baratz*卻認爲「非決定過程」，是可以觀察和分析的。*Bachrach*和*Baratz*認爲，在政策過程中，凡足以阻礙公共問題進入決策核心的情形有兩種，我們引用他們所提出的「政治過程的模型」來說明兩種情形[90]。（參閱圖2-9）

從圖2-9中，我們可以看出政策問題的創始者有兩種，一個是要求對社會價值重新分配的個人或團體，一個是認同既存狀況的既得利益者。在這個模型中，前者是站在一種主動和攻擊的立場，後者則站在一種維護和防禦的地位。當前者察覺到自己受到不公平的待遇或利益受到剝奪時，便發出不平的呼聲，他可以透過我們前述的各種途徑

---

[90] *Ibid.*, p. 52-63.

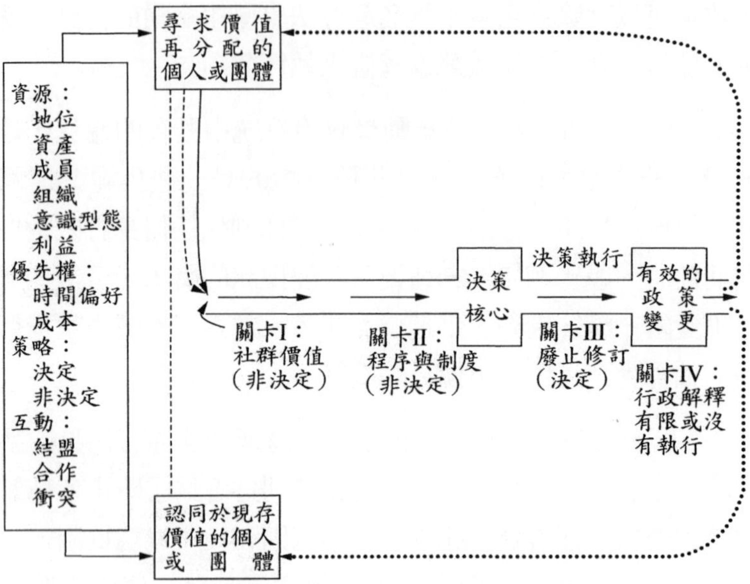

資料來源：P. Bachrach and M. S. Barazt, *Power and Poverty* (N.Y.: Oxford Univ. Press, 1970), p. 54.

——► 問題，政策流程 -------► 權力，權威流程 ·········► 反饋流程

圖2-9　政治過程模型

和策略（利益團體、政黨、傳播媒介……等），向社會大眾請求支援。此時既得利益者，如果在適當的權利範圍內，可以運用武力或權力來抑制這種要求，以維持既得的利益。如果對付這種要求，既得利益者不適合運用前兩種「非決定」的方式（武力和權力），則必須採用第三種手段，即動員社會價值，喊出維護道統口號，這種力量其效果往往優於前兩種「非決定」的方式。因此，要求利益重新分配者，必須他們的要求並沒有重大違反現行規範或價值，才有可能突破第一道關卡。其唯一的可能，是社會現存的規範和價值已有了相當大的改變，否則此一政策要求必然被擋駕於第一道關卡之外。

如果一個政策問題或需求，正好在社會價值合法性的範圍之內，同時又有足夠的各種權力資源做後盾，引起社會大眾對此問題的注意

和重視，或者根本可以不用通過第一道關卡便可來到第二道關卡前。當既得利益者發覺前面各種阻攔無效時，他們可能發起重整道統的口號，對社會規範或社會價值重新加以界定，或利用制度上、法規上的規定來限制政策問題進入決策核心，使此一要求胎死於腹中。這是政策議程設立過程中的第二道關卡。

由上面的論述，發現 *P. Bachrach* 和 *M. S. Baratz* 所建構的模型中，到達決策核心的兩道關卡，就如同界定政策議程爲公眾議程（public agenda），和正式議程（formal agenda）一樣。*P. Barchrach* 和 *M. S. Baratz* 所述政策需求進入決策核心之雙重關卡，中間發生「非決定」的情形，完全可以用來解釋公共問題爲什麼不能進入公眾議程（關卡I）和正式議程（關卡II）的可能原因。由此可用以發現政策過程中，各種阻礙政策問題形成的情形，以及他們可能的原因。

第四節　政策議程的模型

在政策形成過程中，不同的團體參與此一過程的現象，可以說是任何政治系統最主要的特徵之一。以往學者對於團體影響公共政策的分析，大多集中於研究這些團體，在企圖影響決策者就某些方案間做一選擇時，所採取的策略之勝敗如何？晚近有關「方案的來源」以及界定這些方案的過程，已被認爲是影響公共政策的重要因素[91]。

在多數的政治社群中，公共問題的潛在數量，早已超過整個決策

[91] See Roger W. Cobb and Charles D. Elder, *Participation in American Politics:The Dynamics of Agenda Building* (Baltimore: The John Hopkins Press, 1975); Peter Bachrarch and Morton S. Baratz, "Two Faces of Powers", *American Political Science Review*, Vol. 56 (Sept. 1962). p. 947-952.

制訂機構所能處理的數目[92]，因此問題以及它們的支持者，必須在政府議程上爭得一席之地。即將社會中不同團體間所提出的需求轉變成一些議程的項目，以求政府官員加以慎重注意的過程，即稱之為「議程設立」（agenda-building）。根據以往的研究經驗，議程設立是一種適合做比較分析的單元，因為，任何政治社群，都必須決定哪一個公共問題是決策者所要關心的課題。同時他們所決定的方式，有很大的差異，且公共問題能否受到政治社群的領導者關心的比率，亦有很大的不同。因此議程設立的過程，可以發展出一些模型和一些命題，作為各國的或國內社群間的比較研究。透過這些模型和命題，可以說明和分析公共問題進入議程的各種不同方式，也可以看看不同方式使問題取得議事地位（agenda status），其成功的比率如何。

從最簡單的到最複雜的政治系統，都可能發生議程建立的情形。不過，它們之間的形式和結構卻有很大的差異，每一個政策問題發展的歷史過程可能相當的不一致。不過通常有四個主要階段，是每一個政策問題進入政策議程過程時，幾乎一致的現象，即創始（initicatiaonon）、說明（specification）、擴散（expansion）和進入（entrance）。我們已根據政府在議程設立中所扮演的不同角色（即問題的創始者是屬政府內或政府外而言），以及創始者擴散問題的程度和方向為基礎提出三個模型[93]。

在分析上，我們根據問題發展的四個主要階段變動的情形，來研究三個不同的模型：

1.外在創始模型（outside initiation model）：其旨在說明，由非政府團體所創始之問題，其先後發展的過程。首先是擴散到公眾議程，

---

[92] See *David Easton*, *A Systems Analysis of Political Life* (N.Y.: John Wiley, 1965), p. 87-96.; Charles E. Lindblom, *The Policy-Making Process* (Englewood Cliffs, N.Y.: Prentice-Hall, 1968).

[93] Roger W. Cobb, etal., "Agenda-Building as A Comparative Political Process", *The American Political Science Review*, Vol. 70 (March 1976), p. 126-138.

然後再進入正式議程。

2.動員模型（mobilization model）：此一模型的問題創始者是政府領導者或團體，這種問題大都自然而然地進入正式議程的地位。然而要成功地執行某項政令，解決某一問題，也必須要將問題置於公眾議程之上。動員模型就是在說明決策者爲了執行某項政令，如何將問題從正式議程擴散到公眾議程的方式。

3.內在創始模型（inside initiation model）：此一模型是在描述某些由政府內部引發的問題，這些問題的創始者或支持者並沒有將此一問題擴散到社會大眾的企圖；相反的，他們將政策成功的希望，寄託在他們自己本身所擁有的力量，直接將問題送到正式議程。在這個模式下，創始團體都不願將問題擴散到社會大眾，他們不希望這個問題出現在公眾議程之上。

一、三種議程建立模型概述

（一）外在創始模型

外在創始模型適用的情境是：(1)創始者是在政府結構之外的團體；(2)它表達或提出一個需求；(3)並企圖將問題擴散到社會中其他的團體，以獲得公眾議程的地位，最後，(4)希望對決策者施以足夠的壓力，使得問題能夠進入正式議程，引起決策者的愼重考慮。

這一個議程設立模型，其所描述的情形，在一個比較平等的社會裡，呈現得比較顯著。但我們所必須瞭解的是，政策問題列入議程的議事地位，並非意味著權威當局會做成最後決定，也不是代表實際付諸執行的政策，就是創始團體最初所需求的；相反的是，最後的結果並不是完全地否決創始者的要求，就是經過大幅度的修訂，這種情形不但可能發生，而且常常發生。

（二）動員模型

動員模型所描述的情境，是由政治領袖創始的問題，其設立議程的過程。爲了執行上的目的，他必須尋求社會大眾的支持，如政府宣布一個新政策以後，就等於將問題列入正式議程，而且有時候也可能是代表政府最後的決策。

政府所面臨的問題，是如何從正式的議程經由動員而進入公眾議程，向是關注的焦點。再者，動員模型常出現在具有階級性的社會，在這種社會裡，領導者都具有超自然權力的屬性，所謂「君權神授」便是。因此他們強調領導者以及人民之間的距離。

（三）內在創始模型

第三個模型描述的情境，是在設立議程以及政策形成的過程中，企圖排除社會大眾參與的情形；方案或建議起源於政府內部的單位或親近決策者的團體；問題擴散的對象是「認同的團體」或「注意的團體」，目的在產生足夠的壓力，促使決策者將問題列於正式議程之內。社會大眾沒有任何參與的希望；創始者也不希望將問題列入公眾議程，甚至祈使問題遠離公眾議程。此一模型適用在財富和社會地位高度集中的社會。

二、議程的層級與議程模型的結合

在先前的討論中，模型是以分離的方式來處理，其乃概念上的模型而非經驗性的模型。事實上，大部分議程建立的發生及其過程是很複雜的，必須將模型和議程的層級加以結合才行。所謂「議程的層級」指的是公眾議程、正式議程，或可分成全國性的公眾議程和全國性的正式議程，以及各級政府的公眾議程和正式議程。在大多數的社會中，一個問題可能同時出現在許多議程之上。任何一個問題試圖達到議事地位，必須針對這些議程中的一個、局部或全部進行擴散。

由於這三種模型，在任何一個問題的發展歷史中，都會發生各種組合，議程與議程間排列組合的各種可能狀況都會隨時發生。例如，一個問題可能由三個模型中任何一個創始，然後進入決策核心；在第二階段可能透過動員或內在模式，由高層級的議程，再擴散到低層級的議程。譬如：由中央的正式議程擴散到各級地方政府的公眾議程或正式議程。譬如：由中央的正式議程擴散到各級地方政府的公眾議程或正式議程。很多問題都是依循相反的途徑，由較低的層級擴散到較高的層級，而且某些團體會嘗試著在同一時間內向很多決策核心（各層級），提出他們所關心的問題。

三、議程建立與比較政治

外在創始模型、動員模型與內在創始模型，描述了三種大眾一般可能影響政策議程結構的方式，根據前面的討論可以得到以下的幾個結論：

1. 首先我們假設，雖然某些政治制度型態，比較傾向偏好於某個模型而不喜歡某個模型，但是，三個模型均可能在同一社會中發現其例子。
2. 在不同的政治系統中，各自成功地達到議程地位的比率，比較上有所不同。因此，根據這種相對的比率，我們認爲與某種模型的支配性有關。
3. 第三個議程設立的問題，乃是在單一政治系統內，議程建立過程的差異情形，這種情形亦可以和其他的政治系統的型態做一種比較。此地的研究焦點，在於分析不同社會地位基礎的團體，他們究竟如何運用策略的情形。
4. 最後，我們的目的在發展一套有關議程設立過程的通則，它的適用範圍包括跨政體和跨模型間的比較。透過這一套建立的通則，希望找出一些影響衝突的擴張，團體利益的動員和最後成員或失敗地達到議程地位的共同因素。

結語

政策問題之認定爲任何決策的第一步，其乃關鍵政策成敗的重要因素。蓋某一問題最初被認定的方式與內涵，會影響方案規劃的方向；再者，錯認了政策問題，幾乎導致選擇錯誤的政策方案。

政策問題的認定有五種方法可資運用：類別分析法、層級分析法、類比分析法、腦力激盪術及假定分析法。各個方法有其不同的課題，使用者每要射準它的核心，進而完成自己的想望。

政策議程之設立並非一件容易之事，每要經由相關的代言者職司推動，通過必要的關卡，完成法定的地位，進而啓動構思對策的機制，試圖減輕政策問題的嚴重性。

{第三章}

政策規劃

有關政策規劃較為完整的論文，在國內並不多見，有蕭耀仁的「政策規劃理論之研究」[1]、詹中原的「政策規劃政府——運作過程之探討」[2]、魏鏞編的「政策規劃的理論與實務」[3]等等。

在美國方面有：*Charles O. Jones*的「政策的規劃」[4]。*James E. Anderson*的「政策的規劃」[5]；*Tyrus G. Fain*的「政策規劃和行政控制」[6]；*Andereas Faludi*編的「計畫理論讀本」及所著「計畫政府」[7]；以及*E. S. Quade*和*W. I. Boucher*的「系統分析和政策計畫」[8]

---

1 蕭耀仁，「政策規劃理論之研究」，台北：中興大學公共政策研究所碩士論文（民國71年7月）。

2 詹中原，「政策規劃理論——運作過程之探討」，台北：政治大學公共行政研究所碩士論文（民國72年6月）。

3 魏鏞編，政策規劃的理論與實務（台北：行政院研究發展考核委員會，民國72年11月）。

4 Charles O. Jones, *An Introduction to the Study of Public Policy*, 2nd. ed. (North Scituate, Mass.: Duxbury Press, 1977), Chapt. 4, p. 48-83.

5 James E. Anderson, *Public Policy-Making*, 2nd. ed. (New York: Holt, Rinehart and Winston, 1979), Chapt. 3 Sec. 3, p. 63-71

6 Tyrus G. Fain, (ed.), *The Intelligence Community: History, Organization and Issues* (New York: R. R. Bowker, 1977), Chapt. 3, p. 75-154.

7 Andreas Faluli, *A Reader in Planning Theory* (New York: Pergamon Press, 1973); Planning Theory (New York: Pergamon Press, 1973).

8 E. S. Quade and W. I. Boucher, *Systems Analysis and Policy Planning* (New York: Elsevier, 1968)

等等，不勝枚舉。

本章分：(1)政策規劃的定義；(2)政策規劃的分類；(3)政策規劃的介入者；(4)政策規劃的論據；(5)政策規劃的原則；(6)政策規劃的方法；(7)預測分析；(8)可行性分析；(9)有效性分析；(10)結論：政策規劃與政策協調的爭論。

第一節　政策規劃的定義

Charles O. Jones 認爲「政策規劃指發展一個計畫、方法和對策，以滿足某種需求，解決某項問題[9]。」*James E. Anderson* 則將其界定爲「發展中肯且可接受的行動過程，以處理公共問題。」[10]；*Y. Dror* 界定計畫爲「爲達成目標，藉希欲之手段，對未來將採取之行動，做決定之準備過程[11]。」茲綜合歸納爲：針對未來，爲能付諸行動以解決公共問題，發展中肯且可接受的方案之動態過程，茲分述之如下。

（一）針對未來

在時間序列上，規劃出來的方案是要在未來付諸實現的。公共問題雖然起源於過去，存在於目前，但所規劃出來的方案，用之於解決問題的時間，卻在未來。不過公共問題並不是一成不變的，隨著時間的消逝而發展，政策方案如果係針對目前的問題情況而規劃，等到方案要付諸執行時，所面臨的問題，可能已不是原先的問題了，斯時已經時過境遷，有了差距。如此，便格格不入，難以解決。

---

9 Charles O. Jones, *op. cit.*, p. 49.

10 James E. Amderson, *op. cit.*, p. 25.

11 Yehezhel Dror, “The Planning Process: A Facet Design”, *A Reader in Planning Theory* (ed), Andreas Faludi (New York: Pergamon Press, 1973), p. 330.

（二）付諸行動

規劃是要用來準備採取行動的。如果只是純粹屬於紙上作業，不想付諸行動，則不能稱爲規劃。規劃既然是要付諸行動，在規劃的時候必須要考慮到該項規劃的方案是否具有可行性以及有效性。甚至還要預測該項方案在未來發展的情形，例如有決策權之單位、個人、或團體是否採行；或者是否會受到立法部門的通過、同意或杯葛。

（三）解決公共問題

政策規劃的目的是在能夠妥善地解決公共問題，至於問題是否具體明確則不計。耶魯大學社會暨政策研究所所長 *Charles E. Lindblom* 云：「政策制訂者並非面臨一個既定的問題[12]。」問題到底是個怎麼樣子，不一定十分明確，且人言人殊，影響政策的規劃。*C. E. Lindblom* 又舉美國城市暴動這件事（event），來說明其問題（problem）的情形。他說：

> 〔政策制訂者〕必須確定問題，並且對他們的問題進行對策的規劃。好多美國城市發生了暴動。問題在哪裡？是維持法律和秩序的問題嗎？是種族歧視的問題嗎？是黑人對改革的速度不耐、不滿嗎？是革命的前兆？是黑人權力問題？是黑人低收入問題？是和平改革運動的附帶現象？是都市解體的問題？或是疏離感的問題[13]？

不論問題情況如何，政策規劃者總是要爲解決「公共問題」而進行規劃。

（四）發展

方案是發展出來的，不僅經由一套思維分析的過程，還包括有關

---

[12] Charles E. Lindblom, *The Policy Making Process* (Englewood Cliffs, New Jersey: Prentice Hall, 1968), p. 13.

[13] *Idem*.

人士、或政治勢力相互影響折衝樽俎的過程。其間必須斟酌各種主觀、客觀的因素與限制，並由規劃者研判在當時是辦得到、行得通，且最有利的方案。

（五）中肯且可接受的方案

規劃的目的是要能解決問題，亦即要能針對問題的癥結，擊中要害。但不可「用藥」過猛或過劇，而引起其他副作用，要能中肯恰到好處，為決策者或一般社會大眾所能接受。方案的規劃通常都不只一個，往往數個，視個別情況而定。

（六）動態的過程

政策規劃是動態的過程，是在發展出中肯且可接受的方案之行動過程。在英文「規劃」（formulation），源自「方案」（formula），既規劃出方案，是動態的過程；有如「計畫」（planning）是源自「計畫」（plan），即計畫出計畫，是動態的過程[14]。

第二節　政策規劃的分類

政策規劃適用的範圍異常廣泛，往往從各種不同的角度，依據不同的分類標準，就可分出各種不同的類別，以下將從幾個分類標準來說明。

（一）依政策問題之性質為標準

政策問題有經濟問題、教育問題、人口問題、環境問題……等，針對這些問題進行規劃的政策有經濟政策、教育政策、社會政策、人口政策、環境政策……等。這種分類，主要是以問題的性質及政策的功能作為分類標準，讓人們容易區分，一目了然，為所有分類中，最

[14] 刑祖援，計畫理論與實務（台北：幼獅，民國69年），頁23。

爲常見者。

(二)依政策之時程爲標準

政策規劃具有未來取向，規劃不能與時間因素配合，幾乎失去規劃的意義。通常，人們將規劃分爲長程、中程、近程三種，也有人將它區分爲長程與近程，捨中程而不談。長程規劃有稱爲遠程或長期規劃者；中程規劃有稱爲中期規劃者；近程規劃則有稱爲短程規劃者。三者所涵蓋的時間長短，並沒有明確的標準，但大致上爲：長程規劃，七年以上，如經建會所作「台灣地區綜合開發計畫」屬之；中程規劃，四至六年，如民國65年開始執行的「經濟建設六年計畫」屬之，近程規劃，一至三年，例子繁多，不勝枚舉。

(三)依參與規劃的人員爲標準

1. 行政人員的規劃：參與政策規劃者，主要係行政人員。
2. 立法人員的規劃：參與政策規劃者，主要係立法人員。
3. 利益團體的規劃：參與政策規劃者，主要係利益團體。
4. 專家學者的規劃：參與政策規劃者，主要係專家學者。

(四)依規劃的本質爲標準

1.例行性的規劃(routine formulation)：對一項已列入政府要辦的事項，重複地做例行性的規劃，而不做任何變動。

2.類比的規劃(analogous formulation)：解決新問題，係比照過去解決類似問題的方法，進行類似的規劃。

3.革新的規劃(creative formulation)：突破慣例，規劃創新的方案，來解決問題。

(五)依方案規劃的情況爲標準

1.漸進的(incremental)方案規劃：*Charles E. Lindblom*認爲人的知識能力有限，資訊亦不十分充足，分析太周詳可能得不償失，方案的規劃，如考慮的範圍太廣太繁雜，不一定爲各方所接受。更何況人亦不一定十分理性。因之在規劃方案時，大概以當時社會上共有的認識做基礎，調適因時間改變所產生的邊際差距，進行片段地、連續地、逐漸地、修補地，在有限考慮的範疇中，從事規劃。亦即就原有的政策方案，加加減減，刪刪改改，規劃出來[15]。這種漸進的規劃比較能適應有關各方面的需要，亦比較能被有關各方面的人士所接受；對政策的利弊得失情形，比較能預見並掌握；亦比較穩健，不致興革太多，引起各方反感，遭致反對。漸進的規劃應用於預算的規劃，最爲學者所樂道。

2.分枝的（branching）方案規劃：政策的方案若與以前的方案相比較，有如樹木一樣，有原先的「本幹」，以及以後滋長的「枝節」，本幹只是一些簡單的觀念，枝節係由本幹所滋長延伸爲細密、複雜、繁多的觀念。其情有二：一種情形是同一的政策範圍的，例如社會救濟政策，中華民國憲法第一百五十五條只規定「人民之老弱殘廢，無力生活，及受非常災害者，國家應予以適當之扶助與救濟。」至今繁衍有老人福利政策、殘障福利政策、社會救助政策等等。另一種情形是不同的政策範圍，其基本觀念是從不同範圍的政策類推、引伸、比照而來的。例如環境污染防制政策的規劃，要求工廠過濾並處理廢棄的氣體和污水，其基本做法來逢勞工政策的規劃，要求工廠必須附帶勞工福利的措施。

3.創新的（inventive）方案規劃：既不是從舊有的方案修修補補，亦不是從先前的方案滋長或引伸而來，而是與過去並沒有關聯，是明顯的中斷；且對社會有較大的生產力。其特性有三：(1)是現有知識的新組合，與科學的新發現或觀念不同。因科學的發現或觀念不能立即應用，只具有潛在的未來應用價值；且科學的發現或觀念均是

[15] Charles E. Lindblom and David Braybrook, *A Strategy of Decision: Policy Evaluation as a Social Process* (New York: The Free Press, 1963), p. 81-110.

一般性的、或通則性的，不是個別性的、或具體性的。(2)是在心智上雖然不一定要達到很高的智慧水準，但至少高於一般水準，與例行技術的改進不同。例行技術的層次較低，其興革改進，不能構成創新的意義。例如青年就業輔導政策的規劃，如果只在例行技術上有所更新，不能算是創新的規劃；又如農業政策，如果仍只在種植技術上革新，亦不能稱爲創新的規劃。(3)是具有生產力。或是消極地減少國民的損害或負擔，或是積極地增進國民的福祉。生產力的意義並不限於經濟的或物質的，亦包括非經濟的或心理的。其衡量的標準漸漸有較嚴謹的計量方式，例如人口出生率、死亡率、生病率、醫生與人口的比率、病床與人口的比率、兒童識字能力、員工工作參與感、員工工作滿足感、環境污染程度的測度……等等。

以上五種分類的標準，比第四種分類——依方案的規劃情況者，較具有學術研究的價值。*Grover Starling* 據以探討美國自1949年至1972年，二十四年中具有創新規劃的四十二個政策。發現創新的發動單位，來自行政機關最多。創新的主要原因，不是基於國家的危機，亦不是基於科學知識的突破，而是來自於政治領袖勇於任事，以及公共問題愈來愈繁瑣、困難，不能再因循苟且，要有創新的解決方法才行。不過，從實證的研究資料看來，創新的規劃在所有政策規劃中，所占比例極少，大多數均屬於漸進的規劃和分枝的規劃。其原因，*G. Starling* 亦有說明，他認爲是：(1)基於美國憲法分權的設計，以及多數決的原則，使得創新的規劃很難在平庸的大眾中脫穎而出；(2)基於人的安於現狀、人性的惰性，創新的規劃在沒有強而有力的驅迫力下，很難突出[16]。

[16] Grover Starling, *The Politics and Economics of Public Policy: An Introductory Analysis with Cases* (Homewood Illinois: The Dorsey Press, 1979), p. 206-248.

第三節　政策規劃的介入者

政策的規劃很難由某一個人或單位，單獨地全心全力規劃，而不受其他人或團體的影響。如果要說明政策的規劃者，則最主要的是指在政治體制下，實際負責規劃的人或單位。如標名「政策的規劃者」易引起誤解，以爲政策規劃，除了規劃者之外，沒有其他人參加、或介入，不若標名「政策規劃的介入者」來得清晰明確[17]。

誰介入政策的規劃過程，因各別的公共問題、時間、情勢、制度規定而有不同。一項公共不一定只有一個政策規劃單位，有時會有數個政策規劃單位，同時或先後，相互競爭，提出政策方案。一般而言，參與介入規劃過程的單位，包括個人或團體，粗略劃分有四種：(1)行政機關；(2)立法機關；(3)研究機構；及(4)利益團體。

一、行政機關

行政機關的人員，一般而言，包括政務人員和事務人員，爲公共政策的主要規劃者，但在做政策規劃的工作時，行政機關有時也依賴其他機關或團體的支援，如立法機關、研究機構、利益團體等。行政機關聚有實務經驗的人和專業人員於一堂，具備處理複離專精問題的能力，他們負擔制訂政策的主要工作。現在行政機關已經成爲政策規劃的主要發源地。

例如，我國社會福利政策，由內政部規劃，曾研擬「社會福利十年計畫」草案，分別就兒童福利、老人福利、殘障福利，以及社會救助四方面，擬訂工作內容，期使我國的社會，能邁進安和樂利的境界[18]。又例如，行政院於民國58年3月成立行政院研究發展考核委員會，從事施政計畫發展、重要計畫之追蹤管制，先後研擬「農業行政

[17] Charles O. Jones, *op. cit.*, p. 49-54.

[18] 中央日報第六版（民國70年10月10日）。

體制」，建議中國農村復興聯合委員會改制爲農業發展委員會；「改進證券市場」，建議證券管理委員會由經濟部改隸財政部；並先後完成「國家賠償法」、「行政程序法」、「行政制制裁制度」等法規之研究，並分別完成法律草案，或已通過成法律、或正在研討中[19]。

國外情形，特別舉英國內閣「中央政策審核小組」（Central Policy Review Staff）的例子來說明，深值我國借鏡。1970年*Heath*組閣，成立「中央政策審核小組」，隸屬於內閣辦公室（the Cabinet Office）。這個機構，並未隨政黨在朝或在野而進退；1974年、1997年政府改組仍繼續存在。其組員有十二人，包括高級行政人員、經濟學家、統計學家和社會學家。一般人對該機構的印象是年輕有朝氣學者的溫室。其職掌是在不受有關部門的干擾和影響下，對特定政策進行深入的研究。其研究的主題包括：能源利用、人口趨勢、種族關係、外交事務等等。其功能最能發揮者：部會間共同的問題，對於只屬某一個部會的問題較不能發揮其功效；並且亦不探討文官問題。最初，半年集會一次，探討內閣全面性策略問題；但至1974年就不再舉行。

中央政策審核小組，同內閣辦公室一樣，屬於內閣整體，不是首相個人的機構。首相有其個人辦公室，稱首相辦公室（the Prime Minister's Private Office），大約由五十人組成；有做例行公事，有做高級決策諮詢，層次高低不等。1974至年1979年間，工黨政府在首相辦公室成立了「政策小組」（the Policy Unit），與中央政策審核小組有別。政策小組著重在短期的政策計畫研究；而中央政策審核小組著重在中長期政策規劃。政策小組是由數名工黨研究人員組成，座落在唐寧街十號，由公帑支薪，係政治性質的單位，向首相負責，提出諮詢意見，不受部會意見的干擾和影響。實際上，首相辦公室及其政策

[19] 行政院研究發展考核委員會編，研考制度的建立與發展（台北：行政院研究發展考核委員會，民國69年）。

小組係淵源自邱吉爾的戰時私人顧問，和*Lloyd George*的「花園聚賢館」（Garden Suburb），座落在唐寧街十號花園裡，供首相私人顧問聚會。

中央政策審查小組首任首長是康橋大學動物學家*Rothschild*爵士，1974年10月由前任財政部首席經濟顧問*Sir K. Berrill*繼任。其具體職務是：(1)政策規劃。包括政府所委託、或該組所主動進行者。例如反通貨膨脹政策、區域政策、電腦工業政策、汽車工業政策；(2)政策規劃之評估。定期從整體性的策略觀點，評估各部會之政策規劃；(3)管制考核各部會之政策，確使其符合政府之整體政策。

簡言之，英國中央政策審查小組的特性在：(1)協助政府規劃整體性的政策，而不是各部門的政策。各部門的政策容易有本位主義，往往忽略政府整體的觀點；(2)著重在中、長期政策的規劃，而不是各部門短期的適應策略；(3)協助首相掌握政府各機關，使其有同一步調[20]。

二、立法機關

立法機關的人員亦參與政策的規劃。有時，一個特別的規劃單位全由立法機關的人員所組成。例如，美國空氣污染防制、老人福利、交通運輸、能源儲備等政策，國會議員是主要的政策規劃者，其他尚有國會中內部職員和單位，如國會研究處（Congressional Research Service）、技術鑑定處（Office of Technology Assessment）、主計室（the U. S. General Accounting Office）、國會預算處（Congressional Budget Office）[21]。

[20] C. Pollitt, "The Central Policy Review Staff, 1970-1974", *Public Administration* (1974), p. 375-94; Quoted from R. M. Punnett, *British Government and Politics* 4th. ed. (London: Heinemann, 1980), p. 218-19; Glyn Parry, British Government, rev. ed. (Lon don: Edward Arnold. 1979), p. 104.

[21] Norman Beckman, "Policy Analysis for the Congress", *Public Administration Review* Vol. 37 No. 3 (May/June 1977) p. 237-244.

三、研究機構

在美國，研究機構有布魯金斯研究所（Brookings Institution）、美國企業研究所（American Enterprise Institute）、蘭德公司（Rand Corporation）等等。這些研究機構幾乎等於政府本身的延伸。

茲舉美國蘭德公司做詳細說明。蘭德公司的創始人是*Gen. H. H. Arnold*。1945年，他下令撥款一百萬元成立「蘭德方案小組」（Project Rand），網羅了專家學者從事研究發展，這個方案成為道格拉斯公司的一個獨立部門。開始時只是實驗性質。其資料由空軍提供，經提出研究報告與建議，交回空軍策劃人員運用。由於空軍的長期支持，後來蘭德不斷地茁長壯大，1948年5月，福特基金會提供了蘭德自立門戶的創辦費，於是蘭德公司便成了一個獨特的研究機構。

1950年代中期，該公司為美國聯邦政府、州政府及地方政府研究國內各項迫切問題。至1967年到68年，其研究成果引起了重大反應。60年代初期，它的研究項目繁多，與該公司訂有研究合同者有：五角大廈所屬各個單位、國家科學基金會、國家醫學院、國際開發總署等。其研究報告包括太空發展政策、預算計畫、通訊政策、教育與人力政策、能源政策、環境政策、衛生保健政策、人口政策、社會福利政策、都市政策等等[22]。

此外，大學的研究工作，雖不若前述專門研究機構，直接地從事政策規劃工作，卻能提供相關重要的專業知識。其方式是政府有關部門與大學訂立合同，要求大學提供政策規劃有關的專業知識；政府有關部門相對地給予研究設備與經費或獎勵。這種趨勢，尤其在最近幾年，經濟不景氣，特別顯著。*Stuart S. Nagel*認為：由於經濟不景氣，大學已漸漸無力單獨負擔龐大的人力支出，而基金會亦不若從前能夠如意募集基金，代之而起者為政府在支助學術機構或大學的研究

[22] 研考通訊資料室，「蘭德公司」，研考通訊，第1卷第8期（民國66年10月），頁59-61。

設備和經費上，逐年增多。其趨勢所向，使得學術界更多的人力投注於政策的研究[23]。

四、利益團體

社會上代表各種利益的團體，有時也介入政策的規劃過程。利益團體的遊說活動，主要重點是在政策規劃過程？還是政策合法化過程？因問題、因環境、因時地而不同。不過，一項政策規劃如果很有效，在立法機關容易照案通過，較少引起爭論，利益團體勢必先介入規劃過程中施展壓力，伸張他們的觀點。反之，一項政策的規劃如果很難奏效，在立法機關常引起爭論，弄得支離破碎時，則利益團體的活動便大可不必介入規劃過程，而在政策合法化過程中施展遊說活動，較易有所斬獲。

目前，在美國有日益增多的公共利益團體活躍於政策制訂過程中。「公共利益團體」（Public interest group）指追求公共的利益，其成就並不只限於有利於該團體成員或工作人員，超越了該團體本身。在廣泛問題上，最爲活躍的民間組織應推「共同目的社」（Common Cause）。該社於1970年由前任健康、教育暨福利部長（1965-68）*John Gardner*領導成立。社員迅速發展，到1974年達到最高峯，有社員32萬人，到1978年降低爲23萬2千人。現任社長爲David Cohen。該社努力的目標是政府和制度的改革，包括國會的資深制度、國會和行政部門的會議公開和聽證、競選的公費制度和遊說法令的改革，其內部有十五個保護消費者、環境、健康、科學、法規改革、能源團體，合稱奈德集團（The Ralph Nader Conglmerate）[24]。

---

[23] Stuart S. Nagel, "The Policy Studies Perspective", *Public Administration Review*, Vol.40 No. 4 (July/Aug. 1980). p. 391-96.

[24] Norman J. Ornstein and Shirley Elder, *Interest Groups, Lobbying and Policymaking* (Washington D. C.: Congressional Quarterly Press, 1978), p. 46-47.

表3-1　美國利益團體、行政機關、國會委員會關係表

利益團體	行政機關	國會委員會
全國教育協會（NEA）	教育部	眾議院教育和勞工委員會 參議院勞工和公共工程委員會
美國工會聯合會（AFL-CIO）	勞工部	眾議院教育和勞工委員會 參議院勞工和公共工程委員會
美會農人聯盟（AFBF）	農業部	眾議院農業委員會 參議院農業和森林委員會
美國銀行家公會（ABA）	財政部聯邦儲存局	眾議院銀行、現金和住宅委員會 參議院銀行、住宅和都市事務委員會
美國郵務人員聯盟（APWU）	美國郵政局	眾議院和參議院 郵政及文官委員會
美國貨運協會（ATA）	州際貿易委員會	眾議院州際和國際貿易委員會 參議院貿易委員會

在這四種規劃的介入者，其中利益團體、行政機關、國會委員會三者關係相當密切。在美國的情形以表3-1顯示。

第四節　政策規劃的論據

研擬政策方案，不能憑空杜撰，須有一些根據，作爲政策的立論基礎。這些根據，便是「政策論據」（policy argument）。政策論據，就是政策產生的立論基礎，是著手研擬政策方案時，所賴以參考的根據。

不論政策方案係出自歷史的先例或出自創新的設計，均必須「有其依據」，才能言之成理。否則，缺少立論根據，方案就顯得抽象模糊，政策的立論根基既不穩固，更遑論付諸行動解決問題。因此，不論政策的性質或內容如何，方案本身都應具有其立論的根據，唯有如此，政策才有根基，研擬時才有所依循。同時，有了論據，政策方案具說服力和解釋力，不但易得到接納採行，而且易爭取支持和順服。

一、政策論據的要素

由於規劃人員的觀念和來自的背景不同，對公共問題的認知，自然會有出入，於是在分析過程中，這些不同的看法，不但成為他們所賴以依循的論據，也因而成為他們對政策之不同主張。當然，在這種情況下，大家都會運用各種方法，去尋找一些有利的資訊，來支持自己的看法或主張，同時，提出反證，以抗辯哪些不同的看法。政策論據就在這個過程中，成為他們在政策問題上，據理力爭的憑證。

基於以上的說明，我們可將政策論據的要素歸納為六項，分別是政策相關資訊（policy-relevant information）政策主張（policy claim）、立論理由（warrant）、立論依據（backing）、駁斥理由（rebuttal）、可信度（qualifier）[25]，分別說明如下。

（一）政策相關資訊

經由各種方法所蒐集的政策相關資訊，包括：政策問題、政策備選方案、政策行動、政策結果，以及政策績效的資訊等。因為這些資訊，可隨分析人員的運用，顯示出各種跡象。分析人員可依情況的需要，以不同的方式，將之表達出來，或用經由統計所歸納的結果，如：根據聯邦的實證專案（demonstration projects）的結果顯示，核能發電廠要較傳統發電廠有效率；或用專家所做的結論，如：根據專家的報告得知，核能是目前最實用、最有效的能源；或以社會的價值需求，如：為確保經濟的不斷成長，建立更多的核能發電廠是必要的。

（二）政策主張

政策主張是政策論據的重心。個人所持的論據不同，其政策主張

[25] William N. Dunn, *Public Policy Analysis: An Introduction* (Englewood Cliffs. N. J, : Prentice-Hall, 1981), p. 64-94.譯文見：林水波譯，「政策分析常用的政策論證模式」，憲政思潮，期64（民國72年12月），頁133-153。

當然也不同，像政府應投資建設更多的核能發電廠之類之政策主張，每每是社區內，引起爭論或衝突的主題。鑑於社區內的人，對核能發電廠的投資建設，有不同的看法和意見，自然地就會產生不同的政策主張。然而，在推理上，政策主張若順著資訊所顯示的跡象，則名正言順，容易引起共鳴。例如，若核能的使用較有效率，則政府應投資更多於核能發電廠的建設。既然，資訊的跡象顯示核能的使用較為有效，提出投資建廠的政策主張就較有把握。因此，政策主張是政策相關資訊邏輯的結果。

（三）立論理由

在找尋政策論據的過程中，分析人員常會假定一個立論理由，作為將政策相關資訊，轉變為具體政策主張所賴以憑藉保證。通常，這些立論理由的產生，是建立在下列幾種假設上：權威的、直覺的、分析的、因果的、實用的及倫理道理的。例如：以「社會需要更多的能源」這個「實用理由」來表示政府須更多投資核能建廠的主張。亦即，這些立論理由所扮演的角色，是將一般的資訊轉變為具體的主張；同時，亦提出接受此一主張的理由。

（四）立論依據

立論依據指用來證實上面立論理由本身所持的假設或論據而言。這些假設或論據，常以科學的法則、訴諸專家的權威、倫理或道德的原則等方式，作為支持哪些立論理由的基礎，以加強這些立論理由的主張，具有加強、證實、支持論據之作用。

（五）駁斥理由

對政策主張而言，駁斥理由指政策主張，或其立論理由，不能被接受或在某種條件不可能被接受的原因、假設或論據而言。在本質上，駁斥理由排斥政策主張或其立論理由適用的條件或範圍。提出政策主張時，若能考慮到駁斥理由所持的論據，則將可幫助分析人員預

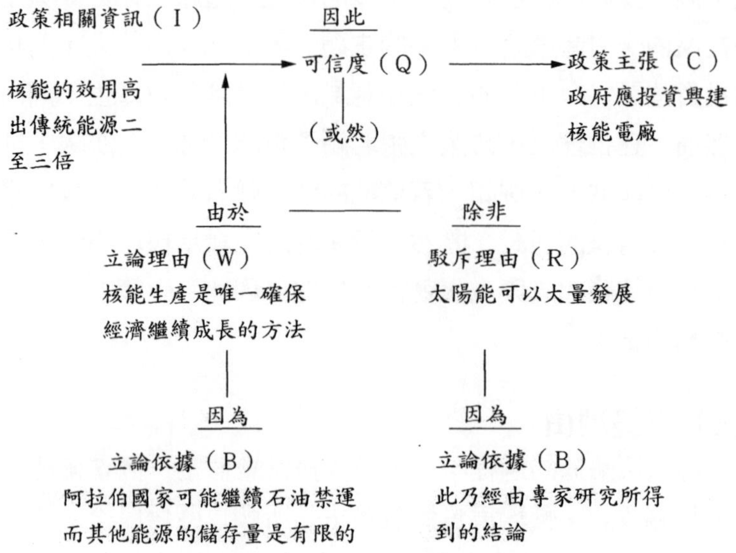

圖3-1　政策論據的結構

想到一些不同的意見。同時，也可藉此衡量政策主張的可信度。

（六）可信度

可信度是指用來表達分析人員評斷政策主張之可信程度（confidence）之標準或指標而言。在政策分析中，可信度常以或然率（probability）的方式表之。（如，可能在某某可信水準上），一旦分析人員完全確定一個政策主張時，就無須再以適格標準去衡量政策主張的可信度。

由此可見，政策主張的提出，有賴政策論據爲之佐證，政策論據愈強，政策主張就愈顯得有力，只要能找到強有力的論據，自然我們所提出的政策主張，便很容易使人信服。上述六項政策論據的要素，其間的結構關係，可由圖3-1看出[26]。

[26] *Ibid.*, p. 70.各種政策論據的結構並不相同，但基本結構則相同。

二、政策論據的方式

政策論據的方式，也就是分析人員將政策相關資訊轉變爲具體政策主張的特定方式。目前，至少有六種方式將資訊轉爲政策主張，分別是權威的（authoritative）、直覺的（intuitive）分析的（analycintric）、解釋的（explanatory）、實用的（pragmatic）及價值評斷的（value-critical）。儘管這六種方式所採的論據形式不同，立論的重點也不同，但從現象到結論的推理過程，卻是彼此一致的。茲就此六種表達方式，分別說明如後[27]。

（一）權威的方式

以權威的方式表達政策論據時，所提出的政策主張，其論據是以權威爲基礎。換言之，其將政策相關的資訊轉變爲政策主張，是以提出政策主張者，具某種成就地位或歸屬地位，只要他們做事實的報告或發表意見，證實其資訊的可信度，資訊便具權威性。例如，一個方案經由科學家或政治觀察家的證明，方案便具權威性，方案提出時便更有把握，在推介時，經證實而具有的權威，便是有力的論據。

（二）直覺的方式

以直覺方式表達政策論據，是以洞識，作爲論據的基礎。亦即，將政策相關的資訊轉變爲具體的政策主張，是根據產生資訊者之內在心理狀態，以他們對事物的洞識、判斷與睿智，作爲提出政策主張的根據。

（三）分析的方式

以分析方式表達政策論據，其政策主張是以經過分析而得的論據作爲基礎。換言之，從相關資訊到具體政策主張的發展過程，是以分析方法或分析規則具高度有效性，事物一經這些方法或規則的分析，

---

[27] *Ibid.*, p. 67-89.

便可證實其效度，提出政策主張，便可以分析的結果作爲論據。例如，政策主張的提出，是以分析人員使用數學、系統分析等方法，所分析的結果作爲論據的基礎。

（四）解釋的方式

當政策的論據以解釋的方式表達時，其政策主張是以政策的因果關係，作爲論據的基礎。換言之，分析人員從政策相關的資訊中，分析其因果關係，由因果推理的結果取得論據，再具體地提出政策主張。

（五）實用的方式

當政策的論據以實用的方式表達時，政策主張是從政策關係當事人、相似的個案或類似的政策中取得的論據作爲提出的基礎。也就是說，政策相關資訊之能轉變爲政策主張，是建立在此假設上：即人們的目標、價值、意向可產生一股力量，促成政策之提出；政策具相似性或類似性，制定時可互爲說明，便成爲政策主張的有力證據。例如，政府提出全面禁止電動玩具的政策主張，是因人民對社會安寧的意願所促成；政府提出優生保健的政策主張，是因相似或類似的政策，已在其他國家或地方順利執行，且頗具成效。

（六）價值評斷的方式

政策論據的表達方式，是以倫理或道德爲標準，批評政策的好或壞、對或錯，再依評斷的結果，提出政策主張。換言之，政策主張是以道德或倫理作爲衡量的標準，進而在相關的政策資訊中，找出政策的「好」及政策的「對」，作爲政策主張的立論基礎。例如，小康計畫，目的在達成均富社會，而均福社會是理想的、善的、好的目標，故這些價值標準，即成爲小康計畫推行的論據。

表3-2 政策論據的方式

方式	論據形式	立論的重點
權威	權威	行爲者因成就或身分而具有的地位
直覺	洞識	行爲者內在的心理狀態（諸如洞機、判斷、睿智）
分析	方法	分析方法或規則的效度（如數學、經濟學、系統分析的一般抉擇原則）
解釋	因果	因果關係
實用	動機	目標、價值、意向的激勵力量（政策相關人的願望）
	比較	個案之間的相似性（類似的政策）
	類比	政策相互關係之間的類似性（類比的政策）
價值評斷	倫理	政策的對錯、好壞及其產生的（如平等爲道德原則之一）

資料來源：William N. Dunn, *Public Policy Analysis: An Introduction* (Englewood Cliffs. N. J.: Prentice-Hall, 1981), p. 68.

第五節 政策規劃的原則

政策規劃有其原則，在這些原則下，政策方案才容易中肯而被接受，並易於妥善解決問題，茲分述之如下[28]。

一、公正的原則

政策的規劃要針對問題的解決，使相關人或團體受到利益，不可偏頗、或偏私，更不可先入爲主地對某些人有利而對某些人不利，或犧牲了某些人成全另外一些人，這便是公正的原則（the principle of impartiality）。不公正的政策規劃，固然解決了某些人的問題，但卻引起了另一部分人的不滿，造成了另一部分人的問題。解決了一個問題，卻同時又製造了另一個問題，問題層出不窮，非政策規劃之道。

[28] Abraham Kaplan, "On the Strategy of Social Planning", *Policy Sciences* Vol.4 No. 1(1973). p. 53-56.

凡事只考慮到自己，而不考慮到別人，以及整體，一定不能持久。

最明顯的例子，是戰前德國反猶太人的政策，其政策的規劃違反公正的原則，犧牲了猶太人，便註定要失敗。此外，尚有殖民地政府歧視當地土著，剝奪當地土著的權益，政策規劃只是有利於統治階層的措施。這些政策規劃，遲早都要淪於失敗。

二、最終受益是個人的原則

政策的規劃最忌大而無當，或徒有空洞的口號、或陳義過高，太過抽象，如「強國」、「富國」，而是要實際落實在有關的國民身上。此即「最終受益是個人」的原則（the principle of individuality）。例如「強國」，一定要使個別的國民有對國家的驕傲感，自身生活的安全感；「富國」一定要使個別的國民，生活水準提高，有高度的購買力，以及生活的享受。

三、最劣者受益最大的原則

在社會上處於最劣勢者（minimun），獲得最優先的考慮與最大利益（maximize），稱最劣者受益最大的原則（the maximin principle）。亦即政策的規劃，要先注意到社會的基層人民，而不是社會的最尖端人士。

四、分配原則

政策規劃，在受益人的數目上要廣被，與第三原則「最劣者受益最大的原則」重點不同。第三原則是基於上下觀點，而第四原則是數量觀點。數量觀點亦是民主「多數決」思想之所在。即政策的規劃要能廣布於一般人，而不是少數人，此即分配的原則（the distributive principle）。

五、連續原則

政策的規劃要有連續性（the principle of continuity）。變遷，除

非先建立了變遷的程度，否則與以前中斷，不連結，不會具有實質價值的。因爲人的生活、思想、習慣均一脈相連，其間雖有改變，但未曾中斷。政策的規劃，如果從「新」、或從「根本」做起，未能連續過去，便無以瞻望未來。一些改革性的政策規劃、或革命性的政策規劃，如果與以往脫節太大，形成「中斷」，很難能夠成功。

六、國民自主的原則

政策規劃只在做國民所不能做的。國民會做的便用不著政府來規劃。如果任何問題都要由政府擅做主張，由政府來規劃，則國民不願意如此。不是因爲國民對政府的作爲懷疑，而是政府對國民能力的不信任。這便是政策規劃國民自主的原則（the principle of autonomy）。

如果任何問題均要由政府來規劃，則分散了政府的人力、物力、財力。眞正遇到政府該規劃的公共問題，政府便已耗損過多，無能爲力。而國民因很少有自主的機會，國民解決問題的能力與信心便始終培養不起來，加重了國民依賴政府的心理，亦加重了政府的負荷，亦滋長了專制獨裁。

七、緊急原則

如果不是現在立即從事政策規劃，卻又待何時？今日不做，明日將後悔，這便是緊急原則（the principle of urgency）。公共問題需要解決的，愈來愈多，現在如果不立即採取行動，進行政策規劃。則問題將益形嚴重，將更難解決，而且更難有更多時間去應付其他問題；其他的問題如果不加以解決，擺了下來，亦會愈來愈嚴重，形成惡性循環。

以上這些原則並不是窮盡，且不重疊。例如分配的原則與公正的原則有關，自主的原則與國民受益的原則有關。甚至有些原則是相互衝突的，例如連續的原則與緊急的原則。連續的原則趨向於保守，而緊急的原則，則邁向於未來。不過，這是很難免的，因爲規劃者要兼顧穩定和變遷，必將會有此種類似矛盾的規劃。

其實，這些原則並不是相互抵觸，只不過是隨時空而有各種不同的比重。有時候某一個原則較不注重，而在另一個時候，可能較著重。例如，美國1957年經濟報告，鼓勵技術工人與非技術工人工資的較大差距，以安定鄉下工廠技術工人，防止其往城市發展。這顯然不重視最大原則。但在另一時期卻提高最低工資，這又是著重最大的原則。

此外，這些原則在內容解釋上亦有所不同。例如就緊急原則而言，緊急原則是對於適應未來所採取應變措施的規劃。但對於未來的看法，人人並不一定一致。在意見上難免相互牴牾。有些規劃者可能是高瞻遠矚，洞矚機先。可是別人並不認爲如此，而規劃者又無從證明。如規劃者深信自己的觀點，強行規劃，終究因支持力不夠，而有不落實之感。如規劃者亦要其他人亦能有相同看法，一開始便苦口婆心，諄諄善道，但往往由於格格不入，白費心思，不歡而散，形成所謂「民不可慮始」之情況。總之，即對緊急原則的實質內容有不同的解釋。

在實際的運用上，這些原則並不是全部皆予以應用，因不同的公共問題，不同情況，配合運用。

第六節　政策規劃的方法

政策規劃的方法甚多，其中以系統分析（Systems Analysis）最爲常用，*E. S. Quade*和*W. I. Boucher*於1968年曾撰「系統分析和政策計畫」一書，爲研究政策規劃經典之作。系統分析之所以爲學者廣爲採用，因系統分析規劃的範圍及於所探討問題的整體，在細部的抉擇上可兼採若干作業研究（Operations Research）的方法；並且系統分析不能脫離價值判斷，規劃者的任務是指示決策者何時並如何考慮價值判斷，而決策者則依據自己的價值判斷從事決策。這些特點合乎政策規劃的要求。

系統分析是一種研究方略，是在不確定的情況下，就全部問題，找出其目標及各種可採用的方案，比較其結果，並以其對問題的判斷與直覺，幫助決策者就複雜問題從事最好的抉擇，並提供建議[29]。其程序包括：(1)問題的構成：確定目標，說明問題的重點及範圍；(2)蒐集資料：蒐集各項資料，發現其中的相互關係，尋求各種可行方案；(3)進行分析：建立各種模型（model），以預測每一方案之後果，並加以探討其有效性；(4)判斷：利用模型或其他資訊所得之預測，對各種方案加以比較，提出利弊點，並排列優先次序；(5)檢定：以測驗或試驗的方法檢定所獲結論是否正確。其相互配合及輔助運用的方法，例舉如下：

1.管理資訊系統：政策規劃爲要獲得充分之資訊，俾便進行規劃，有最新之管理資訊系統（Management Information Syestems，簡稱MIS），係以電腦爲工具，使政策規劃所用之資訊和資訊資料之處理，成爲一個完整的系統。管理資訊系統並不限於爲政策規劃所用，即決策、執行，以及管制、評估均可應用[30]。

2.社會指標：政策規劃爲配合目前以及未來社會的需要，如能符合社會指標的指引，便能具體明確而有效。社會指標（Social Indicator，簡稱SI）係指對於社會現象之統計，其數字趨勢顯示某一

---

[29] E. S. Quade and W. I. Boucher, *op. cit.*, p. 2.譯文引自：陸民仁：「系統分析」，政大公企中心編，現代行政管理（台北：政大公企中心，民國59年），頁12之1-21。

[30] 國內第一篇探討管理資訊系統與公共政策者爲：葉維銓，「管理資訊系統與公共政策形成相互運用的過程」，研考通訊，第3卷第11期（民國68年11月），頁2-11。

特定問題與政策目標關係之情形[31]。

3.目標管理：政策目標若要能具體實現，政策規劃時自應由有關部門、單位、個人參與訂定。目標管理（Management by Objectives，簡稱MBO），在政策規劃觀點言，目標管理係以激勵和參與決定爲基礎，以完成政策之總目標爲目的，經由有關各階層人員規劃部門、單位、個人之工作執行目標來實現之管理[32]。

4.預算管理：政策的規劃必須有預算與之配合，如不對預算亦同時進行管理，政策規劃便中空。預算在政策規劃上有計畫、資源分配、協調、控制之意義。*Aaron Wildavsky* 有關公共政策的學說體系有很深厚的預算基礎。其探討企劃預算（PPBS）以及零基預算（ZBBS）更見功力[33]。

5.調查研究：調查研究（Survey Research）爲一種資料蒐集過程，使用的主要目的爲獲得下列三類對象關於某一觀念的反應或意見：(1)一般公眾；(2)某類型的知識份子；與(3)某種份子，其反應預期足以影響政策決定的結果。對欲獲得的意見是廣泛、不確定而又不必特別衡量時，通常皆採隨意取樣。特定取樣則是尋求確認特定團體的特別反應，且其重要性足以代表有影響力的份子。此種技巧（方式）廣泛使用在社會研究、選舉研究，以及爲計畫中之政策行動採集意見。

6.限制因素分析：限制因素分析（消極因素）（Limiting Factor Analysis）爲一簡單型態的思想過程。據此以進行確認某一特定環境中達成目標的限制因素、中立因素，及協同因素。根據此一過程，爲

---

31 張世賢，「社會指標應用於政策分析與政策制度之探討」，台北：中央研究院三民主義研究所，第三次社會指標研討會宣讀（民國72年2月26日）。

32 Aaron Wildavsky, *op. cit.*, p. 29-31.

33 Aaron Wildavsky, *The Politics of the Budgetary Process*, 3rd. ed. (Boston: Little, Brown & Co., 1979).

了達成目標，必須先確認，並解決問題，同時避免耗費精力在沒有限制作用的基礎上，此技巧為確認問題的一種方法，但與因素分析之數學過程無關。

7.成本效能分析：成本效能分析（Cost-Effectiveness Analysis）的重點是根據某一計畫之預期結果的成本與效能，來評估每一種方案的效果。在分析過程中，計畫的目標必須加以明確限定，而達成目標的最宜條件也必須指出。在目標不甚確定時，達成目標的選擇方案即指所有的計畫或策略。衡量「效能」的標準應該儘可能的明確，成本的計算也以通用貨幣的值為準。在決定標準不能以「成本」（cost）或「利益」（profit）明確表示時，可以達成目標之最低成本、可得使用資源或者在成本與效能兩者之間採用其他代換物品等方式加以表明。

8.成本利益分析：本質上，成本利益分析（Cost-Benefit Analysis）與成本效用分析有密切的關係，但前者著重不同種類問題的解決方案。問題的解決，經常必須在各種不同的計畫中加以選擇，俾使社會利益超過機會成本（opportunity cost）。某一項計畫，從其經濟的可能性加以考慮，必須能夠產生過剩的利益，俾使社會中每一成員能在不必分攤成本的情形下，獲得改善。成本利益分析的使用多在政府預算作業中出現，例如PPBS預算制度。在運用上，直接福利支付與發展就業機會暨職業訓練這兩種方式所產生的利益也可能加以比較。此外，不同大眾運輸形態之利益，亦可以藉此比較得之。

9.成本效益分析的數學模型建構：成本效用及利益分析所採用的數學模型建構過程（Methematical Model Construction Process），在本質上是一致的，其困難點則為如何針對一個特別問題設計出分析的模型。

10.等候線分析：等候線分析（Queuing or Waiting Line Analysis）

爲利用數學技巧的一種分析。其目的在分析如何平衡「等候線」與「增加服務而消除等候線」兩者之間的成本。等候線是最浪費成本的，但每爲大眾服務機構所忽視。此方法常運用在運輸系統、郵局等。例如中國石油公司就最宜使用等候線分析來決定何時、何地設立加油站，以減輕車輛等候所形成的時間浪費。

11.計畫評核術及要徑分析：此種方法（PERT and Critical Path Method）的要點，在分解一個複雜的計畫成爲組合的步驟，然後在適當的階段與時刻，同時完成此項計畫。而在指定某一分解作業之完成時刻的情況下，要徑分析法的目的在決定如何使用最少時間完成整個計畫。

12.線性規劃：使用線性規劃（Linear Programming）目的，在決定如何使用有限的資源產生適宜的組合而達成預期的目的。其理論的根據是一條直線存在於各種不同因素之間，其變動的範圍可以加以確定。在解答不同的線性方程式的值後，可以決定使用哪一種最適宜的資源。使用此一技術，大部分資源必須可以計算（量化），其關係必須是線性的。

13.電腦程式：電腦程式（Computer Progamming）以電腦用語來準備計畫，俾問題可以電腦解決。

14.多元迴歸分析法：多元迴歸（Multiple Regression Techniques）是用來分析一個因變數（Dependent Variable）和一組自變數（Independent Variables）之間的關係。

多元迴歸的主要用途是：(1)用來預測，尤其是精確性的預測；(2)控制外界因素以便集中注意力於觀察某一重要自變數對因變數的影響；(3)在相當複雜的多元差異關係狀況下，幫助建立因果追蹤系統。

多元迴歸在擬訂政策計畫中用途最廣。假定我們要預測市民對政府興建國民住宅型式的選擇（因變數），我們可以用一組自變數（包括職業、收入、家庭、教育）來預測這些自變數與因變數之間的關係。利用多元迴歸，我們可以預測這四個自變數中，哪一個變數對國宅型式選擇最具決定性的影響？其影響力有百分之幾？此外，多元迴歸還可控制外來因素，如宗教是否對國宅選擇有影響力？如果宗教的因素不重要，多元迴歸自然會從公式中予以剔除。最後多元迴歸還會把以上自變數按重要次序，排出因果連環系統圖表，使我們一看就知道市民是根據哪些自變數去選擇國民住宅型式[34]。

第七節　預測分析

方案的設計之先，預測是不可缺少的。因爲政策的訂定是爲了要解決現在以及未來的問題。而政策的規劃至政策的執行，在時間上往往有一段差距。因此政策的規劃在時間的考慮上，不能僅就規劃當時的情況進行規劃。否則，規劃完成之後，便已過時；且必須針對政策執行時的情況進行規劃，才不致窒礙難行。

公共問題隨時在時空中變動。一般趨勢言，公共問題是趨向愈複雜、繁瑣、嚴重。有了預測分析，據此規劃出來的方案，便能針對時弊，迎刃而解；否則，便落空。*Y. Dror* 探討政策科學，將「未來研究」（Future Studies）列在規劃之先，其理由在此[35]。從時間次序言，規劃是行動的先決條件，而預測又是規劃的先決條件，足見其重要性[36]；但就政策規劃整體言，預測是政策規劃的一部分。

---

[34] 以上各種方法參考：Edith Stokey and Richard Zeckhauser, *A Primer for Policy Analysis* (New York: W. W. Norton, 1978).

[35] Y. Dror, *Ventures in Policy Sciences: Concepts and Applications* (New York: Elsevier, 1971, p. 43-93.

[36] E. S. Quade, *Analysis for Public Decision* (New York: Elsevier, 1975), p. 239.

一、定義

預測指預先測知未來事件或條件可能性，俾據以作爲規劃及行動之依據。茲分述之如下。

（一）可能性

人的知識能力是有限的，很難立即完全預知未來實況。因此，必須發展各種方法，以便窺探未來可能的情況。所預測者仍只是一種可能情況，不就是未來本身。可能性的程度，有高有低，其準確性因資料、方法、判斷而異。

（二）條件

預測的目的在企圖掌握未來的情況，但由於「不確定性」（uncertainly）的因素太多，預測所得者，只能是臚列在什麼「條件」下，便產生什麼樣的可能性；或者是確定其上下「限度」的範圍並在此限度內予以掌握。這些條件或限度，最忌受到預測本身的干擾。其情形有二：(1)是自我實現的預測（sel-fulfilling forecast）：因其預測，而致使預測的結果實現。例如預期某銀行會倒閉，存款人受此預測之影響，紛紛去兌現，致使銀行倒閉；(2)是自我摧毀的預測（self-defeating forecast）：因其預測，而致預測的結果不能實現。例如預測某一偉大領袖將會遇刺，安全人員及一般民眾受此預測之影響，紛紛加強其安全措施及對領袖的輸誠，而致該預測失靈。

（三）依據

預測必須依據情報、資訊、或甚至一些不顯眼的蛛絲馬跡，再由這些資料提供未來發展可能的條件或趨勢，以作爲規劃及行動的依據。預測如果不能作爲規劃及行動的依據，則失去其意義。

二、預測的步驟

預測的第一步驟是對公共問題發展，進行預測；其次才是對解決該問題的各種可能方案，進行預測。這兩者的關係是前者是後者的先決條件。在進行預測方案，又可細分下列幾個步驟[37]：

1. 調查方案。瞭解方案應用時的可能狀況，並預估其可能性的程度。
2. 詳細研究影響該方案的有關因素，及其相互之間的關係，確定當時可能的情勢，以及可以列入控制掌握的範圍及程度。
3. 在這些可能的情況中，分析決策者所希望發生情況是什麼？有哪些干擾的因素？其發生的可能性程度如何？如何著力於控制這些因素？其可能性如何？
4. 將分析的結果，轉變成爲可由行動加以證實。紙上作業分析的可能性，往往與實際發展的可能性有誤差。預測時要考慮誤差的可能性及其程度。

三、預測的方法

預測是政策規劃的一部分，預測方法往往與政策規劃方法融合在一起，很難區分：幾乎每一個有關或輔助政策規劃的方法，多少均具有預測的性質，只不過程度多寡強弱不同而已。但如果專門探究預測方法，其方法不少，隨學者的分類而異。國內郭明哲教授著「預測方法：理論與實例」[38]分成三類：(1)產業關聯分析（Interindustry Analysis）；(2)計量經濟模型分析（Analysis of Economic Model）；(3)時間數列分析（Time Series Analysis）；而*Daniel P. Harrison*則分爲十三類：(1)外推預測法（Extrapolative Forecasting）；(2)、直覺預測法（Intuitive Forecasting）；(3)類比預測法（Analogy forecasting）；(4)模型預測法（Modeling Forecast）；(5)調查預測法（Survey Forcasting）；(6)標準分析（Critrion Analysis）；(7)環境預

[37] *Ibid.*, p. 242; George C. Edward III and Ira Sharkansky, *The Policy Predicament: Making and Implementing Public Policy* (San Francisco: W. H. Freeman and Co., 1978), p. 170-186.

[38] 郭明哲，預測方法：理論與實例（台北：中興管理顧問公司，民國65年），頁1-7。

測（Environmental Prediction）；(8)網圖分析（Network Analysis）；(9)社會法則預測法（Predictive Social Laws）；(10)臨床心理預測法（Clinical Prediction）；(11)理論預測法（Theoretical Forcasting）；(12)直覺規劃預測法（Intuitive Planning）；(13)多方法混合預測法（Multimethod Forecasting）[39]，茲僅舉數例說明如次。

（一）德菲預測法

此法係以古希臘阿波羅神廟址「德菲」（Delphi）命名，是直覺預測法的一種。早在1948年，蘭德公司（Rand Corporation）的若干研究人員就已發展出德菲預測法，並逐漸為政府部門及工商企業採用。原是為軍事策略問題的預測而設計，後來逐漸擴及教育、科技、運輸、研究發展、太空探測、住宅、預算及生活品質等方面。此法原著重專家運用實證資料以支持其預測，及至1960年代，擴及對價值問題的預測。一般以1960年代為基準，分成傳統德菲預測法與政策德菲預測法。事實上，後者乃是前者的再擴大[40]。

1.傳統德菲預測法　早期應用此法，是鑒於委員會、專家討論及其他小組討論方式的結果不如理想，故採此法以避免小組溝通不良、為少數人員把持、被迫順服別人意見、人格衝突及敵對等弊端。傳統德菲預測法的應用，強調下列五項基本原則：

(1)匿名原則：所有參與的專家學者，以個別身分發表意見，嚴格遵守匿名原則，不公開提出各種意見者的身分。

(2)複述原則：由主持人蒐集參與者之意見並公布周知，如此反複進

[39] Daniel P. Harrison, *Social Science Frontiers* (New York: Russell Sage Foundation, 1976), p. 13-51.

[40] Harold A. Linstone & Murray Turoff (ed.), *The Delphi Method: Techniques and Applications* (Reading, Mass.: Addison-Wesley, 1975).William N. Dunn, *Public Policy Analysis: An Introduction* (Englewood Ciffs, N. J.: Prentice-Hall, 1981), p. 196-202.吳定，公共政策論叢（台北：天一圖書公司，民國73年），頁251-254。

行數回合，原則上四個回合，其間准許參與者在參酌其他人之判斷資料後，修正其原有判斷。

(3)控制回饋原則：令參與者回答預先設計之問卷，並使其對集結起來的判斷論證做總結衡量。

(4)團體回答統計原則：對所有參與者的意見做綜合判斷時，通常視其中數、離勢，及次數分配情況而定。

(5)專家共識原則：此法最主要目的在形成能使專家獲得共識的情況，而得出最後的結果。

2.政策德菲預測法　1960年代後期，為突破傳統德菲預測法的限制，以肆應政策問題的複雜性，產生了政策德菲預測法。它除了採取傳統德菲預測法之複述原則與控制回饋原則外，並改進其他幾項原則：

(1)有選擇的匿名：參與者只有在預測進行的前幾回合採匿名原則，但當爭論政策備選方案時，他們必須公開為其論點辯護。

(2)消息靈通的多方面倡導：選拔參與者不限於專業知識，盡可能遴選代表各方利益，且消息靈通的倡導者參與。

(3)回答統計兩極化：在總結參與者的判斷時，著重於各種不同意見及衝突論點的衡量。它也許會使用到傳統德菲預測法的衡量方法（如中數、範圍、標準差等），但它又從個人之間與團體之間正反兩極意見的衡量予以補充。

(4)衝突的建構：基於衝突為政策論題的一項正常特點之假定，特別致力於從各種不同的意見及衝突的論點，探測各種可能的政策方案及其結果。

(5)電腦的輔助：電腦在可能的情況下，被用來處理各個參與者匿名互動的連續過程，因而可免除一連串個別的德菲回答方式。

政策德菲預測法的實施步驟如下：

(1)論題明確化：分析者決定何種問題將付諸討論，並事先擬訂一份問題一覽表，供參與者增刪。

(2)遴選參與者：採取適當選樣方法，遴選代表各種不同觀點、利益、專業知識的人員，參與預測。

(3)設計問卷：分析者先設計第一回合的問卷，然後根據第一回合問卷回答情況，再設計第二回合的問卷，以後亦同。通常第一回合的問卷可以含有幾種問題類型：①預測項目；②論題項目；③目標項目；④選擇項目。

(4)分析第一回合結果：在問卷收回後，就參與者之回答，作總體的衡量，將集中趨勢、離勢、兩極化的分布範圍及程度表明出來。

(5)發展後續問卷：前一回合的結果作為下一回合問卷的基礎，通常進行四回合。

(6)組成團體會議：將參與者集合在一起，面對面討論各自立場所根據的理由、假設與論證，同時接受回饋資料。

(7)準備最後報告：參與者的意見到最後雖不一定能取得共識，但對問題、目標、選項及其後果的意見，則可能得到最具創意的總結。最後報告應羅列各種論題及可行方案，並說明不同立場及其論據。此報告即可送交決策者作為決策的一項資訊，因為就像其他政策分析技術一樣，政策德菲預測法只是協助判斷的利器，而非決策的工具。

（二）時間數列分析

時間數列分析（Time Series Analysis）為蒐集與整理所要預測事務之過去資料，從此等資料中找尋過去該事物隨時間而變之法則或趨勢，以數學模型表現出來，然後以此模型從事預測工作。這種預測方法係根據「過去一種事務隨時間而變化之形態，即為今後該種事物隨時間而變之形態」而來。可見，這種預測方法十分重視所要預測事物的過去實況與時間之關係。這種方法因只需利用過去到現在的內部情報，屬內推預測法（Intrinsic Forecasting Method）一種。

其用途爲政策規劃單位在外部資訊缺乏時，對於各種事務從事短期或中期預測時，常利用時間數列分析。諸如犯罪問題的犯罪人數之預測，交通問題的汽車數目之預測。其進行分析之步驟爲：

1.蒐集過去資料：所需蒐集的過去資料至少包括前3至4年期間者，如果可能，蒐集前10年期間者應用最爲理想。

2.分析時間數列內容：從蒐集得的過去資料，首先分析時間數列中所含的下列四種成分：

(1)長期趨勢（secular trend）：此指所要預測事物在長時間內變動之趨勢。把蒐集得的過去資料繪成曲線時，不難看出質的方面之長期趨勢，但量的方面之長期趨勢，則須藉計算分析達成。

(2)季節變動（seasonal variation）：每年重複出現的循環變動，即屬季節變動。它是以十二個月爲週期。

(3)循環變動（cyclical variation）：以數年爲週期（各週斯的長短可能不一致）的一種週期性變動，歸屬循環變化。它可能是一種景氣變化、經濟變動、或他種週期性變動。

(4)不規則變動（irregular variation）：這種變動又稱隨機變動（random variaton）、殘餘變動（residual variation）、或雜音（noise），其趨向無規則可循。它包括所有不屬(1)至(3)之任何變動。因此，包括各種偶發事故引起的變動，這類偶發事故，例如無數的小因素作用、故障、罷工、意外事故、地震、水災、惡劣氣候、戰爭、政變、法令更改、測度誤差等等。

把上述(2)至(4)的三種成分盡可能地設法去除，求出時間數列之長期趨勢。將此趨勢以圖示之，並擇定最近似之數學模型代表之。

3.求算數學模型係數：把步驟(2)所選定的數學模型中之諸未知係數，使用合適的技術（例如最小二乘法）求出其值。

4.利用求出模型預測未來長期趨勢並做修正：首先利用求得數學模型算出未來的長期趨勢預測值，然後以季節變動因素修正之，求得含有循環變動與不規則變動誤差之每月（或每週、每天）預測值。如果可能，把這些預測值再做循環變動及不規則變動因素修正，以得更正確之預測值[41]。

（三）計量經濟模型分析

計量經濟模型分析（Analyis of Economic Model）爲將與所要預測事物有密切關係之諸經濟因素予以檢出，並研究所要預測事物與此等因素間之關係，建立其間關係之計量經濟模型，然後用此模型進行預測分析。這種預測方法，因需利用過去、現在及未來之外部資訊，爲「外推預測法」之一種。

在規劃單位從事各種事物長短期預測之際，就時常利用計量經濟模型分析。例如經濟政策，全國經濟成長之預測；觀光政策，旅遊人數之預測；國民住宅政策，訂購住宅戶數之預測；文化政策，訂購書刊人數之預測。其分析步驟爲：

1.蒐集與整理資料：將所要預測事物有關之過去與未來資料盡量蒐集齊全，然後將此等資料有系統地按合適之方式處理，如有必要並繪製圖表用以表出某些因素之間的關係。

2.建立計量經濟模型：依據經濟理論，利用數理統計技術，以數學爲工具，建立各有關因素間的因果關係之計量經濟模型。這種模型很多爲聯立方程式之形式。

3.實驗模型：把過去資料代入初步建立的模型，預測過去應發生事物。把此預測結果與過去實況比較，以確定所建模型、蒐集到之資

[41] 其應用見：Virginia Gray, "The Use of Time Series Analysis in the Study of Public Policy", in Frank P. Scioli, Jr. and Thomas J. Cook (eds.), *Methodologies for Analyzing Public Policies* (Lexington, Mass: Lexington Books, 1975), p. 51-60.

料，及整理資料過程之正確性，檢討如何修正模型（修正次數可很多次，直到修正模型之正確性達要求為止），以得合用之正確模式，並進行修正模型工作。

4.從事預測工作：利用已修正妥善之計量經濟模型，從事未來事物之預測工作[42]。

第八節　可行性分析

政策規劃的目的是要解決公共問題，規劃本身便含有意圖要將問題以解決，即「方案行得通」，稱之「可行性」（feasibility）。可行性有四個層次：(1)適當（appropriate）；(2)可能（possible）；(3)可行（feasible）；(4)實驗其可行，茲分述之如下。

1.適當：政策的規劃必須適當，不能違反相關人的心理感受。對一般社會言，即合乎社會的價值觀念；對政治言，即合乎當時的政治文化；對歷史言，即合乎其憲政傳統。政策規劃如果違背這些常理，便很難行得通。另外，政策規劃必須配合時機，沒有適當的時機，政策規劃不合時宜，亦容易被打消或被唾棄。

2.可能：政策規劃縱使適當，亦不一定可能實現。如果沒有足夠的資源、能力、共識和權力，亦不能辦到。例如改進交通問題，計畫興建高速公路，卻缺乏經費、科技能力。或者某一項公共問題，仍在爭論之中，規劃單位卻已著手進行規劃。或者規劃單位，權力微薄，只是聊備一格，所規劃的方案往往不受重視被束之高閣。

3.可行：可能與可行，在程度上有差別，可能（possible）指由於適當的條件及方法，某事物可能存在、發生或做到。而可行

---

[42] 這方面的應用，參見：*Journal of Policy Modeling, Policy Sciences*各期所載論文。

（feasible）指尚未實際驗證之事情，但似乎是極有可能施行。可行可分：經濟上的可行、技術上的可行、政治上的可行、行政上的可行、法律上的可行等等。經濟上的可行指獲得財經資源的充分支持，並能與國家整體經濟發展相配合。技術上的可行，指在實際科學技術的能力可以勝任。政治上的可行指在政治上獲得相關人的支持。行政上的可行，指行政組織、行政程序、行政人員能充分配合。法律上的可行，指法律未有限制規定。

4.實驗：為能獲得政策規劃可行性的進一步保證，便須實驗。經由實驗，使得規劃當時不確定、或沒有把握的因素予以明朗化、具體化。最明顯的實驗是科技上的實驗。而在經濟上、政治上可行性之探測，亦可勝過模擬、角色扮演……等等方式來確定[43]。

目前，一般學者探討政策規劃的可行性，最重要者有二：(1)為政治可行性；(2)實驗分析，茲分析如下[44]。

（一）政治可行性

政治可行性（political feasibility）一詞，含義並不很明確，*R. H. Huitt* 認為其用語是屬於藝術層面，因使用者的經驗而定[45]。*G. Majone* 則較有明確的意義，指符合在問題解決的限度內。限度指環境的因素：(1)影響政策的結果者；(2)不受政策制訂者所掌握者。他粗略地將政治可行性分三面：(1)政治資源限制；(2)分配限制；(3)制度限制[46]。

---

[43] E. S. Quade, *op. cit.* p. 232-34.

[44] 比較舊的書籍，可行性的探討，強調政治上的可行性及經濟上的可行性。例如 George C. Edwards III and Jra Sharkansky, *op. cit.*, p. 213-262。經濟政策當然要探討經濟的可行性。

[45] R. H. Huitt, "Political Feasibility", in A. Ranney (ed.), *Political Science and Public Policy* (Chicags: Markham, 1968), p. 266.

[46] G. Majone, "On the Notion of Political Feasibility", in Stuart S. Nagel (ed.), *Policy Studies Review Annual*, Vol. I (1977), p. 80-95.

1.政治資源限制：政治資源指政治支持度、政治和行政技術。政治規劃如缺乏相關的政治資源，其可行性便低。例如未能獲得有力人士的支持，且在爭取有力人士的支持時，缺乏運用策略的政治和行政技術，均使規劃在政治上的可行性爲之降低。

茲舉美國總統與國會的關係，說明總統在其任期內政治資源享有的情形。如總統與國會多數黨同屬一黨，則總統的政策就較易受國會的支持，政策規劃的可行性便較高。反之，如總統與國會多數黨不屬於同一黨，總統的政策較不易受國會的支持，政策規劃的可行性便較低。其情形如表3-3。胡佛、艾森豪、尼克森總統時代，其政策規劃可行性，就低於羅斯福、詹森總統時代。其根本原因，在於總統所持有之政治資源不同所致。

2.分配的限制：*David Easton*認爲政治是爲整個社會對價值做權威性地分配。分配的差距有一定的限度，如超越此差距，相關人彼此均會感到不利，是以政策的規劃，其政治可行性必須落實在此分配差距的幅度之內。茲以巴瑞多的最佳決策圖（Pareto Optimality）說明。假若在沒有其他更好的方案時，決策者採取大家認爲最好的方

表3-3　總統、國會關係與政策規劃可行性表

總統	國會　會期(屆)	(多數黨)	政策規劃可行性
胡　佛（共和黨）	72 (1931－1932)	眾議院　(民主黨) 參議院　(共和黨只多一席)	較低
羅斯福（民主黨）	73 (1933－1960)	(民主黨)	較高
艾森豪（共和黨）	86 (1959－1960)	(民主黨)	較低
詹　森（民主黨）	89 (1965－1966)	(民主黨)	較高
尼克森（共和黨）	91 (1969－1970)	(民主黨)	較低

說明：政策規劃指行政機關發動之政策規劃

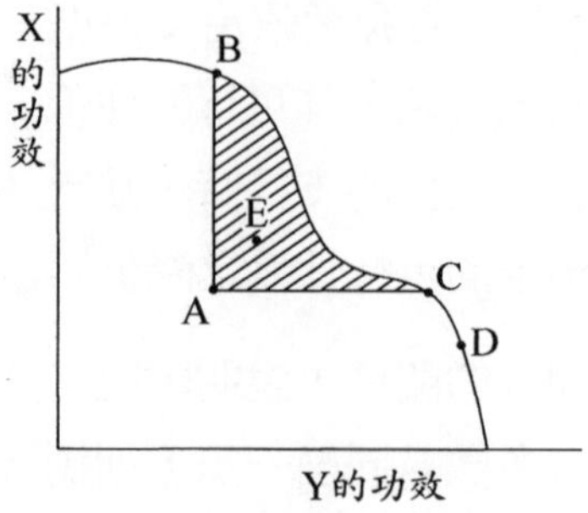

圖3-2　巴瑞多最佳決策圖

案，即稱巴瑞多的最佳決策，如圖3-2。

從情勢S，改變爲情勢S′，如果相關的人均認爲改變爲較有利；或一方認爲改變較有利，而另一方面認爲並未見得不利，則該改變方案均爲兩者所願意的，稱巴瑞多可接受的方案（Pareto Admissible）。假若目前情勢是在A點，如要制訂政策，改變情勢，一定要往接近BC線移動，亦即在斜線區域內，才合乎巴瑞多的最佳決策情況。例如從A點移到E點，不論x或y，在功效上均提升。但A點就不能移至D點，因A點如移至D點，雖y有利，而x卻不利，乃不合乎巴瑞多的意願及最佳決策的原則。

再者，規劃者不能閉門造車，儘量將規劃的內容限於「分配的限制」之內，則其可行性便會較高，民主國家絕大部分的政策規劃必須儘可能符合「分配的限制」，否則就行不通。例如美國，美國是一個多元化的社會，即在美國社會裡存在著許多不同的政治勢力團體，諸如政黨、壓力團體。這些團體有其自立的特質，亦彼此相互依賴的。這些團體必須彼此交易，才能使其利益得到保障。任何一項政策規劃，定要合乎「分配的原則」，才不致遭到處於不利團體的反對或杯葛，而失去其可行性。

3.制度的限制：政策規劃不能爲所欲爲，必須在制度內行之。制度自然約束了政策規劃的範圍。例如，美國的聯邦主義、權力分立、立法兩院制等憲法上的原則，便限制了政策的規劃。很明顯的例子是美國選舉政策，1974年修正的美國聯邦競選法創立聯邦選舉委員會（Federal Election Committee），六名任命的委員中，有四名由參眾議院各任命兩名。因其不符合憲法分權原則，雖經國會通過並實施，而後被聯邦最高法院宣判違憲，致失其可行性，1976年乃再修正改由總統提名經國會同意任命[47]。

（二）實驗分析

實驗分析，係在政策方案擬定之後，為證實其可行與否，而採取實驗的方法，以人工的方式控制政策有關的變項，進而從其因果關係的變化，觀察其可行的程度，其目的是欲藉實驗之進行，觀察政策實驗的結果，作為政策採行的參考，其具可行性者，予以考慮之，不具可行性者，則不予考慮。

欲進行政策實驗，須先有實驗設計（experimental design），藉以解答其研究方面的疑問，並說明如何控制各種變異的來源。所以，在提出實驗設計時，須格外小心，因實驗設計如果錯誤或不恰當，會導致研究者不但不能得到正確的答案，而且，可能造成錯誤的或與事實相反的結論。故此，為能針對研究的目的，實際探出政策之可行性，在選擇適當的實驗設計時，須以研究設計（research design）之比較、操縱、控制、通則化四個特性為基礎。如此，方能使整個政策實驗，具「內在效度」及「外在效度」，即研究者不但可以控制研究設計的變項，以肯定依變項的變化係由自變項的變化而產生的，而且，可以將實驗的結果，推而廣之[48]。

---

47 1976 C. Q. Alamac, p. 459-462, *Supreme Court of the United States*, 1976(5), No. 75-436, 437, "Buckley v. Valeo".

48 David Nachmias, *Public Policy Evaluation: Approaches and Methods* (New York: St, Martin's Press, 1979), p. 21-46

表3-4　實驗分析表

	測定前		測定後	差異
實驗組	O_1	X	O_2	$O_2-O_1=de$
控制組	O_3		O_4	$O_4-O_3=dc$

X：代表某一政策方案。
O_1：代表進行研究之變項的狀況。
de及dc：則表採行政策方案之前後的變化，前者進行政策的實驗，後者未行政策實驗。
資料來源：參考David Nachmias, *Public Policy Evaluation: Approaches and Methods* (New York: St. Martin's Press, 1979), p. 22.

實驗設計的結構，通常是分成兩組，一組爲實驗組（experimental group），一組爲比較組（comparison group）或稱控制組（control group）。實驗組將政策方案置於其中，即在實驗組試行政方案。控制組則不置政策方案，現以表3-4說明之。

從其實驗的結果可以看出，若de及dc有明顯的差異，則表示政策有明顯的效果，具有高度的可行性，值得全面採行；反之，de及de兩者相差無幾，則表示政策之效果不彰，可行性低，無採行之必要[49]。

《實驗分析的實例》

政策之實行，必然要使用很多人力、財力等資源，爲達到效率、效果，避免無謂之浪費起見，先行實驗確有其必要，此種穩健的作風，每爲有關當局所採行，且成效甚佳。

例如：紐約市Vera研究所於1960年代初期進行了一項對犯人審訊前免交保釋金釋放的實驗分析，稱爲「曼哈頓保釋金計畫」（The Manhattan Bail Project）。研究人員在檢查有關的背景資料以後，推薦了免保釋金釋放的人犯與不能免保釋金的人犯。前者列爲實驗組，後者列爲控制組，結果顯示在第一年中有59%在實驗組的人獲法官假釋出獄，在控制組中僅有16%獲假釋。至於實驗組的犯人不到庭應訊

---

[49] *Idem.*

的比率也比較低，不超過1%。因之放鬆此一要求保釋金的政策不致於增加犯人的背信率，此項實驗結果乃被提出作爲政策修改之參考。由於此一實驗，紐約監管局乃將此一計畫擴大到刑事犯的審理[50]。

1970年初期，美國經濟機會署（The office of Economic Opportunity）與六家私人公司簽約，委託這六家公司對新式教學方式進行實驗，即採用啓發式的而非傳統式的教學方法。先行選定某校學生爲實驗對象，將該校學生分爲兩組，一組是實驗組，即接受啓發式教學者；另一組爲控制組，即接受傳統式教學者。由實驗的結果顯示，實驗組學生的成績，並未超過控制組學生的成績，於是，決策者根據實驗的結果，並未符合原先計畫所期望的目標——新式教學之績效較佳，因而放棄了該方案之全面推行[51]。

又如，民國55年，「台中市家庭計畫推行實驗」，由台灣人口研究中心及台灣婦幼衛生研究所合辦，由台中市衛生局協辦，以台中市在民國52年時妻之年齡在20到39歲的36,000對夫婦爲實驗的對象，經由實驗前後兩次調查結果，發現許多推行家庭計畫方法的效果，證明家庭計畫具可行性，此一實驗的結果，便成爲以後推行全省性家庭計畫的主要依據[52]。

第九節　有效性分析

政策規劃須具有效性。但一般言，大部分的政策規劃卻往往失敗，未能有效。其原因有三種說法：

---

50 *Idem*.曹俊漢，「公共政策之評估及其在決策過程上的限制：運作模式與美國經驗之研究」，美國研究，卷13期1（民國72年3月），頁62。

51 George C. Edward III. and Ira Sharkansky, *The Policy Predicament* (San Francisco: W. H. Freeman and Co., 1978), p. 175-176.

52 蕭耀仁，前揭，前71。楊國樞等編，社會及行爲科學研究法，上面兩冊，（台北：東華書局，民國67年），上冊，頁220-225。

1. *Theodore Lowi*認爲是「利益團體自由主義」作崇。自由民主的政府無法做充分的規劃，因其往往任由各種不同的利益團體各自伸張自己的主張，各自施展壓力。政策是各方妥協的產物，政府難有系統且嚴謹地解決公共問題[53]。政策規劃往往變成畫餅。
2. *Alice Rivlin*認爲以往的規劃往往未預作社會實驗，先確定什麼能做、什麼不能做。其並且認爲組織內缺少積極的誘因。是以她強調規劃時要理性地應用社會科學技術。不過，縱使有系統的思考，但因人類智慧的缺陷、資訊的不足等因素，亦難使規劃有效[54]。
3. *Walter Williams*認爲政策規劃未具有效性，係由於規劃的時候並未注意及執行的情形人。他著重在執行，政策的目標，經由規劃中所載明的手段方法，轉變成爲實際具體的政策執行[55]。很明顯地，他將政策規劃與政策執行，劃分成兩個截然不同的階段。

以上三位學者，多少均談及目標與手段，但未明顯發揮。政策規劃是否有效，即在「目標與手段」的問題。目標與手段，如依理性決策論者的觀點看，它們是分開的，且連續的。即先確定了目標，再找尋能夠有效達成目標的手段。有若干研究政策規劃的學者如*Walter Willaims*、*R. Elmore*和*D. P. Moynihan*均持此觀點[56]。

不過，「目標與手段」關係在政策制訂的各階段均是動態的、持續的、變動的。在政策制訂各階段，不同的相關人對「目標與手段」關係，所持的觀念、瞭解能力、學習情況、相互影響的情形不同，隨時都在變化，並且亦延續下去影響其下一個政策制訂階段；影響的情形亦各自不相同。

[53] T. J. Lowi, *The End of Liberalism* (New York; Norton, 1969).

[54] Alice M. Rivlin, *Systematic Thinking for Social Action* (Washington, D. C.: Brooking Institution, 1971).

[55] W. Williams and R. Elmore, (eds.), *Social Program Implementation* (New York: Academic Press, 1976).

[56] D. P. Moynihan, *Coping: On the Practice of Government* (New York: Vintage, 1975).

政策的規劃如要其有效，則必須將目標與手段具體明確化；且斷評須不估其是否明確，及其間關係是否確定，直到相關人認爲確定爲止。而其間關鍵點在；目標工作的有效分配和評估標準的明確設定[57]。政策規劃的工作包括：(1)資訊的蒐集；(2)有關重要項目的整理分析；(3)政策方案的規劃；(4)方案的選擇。目標工作的分配是否妥當，及評估標準是否明確，攸關政策規劃是否有效。

其間的過程可以簡化成三段說明：資訊、權威當局、衝突解決過程。在規劃的過程中，有主其事者，即權威當局。權威當局進行有關規劃工作，必須有所憑藉，即資訊。資訊的充實與否可以影響權威當局所進行之規劃。反言之，權威當局的觀念亦會限制資訊的蒐集及使用。權威當局與資訊兩者相互影響。在政策規劃過程中，相關人因不同的價值觀念、感受，對於目標的認定、手段的提出，以及目標與手段的關係看法不同，衝突在所難免。權威當局必須介入衝突的解決。而衝突的情況、爭論的差異，亦影響權威當局考慮調整其有關規劃的工作。權威當局與衝突解決過程兩者亦相互影響。資訊狀況對於衝突能否合理解決有很大的影響。反言之，衝突當事人爲尋求有利之論據，亦會擴大對資訊的需求，資訊狀況與衝突解決過程兩者亦相互影響。

其間過程，不斷相互影響，促使政策目標與手段逐漸明確具體，並且不斷評估調整，加強其間有效關係，而使得政策規劃具有效性。如圖3-3[58]。

[57] S. Dornbush and W. R. Scott, *Eualuation and the Exercise of Authority* (San Francisco: Jossey-Bass, 1975), Chapt. 5.

[58] Louis K. Confort, "Goals and Means: The Problem of Specification in the Development of Effective Public Policy", *Administration and Society*, Vol. 13 No.1 (May 1981), p. 104.

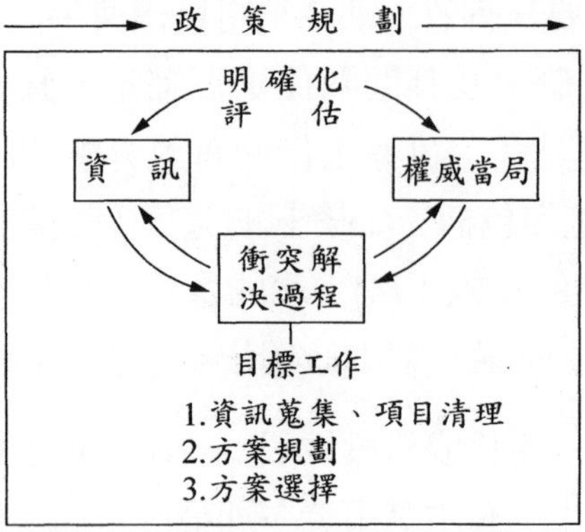

圖3-3 政策規劃有效性過程

結語

政策規劃係針對未來，爲能付諸行動，以解決公共問題，發展中肯且可接受的方案；有其理論、原則、方法，並須做預測分析、可行性分析、有效性分析。然則政策方案是否可以充分完全的規劃？*Charles E. Lindblom* 認爲：如果知識是充足且是有用的，社會是可以安排得很好的（well-ordered），不是雜亂無章的，亦不是內部相互衝突的，則可以充分規劃。反之，知識能力如果有限的，不能配合人們解決問題所需，以及社會內部無固定的秩序，則難以充分規劃[59]。

政策方案實際上是知識思考的分析規劃和各黨派、或政治勢力相互協調互動的結果[60]，兩者不可偏廢。*C. E. Lindblom* 在1980年的「政

[59] Charles E. Lindblom, "The Scoiology of Planning: Thought and Social Interacton", in Morris Bornstein, (ed.) *Economic Planning: East and West* (Cambridge, Mass.: Ballinger, 1975), p. 23-67.

[60] Charles E. Lindblom, *Politics and Markets: The World's Political Economic Systems* (New York: Basic Books, 1977), p. 100-106, 313-324.

策制訂過程」一書中予以強調[61]。

而其支持者 *Aaron Wildavsky* 在其「向權力說眞理：政策分析的藝術和技巧」一書中，即以「知識思考和社會互動」說明政策分析的情形，不能完全依賴知識思考的規劃[62]，所有他的計畫理論亦均強調此論點[63]。

在國際上，強調政策規劃的是以色列希伯來大學的 *Y. Dror*。但他仍認爲廣博地規劃也有其謬誤，即(1)普遍有用的謬誤，以爲規劃是萬能的；(2)盡其廣博周全的謬誤，以爲規劃可以天羅地網無所不包；(3)自由投入的謬誤，以爲規劃可以不計任何代價；(4)希求平穩的謬誤，以爲規劃可以不致於顧此失彼；(5)規劃什麼便產生什麼的謬誤，以爲規劃可以萬無一失；(6)立即止於至善的謬誤，以爲規劃是定案的，不必一而再，再而三的連續地再規劃[64]。不過，他仍然認爲要發展知識、建立「思庫」(think tank)，以求規劃的盡善盡美[65]。

政策規劃有其條件，並且要顧慮其有效性，以及可行性。其條件，*Y. Dror* 認爲是要與權力結合，如果未與權力結合，規劃便要落空，不能具有有效性及可行性[66]。這可由中國古代的諸多事例得到實證：一些中國古代的政策規劃者，如周公、商鞅、管仲、范增、諸葛亮都獲得君王充分的支持，且其地位甚高，僅次於君王。管仲被齊恆

---

61 Charles E. Lindblom, *Policy Making Process* (Englewood Cliffs, New Jersey: Prentice-Hall, 1980).

62 Aaron Wildavsky, *op. cit.*, p. 109-204.

63 Naomi Caiden & Aaron Wildavsky, *Planning and Budgeting in Poor* Countries (New York: John Wiley & Sons, 1974), p. 167-322; Aaron Wildavsky, “Planning is Everything, Mayde it’s Nothing”, Policy Sciences 4 (1974), p. 127-153; Horst W. J. Rittel and Melvin M. Webber, “Dilemmas in a General Theory of Planning”, *Policy Sciences* 4 (1973), p. 155-169.以上兩篇由東海大學廖勝雄教授提供，在此誌謝。

64 Y. Dror, *op. cit.*, p. 118-121.

65 Y. dror曾於民國69年12月來華訪問、演講，強調規劃仍極重要，一些缺點可以藉由知識的發展來克服。

66 Y. Dror, *Public Policymaking Reexamined* (San Francisco: Chandler, 1968), p. 3-4; Y. Dror, *Design for Policy Sciences* (New York: American Elsevier, 1971), p. 130.

公尊稱爲「仲父」。范增被項羽尊稱爲「亞父」。諸葛亮在劉備心目中的地位比桃園三結義的關羽、張飛要高。國外的例子，如英國中央政策審核小組，直接隸屬於內閣辦事處，地位甚高。繼而言之，有了權力的配合，政策規劃才能有力，才足以解決問題。

但是，在像美國多元化社會的國家中，政策規劃較難具有效性及可行性的，因其先天條件不足。蓋美國的權力結構較爲分散，規劃單位所分配得到的權力少之又少，難以貫徹始終。政策規劃往往部分由政策協調取而代之，即是政策制訂偏向於由妥協、交易、議價等方式形成。如再進一步分析，縱使在專制獨裁的國家、或一黨獨大的國家，政策的規劃亦難充分完全，必須顧慮及內部派系的意見，先做妥善的協調。即政策制訂雖由政策規劃形成，但亦有部分協調的成分。

{第四章}

政策合法化

政策制訂經過問題認定過程，指出問題之類別與性質，問題產生的原因與背景；經過規劃過程，擬訂了行動方向，指出各項解決方案，但其並未意味著政策之制訂業已完成，即可付諸執行，採取必要行動。然，其猶須透過有權限的機關，依照一定法定程序，予以審議與核定，方能達於合法化的地位，致使政策因而具有拘束力、執行力，並取得政策執行對象順服的前提，進而達成政策既定的目標。由上觀之，政策合法化過程是政策制訂過程中極爲重要的階段，扮演著關鍵性的角色，開啓政策執行之門，邁向問題解決之道。

C. O. Jones 指出：「任何政治系統中，均存在著兩種層次的政策合法化，第一層次爲政治系統取得統治正當性的過程（legitimacy）；第二層次爲政策取得法定地位的過程（legitimation）[1]」。這兩種層次的合法化過程，彼此相輔相成，相得益彰，關係密切，不可偏廢。第一層次的政策合法化，爲第二層次政策合法化的基礎；第二層次的政策合法化爲第一層次政策合法化的手段。蓋政治系統取得統治的正當性，受到系統成員的支持，取得人民的授權以行事，經由一套法定程序，制訂出來的政策，人民才認爲有服從遵守的義務，因而才具有

[1] C. O. Jones, *An Introduction to the Study of Public Policy*, 2nd. ed. (North Scituate, Mass.: Duxbury Press, 1977), p. 85.

執行力、可行性；反之，一個政治系統尚未取得統治的正當性，縱然其依法定程序制訂政策，也未必得能取得人民之信服。然而，政治系統長久以來，依照法定程序制訂政策，並能滿足人民的需要與利益，久而久之，人民習慣了政治系統的運作，接受政治系統的政治社會化，因而取得統治的正當性。

第一節　第一層次的政策合法化

統治的正當性對於任何政治系統而言，是相當重要的。因為統治的正當性非但是政治系統存在、穩定、持續、成長與發展的前提，而且也是塑造某一政治系統政策制訂過程的特殊性與有效運作的基礎[2]。然則，何謂統治的正當性呢？影響統治的正當性之因素為何？此為探討第一層次政策合法化的主要課題。

一、統治正當性的意義

從人類歷史演進的過程中，我們深深體會出，任何政治系統，無論經由何種方式取得政權，其莫不想在掌權之後，設法取得其在人民心目中認為其在運作統治上之正當性。蓋這種統治正當性的觀念，已經深植人心，設若政權能夠迅速取得來自人民心目中的此種確認，則將大有助於情勢之穩定，及其日後統治權力之運行。然則，何謂統治的正當性？人言言殊，且因文化變遷因情殊異而有不同的體認。

統治的正當性這個概念主要由 *M. Weber* 提出，他認為一種政治秩序之所以具有正當性，乃在於該秩序是有效的，足以決定被治者的取向[3]。他更進一步指出：「統治的正當性，乃基於三種基礎(1)傳統

2 *Ibid.*, p. 87.

3 R. Lowenthal, "Political Legitimacy and Cultural Change in West and East", *Social Research*, V. 46 No. 3 (1979), p. 402.

習俗（諸如遠古遺留之習俗，或係行之有年的先例）；(2)理性（諸如法定的決策程序，公職競選法規）；(3)特殊超凡性格的領袖[4]。」

當代政治學家重新討論統治正當性的問題，乃由*S. M. Lipset*所點燃，其謂：「任何政治系統，若具有能力對其成員，形成並維護這種信念，即讓其成員確信，現行政治制度，爲該社會上最妥適或最恰當的制度，該政治系統即擁有統治的正當性[5]。」引申其義，凡是擁有統治正當性的政治系統，其成員經社會化而養成遵守服從政治系統典章制度的取向，並且深信這一套制度，得以解決人類所面對的問題。此外，其特別區辨政治系統的績效與政治系統統治正當性的概念，前者乃任何政治系統實際的工作績效，滿足社會大多數成員與精英分子之期望的幅度，屬於工具性的層面；而後者是屬於系統成員的情感與評估層面，政治系統統治之正當性與否，完全取決於政治系統的價值與其成員的價值是否一致而定[6]。

*D. Sternberger*在「國際社會科學百科全書」上開宗明義地指出：「統治的正當性乃構成統治者享有統治權的一種基礎。而這種統治權力之運用，可同時從兩方面來觀察：在政府方面，本身能自覺到擁有此種權力，並依據其所擁有的權力進行施政，採取各項措施，因應環境變化；在人民方面，則承認同意授權政府統治權力之行使。而政治系統統治的正當性要在這兩方面的條件均具備時才擁有[7]。」

*L. W. Pye*認爲：「統治的正當性一方面爲政治系統的一種屬性，特別與政府結構的績效有關，取決系統能力的主要因素；另一方面，

---

4 *Ibid.*, p. 403-404.

5 S. M. Lipset, "Some Social Requisites of Democracy: Economic Development and Political Legitimacy", *American Political Science Review*, V. 53 (March 1959), p. 86.

6 *Ibid.*, p. 86-87.

7 D. Sternberger, "Legitimacy", in D. L. Sills., etal., *International Encyclopedia of the Social Sciences*, V. 9 (N. Y.: Macmillan Co., The Free Press, 1976), p. 244.

統治的正當性爲人民所賦予，當掌權者重視平等的原則，不因膚色、種族、信仰、黨派之不同而有不同的待遇時，最易取得人民的承認、接受與認同[8]。」

G. A. Almond and G. B. Powell，*Jr.* 更具體的指出：「政治權威之所以具有正當性，乃在於社會的公民誠願服從權威當局所制定與執行的規則，不僅僅因爲公民認爲，如不服從就會受到懲罰，而且是因爲公民相信他們應該服從。如果大多數公民相信，政治權威具有統治的正當性，則法律得以容易並有效的執行，執行所需花費的資源也因而降低；再者，設若政治權威具有統治正當性的基礎，權威當局就有更多的時間和裁量的機會，來處理面臨困境下的社經問題，只因公民與社會精英分子信任權威當局統治的正當性時，則極易取得他們對政策的順服[9]。」由此可知，政治系統統治的正當性是何等的重要。

*J. Rothschild*認爲：「政治系統統治的正當性，乃指涉系統成員的認知與信仰，即系統成員體認政治系統是正當的，相信系統的結構與體制，在既定的領域內，有權施用政治權威[10]。」不過，他認爲政治系統的政策績效與統治的正當性，在實際的政治生活上，不僅密切有關，而且相互影響。其謂：「當系統的成員體認系統具有統治的正當性，可以抵補長期的不良政策績效，同時對系統採取與其利益相左的行爲表示同意；同理，如政治系統能長期滿足成員的需要與利益，亦可贏取統治的正當性；最後，縱然一個傳統的政治系統，完全擁有統治的正當性，但如長久以來表現昏庸無能，亦會慢慢腐蝕統治的正

---

8 L. W. Pye, "The Legitimacy Crisis", in L. Binder etal. (eds), *Crisis and Sequences in Political Development* (Princeton: Princeton Univ. Press, 1971), p. 135.

9 G. A. Almond and G. B. Powell Jr., Comparative Politics (Boston: Little, Brown and Co., 1978), p. 30.

10 J. Rothschild, "Political Legitimacy in Contemporary Europe", in B. Benitch (ed.), Legitimation of Regimes, (Beverly Hills: Sage Publications Inc., 1979), p. 38.

當性[11]。」因之，政治系統要以政策績效，工做成就，不斷維持統治的正當性。

*R. Lowenthal*綜結前述名家的說法，而強調：文化不斷的變遷，時間的更迭，環境的演變，政治系統統治的正當性，每一個不同的社會與文化，均有自己一套界定的方法與標準，殊難統而一之，不過在當代工業社會裡，由於文化的交流，經濟的依存，而認爲一個持久的秩序，之具有統治正當性，有三項較爲世人接受的條件[12]：

1. 政治系統建立一套明確而一致的政治運作規則，用以規定各項決策及人員甄補的程序，而避免個人武斷的操縱或控制。
2. 治者與被治者之間，擁有一套廣泛的價值共識。
3. 被治者深信既定程序中所建立的運作規則，足以正常地引導優異人員之甄補，以及決策者得以採取成功有效的行動，以完成共同的價值。

這三種現代統治的正當性條件，有時不必完全存在，但也不能同時完全欠缺。而且每一個政治系統具有上述三條件的程度不同，同時程度也會因時空的不同而有差異，因此政治系統統治正當性的程度。每因政治系統的不同而互異，也有可能發生變遷。

二、影響統治正當性的因素

任何政治系統，統治正當性之取得往往受各種因素的影響，前述介紹其內涵時，我們大致可以找到一些端倪。向來學者探討政治系統正當性之獲致，均由四個視域加以觀察：*R. M. Merlman*自學習（或稱政治社會化）的角度探究統治正當性之形成[13]；*C. Bay*自人

[11] *Ibid.*, p. 38-39.

[12] R. Lowenthal, *op. cit.*, p. 404-407.

[13] R. M. Merelman, "Learning and Legitimacy", *American Political Science Review*, V. 60 (Sep. 1966), p. 548-561.

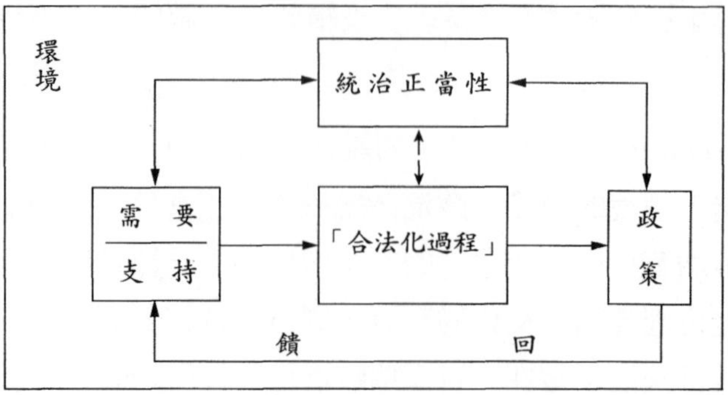

圖4-1　政治系統統治正當性模型

民需要滿足程度論述政治系統統治正當性之程度[14]；*D. Easton, E. M. Muller*和*A. H. Miller*則自人民支持的角度研析並衡量政治系統統治正當性的水準[15]；政策分析者向自第二層次政策合法化過程認定政治系統的正當性[16]。上述四個視域各有所偏，筆者綜合上述各家說法，試擬一個較爲周全的模型，如圖4-1，用以顯示影響政治系統正當性的因素，俾便將來進行經驗研究的基礎，茲分述各因素如下。

(一) 環境

環境包括社會、經濟與政治因素，其不但改變系統成員需要類別與支持程度，調適合法化的過程，輸出適應環境的政策，而且影響政治系統統治正當性的程度。蓋有時環境呈安和狀態，因而形成各種決策方案，有助於問題的解決；有時環境引起衝突的需要與窘困的狀況，致使問題的惡化，阻礙決策者對應的努力。

---

[14] C. Bay, "Needs, Wants and Political Legitimacy", *Candian journal of Political Science*, V. 1 No.3 (Sep. 1968), p. 241-260.

[15] D. Easton, *A Systems Analysis of Poltical Life* (N. Y.: Wiley, 1965), p. 273-278; E. Muller and T. O. Jukam "On the Meaning of Political Support", *American Political Science Review*, V. 71 (Dec. 1977), p. 1561-1595; A. H. Miller, "Political Issues and Trust in Government. 1964-1970", *American Political Science Review*, V. 68 (Sep. 1974), p. 951-972.

[16] C. O. Jones, *op. cit.*, p. 53-110; J. E. Anderson, *Public Policy-Making* (N. Y.: Holt, Rinehart and Winston, 1979), p. 82-87.

（二）需要

政治系統的成員，每因環境的變遷而提出不同的需要，提供政治系統的原料、消息和動力，導致政治活動。蓋沒有需要的提出，政治系統便沒有加工的原料和轉換的工作，因而可能趨於瓦解，也沒有繼續存在的理由。誠如*C. Bay*所言：「政府存在的理論基礎，決定其權威施用的正當範圍，人民服從與忠誠政府的幅度，乃繫於其能否滿足人民的需要爲定[17]。」不過，人類的社會，在本質上並非完美無缺，同時經驗亦顯示，人類願意忍受政府施政的缺失，只要這種缺失不致使人民承擔太大的災難，並確證不久的將來將逐一成功地滿足人民的需要，將不致過分影響其統治的正當性程度。由此可知，政治系統若能透過政策之制訂，滿足人民的需要，則可贏得人民的支持，提升統治的正當性；反之，一個政治系統由於人民認爲其具有統治的正當性，雖在某些方面的輸出，無法滿足人民的需要，亦可減輕其所受的壓力。

（三）支持

需要是政治系統的原料，支持則是促使政治系統動作的能源，因之，單單只有需要而沒有支持，政治系統仍然無法活動。依照*D. Easton*的說法，一個政治系統存在和賡續的力量，是來自人民所給予的支持。人民給予政治系統的支持有兩種：一爲特定的支持，即針對某特殊固定的事件或預期的恩惠而發的。單憑特定的支持，政治系統仍然不足以穩定持續，因爲有些成員的需要，執政當局並無法在短期間內予以滿足的輸出，更何況，輸出之做成，並不能立即產生利潤，使成員感到滿足，因之，政治系統的存在，需要另一種支持。二爲廣泛性的支持，即「不問晴雨，不帶任何條件」的支持。廣泛性的支持對政治系統的統治正當性極爲重要，蓋每個政治系統都無法滿足人民的所有需要，有時更難免遭逢一些橫逆困頓，斯時，唯有賴於國民對

---

[17] C. Bay, *op. cit.*, p. 241.

於系統具有廣泛性的支持，眞正具有不計一切個人犧牲、甘心赴湯蹈火以維護之精神，系統方可安渡環境所帶來的危機，保持系統統治的正當性。這種廣泛的支持或忠忱，無論是基於對歷史文化的認同，或對政治社會制度的贊同，或對環境時艱的體認，大抵皆須從幼年時就開始孕育，其根基方可深厚穩固而茁壯。總之，政治系統之取得人民的支持，一方面要以輸出來滿足人民的需要；另一方面要以政治社會化的方法，來形成或塑造人民支持的取向，學習順服、信任的態度。誠如*R. M. Merelman*之所言，政府官員在統治的過程中，應教導人民學習什麼是正當的？什麼是不正當的？而在人民習慣了政府的運作，接受政府的訓練，並從政府得到象徵性的鼓勵後，人民才會賦予政治系統的統治正當性。這是需要一段很長的時間，而非一蹴可及[18]。*D. Easton*亦剴切地指出：「任何政治系統必須透過政治社會化的過程，讓人民認爲服從權威、順服體制的要求是正當且正確的，繼而贏得人民廣泛性的支持，而獲致統治的正當性[19]。」

（四）「合法化過程」

「合法化過程」即本章所謂之第二層次的政策合法化，同時亦是系統理論所指涉之轉變過程。其內容乃是政府有關機關，反映人民的政治需要與人民所提供的資源、表示之支持，而運用法定機制將其轉變成公共政策的過程。轉變的過程在總統、行政、立法與司法等機關內運作，每個機關自所面對的環境，接受不同甚至衝突的刺激，而決定公共政策的內容，但沒有一個機關是在孤立的狀況下單獨運作，彼此可能相互影響互相制衡；立法機關議決政府其他機關所提的議案；總統有時受到立法機關的限制，影響其採取適時對策之推行；司法機關可以審查違憲之法律，違法之命令，判決政策違憲，解釋憲法，統一解釋法令；立法機關制訂法律，行政機關通過命令，而由司法機關

[18] R. E. Merelman, *op. cit.*, p. 552.
[19] D. Easton, *op. cit.*, p. 278.

據以執行[20]。

政府機關反映人民的政治需要與提供之資源及支持時，必須依照一套法定的程序爲之，遵守憲法，並由有權管轄的機關予以轉變成爲公共政策。因之，立法機關有議事規則，行政機關有法制作業應注意事項，司法機關有司法院大法官審理案件法及司法院大法官審理案件法施行細則，凡此均是冀圖各項政策經由正當程序爲之，以保障政策的公平性、合理性、可行性，伸張人權，維護國權。

政府機關根據既定的規則與程序，制訂公共政策，足以提高政治系統統治的正當性。誠如*C. O. Jones*所言：「政治系統的成員，接受或拒絕政府爲解決問題而採取行動的取向，深深影響系統成員對系統的認知、評價與情感[21]。」復就政府各機關，依據法定程序，進行決策，如何影響到政治系統統治的正當性加以分析。立法機關之所以影響統治正當性，全繫於其乃由人民選出的代表組成，因此，所採取的各項行動，可以說是人民的決定，蓋全世界上，所有的政治系統，政治決定之取得正當性，在於該決定具體表現了人民的意志與利益。設若人民認爲他們是政治系統中，直接或間接透過代表而做成各項決策的決策者，他們就形成政治系統具有正當性的取向；再者，經由立法機關通過的政策，有其崇高性與尊嚴性，極易取得人民的順服，進而培育支持政治系統典章規制的素養，即*R. M. Merelman*所謂之統治的正當性[22]。

行政機關在制訂政策時，要能爭取到人民、大眾傳播媒體、利益團體、總統與立法機關的政治支持；行政立法時，要嚴守有效成立要件，遵行行政立法之訂定過程；政策執行時，固守「依法行政」的原

---

[20] I. Sharkansky and D. Van Meter, *Policy and Politics in American Government* (N. Y.: McGraw-Hill, 1975), p. 9.

[21] C. O. Jones, *op. cit.*, p. 87.

[22] R. M. Merelman, *op. cit.*, p. 548.

則，並達成政策目標，滿足人民的政治需要，凡此在在均是政治系統經由行政機關維護統治正當性的手段。

司法機關解釋憲法，統一解釋法令，宣布違憲的法令或政策無效，維持司法獨立，保障民權，鞏固國權，伸張正義，制衡行政立法機關的越權，促進憲政的成長，凡此均是社會化人民形成順服的取向，支持政治系統的態度，而影響到政治系統統治正當性之程度。

不過，政治系統在成員心目中具有統治的正當性，有權統治人民，然後「合法化過程」才能有效運作；每一個政治系統統治正當性的特質，深深影響到「合法化過程」的內容與條件，所以兩者是相輔相成，關係密切的。

（五）政策

政策是政治系統的輸出，其乃是系統將需要與支持，經由「合法化過程」的結果。通常政策乃代表政府所要採取的行動，旨在改變公共服務的質或量。政治系統所制訂的政策，能否維護社會的正義，提供社會福利，有效防治污染，開創公民參政機會，保障人自由與安全，保持經濟穩定，建設堅強的國防，確保自由市場的經濟制度，維持社會的和平與秩序，鞏固政治領導中心，乃人民據以評估政治系統績效，表示具體支持的基礎，進而衝擊到統治正當性的提升或下降，難怪*J. Rothschild*要強調，政治系統的政策績效與統治的正當性，在實際的政治生活上，非但密不可分，而且相互影響[23]。蓋一個具有統治正當性的政治系統，假如長期無法透過政策的制訂，滿足人民的需要，取得人民的支持度因而降低，如果支持度降低至最起碼的水平之下，系統持續就會發生問題，連帶影響到統治的正當性；反之，一個政治系統的統治正當性，在人民心目中原本並不很高，而能依據一定的程序，制訂各項政策，滿足人民的需要，亦可以逐漸提高統治正當

[23] J. Rothschild, *op. cit.*, p. 38-39.

性的幅度。

（六）回饋

回饋乃指政治系統的輸出，其所產生的結果，造成環境的改善、需要的滿足、支持的加強與否，以嶄新資訊的形式，再度輸入政治系統，以決定政治系統新的輸出過程。政治系統必須時時注意回饋資訊，適切採取對應措施，維護統治的正當性於不墜。

第二節　第二層次的政策合法化

前已言之，第二層次的政策合法化，乃政策取得法定地位的過程；亦即政府有關機關，反映人民的政治需要與人民所提供的資源、表示之支持，進而將其轉變成公共政策的過程。誠如 *C. O. Jones* 所指出的，第二層次政策合法化，最妥適的字典定義爲政策制訂「遵循一般已確立的原則，或一般所接受的標準[24]。」換言之，第二層次的政策合法化過程，須視多種社會變項，諸如社會傳統、法規程序、文化發展而定，由這些變項決定何者爲已確立原則或已接受的標準。由是觀之，每一個政治系統，第二層次的政策合法化過程，可能因社會變項不同而存有極大的差異。

第二層次的政策合法化，旨在使政策取得合法的地位，然後據以執行。當今政治系統內負責合法化政策的機關，有立法機關、總統、行政機關與司法機關等，茲就這四個機關政策合法化的情形加以說明，並以我國現況爲論述的主要對象。

---

[24] C. O. Jones, *op. cit.*, p. 91.

第三節　立法機關與政策合法化

民主政治是民意政治，政府凡百庶政一方面須以人民的意見爲依歸，另一方面須有法律爲依據，由法律詳細規定人民相互間的關係、國家機關與國家機關間，或國家機關與人民間的權利義務關係。因之，在民主政治下法律無時無地不關係著人民的日常生活，但法律的內容，當由人民之代表來決定，由其綜合全國各種不同的意見，調和不同的利益，制訂成法律，而爲政府各部門活動的依據，人民遵行的基礎，實現法治的目標。是以，立法機關爲當代政策制訂的主要機關，亦是合法化政策的主要機關。

政府各機關處理各項政務，原本就必須遵循一套確定的程序，方使政務之處理井然有序而妥適地實現政務目標。立法機關於制訂各項法律，行使其他職權時，自必須經過法定程序，然後其所通過的法律，達成之決議，方稱合法。更何況，立法程序致使每一階段的立法工作，都有必須遵循的規範，各種法案皆能得到正當處理，使會議時間能得到合理運用，更使議員在議會中發言、討論、表決和平有禮秩序井然[25]。因之，立法機關行使職權的程序，即一般通稱的立法程序[26]，乃成爲探討立法機關政策合法化過程的主要內容。

一般立法機關最主要之職權，不外制訂法律權、審查預算權、行政監督權、條約批准權與任命同意權。我國立法院爲國家最高立法機關，代表人民行使立法權。根據憲法第六十三條規定：「立法院有議決法律案、預算案、戒嚴案、大赦案、媾和案、條約案及國家其他重要事項之權。」是爲立法院主要的職權，而依據立法院職權行使法第七條規定：「立法院依憲法第六十三條規定所議決之議案，除法律案、預算案應經三讀會議決定外，其餘均經二讀會議決之。」凡此乃

---

[25] 羅志淵，立法程序論（台北：正中書局，民國63年），頁5-6。

[26] 胡濤，立法學（台北：漢苑出版社，民國69年），頁50。

顯示制訂法律與審查預算爲立法院最主要的職權。我們以法律制訂程序與預算審查程序作爲探討立法機關政策合法化過程的主要核心。

一、法律制訂過程

法律爲政策的具體化，亦爲政策執行之依據，人民順服信守的規範，達成政策目標的工具；於是爲使法律具體可行，制訂必須經過幾個過程，以昭愼重，集思廣益，而制訂妥善的法律。綜觀各國立法過程大致經過下列各種程序：(1)提案；(2)審查；(3)議決；(4)覆議；(5)公布。我國立法院的立法程序，可以圖4-2表示，茲根據該圖而專對法律案予以說明：

（一）提案

提案爲提出法律案。蓋法律爲政策的具體化，而立法提案爲立法過程的第一步，亦爲政策制訂成法律的必要過程，然則何種機關或何人有提案權？提案之後應如何處理？乃構成研究立法機關政策合法化的第一課題，殊值得研究。

法律案提案權究何所屬？各國法制不一，有出自政府機關者、有出自議員者、有出自委員會者[27]、有來自其他機關者[28]。至於我國提案權誰屬？根據憲法、大法官會議解釋令，及有關法令規定，計有下列幾種情況，茲分述之：

1.行政院：行政院就其所掌事項，有提出法律案之權。此乃根據憲法第五十八條的規定而來，按該條規定：「行政院長，各部會首長，須將應行提出立法院之法律案……提出行政院會議議決之。」以爲議決提出法律案的內容；而憲法第五十九條更明定行政院向立法院

[27] 美國總統國情咨文，雖不能視爲提案，但應交由有關委員會審查。經審查結果，認爲有提出法案之必要時，則由委員會主席代表委員會提出，如此不啻委員會有提案權了。

[28] 比如我國的考試院、監察院；法國第四共和時代的經濟會議。

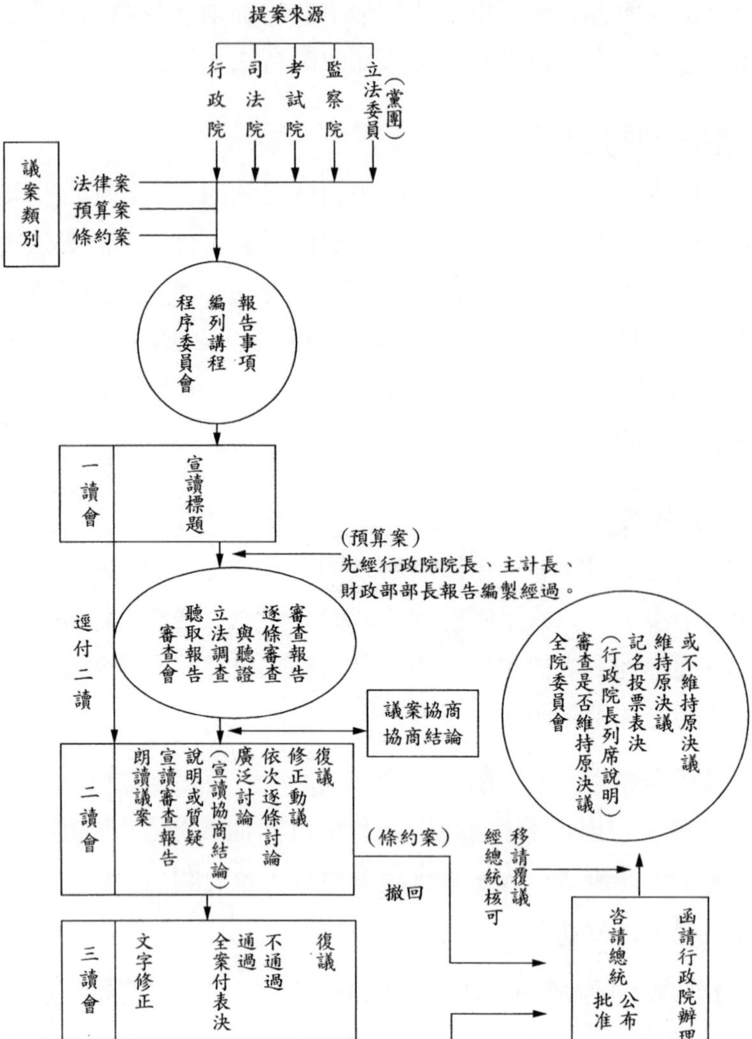

圖4-2　立法院審議議案程序圖（法律案、預算案、條約案部分）

來源：周萬來，2004年，立法院職權行政法逐條釋論，台北：五南，頁74。

註：1. 依立法院職權行使法第十四條之規定，立法委員所提憲法修正案，準用法律案之審議程序。

2. 依立法院職權行使法第七十二條之規定，黨團協商結論經院會宣讀通過後，或依異議議決結果，出席委員不得再提出異議；逐條宣讀時，均不得反對。

提出預算案之時間。凡此均足以明證行政院有向立法院提出各種法案權。

2.考試院：考試院關於所掌事項，有提出法律案之權。此乃依據憲法第八十七條的規定而來，按該條規定：「考試院關於所掌事項，得向立法院提出法律案。」但其提案以法律案爲限，而其所提法律案亦以考試院所掌事項爲限。考試院所掌何事呢？根據憲法增修條文第六條第一項的規定：「考試院……掌理一、考試。二、公務人員之銓敘、保障、撫卹、退休。三、公務人員任免、考績、級俸、陞遷、褒獎之法律事項。」考試院所提法律案之內容，以有關這些事項爲限。

3.監察院：監察院有無向立法院提出法律案之權，憲法並無明文規定，嗣經司法院大法官會議字第三號解釋，而謂：「……考試院對於所掌事項，既得向立法院提出法律案，憲法對於司法、監察兩院，就其所掌事項之提案，亦初無有意省略或故予排除之理由，法律案之議決，雖爲專屬立法院之職權，而其他各院，關於所掌事項，知之較稔，得向立法院提出法律案……綜上所述，監察院關於所掌事項，得向立法院提出法律案，實與憲法之精神相符。」由上開解釋令確定監察院有向立法院提出法律案權。

4.立法委員：立法委員之有無法律案提案權，由於憲法未做具體而明確的規定，前曾引起各方激辯。現根據立法院組織法第七條規定與立法院議事規則第八條規定，確定立法委員有法律案提案權。按立法院議事規則第七條規定：「議案之提出，以書面行之，如係法律案，應附具條文及立法理由。」而立法院議事規則第八條對此復詳加規定而謂：「立法委員提出之法律案……應有三十人以上之連署……。」於是立法委員有法律案之提案權殆無疑義。復從行憲以來之實例觀之，由立法委員所提出之法律案，僅次於行政院而多於考試院及監察院[29]，據此言之，立法委員之有提案權已為事實所昭然，成為憲政上的慣例。

5.*人民請願*：人民向立法院所提之請願，有時亦經審查而成為議案。人民請願經審查應成為議案者，其處理過程與立法委員提案者同。按立法院審查人民請願書，依立法院職權行使法六十四條至第六十七條的規定處理之。而同法第六十七條又規定：「請願文書經審查後成為議案，由程序委員會列入討論事項，經大體討論後，議決交付審查或逕付二讀或不予審議。」總之，人民請願案由程序委員會移送有關委員會審查，如審查成為議案，則按立法院職權行使法第六十四至六十七條的程序處理。

綜上所述，依據我國憲法、大法官會議解釋、相關法令之規定或釋令，行政院、考試院、監察院、立法委員及人民請願，有權向立法院提出法律案；至於司法院有無向立法院提出法律案權，憲法並無明文規定，有關法令亦未提及，大法官會議就司法院有無向立法院提出法律案權加以解釋，目前司法院已可向立法院提出法律案。在過去，由於司法院關於所掌事項的利弊得失和興革損益，知之最稔，是很明顯的事實，有關法律之制訂，自有由司法院提供意見決定內容的需要。此等需要自實施審檢分隸，將高等法院及以下各級法院改隸於司法院之後，不但司法院的職權加重、組織擴充，而且由其主管之法律增加，若干與行政院職權無關之法律，如有修正之必要，如何處理，涉及行政、司法兩院之權責及憲法之適用，亟待解決。因而，司法院是否具有向立法院提出法律案之權責，宜予早日解決[30]。司法院大法官會議乃在監察院提請解釋後，順應輿情，做成肯定的解釋（釋字第一七五解釋）。

---

[29] 曾濟群，中國立法提案研究（台北：正中書局，民國64年），頁111-113。

[30] 楊與齡，「我國法律案提案權之沿革」，憲政時代第6卷第4期（民國70年4月），頁15。

行政院、考試院、監察院、司法院所提之法律案，通稱爲政府提案，而與委員提案相對。兩者之處理不盡相同，尤其在一讀會時尤然。一般而言，法律案提出後，由於其關係國利民福甚大，故各國通例，法律案之審議，多經過三讀程序，以昭愼重。我國法律案之審議依立法院議事規則的規定，亦須經三讀會程序。

（二）一讀會

根據立法院職權行使法第八條規定：「第一讀會由主席將議案宣付朗讀行之。政府機關提出之議案或立法委員提出之法律案，應選送程序委員會，提報院會朗讀標題後，即應交付有關委員會審查。但有出席委員提議，四十人以上連署或附議，經表決通過，得逕付二讀。立法委員提出之其他議案，於朗讀標題後，得由提案人得說明其旨趣，經大體討論，議決交付審查或逕付二讀，或不予審議。」按政府機關於提出法律案後，經秘書長編擬議事日程，嗣經程序委員會審定，列入報告事項，於院會時由主席朗讀標題，並由主席請問院會，對報告事項第幾案程序委員會處理意見有無異議，如無異議，則照程序委員會意見辦理，即交有關委員會審查；立法委員之提案則列入討論事項，首先由領銜提案委員說明提案旨趣、內容及理由，即由院會對此案加以大體討論，討論完畢，提付表決，表決結果一爲交付有關委員會審查，二爲逕付二讀，三爲不予審議；人民請願案，由程序委員會審核其形式是否符合請願法規定，再由有關委員會審查，如經審查而成爲議案，由程序委員會列入討論事項，經大體討論後，由院會議交付有關委員會做實質審查，或逕付二讀或不予審議。

（三）審查

各國立法機關處理法案的正常程序，大都先經委員會審查，不經審查而逕由院會討論議決者，乃屬例外，我國情形亦復如此。政府機關依憲法提出之議案，應先經立法院有關委員會審查，報告院會討論，但必要時得逕提院會討論，立法委員提出之議案，應先經院會討論。而議決交付審查者，其交付何種委員會審查，由院會決定。政府機關提出之法案，究應交付哪個委員會審查，依立法院程序委員會組織規程第五條規定：「本院各委員會審查議案由程序委員會，依下列規定分配提報院會決定：(1)內政及民族委員會：審查內政、選舉、蒙藏、大陸、原住民政策及有關內政部、中央選舉委員會、蒙藏委員會、行政院大陸委員會、行政院原住民委員會掌理事項之議案。(2)外交及僑務委員會：審查外交及僑務政策、宣戰案、媾和案、條約案及其他有關外交部及僑務委員會掌理事項之議案。(3)科技及資訊委員會：審查科技、資訊及公共工程政策及有關中央研究院、行政院國家科學委員會、行政院原子能委員會、行政院公共工程委員會、經濟部技術處、交通部電信總局及交通部中央氣象局掌理事項之議案。(4)國防委員會：審查國防政策、戒嚴案及退除役官兵輔導政策及其他有關國防部及行政院國軍退除役官員輔導委員會掌理事項之議案。(5)經濟及能源委員會：審查經濟、農業、經濟建設、公平交易及能源政策及有關經濟部、行政院農業委員會、行政院經濟建設委員會及行政院公平交易委員會掌理事項之議案。(6)財政委員會：審查財政政策及有關財政部及中央銀行掌理事項之議案。(7)預算及決算委員會：審查預算案決算審核報告案及有關主計審計等事項之議案。(8)教育及文化委員會：審查教育及文化政策及有關教育部、行政院文化建設委員會、國立故宮博物院、行政院新聞局、行政院青年輔導委員會及行政院體育委員會掌理事項之議案。(9)交通委員會：審查交通政策及有關交通部掌理事項之議案。(10)司法委員會：審查民刑訴訟法案、大赦案及其他有關法務部掌理事項之議案。(11)法制委員會：審查有關官制官規之政府機關組織、研考事項及其他不屬於各委員會審查之議案；國營事業機構組織之議案應視其性質由有關委員會主持。(12)衛生環境及社會福利委員會：審查衛生、環境及消費者保護政策及有關行政院衛生署、行政院環境保護署、行政院消費者保護委員會、行政院勞工委員會及內政部社會司掌理事項之議案。」

設若議案性質與其他委員會有關聯者，則分配由主持審查之委員會與有關委員會會同審查。

立法院各委員會審查議案，如係政府提出之法案，第一步均先請有關部門之首長，代表該部列席審查會議，說明該法案起草經過、立法要旨及該部對該法案的看法，並答覆委員詢問。委員的詢問，只要在該法案的範圍內，不論是立案精神、政策原則、有關的行政措施或立法技巧，均可表示意見，提出詢問；而其內容有要求首長答覆說明者，有僅表示意見供參考而無需答覆者[31]。

政府官員列席說明，接受詢問並答覆完畢後，再行審查。如法案內容複雜，可先行推定審查小組先行審查，經審查小組審查之後，再報由委員會審查，如某項條文需要聽取有關人士之意見時，則舉行座談，邀請學者專家或富某項專長與工作經驗人士參加，提供立法資料，表示專家意見[32]。

立法院各委員會所審查之議案，爲委員所提出者，則由提案之委員到會說明，並邀請提案所涉及之政府單位，派員列席備詢，而後進行審查；如係審查人民請願案時，則通知請願人推派代表列席委員會議，並邀請請願內容涉及之政府有關單位推派代表到會說明備詢答覆，而後再行審查。

審查法案，結束詢問答覆之後，下一個程序爲委員會內的廣泛討論。在此一階段，由立法委員就法案之立法精神加以檢討，彼此交換意見，表明對該案處理之態度和主張。有些法案內容比較簡單，在詢問與答覆階段時，若委員間的意見已充分表達出來，而且意見也很接

31 蔡政順，實施都市平均地權條例第三次修正案立法過程之研究（台大政研所碩士論文）（民國63年6月），頁62。

32 曾濟君，「中國立法院立法程序中委員地位之研究」，中山學術文化集刊第14集（民國63年11月），頁4。

近，也就省略此一階段，而逕行進入逐條討論程序。廣泛討論後爲逐條討論，所謂逐條討論，乃在審查法案時，依草案條文之順序，逐一朗讀、逐一討論、逐一通過。通例是如此：條文經朗讀後，無人異議則不加討論就予通過；若有異議時則進行討論，討論後如獲一致結論，則照案通過或修正通過；若暫時未能達成協議，則將問題帶到場外協商，而以「暫行保留」方式，先行討論下一條文，待場外協商有結論或全案其他條文均已通過後，再行討論「暫行保留」條文；若經長期討論、黨團協商之後，猶無法獲致協議，則付諸表決，以多數人的意見作爲結論[33]。不過，出席委員對於委員會之決議當場聲明同意者，得於院會依立法院職權行使法第六十八條第二項提出異議[34]。亦即少數意見在委員會中未被採納，猶可訴諸院會，請求公決。然而，缺少委員及出席委員若未在當場聲明不同意者，不得異議[35]。此乃我國立法院各委員會提出異議之制度。這項制度之主要目的，消極方面在於限制未提出異議的審查會委員，不得在院會中提出與委員會決議相反的意見，以確保審查會的決議效力，減少院會中不應有的辯論，而利議事之進行；積極方面在於賦予少數意見未被審查會採納的委員，仍可訴諸院會，爭取參與審查會以外之其他委員會委員支持，而獲得平反的機會。

立法院議事規則第五十七條規定各委員會會議關於連署或附議人數，應依本規則所定人數五分之一比例行之。復參照立法院的立法例，委員會在審查法律案，於逐條討論逐一通過後，下次委員會散會前可以提出復議，對於已議決之議案重新考慮，並加以修改與補充，以求達於完備之境。按立法院第一屆第六十六會期第三十二次會議議案關係文書，院總第八四五，政府提案第一一八五九號之一，載明立法院法制、內政兩委員會報告審查「行政院衛生署組織法修正草案」

[33] 蔡政順，前引文，頁78。
[34] 立法院各委員會組織法第十條之二。
[35] 立法院各委員會組織法第十條之二。

的經過時，指出關於署長之官等問題，其謂：行政院以衛生署掌理全國衛生行政及環境保護事務，並有附屬機關麻醉藥品經理處等十一個單位，責重事繁，擬將署長之官等，調整爲特任，俾列爲政務官範圍，經查我國現行政制，政務官並非盡爲特任人員，特任人員亦未必盡爲政務官，且本院對於中央院屬局或署機關首長，亦無定爲「特任」之前例，茲爲兼顧衛生署署長，職務之需要與政府機關體制之平衡計，審查會乃對其修正爲「簡任」。牛委員踐初等十四人，認爲新通過之新聞局組織法，既定新聞局長爲比照十四職等，衛生署長何可獨異？乃於下次會議提請復議，審查會經重行研討後，僉以爲便於延攬人才，使衛生署署長之任用，免受公務人員任用法有關任用資格之限制，且與新聞局長平衡計，乃將署長職位列爲「比照簡任一級」。因之，委員會審查法律案時，須於下次會議無人提出復議後，才告確立。如有人提出復議並具備各項條件，經討論表決確定後，才提出審查報告送院會進行二讀。

至於完成委員會審查之議案，列入院會的流程，可依圖4-3的相關程序運作。這當中黨團協商居於重要的過程，深深影響議案的完成審議。中間如歷經四個月，協商猶無共識，則由院會定期處理，以免立法審議之延宕。

黨團協商機制爲各黨籍代表立委間，溝通對話的平台，致使各黨團在聽取各方意見之後，進行原先己見的反省，並在主持協商者融合各方意見後建立共識，突破議案審議的瓶頸或障礙，即時解決議事之衝突，提升議事效率，增強議案的回應力，進而滿足主權者的立法期待，形塑國人對國會的正面形象，鞏固國會行使職權的正當性。

至於黨團協商的事項不一而足，有的涉及公聽會的取消；有的要求將無爭議性之法案儘速編列議程，提報院會處理；有時對老人福利津貼預算，同意以立法方式處理，杜絕不必要的爭議；有時更確認大法官提名人的資格，得由委員對之行使同意權。總之，在高度盛行政

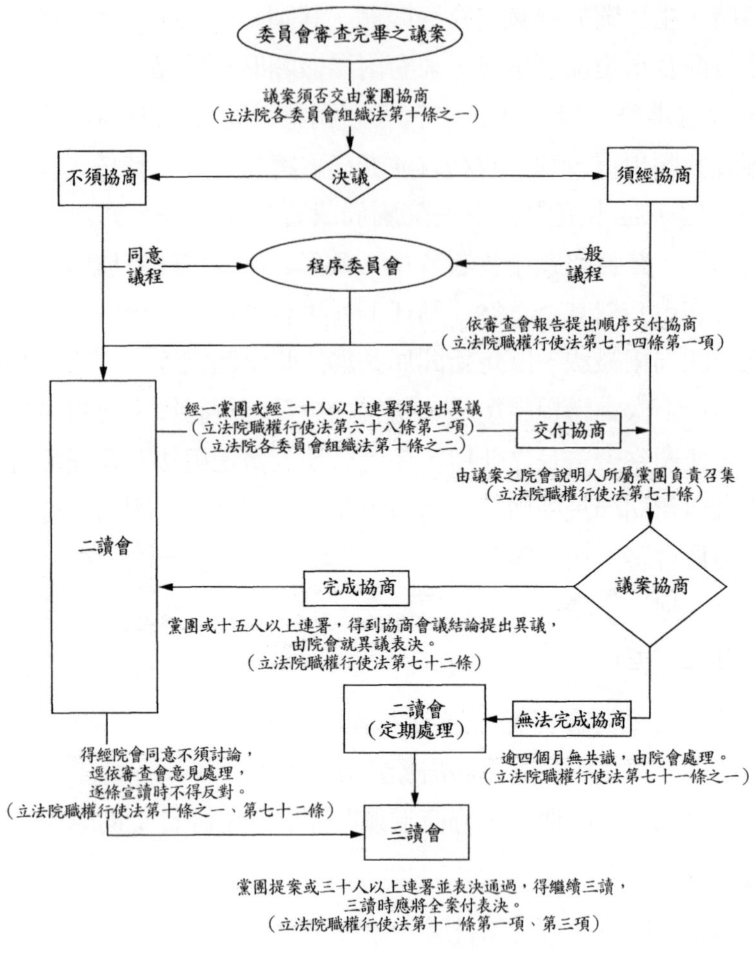

圖4-3　完成委員會審查之議案列入院會流程圖

來源：周萬來，民國93年，立法院職權行使法逐條釋論。台北：五南，頁115。

黨政治之歷史時刻，各黨每有不同的立法見解，唯有透過協商，方能實現主權者對委員的付託。

（四）二讀會

第二讀會，依立法院職權行使法第九條規定：「第二讀會，於討論各委員會審查之議案，或經院會議決不經審查逕付二讀之議案時行之。」議案在二讀會時，如係討論各委員會審查之議案，首由主席宣讀案由，依次爲宣讀審查報告，審查報告宣讀後，院會主席再請審查會召集委員予以口頭補充說明，補充說明之後，主席宣布進行「廣泛討論」，就審查意見或原案要旨廣泛討論之，如主席請問院會無廣泛討論意見，則進行「逐條討論」；議案在二讀時，如係討論不經過委員會審查而逕付二讀之議案，僅對原案要旨、立法說明進行廣泛討論，爾後再進行逐條討論。

廣泛討論程序之設計，係針對審查意見或原案要旨加以檢討，以決定該一議案，是進行逐條討論、或重付審查、或撤銷之，最爲適宜。按立法案職權行使法第九條第三項規定：「……廣泛討論後，如有出席委員提議，二十人以上連署或附議，經表決通過，得重付審查或撤銷之。」如重付審查或撤銷未經表決通過，則進行逐條討論。

逐條討論是法律案在二讀會中，一個必經的階段，按立法院慣例，院會在逐條討論時，係以審查案爲討論對象，而非以政府原提案或委員原提案爲討論標的。在逐條討論階段，會議之進行程序，係由秘書處職員逐條朗讀審查案條文，若委員們對審查意見完全贊同，無人發言討論，則以全體無異議的口頭方式通過；若委員們對審查意見不表贊同，則展開討論。斯時對審查案有不同意見的委員，可以根據議事規則規定，提出修正動議。該項動議於原案二讀會廣泛討論後或三讀會中提出，並須經二十人以上之連署或附議，始得成立。修正動議經過相當時間的討論，如會場中的意見已漸趨明朗，再無其他意見發表或經主席宣告停止討論，則該條文應即提付表決，或徵得出席委員同意後，定期表決[36]。

復依據立法院職權行使法第十條規定：「法律案在二讀會逐條討

[36] 立法院議事規則第四十五條，閱自立法院議事組印，「立法院議事規則」（民國70年1月），頁28。

論，有一部分已經通過，其餘仍在進行中時，如對本案立法之原旨有異議，則出席委員提議，五十人以上連署或附議，經表決通過，得將全案重付審查。但以一次爲限。」由此可見，法律案在二讀會逐條討論進行中，亦得議決重付審查。

立法院第四十四條又規定：「對於法律案……部分或全案之復議，得於二讀……後，依前兩條之規定行之。」因之，法律案如經二讀表決，無論其爲通過或否決，如因實際情勢發生變遷，且爲防止草率決定，迫使以前所做之決議須加改變，或因發現新資料，因而覺得原有之決議有不盡妥當時，爲謀補救起見，常准許提出「復議動議」，俾使再修改與補充，從長計議以求達於完備之境地。而「復議動議，應於原案表決後下次院會散會前提出之。但討論之時間，由主席徵得出席委員同意後決定之[37]。」復議之提出應具備下列三項條件：(1)證明動議人確爲原案議決時之出席委員，而未曾發言反對原決議案者；如原案議決時，係用點名表決，並應證明爲贊成原決議案者；(2)具有與原決議案相反之理由；(3)四十人以上之連署或附議[38]。

至於立法院處理復議動議之流程，可依圖4-4的順序爲之，用以強化復議案之審議品質，且杜絕任何影響議事的障礙，增進議事之效率，預防議事之延宕，法律之空窗。

法律案經逐條討論，逐條表決通過後，也就完成了二讀程序。

（五）三讀會

議案經二讀程序逐條討論逐條表決，如獲通過，其下一步驟即進入三讀會程序。但據立法院職權行使法第八條規定：「法律案及預算案，應經三讀會議決之。」其他議案僅須經二讀會之議決即可；換言之，法律案與預算案以外之議案如經二讀會程序，就可完成其議決之

[37] 民國91年修正通過立法院議事規則第四十三條。
[38] 民國91年修正通過立法院議事規則第四十二條。

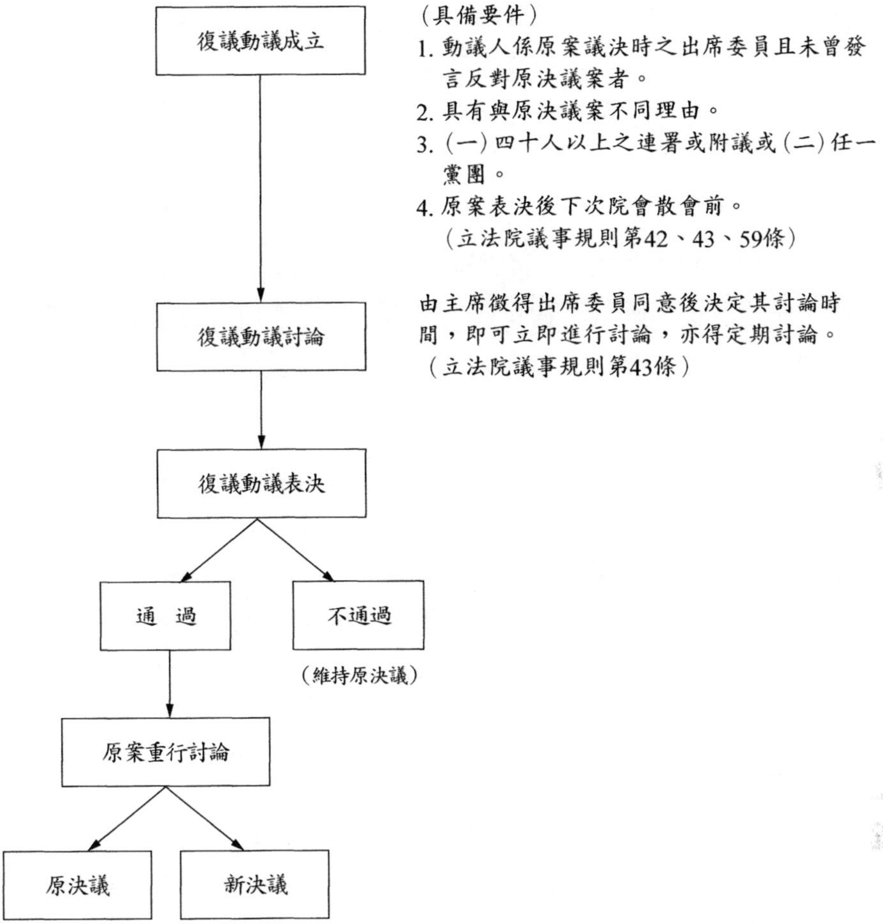

圖4-4　立法院處理復議動議流程圖

來源：周萬來，民國93年，立法院職權行使法逐條釋論，台北：五南，頁131。

註：1. 依本院議事成例，復議案之範圍，包括報告事項之決定案件，即議程報告事項處理後，出席委員得提出復議動議。

2. 依本院議事成例，復議動議之提案人與連署人的資格一致，原案議決時之缺席委員及反對原決議案委員均不得連署復議案。

3. 依本院議事成例，法律案或預算案經過二讀後，如有立法委員對於部分提出復議，應俟該復議動議討論得有結果後，再行三讀，不受立法院職權行使法第十一條（原立法院議事規則第三十四條）規定之限制：經過三讀後，如有立法委員提出復議，在未討論議決前，亦不得咨請總統公布。

4. 復議動議經表決後，不得再爲復議之動議。（立法院議事規則第45條）

合法手續。第三讀會進行之時機，原則上應於第二讀會之下次會議進行；換言之，既不得提前於第二讀會之同次會議進行，亦不是遲延。然而，有三種情況致使第三讀會之程序因而提前或遲延：(1)是為迅速議決法案，依立法院職權行使法之規定，可由出席委員三十人以上之連署或附議，經表決通過，得於第二讀會後之同次會繼續進行第三讀會[39]；(2)是如法律案於二讀完畢後，對其中部分條文或全案提出復議時，應俟該復議動議討論有結果後再行三讀[40]；(3)是兩法律案在院會審議時，有主法與從法之關係，如從法先行經過二讀程序，仍應俟主法完成三讀程序後，才進行三讀[41]。

法律案第三讀會的進行順序，先由主席朗讀本案案由，然後作程序上的說明：「本案二讀已經完成，現在進行三讀。」接著再由秘書處職員將經過二讀的條文，從法案名稱第一章第一條起至最後一章最後一條止，全案一次宣讀完畢，之後主席請問院會：「×××××法二讀通過條文已經宣讀完畢，有無文字修正意見？」於是展開第三讀會的討論。

第三讀會的討論範圍，依立法院職權行使法第三十一條規定：「第三讀會，除發現議案內容有互相牴觸，或與憲法及其他法律相牴觸者外，祇得為文字之修正。」由此可見立法院對二讀通過之法律案，除文字之修正外，猶可討論，唯討論之範圍為經二讀通過之法律案本身有無相互牴觸，或與憲法及其他法律有無牴觸之處。討論時，須先認定有無牴觸之處，若經院會認定確有牴觸，才再進一步討論條文內容應如何修正；若無委員認為二讀通過的法案，在內容上有牴觸之處，只得就文字修正提出討論。若文字上有瑕疵，則加以修正，若無瑕疵，則可毋庸討論，照二讀通過的條文通過之。最後由主席請問

39 立法院職權行使法第十一條。

40 曾濟群，「立法院法案的三讀程序研究」，中山學術文化集刊第10集（民國61年11月），頁111；蔡政順，前引文，頁137。

41 曾濟群，立法院法案的三讀程序研究，頁21-22；蔡政順，前引文，頁137。

院會，對××××法案有無其他文字修正，如無其他文字修正，則主席宣布，本案決議「××××法通過」，請問院會有無異議？無異議全案就通過，完成三讀程序。

法律案既經三讀會通過，無委員依據議事規則第四十四條規定，再提出復議之議，則法律案在立法院的程序已全部完成。

（六）公布

立法院通過法律案後，依憲法第七十二條規定，應移送總統及行政院，總統並應於收到後十日內公布，使其成為法律。但總統得依照憲法增修條文第三條第二款第二項規定辦理，即「行政院對於立法院決議之法律案……，如認定有窒礙難行時，得經總統之核可，於該決議案送達行政院十日內，移請立法院覆議。……覆議時，如經出席立法委員三分之二維持原案，行政院院長應即接受決議。」立法院接到行政院移請之覆議案，即編列議程，就是否維持原決議或原案由全院委員會審查，審查時，得由立法院邀請行政院院長列席說明[42]。「全院委員會審查後，提出審查報告於院會，就是否維持原決議或原案以無記名投票表決。如全體贊成維持票數達全體委員二分之一，即維持原決議或原案；如未達全體委員二分之一，即不維持原決議或原案[43]。」

自行憲以來，行政院移請立法院覆議案件微乎其微[44]，總統大都如期公布立法院所通過的法律案，完成一切法定程序。晚近在政黨輪替執政之後，案件稍多，不過增加的案件還是在一定的限度之內。

---

42 立法院職權行使法第三十三條。

43 立法院職權行使法第三十四條。

44 曾濟群，「立法院處理覆議案與人民請願案的程序研究」，中山學術文化集刊第11集（民國62年3月），頁11-12。

二、預算審查程序

預算爲國家每一年度歲入歲出之預定計畫。按民主國家之通例，政府於某一年度內，擬徵收何項租稅？預計收入若干？擬實施何種專賣？預計收入若干？且擬取得何種他項收入，均須於預算上表明。凡此等收入，擬撥充何種費用？其中國防經費若干？教育經費若干？外交經費若干？亦須於預算上表明。故預算爲政府收入之基礎，支出之根據，亦爲政府施政方針之表現，與人民之權利義務，關係至鉅，故民主國家均予立法機關以議決預算之權。至於立法機關之預算審查程序，依據我國憲法、預算法、立法院議事規則及國家總預算審查程序等規定，有下列程序：

(一) 預算案的提出

預算案的提出，據憲法第五十九條規定，專屬於行政院。蓋行政院爲國政的中樞機關，當各項政務之衝，對於應興應革事項知之最稔，對於歲入歲出知之最詳，故預算案之提出，由行政院爲之。

(二) 一讀會

行政院函請立法院審議中央政府總預算案後，由秘書長編擬議事日程，嗣經程序委員會審定，列入報告事項，於院會時由主席朗讀標題，及程序委員會意見——擬請院會定期舉行會議，邀請行政院院長、主計長、財政部部長列席報告××年度施政計畫及總預算編製經過，並備質詢，並由院會決定列席報告備詢日期。

(三) 審查質詢

行政院院長、主計長、財政部部長列席報告施政計畫與預算編製經過並備質詢，且就質詢內容提出答覆與說明。至於立法委員質詢之內容，得就各首長報告之施政計畫及關於預算上一般事項，提出質詢。

（四）交付委員會審查

總預算案交付審查後，由預算委員會召集全院各委員會聯席會議進行大體審查，並決定分組審查辦法。總預算案經全院各委員會聯席會議審查後，由預算委員會，依照分組審查辦法，會同有關委員會審查。預算委員會會同有關委員會審查總預算案時，得請有關機關首長列席報告備詢並提供有關資料。分組審查完竣，由各該審查會議推定委員三人至五人，將審查結果起草書面報告，經各該審查會議通過後，提交預算委員會會議綜合整理，並草擬書面總報告，提報全院各委員會聯席會議審查[45]，爾後提出審查報告院會。

（五）二讀會

全院各委員會聯席會議審查完竣，即提請院會進行二讀，先由預算委員會出席報告審查經過，隨時進行討論並逐項議決。

（六）三讀會

議案二讀完畢，通常於第二讀會之下次會議進行三讀。唯預算案之審查，立法先例均於二讀後，由主席徵詢委員同意，繼續進行三讀。

（七）公布

咨請總統公布並函請行政院執行。

第四節　總統與政策合法化

我國總統爲國家元首，對內代表國家，而爲綜括與重要之意思表示，對外代表中華民國，而與外國發生種種關係。根據憲法及憲法增修條文相關之規定，享有實權，握有國家重大政策之決策權。在總

45 中央政府總預算審查程序第三條、第四條、第五條及第六條。

統享有的諸多職權中，要以外交權、宣布戒嚴權與發布緊急命令權諸端，對國權民權之影響甚鉅，爲愼重行使起見，在憲法及增修條文上均定有行使的詳細條件與過程，乃構成本節政策合法化探討之主題。

憲法第三十八條規定：「總統依本憲法之規定，行使締結條約及宣戰媾和之權。」此即總統之外交權。按宣戰媾和及締結條約，均爲國與國之行爲，須以國家之名義行之，總統對外既代表國家，此等職權自應由其行使。唯總統行使此項權利時，依吾國憲法之規定，應履行下述程序與條件：

1.須經行政院會議之議決：蓋行政院當政務之衝，有無必要宣戰媾和及締結條約？如何宣戰媾和與締結條約，始爲妥適？知之最稔，瞭解最清，故憲法第五十八條特予規定，宣戰媾和及締結條約案，應提出行政院會議議決。

2.須經立法院之同意：憲法第六十三條規定：「立法院有議決……宣戰案、媾和案、條約案之權。」蓋與外國宣戰及媾和，有關一國之安危，與外國訂立條約，多涉及國家之權益；何況宣戰媾和、締結條約關係國權民權甚大，影響國利民福甚鉅，揆諸民主政治之本義，固應經過立法機關之議決，以收集思廣益之效。而且現代各國法例，多認爲條約具有國內法之效力，如條約之締結，不經立法機關之議決，無異剝奪立法機關之一部分法權。於是，有關宣戰媾和、條約之締結，爲求審愼，不宜全委由行政機關單獨決定，是以憲法予以立法機關以議決之權。

3.立法院之議決及公民複決：條約及媾和案之內容，涉及領土之變更時，根據憲法增修條文第一條及第四條之規定，須經立法院之議決及公民複決。按第四條規定：「中華民國領土，依其固有之疆域，非經立法院之決議，不得變更之。」而第一條又規定：「……領土變更案，經公告半年應於三個月內投票複決……」。

4.宣戰媾和締結條約之行使，須與憲法關於外交基本國策之規定，不相違背：按憲法第一百四十一條規定：「中華民國之外交，應本獨立自主之精神，平等互惠之原則，敦睦邦交，尊重條約及聯合國憲章，以保護僑民權益，促進國際合作，提倡國際正義，確保世界和平。」

憲法第三十九條規定：「總統依法宣布戒嚴，但須經立法院之通過或追認。立法院認爲必要時，得決議移請總統解嚴。」是爲總統的宣布戒嚴權。凡值戰爭或叛亂發生，總統爲應付緊急危局，對於全國或某一地域，得宣布戒嚴。於戒嚴期間，在戒嚴區域內，凡與軍事有關之行政司法事務，得由軍事機關接管之；軍事機關且得停止或限制人民之自由及其他權利，故戒嚴之影響國權民權者，甚爲重大，因之，總統在宣布戒嚴政策時，應符合下列條件：

1.總統宣布戒嚴之原因爲有戰爭或叛亂之發生，而有戒嚴之必要時：按戒嚴法第一條規定：「戰爭或叛亂發生，對於全國或某一地域，應施行戒嚴時，總統得……依本法宣告戒嚴，或使宣告之。」

2.須經行政院會議之議決：行政院爲政務之衝，國政之中樞，有無必要戒嚴？何時應戒嚴？其知之最詳，故憲法第五十八條特予規定，戒嚴案應提出行政院會議議決。戒嚴法第一條第一款及第二款亦規定，戰爭或叛亂發生，應施行戒嚴時，總統得經行政會議之議決，而於情勢緊急時，得經行政院之呈請，依法宣告戒嚴或使宣告之。

3.並須經立法之通過或追認：憲法第六十三條規定：「立法院有議決……戒嚴案……之權。」是以總統之宣告戒嚴須經立法院通過。蓋戒嚴之結果，不僅人民平時所享有之自由及其他權利，因軍事上之必要，而大受限制，行政與司法機關之權限，亦大受變更，爲符合民主政治之精義，固應經立法機關之議決。由是，於立法院開會期間，宣布戒嚴時，應經立法院之通過；如於立法院休會期間，有宣布戒嚴之必要時，或雖在立法院開會期間，因時間急迫、情勢緊急，則可先宣告戒嚴，但應於一個月內，提交立法院追認，在立法院休會期間，應於復會時，即提出追認。

4.立法院認爲必要時，得決議移請總統解嚴：立法院雖事先同意戒嚴，但事後認爲無繼續戒嚴之必要時，固可以決議移請總統解嚴；事先未經同意，於提請追認之際，認爲無戒嚴之必要時，亦得以決議移請解嚴；但如總統及行政院，認爲尚不宜解嚴時，根據名憲法學家林紀東先生之見解，可適用憲法第五十七條第三款之規定，移請立法院覆議[46]，再完成法定程序，繼續實施戒嚴。

憲法增修條文第二條第二項規定：「總統爲避免國家或人民遭遇緊急危難或應付財政經濟上重大變故，得經行政院會議之決議發布緊急命令，爲必要之處置……但須於發布命令後十日內提交立法院追認，如立法院不同意時，該緊急命令立即失效。」此乃總統發布緊急命令權之規定。依據上述條文，則緊急命令之發布，其條件與過程分述如下：

1.發布之原因：爲避免國家或人民遭遇緊急危難或應付財政經濟上重大變故，且須爲急速處分之必要時，始得爲之。對於上述二者以外事情，總統不得行使緊急命令權。

2.發布之時期：現行憲法增修條文已排除任何時間的限制。

3.發布之程序：須經行政院會議之議決。蓋行政院位居國政之中樞，肩負政務之衝，對各種非常事故之情況，及有無發布緊急命令之必要，知之最詳，故須經行政院會議之議決，以昭愼重。

4.發布後之處理：總統須於「發布命令後十日內，提交立法院追

---

[46] 林紀東，中華民國憲法釋論，改訂三十八版（台北：自刊本，民國69年4月），頁200；林紀東，中華民國憲法逐條釋義，第二冊（台北：自刊本，民國62年7月），頁66、頁226-227。

認。如立法院不同意時，該緊急命令立即失效。」即總統發布緊急命令後，須急速提交立法院追認，以完成其效力，如不提交追認，其效力難以繼續；又如立法院不同意時，該緊急命令立即失效。

由上觀之，總統發布緊急命令所歷經之程序迂迴而重重限制。制憲及修憲人之所以採用如此限制，主因是恐怕國家元首濫用此項權力。唯緊急權之作用，旨在賦予元首緊急應變之權力，以避免國家遭遇緊急危難，或應付國家非常之環境，如在程序上過分限制，則無法劍及履及採取適時對策，以恢復國家於常境之態。

第五節　行政機關與政策合法化

政策制訂功能依據代議民主政治理論，應由立法機關爲之。蓋代議民主國家的選民理應具有控制政府最高權力之使用權，唯選民自己既然不易或無法直接參與政策制訂，而由其代表決定政策之實質內容，乃確保代議民主之正常運作。然而，自二十世紀以還，國家功能由消極轉趨積極，政府之職能由無爲而轉趨無所不爲，於是，政府所處理的公務數量日增，致使立法機關大有應接不暇之勢，無法凡事事必躬親，事事自行制訂法律，以爲行政機關執行之章本。何況，現代政府所需處理與解決的各項政策問題，其非但性質複雜，甚且均是「結構不良」[47]的，需要具備專業知識來激發思考，貫通思索，擬訂解決議案，凡此皆非民選立法人員所能完全勝任。因之，爲求政策之合理與切實可行，實需由具有專業知識與經驗的人士來訂定有關的政策。

再者，現今資源成長又已到有限的時代，能源的危機，國際情勢

47 參閱林水波，「政策問題之認定：台灣家庭計畫的個案分析」，思與言第16卷第4期（民國67年7月），頁480；同時參閱本書第二章。

的緊張，致使國家隨時有可能遭遇緊急事變，爲了應付此種非常情勢，須有迅速的決策與劍及履及的行動，而立法機關議事程序之繁複與迂緩，不足以濟事而爲適時之對策，乃須行政機關具有廣大的行政裁量權，方足以應付裕如，訂定措施調適各種情勢，解決不可預測之偶發事件。是以世界各國莫不在天災、癘疫、戰爭、財經等發生重大變故時，均委諸行政立法，致使行政機關得以「決機宜、應機變、理機先」，以帶領國家度過危機，維持穩定與持續成長。

三者，名立法論學者 *K. Bracher* 亦曾剴切地指出：「世界上每一個政治系統的行政機關，由於其所具的特性，規模龐大，性質複雜，高度專業化的結果，致使立法的重心由立法機關轉移到行政機關，立法機關已逐步喪失其權威而淪爲次要地位，行政專才的意志往往駕乎立法行爲之上，而爲決策的基礎[48]。」究其因乃繫於行政機關負責綜理統籌政策執行之全部過程。正由於行政機關負責執行國家現行的政策，由其擔任評估政策績效、判定新政策需求、擬訂政策變更之責最爲適切，以致因檢討過去策劃未來，而成爲在政策規劃上具有重大影響力的機關，其他任何機關簡直無法堪與之匹敵。何況，行政人員最能認清政策領域，也是人民要求設計新政策議案的主要對象，行政人員已是政策設計之專才，我們實難延聘別的專才來鑑定行政機關政策評估的正確性或規劃新政策的優劣性；我們亦甚難延攬行政機關以外的人員，其眞正洞悉政策執行情形，用以決定行政機關是否成功地執行現行的政策。因之，行政機關乃立於政策制訂的關鍵角色以及居中策應的地位[49]。

基上所述，行政機關不僅在公共政策的制訂上具有與日俱增的影

[48] K. D. Bracher, “The Crisis of Modern Parliament”, in R. C. Macridis and B. E. Brown (eds.), *Comparative Politics*, 5th. ed. (Homewood, I11.: The Dorsey Press, 1977), p. 392-393.

[49] M. L. Mezey, *Comparative Legislatures* (Durham, N. Carolina. Duke Univ. Press, 1979), p. 52.

響力，甚且成為發動政策的靈魂中樞，個中原因乃立法機關本身之缺失不足，行政機關所具之優越條件，以及客觀的事實需要所使然。

行政機關在制訂公共政策上，現今已居於重要角色，然其在政策形成過程中，必須時時爭取其他機關或團體的政治支持，用以突破重重的關卡，以及各種的杯葛與掣肘，致使政策達於合法化的地位，而為有效執行的基礎。再者，行政機關在立法機關授權範圍內，或基於職權行使之必要而為行政立法時，其有效要件為何？行政機關在法制作業上應注意之事項為何？其應歷經哪些過程，方達於合法化的地位？乃構成本節探究的主題。

一、行政機關的政治支持

行政機關為使其本身擬訂或規劃的政策得以在立法機關順利締結多數聯盟而通過，或者冀得有關機關的呼應，完成必要的法定程序，就必須設法爭取一般民眾、大眾傳播、總統及立法人員的支持，不能坐待他人主動的「青睞」，而應步步為營、彌縫說合、因勢利導，企圖在每個議決階段均達到所謂「多數聯盟的建立」，致使政策立於合法化的地位。有關行政機關在政策形成過程中如何爭取政治支持的研究，當以林鐘沂的研究[50]最為翹楚，此處乃以其研究成果為經，補之他人專著為緯，以為論述的基礎。

民主政治是民意政治，政府的施政是要以民意為依歸，所以任何公共政策之制訂，必須得到人民的政治支持，方能順利建立政策合法化的地位。蓋人民猶如水，能載舟又能覆舟，是以，行政機關在從事政策規劃之際，需要「顧慮公眾的意見，預期他們的反應與態度，這在一項政策之制訂與民眾的權益密切攸關時，尤須洞察民心的向背，民意的底蘊，三思而後行，謀定而後動[51]。」斯時政策方不致於因人

[50] 林鐘沂，美國官僚制度在政策形成過程中如何爭取政治支持（政大公行所碩士論文，民國68年6月）。

[51] 同前註，頁85。

民的反對而受杯葛，甚至胎死腹中。總之，民意是一種潛在力量，決策者應在其所制約的範圍內議謀定策。然則，人民的政治支持對於行政機關爭取政策合法化具有何種功能呢？一般而言，行政機關所擬訂的政策議案，若能「獲致一般人民的支持，喚起輿論的同情，便能利用此一有力資產，增加自身的辯護力，爭取同意民意的議員，勸服反對議案的政府官員採取贊同的立場，使得政策獲致通過，付諸實施[52]。」再者，行政機關得到人民的支持後，在政策資源的控制與分配上，較能運用裕如，質量較能適時支援與配合。

大眾傳播於今日複雜多變的社會裡，所扮演的政治角色日趨重要，不但成為一般人民與政府機關間溝通的橋樑，而且在集中民眾的注意力，形成人民的政治體認感[53]，報導公共問題的重要性，引起各方反應，促請執政當局關懷情勢發展，並考慮適時對策，即將公共問題列入政府議事程序，而研擬解決議案，制訂政策的基礎上，有其不可磨滅的作用。更何況，大眾傳播對政策問題關心與注意的程度與持久性，為政策形成、政策變遷的必要條件。蓋政經社交環境的變遷，歷經大眾傳播的報導，喚起民眾與政治精英的體認，進而支持舊政策的修正，新政策的制訂，無效政策的終結。總之，行政機關若能爭取到大眾傳播的支持，從中形成輿論，鼓動風潮，影響立法機關所討論的議程；由其發揮前瞻力量，改變人民的行為定向與模式，進而支持適應環境的新政策；由其提出試探性的空氣，以測定民心的向背，而為進一步決策的基礎。

行政機關草擬一項新的法案，送往立法機關審議之前，一方面要徵求人民與大眾傳播的支持，喚起人民的同情，擁護並要求立法機關採取行動；另一方面行政機關也時常藉助於總統的支持。這種現象當

[52] 同前註，頁87。

[53] 林水波，「大眾傳播媒介與政治社會化：傳播模式的角色分析（下）」，思與言第15卷第6期（民國67年3月），頁77-78。

以美國爲典型的特例，但吾國總統在影響立法上亦有其重要的角色。美國總統可以「運用他個人的聲望，喚起其他部門、機構、或團體對法案的支持。有時總統個人對於國會委員會所做的政治聲明、對於大眾傳播發表評論、或對於法案本身舉行政治演說，均有增加法案被採行的可能性[54]。」何況，美國憲法賦予總統三項與立法有關的大權[55]：(1)咨文權：即向國會建議其所「認爲必要和適當之議案，以備國會考慮」；(2)否決權：否決權主要授予總統以自衛的武器，使行政權免受國會立法之侵奪兼併，並對國會倉促間所制訂的法律，給予重新愼重考慮的機會，以防止因議會多數人的一時衝動，受感情和黨爭的影響而通過不良法律；(3)召集特別會議：總統召集特別會議的原因，多緣於戰爭的爆發，而須由國會來議決宣戰案，或緣於政府推行重大新政，而須由國會來制訂新的法律以資依據執行，而經由總統的召集特別會議，可使議員置身於一定情勢及壓力之中，易使議員接受立法建議。

美國總統常用以直接影響國會議員，勸服其支持行政機關的法案有三：「其一，總統可以用演講、特別文告、記者招待會、致國會領袖書函等方法，爲他所贊助的法案辯護，企圖勸說整個國會，要求國會支持行政機關的法案；其二，總統可以集中精力勸說一群地位崇高的議員，諸如國會中同黨的議員、舉足輕重的委員會委員，要求他們贊助爲總統支持的行政法案；其三，總統直接與國會議員打交道，或邀請議員前來白宮諮商，或在電話中徵求議員支持，或在公開演講中，嘉許某一個議員而贏得國會議員對行政機關擬訂的法案之支持[56]。」此外，總統亦可應用恩惠任用而與國會議員建立友好關係，致使議員對行政機關的提案做有利之考慮；應用交換利益的方式，與

---

54 林鍾沂，前引文，頁118-119。

55 楊日青，「美國總統領導國會立法因素之分析—歷史發展之觀察」，國立政治大學學報第35期（民國66年5月），頁119-124。

56 林鍾沂，前引文，頁119。

國會議員進行交易，比如支持某些議員所希望獲得之法案，或給與恩惠任用以外之其他恩惠或利益，換取受益議員之支持；總統亦可激發輿論的支持，間接影響國會議員[57]。由上觀之，行政機關在政策制訂過程中，若能獲致總統的支持，則其欲使政策達於合法化的地位，有如「為長者折枝之易」。

我國總統就行政院對於立法院所為變更行政院重要政策之決議，或對於立法院決議之法律案、預算案、條約案，如認為有窒礙難行時，得予核可，移請立法院覆議；再者總統亦可根據憲法第六十九格第一款的規定，咨請立法院召集臨時會，用以決議召集臨時會的特定事項；此外總統亦可以接見立委的方式，當面予以嘉許勉勵。凡此均在在顯示總統領導或影響立法之有利途徑，行政院可利用總統的支持而影響立法院之立法，甚而引導立法院的立法行為，使行政院的提案順利在立法院完成立法程序，而致政策達於合法的地位。

行政機關在政策形成過程中，爭取政治支持的最後階段，即是冀圖在立法機關建立多數聯盟，俾便法案獲致通過而付諸執行。行政機關爭取立法機關支持，常用的方式有：

1.提供選民利益：國會議員為了競選連任，往往對選民利益特予重視；反之，選民亦多盼望議員能夠為其喉舌，謀求家鄉利益，以示惠鄉人。於是行政機關乃利用這個機會，運用法案本身或行政裁量，從事交易，以施惠法案對於抱持友善態度的議員，而冷落頑強不馴的議員，甚至做出不利他們的政策決定。

2.提供相關情報：行政機關由於平日處理的問題，均是個殊特別的，而且對問題癥結又知之甚稔，因此行政機關可提供有關的情報給議員，讓其在議場上能夠有所表現，並提出妥適議案，必可贏得同僚的尊敬，帶給選民良好的印象。

---

[57] 楊日青，前引文，頁124-131。

3.維持密切情誼：行政機關在平時即與國會議員維持密切交往，形成歸屬感，以便爭取其在法案審議時予以支持。

4.出席委員會聽證會：行政機關出席聽證會，可為其擬訂的法案，做一個背景說明，俾便法案的反對者與贊成者雙方均有機會溝通歧見，並使社會大眾得以瞭解法案擬訂的本意。

5.運用國會聯絡官員：行政機關在爭取國會支持時，往往亦利用國會聯絡官員，從事穿針引線、彌縫說合的工作，而使法案順利通過[58]。

我國行政院為爭取立法院對法案或各種重大政策的支持，往往透過類似上述美國行政機關所採用的方式，只是內容稍有不同而已，比如行政院主管官員列席立法院說明備詢，以爭取立法委員對政策的體認；有時亦舉辦非正式的餐敘溝通意見，消除彼此間不同的見解；此外，行政院有時亦經由政黨居中穿梭協調、折衝樽俎，用以贏得黨籍立委的支持，致使行政院所提的各項法案與重大政策均能順利完成法定程序。

歸結言之，行政機關在政策形成過程中，必須極力爭取一般民眾、大眾傳播、總統及國會等的政治支持，用以袪除中間可能的杯葛或掣肘，而建立多數聯盟，俾使政策取得合法的地位，而為爭取標的團體順服的基礎，有效執行的條件，獲取與應用政策資源的根據。

二、行政機關法制作業應注意事項

國家為期變更既存的社會現象或產生一定的社會現象，始會產生一定的政策，以揭示希望達成的目標，而為制訂法律，訂頒法規命令的基礎。因之，行政機關法制作業上應注意各項要點，草擬完整妥適的法規案件，以為立法機關審議的依據，行政機關訂定的根基。

[58] 林鍾沂，前引文，頁190-195。

法規之草擬非一蹴可及，須循序漸進、步步爲營。比如，法規草擬名家*G. C. Thurnton*就提出法規草擬的五大步驟：「(1)瞭解：即瞭解決策者之構想、立法目的、立法背景、立法原則、相關法令、有關判解、各種先例、問題癥結，及當前事實上所遭遇之困難；(2)分析：即分析所草擬之法規與現行法規之關係；(3)設計：一則設計周詳而使立法目的與構想能夠實現，一則設計妥適俾能使法規順利通過付諸實施；(4)擬訂：擬訂時要重視立法慣例，參考有關立法例，適用與準用相關法條；(5)校核：校核法規草案之重點、條項、章節及整體，俾使內容整備完善可行[59]。」

胡開誠先生認爲「草案法案的基礎整備」，要注意三項原則，即「認識政策要求，把握政策目標；確定成套作法，揭提法定事項；檢查現行法規，確定法案地位[60]。」這堪與*G. C. Thurnton*的論述相互呼應。

現行我國行政機關法制作業情形，除應遵照「中央法規標準法」之規定辦理外，其對法規案件之草擬規定甚爲完備，均依「行政機關法制作業應注意事項」爲之。根據該注意事項的規定，法規案件之草擬，分成二階段作業，一爲準備作業階段，二爲草擬作業階段。準備作業應注意事項有[61]：

1.把握政策目標：法規是否應修、應訂，須以政策需要爲準據。

2.確立可行作法：法規必須採擇達成政策目標最爲簡便易行的作法。

3.提列規定事項：達成政策目標之整套規劃中，唯有經常普遍適

[59] G. C. Thurnton, *Legislative Drafting*，此處引自行政院研究發展考核委員會：建立規劃體制之研究（民國63年3月），頁33-34。

[60] 胡開誠，「草定法案的基礎整備」，法令月刊第27卷第2期（民國65年2月），頁9-10。

[61] 行政機關法制作業應注意事項，行政院73年4月2日修正發布。

用，並必須賦予一定效果的作爲或不作爲，方須定爲法規，並應從嚴審核，審慎處理。

下列事項，不應訂爲法規：

(1)無需專任人員及預算之任務編組。
(2)機關內部之作業程序。
(3)上級機關對下級機關之指示。
(4)關於機關相互間處務上之聯繫協調。
(5)不具法規特性之事項。

4.檢查現行法規：應定爲法規之事項，有現行法規可資適用者，不必草訂新法規；得修正現行法規予以規定者，應修正有關現行法規；無現行法規可資適用或修正適用者，方須草訂新法規。新訂、修正或廢止一法規時，必須同時檢討其有關法規，並做必要之配合修正或廢止，以消除法規間之分歧牴觸，重複矛盾。

草擬作業應注意事項計有：

1.構想要完整：法規應規定之事項，須有完整而成熟之具體構想，以免應予明定之事項，由於尚無具體構想而委諸於另行規定，以致法規訂立後不能立即貫徹執行。草擬法律制定案或修正案時，應預估所需執行人員額與經費，隨同法律草案一併報院，以便併予衡酌，用其完成立法程序後順利執行。其涉及人民權利義務較廣而在草擬階段無須保密之法規草案，於完成初稿後，得以公開或其他方式徵求意見，以期完整並資溝通。

2.體系要分明：新訂法規，須就其所應定內容，認定其在整個法制中之地位及與其他法規之關係，藉以確定有無其他法規必須配合修正或擬訂，並避免分歧牴觸。

3.用語要簡淺：法規用語須簡明易懂，文體應力求與一般國民常用語文相切近。

4.*法意要明確*：法規含義須明顯確切，即使屬於裁量或授權性質之規定，其裁量或授權之範圍，亦應明確。

5.*名稱要適當*：何種法律應訂明法、律、條例或通則？何種性質之命令得稱：規程、規則、細則、辦法、綱要、標準或準則？法未明定。唯今後訂立新法規及修正現行法規時，其定名宜就所定內容之重心，依左列辦理。

(1)法律

法：屬於全國性、一般性或長期性事項之規定者稱之。

律：屬於戰時軍事機關之特殊事項之規定者稱之。

條例：屬於地區性、專門性、特殊性或臨時性事項之規定者稱之。

通則：屬於同一類事項共通適用之原則或組織之規定者稱之。

(2)命令

規程：屬於規定機關組織、處務準據者稱之。

規則：屬於規定應行遵守應行照辦之事項者稱之。

規則：屬於規定法規之施行事項或就法規另作補充解釋者稱之。

辦法：屬於規定辦事事務之方法、時限或權責者稱之。

綱要：屬於規定一定原則或要項者稱之。

標準：屬於規定一定程度、規格或條件者稱之。

準則：屬於規定作爲之準據、範式或程序者稱之。

三、行政立法之合法化

「行政機關在立法機關授權範圍內，或基於職權行使之必要，而訂頒具有輔助法律性質之法規命令[62]。」是爲一般所謂之行政立法。行政立法爲現行政府運作不可或缺的一環，亦爲時代背景的產物，然行政立法也受到嚴厲的抨擊，諸如行政立法違反「國會至上」的憲法原理，破壞「法律主治」的制度，形成「行政專制」的危險[63]等等。這些抨擊雖不能說毫無道理，但並不很確實得當，不過，爲使行政立法運用適當，發揮積極功能，防制消極弊害，其乃必須歷經合法化過程。行政立法之合法化一般向兩個角度制約之，一爲規定行政立法成立之有效要件，一爲明定行政立法訂定的過程。

名行政法學家 *T. F. Garner* 在新版「行政法」一書上，明確指出行政立法必須具備五項要件，方能有效成立：(1)行政立法須具備法定程式，若欠缺或未按法定程式訂定行政立法，由於形式要件不合，則爲無效；(2)行政立法之內容不得逾越法律授權範圍，否則無效；(3)行政立法之內容，必須具體確定，不得有用語含混，適用不定之情形；(4)行政立法不能牴觸法令；(5)行政立法之內容，不但要適法，且要合情合理[64]。

我國行政立法成立之有效要件，綜合名學者張劍寒[65]與曾濟群[66]兩位先生之見解，舉其要而言計有：

1.立法權保留之事項，不得以行政立法訂定之。依據中央法規標準法之規定，應以法律規定之事項，均不得以行政立法爲之。按該法第五條規定：「左列事項應以法律定之：(1)憲法或法律有明文規定，應以法律定之者。(2)關於人民之權利、義務者。(3)關於國家各

---

[62] 張劍寒，行政立法之研究（台北：自刊本，民國61年8月），頁5。

[63] 曾清群，「立法委任立法監督之程序研究(一)」，中山學術文化集刊第24集（民國68年11月），頁10-11。

[64] J. F. Garner, *Administrative Law*, 5th. ed. (London: Butterworth 1979), p. 88-90.

[65] 張劍寒，前引書，頁48。

[66] 曾濟群，「立法院委任立法監督之程序研究(一)」，頁13-20；曾濟群，「立法院委任立法監督之方法研究」，人文學報第5期（民國69年6月），頁61-66。

機關之組織者。(4)其他重要事項之應以法律定之者。」

2.行政立法之主體，須為有法規訂定權之行政機關。行政機關乃依法組織之國家機關，就一定事務有做成決定並對外表示國家意思之權限者[67]。因之，附屬機構及內部單位，不得訂頒行政立法。

3.授權立法須有明確之法律依據，職權立法應標明立法目的。

4.行政立法為行政機關所訂定之法規，須為書面之法定文件，要有一定之形式，特定之體例，及固定之命名，不得以手令或條諭之形式出之。依據中央法規標準法第三條的規定，行政立法應稱為規程、規則、細則、辦法、綱要、標準或準則。

5.行政立法時，應給予利害關係人或其他有關人士以書面或口頭陳述意見的機會，否則即是違反正當之法律程序。程序要件不備，為有瑕疵之制訂行為，有監督權之機關，得不予批准，使之不能發布施行。

6.行政立法之內容應明確、合情理，並不得逾越授權之範圍或超出法律執行之必要。

7.除非授權法有明文規定，不得以行政立法創設罪名，或自定罰則。

8.行政立法不得牴觸憲法或授權法，且除了緊急命令、緊急處分令外，不得牴觸現行法律。

9.行政立法制訂後，應即送立法院備查。按中央法規標準法第七條之規定：「各機關依其法定職權或基於法律授權訂定之命令，應視其性質分別下達或發布，並即送立法院。」立法院依據立法院職權行使法第六十條規定處理之，其謂：「各機關依其法定職權或基於法律授權訂定之命令送達立法院後，應提報立法院會議。」再者，「出席

[67] 翁岳生，行政法與現代法治國家（台北：自刊本，民國65年1月），頁10。

委員對於前項命令，認爲有違反、變更或牴觸法律者，或應法律規定事項而以命令定之者，如有三十人以上連署或附議，即交付有關委員會審查。」

行政命令之審查以三個月內爲限，若逾期未審查完成者，視爲已經審查。但遇有特殊情形者，得經院會同意後展延；不過展延以一次爲限（六十一條）。

行政命令經審查後，發現有違反、變更或牴觸法律者，或應以法律規定事項而以命令定之者，應提報院會，經議決後，通知原訂頒之機關更正或廢止。而經通知更正或廢止之命令，原訂頒機關應於二個月內爲之，逾期未爲更正或廢止者，該命令失效（六十二條）。

10.除機密之行政立法外，應按法規之位階，分別編號，刊登於政府機關之公報，發布而後施行。

自行政立法訂定的過程觀之，就我國現行制度而言，中央法規命令之訂定，向由業務主管機關負責法規內容之規劃草擬，由法制人員負責法規形式體例的安排，再由主管機關首長核定後發布。而依法律規定應由行政院訂定發布者，須經行政院會議通過後，始得發布。至於省（市）單行法規之訂定，依規定應由主管機關負責規劃草擬，而由法規委員會負責法規形式體例的安排，再由主管機關首長核定，報請或呈報省市府核備後發布；省（市）法規如由省（市）府訂定者，應由主管機關負責規劃草擬，而由法規委員會審議，爾後由主管機關提請省府委員會（市政會議）通過；再者省（市）法規之訂定，應依照規定或視其性質分送中央主管機關備案，如中央主管機關對於報請備案之決議，認爲內容有不當者，得退還省（市）政府再議；其涉及人民權利、義務、機關組織或依照規定應經中央主管機關核定者，並應先行報請中央主管機關核定後，始得發布[68]。

[68] 台灣省法規準則第七條，載台灣省政府公報六十三年夏字第12期，頁2。

至於中央法規命令之發布，依據「行政機關法制作業應注意事項」之規定，依下列規定辦理：

1.發布命令不列「受文者」，發布方式以刊登公報爲原則。

2.左列法規命令，應報院發布或核定後發布。

(1)依法律規定應由院發布者。

(2)依法律規定應報院核定後方能發布者。

(3)規定事項涉及重要政策或二部、會、處、局、署以上，依權責劃分須報院者。

3.規定事項涉及二以上機關權責之法規命令，其報院發布及送立法院查照，主稿機關均應與有關機關會銜辦理。列銜次序以主稿機關在前，會稿機關在後。

4.二以上機關會銜發布會法規命令，由主稿機關依會銜機關多寡，擬妥同式發布令及有關函稿所需份數，於判行後，備函送受會機關判行，並由最後受會機關按發文所需份數繕印、填註發文字號（不填發文日期）用印依會稿順序，逆退其他受會機關填注發文字號（不填發文日期）用印，依序退由主稿機關用印並填註發文日期、文號封發，並將原稿一份分送受會機關存檔。

5.各部、會、處、局、署依法律授權或本於職權所發布之法規命令，於發布後應將發布文號、日期、法規全文，副知行政院法規委員會列管。

省（市）單行法規之發布，依下列規定辦理：

1.左列單行法規，應報請行政院核定後，方得發布。

(1)依守法第一〇八條第二項規定，對於原應由中央立法之事項，省於不牴觸國家法律內，得由省制訂之單行法規。

(2)依憲法第一〇九條規定由省訂定之法規。

(3)依法律授權由省市或省（市）政府擬訂，報請本院核定之法規。

(4)因執行本院委辦事項所訂定之法規。

(5)關於機關組織之法規。

2.法律授權由省市或省（市）政府擬訂報請中央主管機關核定之單行法規，應俟報請中央主管機關核定後，方得發布。

3.法律授權由省（市）政府訂定之法規，由省（市）政府逕行發布。

4.省（市）政府依法律授權或本於職權所發布之單行法規，於發布後應將發布文號、日期、法規全文，副知行政院法規委員會。

第六節　司法機關與政策合法化

司法機關由於掌理憲法與法律的解釋權，因此其不僅單純掌理民事、刑事及行政訴訟之審判，而且成爲一個實際上的重要政策決定機構[69]。比如，由於美國法院解釋憲法結果，實際上決定了某些總統提出，經國會通過的法律之實施與否，及各種自由權利的實際範圍。又如1930年代，羅斯福總統提出許多新政政策，經國會通過，但因聯邦最高法院判決違憲而不能實施，後來聯邦最高法院改變態度，認爲不違憲，這些政策才能付諸實施。難怪*M. D. Irish*和*J. W. Prothro*兩位學者在「美式民主政治」一書上就坦然指出：「美國聯邦最高法院不只是司法機構，而且也是一個政治機構，是一個對某些有爭論的國家政策問題，達成最後決定的政治機構[70]。」*H. Jacob*亦指出：「法院

---

[69] 華力進，政治學（台北：經世書局，民國69年11月），頁379-383。

[70] M. D. Irish and J.W. Prothro, *The Politics of American Democracy*, 4th.ed. (Englewood Cliffs: Prentice-Hall, 1971), p. 186.

既執行法律規範，又制訂有關政策[71]。」*R. M. Johnson*在「順服的動態性」一書之導論中，開宗明義地闡明：「聯邦最高法院是個非常重要的決策機構，尤其是在學校的宗教政策、禁止學校學生種族隔離政策的決定上，居功厥偉[72]。」由上觀之，美國聯邦最高法院不僅只是司法機構，也是一個政治機構，取決全國性政策爭論問題。

我國司法院大法官會議，職司解釋憲法，並有統一解釋法律及命令之權。行憲以來，有不少的解釋，在在「加強憲法的權威性」，「維護憲政體制」，「發揮憲法的適應性」，「闡明憲法的適用疑義」，「補充憲法規定的不周[73]」，發揮了不可磨滅的政策決定功能。蓋憲法既經解釋，則解釋的事項，在實質上與憲法具有同等的效力；法律或命令既經解釋爲牴觸憲法者無效，因之，其在政策形成與終結上扮演關鍵性的角色。

姚瑞光大法官於「大法官會議有關問題之研究」一文內，精闢地探討並分析憲法條文無規定之事項，大法官會議得否受理解釋？中央或地方機關聲請解釋憲法或聲請統一解釋法令之前提要件爲何？人民聲請解釋憲法應備之要件爲何？解釋憲法，可否爲「尙不發生適用法律或命令是否牴觸憲法問題」之解釋[74]？此等問題均涉及司法機關政策合法化的問題，殊值得探究，並依據有關法律予以分析大法官會議解釋憲法統一解釋法令之必要條件，乃構成本節主要之內容。

（一）大法官會議解釋憲法之範圍

關於憲法之解釋，以何種事項爲限？此乃解釋憲法之範圍問題。

---

[71] H. Jacob, *Justice in America: Courts, Lawyers, and the Judicial Process*, 2nd. ed. (Boston: Little, Brown and Co., 1972), p. 21-39.

[72] R. M. Johnson, *The Dynamics of Compliance: Supreme Court Decision-Making from a New Perspective* (Evanston: Northwestern Univ. Press, 1967), p. 3-7.

[73] 管歐，「釋憲制度與民主憲政」，憲政思潮第43期（民國67年9月），頁101-102。

[74] 姚瑞光，「大法官會議有關問題之研究」，憲政時代第3卷第3期（民國67年1月），頁51-54。

依司法院大法官審理案件法第四條之規定：「大法官會議解釋憲法之事項如左：

一、關於適用憲法發生疑義之事項。
二、關於法律或命令，有無牴觸憲法之事項。
三、關於省自治法、縣自治法、省法規及縣規章有無牴觸憲法之事項。

前項解釋之事項，以憲法條文有規定者爲限。」

由上觀之，大法官會議解釋憲法之事項，乃根據憲法第一百七十三條、第一百七十一條及第一百七十二條、第一百十四條、第一百二十二條、第一百十七條及第一百二十五條之規定，重加列舉。綜括言之，大法官會議解釋憲法範圍，包括(1)憲法本身疑義之解釋；(2)法律及命令，有無牴觸憲法疑義之解釋；及(3)地方自治法規，有無牴觸憲法疑義之解釋三種情形。

再者，司法院大法官審理案件法第四條第二項規定，大法官會議解釋憲法之事項，以憲法條文（包括與憲法有同一效力之條文）有規定者爲限。蓋憲法條文無規定之事項，自不生「適用憲法發生疑義」之問題；又憲法條文無規定之事項，亦不生「法律或命令有無牴觸憲法」或「省自治法、縣自治法、省法規及縣規章有無牴觸憲法」之問題，因而也不發生解釋憲法之問題。換言之，所聲請解釋之事項，必須與憲法之條文，具有相當關係，與憲法條文規定無關者，不得聲請解釋。

（二）大法官會議統一解釋法令之範圍

大法官會議統一解釋法律及命令之權，自文字表面觀之，似僅包含：(1)法律含義之統一解釋；(2)命令含義之統一解釋兩種。但查憲法第一百十六條規定：「省法規與國家法律牴觸者無效。」憲法第一百十七條規定：「省法規與國家法律有無牴觸發生疑義時，由司法院解釋之。」憲法第一百二十五條規定：「縣單行規章，與國家法律或省法規牴觸者無效。」由此三條規定觀之，大法官會議統一解釋法令之範圍，尚應包括；(3)省法規與國家法律有無牴觸之解釋；(4)縣單行規章與國家法律有無牴觸之解釋[75]。

（三）中央或地方機關聲請解釋憲法之要件

依司法院大法官審理案件法第五條第一項第一款規定：「中央或地方機關，於其行使職權，適用憲法發生疑義，或因行使職權與其他機關之職權，發生適用憲法之爭議，或適用法律與命令發生有牴觸憲法之疑義者。」得聲請解釋憲法。根據該條文分析，其聲請解釋憲法要件如下：

1. 聲請之主體：爲中央或地方機關。其範圍包括行政機關、立法機關、司法機關、考試機關與監察機關。
2. 聲請之前提：爲中央或地方機關「於其行使職權」時。苟非行使職權時，但憑空對於憲法發生疑義，或空言主張與其他機關之職權發生適用憲法之疑義，或僅主張對於某法律或命令發生有牴觸憲法之疑義，均在不得聲請解釋憲法之列。換言之，中央或地方機關各有其職權範圍，必於其行使法定職權時，發生聲請解釋憲法之原因，才可提出聲請。
3. 聲請之原因：有三：(1)適用憲法發生疑義；(2)適用憲法發生爭議；(3)適用法律或命令發生有牴觸憲法之疑義三者。

歸結言之，中央或地方機關聲請解釋憲法之最主要前提要件，爲其行使職權，發生適用憲法之疑義，與其他機關發生適用憲法之爭

[75] 林紀東，中華民國憲法逐條釋義，第三冊（台北：自刊本，民國64年10月），頁71。

議，或適用法令發生有牴觸憲法之疑義時，才能提出。任何中央或地方機關，但憑主觀上對於憲法發生疑義，即得聲請解釋憲法，殊與司法院大法官會議法第四條第一項第一款之規定不合。

（四）人民、法人或政黨聲請解釋憲法之要件

依司法院大法官審理案件法第五條第一項第二款規定：「人民、法人或政黨於其憲法上所保障之權利，遭受不法侵害，經依法定程序提起訴訟，對於確定終局裁判所適用之法律或命令，發生有牴觸憲法之疑義者。」得聲請解釋憲法。據此款規定，人民聲請解釋憲法，應具備之要件如下：

1. 人民、法人或政黨於其憲法上所保障之權利遭受不法侵害：憲法上所保障之人民權利，不以憲法第七條至第十八條，所明文列舉之權利爲限，「凡人民之自由及權利，不妨害社會秩序公共利益者，均受憲法之保護[76]。」只要上述哪些權利遭受不法侵害即可。
2. 經依法定程序提起訴訟：比如人民、法人或政黨因中央或地方機關違法之行政處分，致其權利受損害，經依法提起訴願、再訴願及行政訴訟是也。此外，民事、刑事所提起之訴訟，亦包括在內。
3. 對於確定終局裁判所適用之法律或命令有牴觸憲法之疑義：所謂確定終局裁判，自不僅普通法院之終局裁判而言，而且包括行政法院與軍法機關之終局裁判在內；所謂「所適用之法律或命令，發生有牴觸憲法之疑義者。」不僅限於確定終局裁判所適用之法令，發生有牴觸憲法疑義之情形，而且包括確定終局裁判，應適用某項法令而不適用，以致該判決陷於違憲之情形[77]。

歸結言之，人民、法人或政黨就法律或命令之違憲而聲請解釋憲法，除了權利遭受不法侵害，並依法定程序提起訴訟，且對於法律或

[76] 憲法第二十二條。
[77] 林紀東，中華民國憲法逐條釋義，第三冊，頁76。

命令「發生有牴觸憲法之疑義」爲前提，設若對於法令不發生有牴觸憲法之疑義，或法律命令是否牴觸憲法不發生問題時，就不得聲請解釋。

（五）立法委員聲請解釋憲法之要件

「立法委員若現有總額三分之一以上之聲請，就其行使職權，適用憲法發生疑義，或適用法律發生有牴觸憲法之疑義，得聲請解釋憲法（同法第五條第一項第三款）。」

（六）最高法院或行政法院聲請解釋憲法之要件

根據同法第五條第二項的規定：「最高法院或行政院就其受理之案件，對所適用之法律或命令，確信有牴觸憲法之疑義時，得以裁定停止訴訟程序，聲請大法官解釋。」

（七）中央或地方機關聲請統一解釋法令之要件

依司法院大法官審理案件法第七條規定：「中央或地方機關，就其職權上適用法律或命令所持見解，與本機關或其他機關適用同一法律或命令時所已表示之見解有異者，得聲請統一解釋。但該機關依法應受本機關或他機關見解之拘束，或得變更其見解者，不在此限。」據此條規定，聲請統一解釋法令之要件分析如下：

1.聲請之主體以中央或地方機關。

2.中央或地方機關聲請統一解釋，必須「就其職權上適用法律或命令所持見解，與本機關或機關適用同一法律或命令時，所已表示之見解有異者。」才能聲請。換言之，統一法令解釋以歧見爲前提，必各機關之間，對法令所表示之見解，有歧見之存在，而後始有統一之必要。

3.基於職權而適用法律或命令之中央或地方機關，依法不受本機關或他機關見解之拘束，本機關或他機關亦不得變更其見解時，才能聲請統一解釋。換言之，兩個系統不同的機關，對於某一法律或命令的含義，見解有異，各執一辭，因而聲請大法官會議爲統一的解釋，以免見解紛歧。

總之，中央或地方機關聲請統一解釋法令，不像聲請解釋憲法那樣，只要「於其行使職權，適用憲法發生疑義」時，即可聲請解釋。

（八）人民、法人或政黨聲請解釋法令之要件

據司法第七條第一項第二款之規定，「人民、法人或政黨於其權利遭受不法侵害，認確定終局裁判盲目法律或命令所表示之見解，與其他審判機關之確定絡局裁判，適用同一法律或命令時所已表示之見解有異者……」

（九）中央或地方機關或三分之一以上立委與人民、法人或政黨聲請解釋憲法之程式

中央或地方機關或三分之一以上立委與人民、法人或政黨聲請解釋憲法之程式，依司法院大法官審理案件法第八條規定：「聲請解釋憲法，應以聲請書敘明左列事項，向司法院爲之。」

一、聲請解釋憲法之目的。

二、疑義或爭議之性質與經過，及涉及之憲法條文。

三、聲請解釋憲法之理由及聲請人對本案所持之立場與見解。

四、關係文件之名稱及件數。

（十）大法官會議解釋過程

大法官會議解釋過程，依司法院大法官審理案件法及司法院大法官審理案件施行細則有關條文之規定，可分爲下列幾個過程：

1.聲請案之提出：聲請解釋憲法，須依中央或地方機關，與人民

的聲請爲之；聲請統一解釋法令，須依中央或地方機關的聲請爲之，大法官會議不能夠自爲解釋。

2.列入報告事項：「聲請解釋事件，按收文先後編定號次，並應於每次大法官會議時，將案由列入報告事項[78]。」

3.大法官三人小組審查：大法官會議接受聲請解釋案件，應先推定或輪分大法官三人小組審查。如審查結果認爲不合司法院大法官會議法之規定，不予解釋時，應敘明理由，報請大法官會議決定；如審查結果認爲應予解釋之案件，則提出審查報告解釋文草案，由大法官全體審查會議審查。審查報告應敘述法律意見並附參考資料，提出解釋文草案，應附具理由[79]。

4.大法官全體審查會議審查：大法官全體審查會議就大法官三人小組所提之審查報告及解釋文草案加以審查。如係解釋憲法或認爲重大事件，大法官三人小組首先提出審查報告，而由大法官全體審查會議決定原則，交原審查小組或加推大法官一人或數人起草解釋文，提交大法官全體審查會議審查[80]。

5.大法官會議討論議決：解釋文草案，經大法官全體審查會議審查完竣後，提交大法官會議討論議決之[81]。而「大法官會議解釋憲法，應有大法官總額三分之二之出席，暨出席人三分之二之同意，方得通過；大法官會議統一解釋法律及命令，應有大法官總額通半數之，暨出席人過半數之同意，方得通過，可否同數時，取決於主席[82]。」

6.公布：「大法官會議決議之解釋文，應附具解釋理由書，連同

[78] 司法院大法官審理案件法施行細則第七條。
[79] 司法院大法官審理案件法第十條及司法院大法官審理案件法施行細則第三條。
[80] 司法院大法官審理案件法第十條。
[81] 司法院大法官審理案件法施行細則第十一條。
[82] 司法院大法官審理案件法第十四條。

各大法官對該解釋之不同意見書，一併由司法院公布之，並通知本案聲請人及其關係人[83]。」

結語

政策合法化旨在研討政治系統取得統治正當性的基礎，並研析政策議案爲有關權威當局通過認可的過程，取得法定地位，付諸執行的基礎。

政策合法化的分析，一來指出相關機關或決策主體應具備哪些條件，歷經哪些過程，方能取得政策選擇或做成相關決定的實質正義及程序正義。而雙重正義之具備，乃使最終的決定具有拘束力，用以維護穩定的政治運作，達成國家所追求的願景。

每一個政策管轄的機關，爲使自己統轄的政策，擁有正面的形象，得能引發各利害關係人，於執行階段，共同協力產出冀欲的政策效果，乃必須各按法定程序，信守理性及實質正義，完成政策合法化的工作。

[83] 司法院大法官審理案件法第十七條。

{第五章}

政策執行

第一節　政策執行的重要性

1961年甘迺迪總統曾兩次下令有關單位，務必自土耳其撤出所有飛彈部署，然而古巴飛彈危機事件的次年，他獲悉哪些裝置猶在那裡原封未動；尼克森總統也曾下令中央情報局銷毀殺傷力極強的生物性武器，可是兩年後，總統發現該局尚掌握著兩種最毒的生物武器。監察院早在民國42年，就覺得由行政院所屬司法行政部掌管高等以下法院，並不合乎憲法的規定，因此函請大法官會議解釋，司法院大法官會議對此不敢遽然裁答，一再猶豫，躊躇不決，嗣經7年左右之深思熟慮，方於民國49年7月，以釋字第86號解釋釋示：「憲法第77條所定司法院爲國家最高司法機關，掌理民事刑事之審判，係指各級法院民事刑事訴訟之審判而言。高等法院以下各級法院既分掌民事刑事訴訟之審判，自應隸屬於司法院。」至此確認高等法院以下各級法院應復歸司法院管轄。不過，此項法院改隸歷經各界不斷的要求，終在民國69年7月1日才正式實施，自政策的制訂到政策的執行，忽焉已有20年之久了；民國61年8月24日總統修正公布的大學法，其第31條第2項規定：「大學學生成績優異，在規定修業年限屆滿前一學期或一學年修滿該學系全部學分者，得准提前畢業……。」可是這項法令修正公布近乎8年於茲，始終無人問津，很少有大學生提前畢業。

凡此種種旨在說明一項事實：政策之制訂與政策之執行間有時存有偌大的鴻溝；某項政策訂定之後所發生的任何事情，其重要性足堪與政策訂定本身相比擬。兩位研究政策執行甚有心得的學者就曾沈痛地指出：「這個世界上，似乎有許多人事物聚集在一塊，試圖阻止任何新事物或新現象的產生，於是吾人需要善用智慧與力量來推動所有的作爲；而其中最顯著的例子，乃是推動或執行新的計畫或政策[1]。」這種論點雖有點言過其實，但適足以讓我們體認政策執行的艱難性，構思設想有效執行的方法；同時也知會決策者，應以執行的可能性作爲鑑定與裁決政策方案的一項基準。誠然，「徒法不能以自行」，「良法美策貴在能行」，設若冀求的目標與實際達成的目標之間，存有極大的空隙，甚或全異其趣，則空有崇高的理想，卻未能實際解決政策問題。由是觀之，政策執行應與政策制訂等量齊觀，兩者均有相輔相成的關係，不可偏廢。

前述兩位美國總統的下令，無法獲致全然的推動或執行，個中原因可能相當複雜，是否繫乎於命令本身含糊籠統，語氣的模稜兩可，抑或由於政治情勢的緊張……等等不一而足。法院改隸一事一拖20年，行政院雖一再研商，卻始終囿於牽涉過廣，法令規章修改不易之觀點，或顧及現實政治環境之便宜而使高等以下各級法院無法歸建，以隸屬司法院管轄；再者，論者也從政策本身的特質來分析此事的前因後果，其謂：「大法官會議的解釋，只是意思表示，沒有法的拘束力。」三者，從推檢流通問題未決，而影響及檢察官的地位與權益，因而遭受抵制。成績優異的大學生，依規定可以提前半年或一年畢業，何以該規定已有8年歷史，而迄今無一人問津？究其原因，一方

[1] J. L. Pressman and A. B. Wildavsky, *Implementation*, (Berkeley: Univ. of California Press, 1973), p. 109.

面在於大學採「學年學分制」，學生必須逐年修讀規定學分，且每一修業年限均要修讀最低標準學分數，有的學院甚至規定學生不得越級選課；另一方面成績優異學生得提前畢業者，在民國73年4月19日以前，須符合相當高的標準[2]，是以甚少學生能達到這項要求。由是，政策之制訂若是陳義過高、奢談理想而與實際脫節；法令之訂定若是未能顧及現實情勢，以及政治經社環境因素的影響；主其事者不詳慮政策制訂的過程與特質、執行人員的性向等因素，均可能影響到政策執行的可能性。

總之，「如何有效地執行政策」乃是一件繁重的課題，關乎政策成果之獲致，冀欲目標之達成，社會變遷推展之順利，人民對系統之支持與順服。然而「如何有效地執行政策」？其關鍵條件在乎吾人體認：何謂政策執行、影響政策執行的因素、政策執行的障礙與困難、有效執行之道。上述諸點乃構成本章研討的主要內容。

第二節　政策執行的意義

一旦政策歷經合法化的過程，便須進入執行的階段。然而政策執行的良窳，關係政策內容的實現以及政策衝擊的範圍；尤有甚者，執行的結果有時與政策既定的目標完全背道而馳，此亦即說明有效的執行與適時的督導，致使政策目標之獲致；反之，若執行不當或不力，則導致非但未能解決原來的公共問題，而且可能使得原來的問題更加

[2] 舊大學規程第三十二條的規定：「成績優異學生得提早畢業者，須符合下列標準：必修學分全部修畢，各科平均成績在八十分以上；六學期或七學期學業成績平均八十五分以上；操行成績平均在甲等；體育成績平均在七十五分以上；名次在該系該年級學生分數前百分之五以內。」目前提前畢業的標準，依新大學規程第三十條的規定：「大學法第三十條所稱成績優異，指每學期學業成績平均八十分以上，操行成績八十分以上，體育、軍訓成績各七十分以上，名次在該系該年級學生數百分之五以內而言」。標準已降低許多，今後將有更多的學生提早畢業。

惡化。既然政策執行關係整個政策的成敗，則其意義或內涵有先探索的必要，並以其作為我們研究的定向與範圍。

向來學者論述政策執行的意義，自兩個範疇觀之，一為行動學派，二為組織理論學派。行動學派認為負責執行政策的機關和人員，採取各項行動俾以導致目標的達成，謂之為政策執行，其著重點在於採取的行動；而組織理論學派則深以為政策之能否被有效地執行，組織為主要的關鍵，欲瞭解政策執行的眞諦，首先要有組織的知識。本節介紹這兩派的說法，並加以批評，進而提出折衷性的見解，希有助於對政策執行的體認。

一、自行動的觀點論政策執行

行動學派的學者較有名的有*C. E. Van Horn*和*D. S. Van Meter*，*R. S. Montjoy*和*L. J. O' Toole*、*C. O. Jones*，以及*G. C. Edwards 111*和*I. Sharkansky*諸位。*C. E. Van Horn*和*D. S. Van Meter*謂：「政策執行係指公私人民或團體為了致力於先前政策決定所設立的目的之達成，而採取的各項活動。這些行動可分為兩類要項：一為將決策轉換成得以運作的努力，二為成就決策所指定的變遷而做的持續努力[3]。」*R. S. Montjoy*和*L. J. O'Toole*更簡明扼要地指出：「政策執行是執行某一項政策所做的各項決定[4]。」*C. O. Jones*較詳盡地指陳：「政策執行乃是將一種政策付諸實施的各項活動；在諸多活動中，要以解釋、組織和適用三者最為重要。所謂解釋乃將政策的內容，轉化成一般人所能接受和瞭解的指令；組織乃設立政策執行機關，擬訂執行的方法，冀於

[3] C. E. Van Horn and D. S. Van Meter, "The Implementation of Intergovernmental Policy", in C. O. Jones and R. D. Thomas (eds.) *Public Policy Making in Federal System* (Beverly Hills: Sage Publications, 1976), p. 45; See also D. S. Van Meter and C. E. Van Horn, "The Policy Implementation Process: A Conceptual Framework", *Administration and Society*, V.6 No.4 (Feb. 1975), p. 447.

[4] R. S. Montjoy and L. J. O'Toole, Jr., "Toward a Theory of Policy Implementation: An Organizational Perspective", *Public Administration Review* (Sep. -Oct. 1979), p. 465.

實現政策；適用乃由執行機關提供例行性的服務與設備，支付各項經費，而完成議定的政策目的[5]。」*G. C. Edwards 111* 和 *I. Sharkansky* 則具體地指陳執行某一項公共政策所需採取的廣泛行動，諸如：「發布指令、執行指令、撥付款項、辦理貸款、給與補助、訂定契約、蒐集資料、傳遞資訊、指派人事、僱用人員和創設組織單位[6]。」

誠然一般人咸認識：任何政策的執行，甚少像承認某國政府一樣，只要發布一項陳述就能自動執行，而是大多數的政策均要採取必要的行動才能克竟其功。然而從行動觀點透視政策執行的內涵，其最主要的缺點有二：一爲行動學派的學者忽視了政策執行過程的動態性；二爲忽略了政策目的與手段之間的交互影響。因爲執行的研究，不僅是一種變遷的研究，即研究如何發生，如何被引發而已，且也是對政治生活結構的一種微觀研究，即研究政治系統內在、外在的組織，如何進行它們的事務以及彼此間的交互影響，包括其何以刺激它們如何作爲，以及如何激勵組織員工爲不同的行爲；再者，執行政策者所採取的各項行動，並不一定與政策目的之達成間，擁有必然的因果關係，如台灣家庭計畫的推行，即爲一顯著的例子。誠然台灣家庭計畫推行的機構，每個月均定有發放避孕工具的數量，同時它們也均能達到甚或超過既定水準，但是台灣人口的增加率於當時並未顯著降低，甚而有上升的趨勢，與預期的政策目標尚差距甚遠。何況，政策環境不斷地變遷，政策目標亦可能因情勢而更動，最初的情境也會循著推移。於是，爲了從政策執行來掌握整個政策流程與動態性，我們不妨一方面將政策執行視爲目標設立與成就目標所採取的行動，此兩者之間交互影響的過程；另一方面我們更應從各種組織理論的觀點，來窺探執行的眞諦。

---

5 C. O. Jones, *An Introduction to the Study of Public Policy*, 2nd. ed. (North Scituate, Mas.: Duxbury Press, 1977), p. 139.

6 G. C. Edwards 111 and I. Sharkansky, *The Policy Predicament* (ed. (San Francisco: W. H. Freeman and Co., 1978), p. 293.

二、自組織理論的觀點論政策執行

政策失敗的因素，是否取決於根本觀念與構想的不優或不慎，抑或觀念與構想均屬正確無疑，只是執行失當不力，目前實甚難有定論；可是有一不爭的事實，那就是任何公共政策都由機關組織來執行。因之，論者或謂我們若將執行概念化組織問題，爲組織理論所要解決的對象，則對我們體認執行的內涵將有所助益；同時，有關組織的知識與領會，亦爲政策執行研究中，一項極爲重要的因素。既然政策執行之責，由組織一肩挑，設若我們未能充分地瞭解與認識，組織如何運作的情形，我們實無法下定論言明政策執行失敗的因素。*C. P. Snow*和*L. Trilling*兩人就曾懇切指出：「任何一項化觀念爲行動的作爲，每每涉及到某些重要的簡化工作，組織乃是從事這項簡化工作的當事者；它們處理問題的方法，是把問題解剖成具體、可資管理的工作項目；再將這些工作項目，分配給專業化的機關及人員來負責執行。由是，唯獨瞭解與認識組織如何運作，我們方能認清原來的政策，如何在執行過程中被更調或塑造[7]。」何況，有不少的學者更深深以爲：「負責執行的組織，正式的與非正式的屬性，往往影響到該組織執行政策目標的能力[8]。」姑不論組織的員工對政策本身的態度爲何，組織內的幕僚作業，結構的安排，以及組織單位與成員間的關係，在在可能限制或提升有效執行的展望。綜上所述，從組織的運作來透視執行的內涵，可能較能發現一些眞象。

向來學者自組織理論的角度透視政策執行內涵者，當首推研究古巴飛彈危機名躁一時的*G. T. Allison*[9]，而由研究社會政策成就非凡的

---

7 See. R. F. Elmore, "Organizational Models of Social Program Implementation", *Public Policy*, V. 26 No. 2 (Spring 1978), p. 185 and p. 187.

8 F. E. Rourke, *Bureaucracy, Politics, and Public Policy*, (Boston: Little, Brown and Co., 1967); A. Downs, *Inside Bureaucracy* (Boston: Little, Brown and Co., 1967).

9 G. Allison, Essence of Decision (Boston: Little, Brown and Co., 1971); G. Allison and P. Zelikow, *Essence of Decision: Explaining the Cuban Missile Gisis* (N.Y.: Longman, 1999).

R. F. Elmore[10]發揚光大，我們乃根據他們的著作爲延伸論述的基礎。

由於組織現象萬般複雜，時下所流行的組織理論，尚未有一種能涵蓋周全，且體系完整，並足以作爲分析的基礎者；於是爲瞭解決這個難題，我們將以四個角度來透視執行的問題，每個角度均以組織原則、權力分配、組織決定與執行過程作爲討論分析的架構。

（一）自系統管理的角度觀之

當代社會每將組織視爲是一種開放的系統，不斷受到環境的衝擊與影響，於是任何組織爲了持續生存，就必須時時投入資源，歷經轉換運作過程，而產出環境所需求者。然而投入、轉換與產出三者之達成，非賴有效的管理不爲功，組織理論界自系統管理的角度來透視，發覺組織主要的特性如下：

1.組織原則：組織的運作應爲合理價值的擴大者，並爲目標取向的行爲；組織爲了提高效力，有必要爭取績效以完成中心的目標與目的；組織所執行的每項任務，必須有助於目標的達成。

2.權力分配：組織結構基於層級節制的原則，上階層管理人員負決策及整個系統績效之責，並依序地分配特定任務與績效目的予直屬單位，並監督其執行。

3.組織決定：組織在執行每一項任務時，爲了擴大組織整體的工作績效並導致目的的達成，組織單位間的職責分配，必須儘量公平合理；組織內部的各項決定主要在於發現合理公平的分配之道，並適應外在環境的變遷，不斷地調適內部的職責分配，俾以維持這種最佳的均衡分配。

4.執行過程：在系統管理這個視域下，執行的作爲計有：界定一套詳盡並能正確反映某一既定政策意向的各種目的；指派直屬單位各

[10] R. F. Elmore, *op. cit.*, p. 185-228.

項職責及績效標準，用以配合上述哪些目的的成就；監督系統的工作績效；調適組織內部以順應外界環境的變遷，並增進組織目標之成就。

由上觀之，執行的過程是動態的而非靜態的；由於環境不斷地加諸嶄新的要求，致使組織內部非順應調適不可，不過，執行總是目標取向與價值擴大的行爲。然而執行的失敗，最常見的解釋乃是管理不善，比如政策的界定不佳、執行職責分配不清、冀欲成果並不具體、執行人員不力；反之，有效的執行乃繫於：明確地指陳任務與目的，務使其確切地反映政策的意向；設計一妥善的管理計畫，用以公平分配任務與績效標準給直屬單位；擬訂一種客觀的考核辦法，以權衡直屬單位的工作績效；建立管理監督與社會制裁制度，冀其足以引發部屬負責盡職。

（二）自官僚體制運作過程的角度觀之

官僚體制乃是組織理論的最早重陣之一，爲公私機關常用的組織型態，亦爲一般機關組織漸趨龐大後所必然發生的現象。自這個角度觀之，亦能較易窺探政策執行的全貌。

1.組織原則：官僚體制論認爲組織的兩大基本屬性爲裁量與例規，組織內所有主要的行爲均得以裁量及例規來解釋與說明。蓋裁量爲個別組織員工，在日常決定上經常應用的行爲；而作業的例規，則爲員工爲了維持並增進其在組織的地位而制訂。

2.權力分配：正由於組織內部裁量與例規的普遍性，致使組織內部的權力分化並分屬於直屬單位，它們通常運用極強大的控制力，俾以爭取在其權威範圍內的特殊任務。不過，任何組織單位所能控制之範圍，無論是橫的單位或是縱的層級，由於組織愈來愈複雜，及直屬單位所從事的業務日趨專業化並較能控制其本身內部的運作，而相形見絀了。

3.組織決定：組織內部的各項決定集中於裁量的控制以及例規的修正。任何修正的建議，均由組織各單位依據與常設的模式相異的程度來判定，於是組織決定傾向於漸進改變的。

4.執行過程：執行的作爲在於確定裁量的所在；何種組織的例規爲了因應環境的更迭、政策的變遷而需要修正；設計涵蓋政策意向的備選例規；誘引組織單位適時地除舊佈新、革故鼎新。

由上觀之，我們可以知悉：政策執行失敗的原因，乃政策已歷經重大的變遷，而官僚體制依舊遵循往例辦事。換言之，官僚體制之所作所爲，因礙於標準作業程序的羈絆，在環境變遷政策更改之際，往往無法突破例規，致使執行歸於失敗。於是爲了執行的成功，非適時適地檢討例規，修正窒礙難行者、爲人詬病者，使其得以順應環境與潮流；再者裁量凡是合乎正義者，執行人員應有充分的裁量權，俾使隨時調適政策的目標，以達到實際可行的地步，亦是有效執行的條件。

（三）自組織發展的角度觀之

前述系統管理與官僚體制過程由於特別強調層級節制、專業化、例規與控制四者，因此更加強了這個信念：組織內低階層人員之決策能力低於高階層人員，於是高階層的管理人員被賦予裁量權，而低階層人員必須予以嚴密地監督與控制；政策決於上級，而執行歸於下級；執行人員必須三緘其口，並順服決策者及高級管理人員的權威與能力。然而，由於組織員工的技術日趨專業化，教育水準也已提高，上述兩種理論愈難自圓其說，組織發展理論乃順應而生，一方面強調員工的自主性、參與感與認屬感，他方面調適組織的結構、隸屬與監督制度，以求組織不斷地發展。組織發展理論的主要論點：

1.組織原則：組織爲了順利完成目標，應設法滿足員工的基本心理與社會需求，諸如賦予員工的獨立自主性和工作控制權，讓員工參與影響權益的各項決定，鼓舞員工認同於組織目的。

2.權力分配：組織的結構安排或設置，乃爲了擴大各階層員工的控制權、參與機會和認屬感。鑑於層級節制的官僚體制爲了擴大組織內上階層人員的權益，而不惜犧牲下階層人員的權益，因而對組織造成極大的不利，所以組織發展理論認爲最佳的組織結構，爲既能縮減層級的節制，又能予以各階層人員分享決定之責者。

3.組織決定：組織之能做成有效的決定，全賴於成立有效的工作團體，蓋組織內部人際關係的特質，深深影響到任何決定的質地。有效的工作團體，具有如下的特徵：團體成員的目標一致，成員之間的溝通頻繁，彼此互助互信，充分發揮每位成員的技能，以及衝突的有效管理。因之，組織決定主要是培塑員工的共識，建立團體成員間強化的人際關係。

4.執行過程：執行過程必然是培塑決策者與執行者之間的共識與協調。執行的中心問題，不僅是執行者是否順從既定的政策，而且是執行過程是否造成員工對組織目標的共識，賦予員工的獨立自主性，以及形成對政策的認屬感，並深以爲其乃必須執行的標的。

自組織發展理論觀之，執行失敗的原因，乃是執行政策的人員並未參與政策的做成，對政策的本身未有親身介入的認知與感受，因而對組織並沒有產生認同感、歸屬感、責任感，及自尊、自重、自榮的心理，因而自然不甘心情願貢獻才能與力量，成功地達成組織目標。因之，一個有效的組織用以執行政策的目標，所需的基本條件爲：讓組織低階層的員工負擔較大的決策之責；組織活動的重心爲工作團體——由從事一項共同任務的人員所組成的；以及資訊的流通——諸如目標的陳述、評估性的判斷、必要變遷的表示。這些條件，基本的假設有：員工誠願貢獻最佳的才智與力量，只要他們享有工作的最高控制權、決策的最大參與權和最佳的激勵以形成對團體目標的依附感。

（四）自組織衝突與議商的角度觀之

古往今來，衝突爲人類營社會活動的必然產物，亦是人類歷史進展過程中常有的現象。組織內由於員工具有與生俱來的衝突潛在因子，復因資源的有限與不均，乃時有衝突的發生。於是爲了體認組織的內涵、執行的眞義，乃有人自組織衝突與議商的角度來觀察，其主要的論點：

1.組織原則：組織爲員工與支屬單位衝突的所在，因爲員工之間、支屬單位（秉持特定利益者）間，經常共同爭取權力的運用與稀少資源的分配等相對利益，而發生衝突。於是組織設立的主要原則，在於如何協調和議商這種衝突，用以成就組織的目標。

2.權力分配：組織內部權力的分配永不穩定。權力分配全然繫於員工個人或支屬單位動員充足的資源，進而駕馭他人或其他支屬單位的能力以爲定；而這項能力隨時消長與時推移，並不很穩定，以致造成權力分配的變動不居；組織層級中的正式職位，只是取決權力分配的定數之一，此外尙有專業化的知識、物質資源的控制、動員外在政治支持的能力。由是，組織內的權力行使，與組織的正式結構僅有些微關聯，並非是主要的來源。

3.組織決定：組織內的決定全由組織單位內及單位間的議商而成。凡是歷經議商的決定，乃是持有不同偏好與資源的行動者達成一致的結果。不過，組織的議商雖並不一定要求衝突的各造完全接納一種共同的目標，甚至也不要求所有各造對於議商後的結果表示一致的見解，但是議商要求衝突的各造同意調適彼此的行爲，藉以維繫議商關係而達成資源分配的目的。

4.執行過程：執行乃是一系列複雜的議商決定，這種決定旨在反映參與者的偏好與可資應用的資源。執行的成功或不失敗不能取決於實際結果與陳述的意向之比，蓋任何一套既定的目標，無法同時表達參與議商過程的各造之旨趣。執行的成功，僅能以議商過程是否維繫，抑或參與議商過程的某造達成相對目標與否以爲定。

自組織衝突與議商的角度視之，政策執行的失敗，關鍵在於任何組織的機構或單位，並未擁有充足的權力，足以威服其他機構或單位順從單一的政策概念。正由於每個機構一向秉持本位主義，自行追求事功，實現自己的宗旨，於是政策執行總甚難將既已陳述的目標，演展而成爲可欲的結果；相反地，執行過程中，各個機構或單位每對政策目標與成果持有衝突的看法，以致於只好應用議商的方式來追求相對的利益。因之，有的政策在某機構認爲是執行成功，而在另一機構則認爲是執行失敗，如此分歧看法的產生，全在於各機構所採的立場不同所致。

以上乃從四個組織的角度，來透視政策的執行，每個角度提供我們認識執行過程的眞諦之一部分，而無法讓我們掌握整個執行過程的複雜性，蓋每個角度只是實際現象的簡化而已，並不可能代表組織整體的事象。事雖如此，這種分析讓我們體認到兩種事實：其一，政策執行乃牽涉萬端，只有綜合各種角度，一同來鑽研並分析影響政策執行的諸因素，才能窺探政策執行的複雜性；其二，建構有效政策執行的模式，應涵蓋組織全面的特性，而這種分析適足提供我們應考慮的諸因素。

三、一個折衷性的說法

名組織與管理學者 *F. E. Kast* 和 *J. E. Rosenzweig* 認爲：「組織理論旨在說明論究組織的特性，在本質上應是折衷的或綜合的，如此方能認識組織的全貌；此亦即說明從各種角度探究組織，提供點點滴滴的知識，然後予以綜合而構成整體的知識體系[11]。」政策執行之責既由

[11] F. E. Kast and J. E. Rosenzweig, *Organization and Management* (N.Y.: McGraw-Hill Book Co., 1970), p. 21.

機關組織肩負與負擔，按理亦應環繞著組織的觀念，從折衷的、綜合的角度來透視。於是，政策執行可謂爲：一種動態的過程，在這個過程中，負責執行的機關與人員組合各種必要的要素，採取各項行動，扮演管理的角色，進行適當的裁量，建立合理可行的例規，培塑目標共識與激勵士氣，應用議商化解衝突，冀以成就某特殊政策的目標。

第三節　影響政策執行的因素

傳統政策分析的重心，全神貫注於分析政策如何做成，而不問政策制訂後能否被有效地推行。決策者每每天眞地假定：一旦政府機關採納某一項政策，並且撥付必要的經費，政策就得以執行，冀欲目標就可達成[12]。不少的學者專家與決策者深以爲：政策執行之失敗，根本的原因全在於政策的設計不周，思慮不詳，規劃不全；並不在於執行階段遭遇瓶頸無法突破所致。嗣經1960年代及1970年代的早期，美國嚐受到不少的慘痛教訓與體驗，諸如越戰的不光榮結束、貧窮計畫的困境、公共補助的失效、民權法案的阻力，乃有有識者改變傳統的研究定向，檢討過去的偏失，從事分析個別政策執行的情形，紛紛發現衍生問題的關鍵與定數。*R. A. Levine*綜視詹森總統時代所推動的「大社會」政策後，其下結論而謂：「『戰勝貧窮』計畫所感受到的，並不全繫於計畫本質有了毛病，執行的困難實難辭其咎[13]。」*K. M. Dolbeare*和*P. E. Hammond*也曾剴切地指出：「國家宣佈了一項政策，只是決定政策成果的肇端而已。吾人若圖充分認識實際的政治運

[12] T. R. Dye, *Understanding Public Policy* (Englewood Cliffs: Prentice-Hall, Inc., 1978), p. 5-6.

[13] R. A. Levine, "Rethinking Our Social Strategies", *Public Interest* (Winter 1968), p. 86-96.

作，非要瞭解決策做成以後的各個階段，其演進的情形不爲功[14]。」由此，政策執行研究的展開，非但爲政策分析開拓了新研究面向，也向政治學者與決策者提供一項空前的認識，即指出政治系統如何成功或失敗地將一般政策目標轉換成具體而有意義的公共服務。

向來政策執行研究的重心，完全沈迷於「如何有效執行政策，剖析影響政策執行之諸因素，政策執行所遭遇到的困難與障礙，政策執行失敗的成因。」作者試圖建構一個比較完整、面面俱到的架構，擬從簡介時下最負盛名的研究發現與見識著手，由中抽絲剝繭，爾後再設法予以融合，俾能儘量體認：政策執行過程所涉及的諸因素，奠定今後研究的方向。

最早建構影響政策執行因素的學者，當推*T. B. Smith*。其在「政策執行過程」一文上指出：「理想化的政策、執行機構、標的團體、環境因素四者，爲政策執行過程中所牽涉到的重大因素。詳言之，政策的形式——法律或命令，政策類型——分配性的、再分配性的、規制性的、自我規制必珠或情感符號性的，政策的淵源、範圍及受支持度，社會對政策的形象；執行機關的結構與人員、主管領導的方式與技巧、執行的能力與信心；標的團體的組織或制度化程度，受領導的情形，以及先前的政策經驗；文化、經社與政治環境的殊異，凡此種種均是政策執行過程中，影響其成敗所需考慮與認定的因素[15]。」（參閱圖5-1）

*H. Kaufman*專從組織背景的角度，研究執行失敗的因素。其謂：「組織內溝通的過程往往被相關人員或單位有意或無意地造成曲解，致使執行人員無法知悉上級的眞正希望；執行組織的能力平庸；執行

[14] K. M. Dolbeare and P. E. Hammond, *The School Prayer Decisions: From Court Policy to Local Practice* (Chicago: Univ. of Chicago Press, 1971); Here cited from D. S. Van Meter and C. E. Van Horn, *op. cit.*, p. 449.

[15] T. B. Smith, "The Policy Implementation Process", *Policy Sciences*, V. 4 No. 2 (1973), p. 203-205.

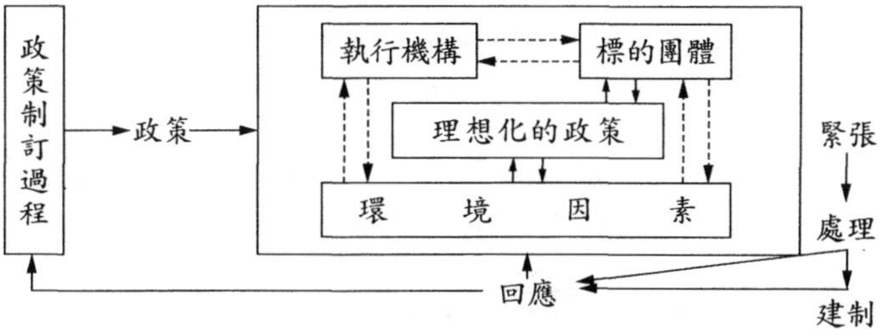

來源：T. B. Smith, "The Policy Implementation Process", *Policy Sciences*, V.4 No.2 (1973), p. 203.

圖5-1 Smith的政策執行過程模型

人員的意向與政策迴異三者，為執行成功的絆腳石[16]。」

E. Bardach 在「執行遊戲」一書中，開宗明義地指出：「政策執行可能遭遇到的四大障礙：(1)資源的分散；(2)目標的偏差；(3)行政的困境；(4)能源的浪費[17]。」

D. S. Van Meter 和 *C. E. Van Horn* 提供了一個系統模型（參閱圖5-2）說明了執行過程中，影響到政策產出的幾個相關因素：(1)政

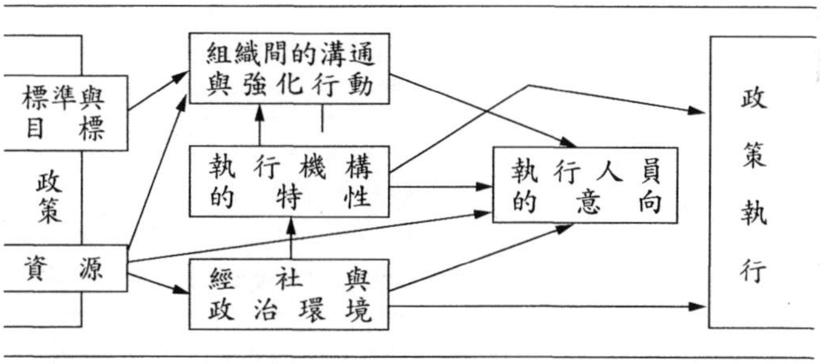

來源：D. S. Van Meter and C. E. Van Horn, "The Policy Implementation Process: A Conceptual Framework", *Administration and Society*, V.6 No.4 (Feb. 1975), p. 473.

圖5-2 D. S. Van Meter和C. E. Van Horn的政策執行過程模型

16 H. Kaufman, *Administrative Feedback* (Washington, D. C.: The Brookings Institution, 1973), p. 2-4.

17 E. Bardach, *The Implementation Game* (Cambridge: MIT Press, 1977), Chs. 3, 4, 5, 6.

策標準與目標；(2)政策資源；(3)組織間的溝通與強化行動；(4)執行機構的特性；(5)經社與政治環境；(6)執行人員的意向[18]。

*P. Sabatier*和*D. Mazmanian*更進一步建構一個極爲完整的架構，不僅足以邁向理論化的境界，更得以從事經驗的印證。他們深信堪以影響政策執行各個階段的變數，最主要可分成三大類：(1)政策問題的可辦性；(2)政策本身的規制能力（structuring ability）；(3)政策本身以外的變數[19]。每一大類又可細分成幾個小類，詳情詳參閱圖5-3。

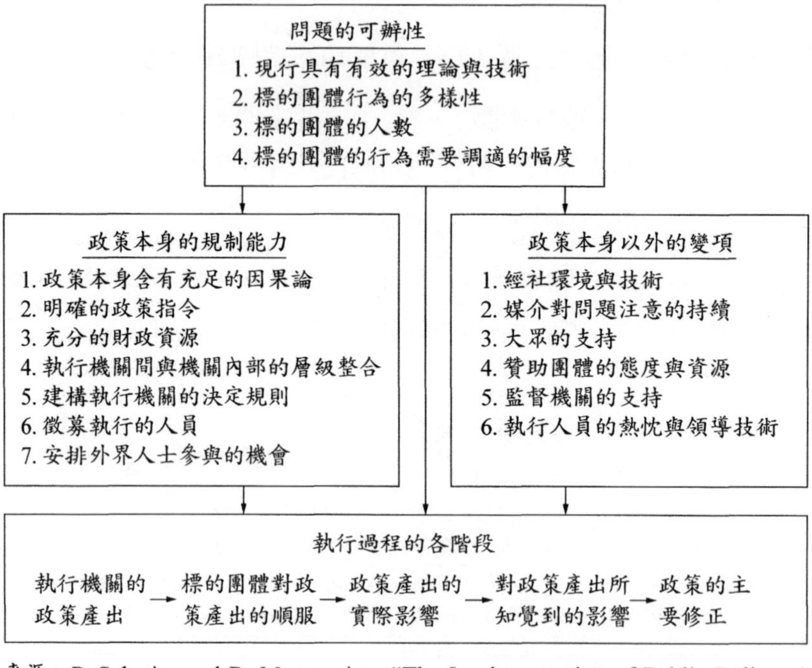

來源：P. Sabatier and D. Mazmanian, "The Implementation of Public Policy: A Framework of Analysis", *Policy Studies Journal*, V. 8 No. 4 (Winter 1979-80), p. 542.

圖5-3　政策執行過程中所涉及的變數

---

[18] D. S. Van Meter and C. E. Van Horn, *op. cit.*, p. 463; See also C. E. Van Horn and D. S. Van Meter, *op. cit.*, p. 48.

[19] P. Sabatier and D. Mazmanian, "The Implementation of Pubic Policy: A Framework of Analysis", *Policy Studies Journal*, V. 8 No. 4 (1979-1980), p. 542.

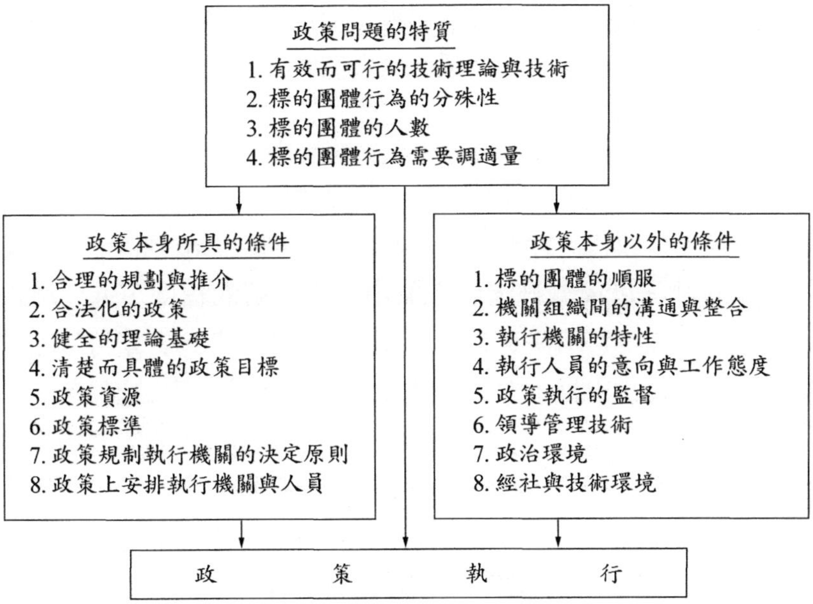

圖5-4　影響政策執行的諸因素

筆者乃融合了上述諸名家的見解，參酌國情，予以增刪：增者爲國內常用以有效執行的策略；刪者爲不適合國情、國內不可能或不常見的方法，而建立了分析架構，如圖5-4。

一、政策問題的特質

政策執行的成功或失敗，時與政策所要解決的社會問題之性質密切有關。眾所周知，有的社會問題較易處理與解決，有的著實令人感到棘手或可稱之爲「燙手山芋」。比如，維護某社區的寧靜以免受到噪音的干擾，在本質上就比較容易管理或處置；反之，處理違規遊覽車的營運問題，因該問題介入各項背景因素，諸如國家法治、交通秩序、行旅安全、商人營利、進口貿易、司機素質、監督控制等問題，所以較難有效的管理與執行。前者在解決上，所需標的團體的行爲調適，既肯定又清楚；所需規制的行爲規範簡潔明確；所牽涉到的人數也不多；而標的團體必須調適的行爲量亦適中，不致過於廣泛複雜。

而後者則反是，是以在問題處理過程上遭遇到諸多的阻力，衍生不少非預想到的問題。底下，我們就從這幾個方面加以申論。

（一）有效而可行的技術理論與技術

任何規制性的政策，往往假定標的團體的行爲若能有所調適，政策問題就可獲得改善或迎刃而解。例如，我們若能減低核能發電廠所排出的硫化物，就能減輕流動空氣中二氧化硫的程度，進而增進人民的健康。然而，這項假定蘊含了流動空氣內的各種含量得以相當廉價地鑑定，以及排出物、空氣與健康三者之間具有因果關係存在。再者，不少的政策均認定：現行的技術水準得以調適標的團體的行爲而成就冀欲的目標，比如，減低核能電廠的硫性排出物，就取決於可靠而廉價的排硫技術——在發電廠使用生煤來發電之前或之後，將存在於生煤的硫化物排出的技術。這個技術是否存在，一直在爭論，因而影響到問題的解決，政策目標的達成；同樣地，其他有許多社會問題，亦因受嚴重的技術困難所影響而無法成就政策目標，諸如汽車排出的黑煙、核子廢料的貯藏、蟲害的控制等等。

總之，有效的因果理論欠佳，必要的技術不精，將對有效的政策執行加諸諸多的困難：其一，任何政策均要求納稅義務人及標的團體負擔成本，設若這種負擔並未能顯著改善所要解決的問題，成本支出的合理性因此就會受到懷疑，政策的政治支持度必然降低，政策目標因而可能受到忽視或修正；其二，當各方面爭論政策執行所需的技術是否精鍊時，社會上每每形成一股壓力，要求政策暫緩實施之聲此起彼落，以致延誤政策目標的實現，並殷切希望等待技術革新後，再行研議與考慮，否則就胎死腹中。

（二）標的團體行爲的分殊性

政策上必須規劃區辨的標的團體行爲，其種類如愈分殊多樣，則愈難建構清楚明確的規制，用以約束標的團體的行爲。比如，美國

1972年所通過的「聯邦水污染法修正案」，在執行上所遭遇的主要困難或阻力，全繫於水污染的型態繁多，蓋全國計有六萬二千種污水的來源。在這種種類繁多的情況下，要撰擬正確而包羅萬象的規制，實非現行人類智慧與能力所能及，其結果約束每種企業與公司的規制，只好透過現場工作人員的裁量，並基於個殊的基礎，分別談判協議而成。如此一來，一方面缺乏統一的衡量標準，他方面執行人員必須熟悉各種規制，三者在各企業之間由於規制的不同而易引起糾紛，所以政策執行之效果，因無法建構劃一的規制標準，以爲監督檢查的基礎，其成效必然會打折扣。

（三）標的團體的人數

在一個政治轄區內，有多少人的行爲，因政策執行而需要調適，對執行的成敗也有所影響。一般而言，政策涉及到的標的團體，人數愈少愈肯定，則愈可能動員政治支持來擁護政策，也就較可能達成政策目標。我國律師法之較能成功的執行，因其涉及的人數並不太多，取得資格甚爲確定，管理較易；而違規遊覽車營運之不易處理，因其涉及的人數既多，性質又異，包括交通部主管官員、公路局執行人員、汽車進口商、貸款銀行、公司老板、司機、黃牛、警察、一般顧客等，何況改變營運方式，深深影響業者的利益，因此所遭受的阻力很大，引發衍生了新的問題，違規營運依舊，只是花招不同而已；又美國民權法案之無法徹底執行，在於其乃處理全國性種族歧視、黑白分校的問題，牽涉的人口數極多，以及深厚的歷史背景所致。

（四）標的團體行爲需要調適量

人民因歷史傳統的薰陶，時間的累積，而養成一套行爲定向及模式，更常習慣於某種成規，傾向於保守持續的狀況。因此，歷來凡是設想全面改變人民的思想行爲運動，均遭受偌大的阻力與掣肘，若非失敗就是無疾而終，清朝中葉以後的自強運動即是一例。據此，爲了達成政策目標，標的團體行爲所須調適者，其量愈小愈好，到底漸進的變革乃是歷史演展的方向，人類進步的軌跡。

歸結言之，某些社會問題在本質上比其他的問題較難處理與解決；凡是規劃並用以解決較易處理問題的政策，更有可能有效地產生標的團體行爲的冀欲調適，進而改善或解決該政策問題。前面簡述的諸變數中，提供我們認識，何種情況或條件下，政策問題最可能解決：(1)政策的基礎，在於時下擁有一種理論，堪以關聯行爲調適與問題改善；持有必要的技術水準與廉價鑑定問題重大性變更的能力；(2)政策內容儘可能將引發問題的行爲慣例，縮小其調適的幅度，不致造成人員的抵制；(3)標的團體在某一個政治轄區內，極易被認定，所涉的人數又不多；(4)行爲調適量中庸，並不太激烈。

二、政策本身的條件

政策一旦經由立法機關議決通過，或有關行政機關裁定後，就已正式成立，並可稱之爲公共政策了。然而公共政策本身有幾項條件關乎政策執行的成敗，茲分述之：

（一）合理的規劃與推介

在決策的過程中，決策者必須是理性的，不可以是情緒的、權威武斷的、或但憑臆斷直覺的。一般而言，理性有三個特性：(1)一致性；(2)工具性；(3)轉換性。一致性泛指個人不能同時認爲x比y好，y又比x好；工具性泛指當人們認爲x較y好時，假如方案a造成x，方案b促成y，則人們會選擇方案a而不是方案b；轉換性泛指當人較喜歡x而不是y，較喜歡y而不是z時，人們會較喜歡x而不是z[20]。因之，政策的規劃與推介如能合乎理性，所獲得的支持度也就愈高。

[20] 張世賢，「選舉與公共政策」，公共政策學報第3期（民國69年6月），頁37。

（二）合法化的政策

政策必須「遵循一般所確立的原則或一般所接受的標準[21]。」換言之，任何政策必須符合一個社會的傳統，歷經正當的法律程序，以及配合文化的進展而定。「動員戡亂時期公職人員選舉罷免法」未經立法院通過總統公布之前，各項選舉的依據，或爲「戡亂時期中央公職人員增補選辦法」，或爲台北市台灣省公職人員選舉罷免規程，辦法與規程據「中央法規標準法」的規定，屬於命令的性質，而據憲法的規定，命令的效力通常低於法律；再者命令也比不上法律應有的尊嚴。因此，在執行過程上時有人加以批評，引起無謂的糾紛，現已將公職人員選舉罷免法完成立法程序，合法化的基礎爲之提升，先前執行的阻力因而減低。

（三）健全的理論基礎

政策的基礎必須有一套健全的理論，這套健全的理論，一方面指陳政策問題與政策方案間的因果關係，另一方面說明政策執行的標的團體，其在行爲上的變更或調適，乃成就冀欲目標的手段。換言之，這套因果理論假定：確定政策目標，賦予執行機關應有的權責，則標的團體會爲約定的行爲方式，並獲致政策的目的。總而言之，這個理論必須蘊含兩個主要的成分：一爲技術的有效性（technical validity），二是執行的效果性（implementation effectiveness）。前者指涉標的團體行爲與政策目標成就間的關係；後者關注執行機關的能力足以引發標的團體行爲上必要的調適，且最好又僅造成低度的反作用而已。決策者若期欲政策目標的成就，上述兩種要素缺一不可。*J. L. Pressman* 和 *A. Wildavsky* 就認爲：「在政策的範圍內，除了要具體呈現直接促成政策問題的全部主要因素外，同時還要正確地聯貫每個

---

[21] C. O. Jones, *An Introduction to the Study of Public Policy* (Belmont: Wads worth Publishing Co. Inc,. 1970), p. 69.

因素與冀欲目標間的關係[22]。」如此一來方能贏取標的團體的支持，而致使政策的有效執行。*L. Goodwin* 和 *P. Moen* 也指出：「美國人對其福利政策不滿的主要緣由之一，乃繫於該政策向來只指陳少數影響低收入的因素，也因此甚少影響到全面問題的解決[23]。」

（四）清楚而具體的政策目標

政策目標的具體明確，並依重要性分別列序，為政策評估不可或缺的基礎，亦是執行官員有資遵循明確指令，贏取支持的泉源。因之，決策者在設立政策目標時，必須遵循幾項原則：(1)政策目標須是可衡量與具體的；(2)政策目標須指出期望的成果；(3)政策目標之獲取須為執行人員或執行機構的權限範圍之內；(4)政策目標須切合實際且為可獲致的；(5)政策目標必須清楚地措指完成的時限[24]。誠如名管理學者 *P. F. Drucker* 之言：「政策執行的第一項嚴重的錯誤，乃是決策者訂定超越性或籠統不具體的目標[25]。」就如：「加強關切與照顧人民的健康」，或者「改進對消費者的服務」，「加強濟助貧困者」，凡此均屬於前瞻性的理想，最多只能說明何以要訂定某項特殊的政策而已，其實並沒有敘述該項政策究竟要達成什麼目的。因之，凡是使用類似上述語句作為政策目標，必將致使政策無法獲致實際的工做成效，只因工作項目不明，不切合實際，無法針對確定而具體的目標，政策也就無法有效執行。*M. H. Halperin* 在研究總統外交

---

[22] J. L. Pressman and A. Wildavsky, *op. cit.*, p. xiv-xv.

[23] L. Goodwin and P. Moen, "On the Evolution and Implementation of Welfare Policy", in D. Mazmanian and P. Sabatier (eds.), *Effective Policy Implementation*, (Lexington: Lexington Books, 1980); Here cited from P. Sabatier and D. Mazmanian, "The Conditions of Effective Implementation: A Guide to Accomplishing Policy Objectives", *Policy Analysis*, V. 5 No. 4 (Fall 1979),, p. 486.

[24] S. Deep, *Human Relations in Management* (Encino: Glencoe Publishing Co., Inc., 1978), p. 168.

[25] P. F. Drucker, "The Deadly Sins in Public Administration", *Public Administration Review* (March-April 1980), p. 103-106.

政策之執行時，發現三個基本的執行失敗原因[26]，其中之一即執行機構的人員無法確悉上級人員或決策人員所要求他們做的事情；更由於執行人員所得的指令是含糊籠統的，極易引起誤解，而致形成政策執行失敗。*G. C. Eewards 111* 和 *I. Sharkansky* 亦認爲政策執行之所以無法符合決策者的期望，大部分取決於執行人員對抽象的政策承諾之誤解[27]。

（五）政策資源

無論執行的指令如何具體或清晰，設若負責執行的機構或人員欠缺有效行事的資源，決策者對執行的成果定會感到失望。美國一位負責防治空氣污染的州政府官員曾剴切地提出：「執行計畫的構想，設定流通空氣的品質標準，以及建立計畫的目的以配合哪些標準，均是極佳的創意，但政策執行的成果有賴於執行人員所能得到的何種何量的資源以爲定[28]。」政策執行所需要的資源，計有：

1.經費：俗語說：「凡事非錢莫辦」、「有錢能使鬼推磨」，凡此均顯示金錢在辦事上的作用與力量，其雖非萬能，但爲推動行事的根本，乃毋庸置疑。在政策上必須詳列經費的來源，以爲聘僱工作人員，執行技術分析，管理工作進度，爭取標的團體順服之道。茲以興建中山高速公路各期工程特別預算核定情形（見表5-1）以爲經費用途之明證。

不過，經費雖是政策執行的動力，但是管理者應切忌認爲「肥胖就是美麗，其實由肥胖堆積而成的質量是毫無用處的；智慧和臂力才是人體內擔任工作的要件[29]。」換言之，吾人不能誤認「花錢就可解

---

[26] M. H. Halperin, "Implementing Presidential Foreign Policy Decisions: Limitations and Resistance", in J. E. Anderson (ed.), *Cases in Public Policy-Making* (N.Y.: Praeger Publishers, 1976), p. 212-222.

[27] G. C. Edwards 111 and I. Sharkansky, *op. cit.*, p. 294.

[28] C. Jones, *Clean Air* (Pittsburgh: Pittsburgh Univ. Press, 1975), p. 238.

[29] P. F. Drucker, *op. cit*, p. 103-106.

表5-1　中山高速公路各期工程特別預算核定情形

單位：新台幣百萬元

年別	立法院會期	第一期 60至63年度 基隆－楊梅		第二期 63至66年度 楊梅－台中 台南－鳳山		第三期 65至67年度 台中－彰化 新營－台南	第四期 65至68年度 彰化－新營	合計	累計
		金額	累計	金額	累計	金額	金額		
59	45	5,050						5,050	
60	48	550	5,600					550	5,600
62	52	502	6,102	10,729				11,231	16,831
64	55	2,630	8,732	8,173	18,902	9,471		20,174	37,105
65	56						7,685	7,685	44,790
67	61			4,100	23,002			4,100	48,890

來源：行政院經濟建設委員會，十項重要建設評估（民國68年11月），頁113。

決問題」，因爲過度的花錢會造成許多惡性循環，比如因有了充分的財力，而投下過量的人力，過量的人力，又導致支援上、人事管理上的困擾，進而妨礙到政策執行。由是觀之，適度地應用經費，有效的支出，適時適時地撥付，誘因的建立，均爲政策執行所需的經費資源上，所應注意的幾個原則。

2.人員：政策執行所需的第二個資源，就是聘僱質量適當的工作人員。*P. Sabatier*和*D. Mazmanian*就言及：「對執行機構提供必要的財政資源，務使其足以聘僱適當的人員，用以進行技術性的分析並發展執行的規則，推動計畫的管理，督導標的團體的順服，爲有效執行政策的條件之一[30]。」以往有許多執行上的困難，歸因於缺乏足夠而富有能力的人員所致。行政院研考會就認爲：「當前若干公共政策所造成的窒礙難行，其最重要的一個癥結，乃是政府從事各種公共政

[30] P. Sabatier and D. Mazmanian, "The Conditions of Effective Implementation: A Guide to Accomplishing Policy Objectives", *op. cit.*, p. 488-489.

策的綜合規劃時，普遍缺少職掌政策分析的專業人員所致[31]。」因爲「政策分析人員在考慮有關政策問題時，會注意到決策的客觀環境，以及主觀條件下的各種政治觀點；政策分析員能有效地把握各種決策的總體觀念，而不僅限於資源的分配；政策分析員具有專業的知識與訓練，能設想嶄新的解決方案；政策分析員在考量政策的效果，除了短程中程的考慮外，還對長程的影響性加以預測，因此而做成的政策較易執行[32]。」

不過，負責執行政策的人員，也不能具有下列這種不正確的傾向：即深以爲解決問題之道，就是增加更多的人員。殊不知人員的增加，必然導致後勤支援上、人事管理上的困擾；甚且由於人員過多，經常會增加機構內部的紛爭，致使執行人員用於內部管理的精力遠較用於達成政策目標者多；何況機構往往因人多嘴雜意見特多，難免時常召開會議，而後又以不切實際的會議記錄作爲終結，影響到工作量的推展。

3.資訊：執行與管理的運作主要基於資訊。蓋資訊足以化減任何組織所面對的不確定程度[33]。資訊在執行管理運作上所居的角色，可以從*R. N. Anthony*的名著「設計與控制系統」一書上得到線索，其認爲一般的執行管理活動主要有三：

(1)策略設計：策略設計是一種過程，用以決定組織目標、組織目標的轉換、獲致目標所需應用的資源，以及爭取、適用與配置這些資源的方法[34]。因之，策略設計的重點，在於抉擇組織的目標，以

---

[31] 魏鏞，「爲80年代自由安全的社會而設計－論行政計畫與國家建設」，中國時報（民國69年7月7日、8日）。

[32] 中國時報社論（民國69年7月23日）。

[33] G. B. Davis, Management Information Systems (N.Y.: McGraw-Hill Book Co., 1974), p. 32; See also E. M. Rogers, etal., Communications in Organizations (N. Y.: The Free Press, 1976), p. 12.

[34] R. N. Anthony, *Planning and Control Systems: A Framework for Analysis* (Boston Harvord Univ. Graduate School of Business Administration, 1965), p. 24.

及成就組織目標所需的活動與方法，於是預測組織與其環境的演變與適應，乃成爲主要的管理活動；其次策略設計過程通常均涉入少數高階層的組織成員，進行並非重複性且是創造性的思維與工作。上該兩者均需要充足的資訊，以爲分析抉擇的基礎。

(2)管理控制：管理控制是一種過程，乃管理人員用以確保資源之獲致，有效的使用，而成就組織的目標[35]。這個活動牽涉到人際間的互動關係，受到策略設計過程所決定的組織目標所影響，同時重視員工工作績效之提升與增進，凡此三者需求資訊甚殷。

(3)作業控制：作業控制乃是一種過程，這個過程在於確保組織成員有效地執行特殊的任務[36]，其也需要精準詳細的工作進行資訊，以作爲監督考核的依據，品質管制的基準。

歸結言之，由於策略設計活動所關注的焦點，在於設定廣泛的組織方向與目標，以透視組織與其環境關係爲主題，而本質上在於預測未來的演變，所以策略設計者所需的資訊是綜合的資訊（aggregate information），這種資訊主要源自組織的外在環境，同時資訊的種類與範圍相當廣泛與龐大，但其正確性的要求並非特別迫切，且設計策略在本質上並非例行性的工作，所以這類資訊的需求是偶而性而非經常性的；反之，運作控制所需求的資訊，在性質與設計策略所需者截然不同；由於作業控制是任務取向的，所以所需資訊的性質，在範圍上是固定而狹隘的，內容詳盡並取自組織內部的，也是經常使用而必須精確的；管理控制活動所需的資訊，則落實在策略設計與運作控制兩種極端活動之間，此外管理控制活動所需的有關資訊，乃獲至於人際之間的交互影響過程。（參閱表5-2）

4.權威：負責執行政策的人員，除了負擔履行工作的要求外，猶必須賦予相對的權威，用以執行工作上的任務。權威乃是採取行動、

[35] *Ibid.*, p. 27.

[36] *Ibid.*, p. 69.

表5-2　政策執行所需資訊表

資訊性質＼執行活動	作業控制	管理控制	策略設計
來源	組織內部 → 組織外部		
範圍	確定狹隘 → 不確定而廣泛		
綜合水準	細節性 → 綜合		
時間指向	過去 → 未來		
正確性	高 → 低		
應用頻率	經常 → 不常		

來源：G. A. Gorry and M. S. Morton, "A Framework of Management Information Systems", in R. T. Golembiewski, etal. (eds.), *Public Administration* (Chicago: Rand McNally Publishing Co., 1976), p. 325.

進行指揮、獲取資源而執行工作任務的權源。權威之所以成爲一項重要的資源，乃繫於權威本身具有幾種功能：(1)權威加強了執行人員的責任心，提高工作情緒；(2)權威是獲致協調的基礎，謀求行動上協同一致的良方；(3)權威是部屬表示順服，誠意接受某項建議而予以執行的動力；(4)權威的享有者每每身懷某方面的專長，在決定政策應如何執行的步驟上，可以提供豐富經驗與專業知識；(5)權威乃工作指派、工作指導及工作控制的依據，而上述三者爲有效執行的前提；(6)權威爲獎賞或懲罰員工行爲，提高工作績效的根據，主其事者就員工職務上的行爲，或以其爲善行，而加以獎賞，或以其爲惡行，而科以懲罰[37]。綜結而言，權威爲普遍的組織現象，行事的依據，成事的條件，執行的基礎。

以上我們分別從經費、人員、資訊、權威四方面論述政策資源，其在政策執行上的重要性；但政策執行所需的資源不止這四者，我們之所以舉該四者，乃至盼因綱舉而目張，經緯建立，萬端隨之。

---

[37] 關於權威的功能，請閱H. A. Simon, etal., *Public Administration* (N.Y.: Atfred A. Knopf, 1950), Chs. 8、9; See also H. A. Simon, *Administrative Behavior* (N.Y.: The Free Press, 1976), p. 134-140.

(六) 政策標準

政策標準往往知會政策本身對各級執行人員的期望，執行人員應做的事項，核辦事情的基準與條件，並指出執行人員所擁有的裁量權範圍，標的團體應調適的行爲內容。再者，政策標準也提供監督控制者從事影響與推動政策的工具，因其明確的設定可以寬容的行動類型，以及對背離行爲可能加諸的懲罰。一般而言，政策標準通常會蘊含在法條上、施行細則內；此外，其有時亦以決策者的聲明、負責機構的說明手冊、技術援助指引，以及官方發布新聞稿等方式來表達與提示。比如，公務員服務法規範公務員應盡的責任與可享的權益；大學相關規程規定大學生在修業年限屆滿前一學期或一學年修滿該學系全部學分者，得以提高畢業的標準；行政院的施政報告指陳年度的工作重點，執行方針；國民生活須知詳列國民生活的禮節規範；台美斷交時新聞局長發布台美外交處理五原則。

決策者在建立政策標準時，應注意幾個原則：(1)政策標準不得過高，過高則甚難實現，有如空中樓閣，海市蜃樓，斷難有所收獲；(2)政策標準應指出長期的可能變化，以爲遵循的方向。(3)政策標準應具有明晰性、一致性與正確性，以爲評估的依據；蓋假若一國的政策，其標準自長期觀之，有不一致、含混不清與不正確的現象，則將產生各項問題，影響系統的秩序，構成一股對系統的壓力。

前述我國大學生八年來之所以未能根據大學法的規定，提早一學期或一學年畢業，除了大學制度上的原因外，亦爲大學規程所定的標準過於理想，而與事實脫節[38]，法令訂定未顧及現實情況所引起的。正由於該項標準略嫌過高，幾乎沒有學生能達到要求，以致這項政策無法成功的執行。

[38] 參閱註2。

（七）政策規制執行機關的決定原則

政策本身除了陳述清楚、明確與一致的政策目標，提供充足的政策資源，訂定適度的政策標準外，復可規定執行機關正式的決定原則，以進一步左右執行過程。比如，執行機關在核妥各種證照時，由申請者和承辦官員共同負舉證之責，務必使其各種條件完全與政策目標一致，如此一來，執行機關所做成的各項行政決定，方可能與政策目標相合。再者，政策上亦可將執行機關最後的決定權威，授權給最可能支持政策目標的官員，以免決定的偏差。最後，政策執行如由委員會負責，則其可規定必要的多數贊成爲採取特殊具體行動的先決條件，以防執行機關背離政策的目標。

（八）政策上安排執行機關與人員

無論政策如何完善地規制執行機關的正式決定原則與過程，若要成就政策目標，企求調適的團體的行爲，還要執行機關與人員擁有強烈的目標認同，表示堅決的支持，下定成就目標的決心與熱誠不可。蓋任何新的政策，不僅需要執行機關與人員維持中立的態度，且更迫切冀望他們持續不斷地發展新的規則和標準化的作業程序來執行政策，同時在面臨標的團體因種種緣故而抵制行爲調適，公務員亦不太誠願執行命令的變革時，應用各種策略取得他們的順服，並立即厲行哪些規則與程序。*P. Sabatier*和*D. Mazmanian*就曾屢屢爲文指出，有效的政策執行條件之一，乃須將政策執行的責任安排給這種機關與人員——對政策目標熱衷並支持者[39]。

原則上，政策規劃者可應用兩種方法，俾以確保執行機構與人員對政策目標擁有高度的熱忱與支持，秉持積極的態度，扮演居中策應的角色：其一，政策規劃者可將執行責任安排在這樣的機關——政策取向與政策一致，並會對新的政策列入高度優先順序來執行者。這種

[39] P. Sabatier and D. Mazmanian, "The Conditions……", *op. cit.*, p. 489; P. Sabatier and D. Mazmanian, "The Implementation……", *op. cit.*, p. 547.

辦法最可能實現的時機，在於特別設立一嶄新的機構，負責某項政策之執行時，斯時由於該政策必然順理成章地被列入最優先的任務，同時新成立的機關由於注入不少的幹員，有衝勁有活力並對政策表示熱衷的支持，於是政策執行得以順利成功；反之，決策者若認爲受制於經費而無法成立新的機構以負執行之責時，決策者可將執行的責任，退而求其次地安排在現行具有威望的機關，深信此機關認爲新的政策與其傳統所秉持的取向一致，斯時也正在設法追求推動新的政策，以適應情勢的變遷，維護機關的生存，於是執行政策的熱忱，又能維繫不墜，有助政策的成功執行。其二，政策的本身通常可規定：負責主持執行工作的人選，選自社會各階層之中，普遍支持政策目標者。例如，根據許多有關對美國州和地方土地使用機關的研究，發現選自地方的民選官吏，要比州政府委派的官員，大體上較能贊同土地使用的種種發展[40]。

歸結言之，執行機關與人員的抉擇，在有效的政策執行過程上，厥功甚偉。然而，這種選擇經常受到嚴重的限制，蓋在甚多的政策範疇內（例如教育與軍事等），政策規劃者甚少有選擇執行機關的餘地，只好對新政策的執行責任安排在現行的機關爲之。現行機關由於已承辦了許多計畫，以致很可能因顧慮到沈澱成本的緣故，並未立即將新的政策列於優先執行的順序，而延誤了執行的時機。何況，行政機關內大都是永業的公務員，日子一久極易養成怠惰苟安的心理，並對未確定的情況產生恐懼，深恐執行新的政策而增加工作量與工作指令，抵制現況的變更乃應運而生，於是政策規劃者當另籌策略了。這時，政策本身若能提供充足的誘因以及適度的獎懲，以信服執行人員調適他們的行爲，將可增進政策的執行，目標的達成。

[40] P. Sabatier and D. Mazmanian, “The Implementation……”, p. 547.

三、政策本身以外的條件

政策本身雖得以建立執行過程運作的規制與環境，然而執行本身在本質上就具有動態性，一方面由於社經、政治與技術環境持續不斷變遷的結果，一般民眾、利益團體與轄區選民對政策的支持度亦隨之變化；他方面任何冀求標的團體行爲調適的政策，爲了克服惰性與積延，而維持穩定的政治支持，決策者須在政策本身之外，另覓對策，以促進成就政策目標，成功執行政策。總之，執行機關的政策產出取決於政策本身規制或結構的能力與政治過程的交互影響：一則政策本身若無法詳盡地規制或結構詳實的內容，安排各項資源與指定執行機關及人員，則有賴於執行人員尋求不同時地的政治支持；二則，撰擬上述精緻的政策得以提供詳備的政策指令及政策資源，用以緩衝短暫的輿論焦點，促成希冀的行爲調適。本節內，我們將討論政策本身以外足以影響執行機構政策產出的諸變項，透視其重要性，洞察其關係。

（一）標的團體的順服

標的團體乃泛指由於政策制訂而須調適新的行爲模式者[41]。蓋任何公共政策之制訂，其目的或在影響、管制標的團體的行爲，或在引導標的團體按照政府所規定的律則或目標行事。而標的團體的組織或制度化的程度，所受的領導，以及先前的政策經驗，在在均影響到其對政策順服的情形[42]。假如標的團體對政府所制訂的法則或規定受上述三者影響而拒絕順服，或者繼續以非政府所期欲的方式行事，或者他們不願採取政府所期欲的行動，抑或他們停止政府所期欲的作爲，凡此各種均可能導致政策執行失敗，甚至徒勞無功，政策也將無法發揮影響標的團體行爲的功能。由是觀之，政策執行的成敗，法規的效用，標的團體的順服亦是關鍵的要素之一，而如何誘導標的團體順

[41] T. R. Dye, *op. cit.*, p. 312.

[42] T. B. Smith, *op. cit.*, p. 204.

服，實爲一項重要課題。

政治系統的成員，對政策的認知，每以各種不同的方式爲之。一般常理，乃某項政策如果確能使系統的成員獲利，則順服隨之；反之，如被視爲對任何人均無實益，則拒絕順服隨之。免徵田賦政策必得農民的支持；高速公路通行費加價，說成「以價制量」，不僅不受車主的支持，且受大眾輿論的指責，導致延緩實施的命運。然而典型的現象，乃某些標的團體視政策對其有利，另外某些標的團體視該政策對其是一種負擔，在這種情況下，如何促使哪些認爲政策爲一種負擔的標的團體，猶能取得順服之道，乃爲探究的中心。

1.標的團體順服的原因

(1)政治社會化：個人每每透過政治社會化的過程，體認政治文化的內涵，培塑與培養政治上的行爲定向及行爲模式，學習擔任國民角色、公民角色及各種特定職位角色所應具備的條件，形成政黨認同、國家認同、對意識型態的崇敬、對於權威的信服、制度合法性的確認、遵守法律的觀念、履行應盡的義務。換言之，任何國家均經由學校教育、大眾傳播媒介及其他各種場合來社會化標的團體，說明制訂某種政策的原因與背景，爭取其順服，俾有助於政策之執行。平時政治社會化須進行徹底與成功，並注意傳播方式與內容，使標的團體在潛移默化的過程中，內化體諒政府的心向，加強支持政策的決心，產生順服政策的行爲。

(2)政策的合法化：標的團體順服某一特定法律或政策，另一個取決的因素，乃標的團體對法律或政策合法化的評估或看法，凡是政策制訂歷經合法的過程：一則合乎憲法的原則、憲政的傳統與精神、憲法的解釋；二則係由政府官員在正當權限範圍內所採取的行動方針，且依據正當程序制訂出來的，標的團體定會加以服從。設若標的團體覺得某項決策程序並不合乎法律規定，則獲致其順服的可能性隨之降低。究其因，乃該團體認爲不服從法律，所贊成的心理負擔大大化減的緣故。一般而言，政策或法律的合法化與下列幾種因素有關：①標的團體是否對政策制訂者採取積極態度；②標的團體是否深信決策者具有權威來做成決定；③政策的主題與內容；④政策或法律的內容與現行社區內所流行的傳統與習俗密切關聯；⑤政策的淵源在制約標的團體對合法化的認知，亦扮演一重要的角色。比如，標的團體對行政機關、立法機關或司法機關所做成的決策而表示的合法化認知，均有差異[43]。

(3)成本利益的衡量：標的團體之所以順服某一項政策或遵守某項法律，有時亦基於其自己的價值判斷，衡量順服所能得到的利益，不順服可能受到的損失後，再做決定，設若標的團體認為順服比不順服所遭受到的損失還大，則他或她將加以違背；反之，若認為不順服所受到的懲罰較大時，他或她就會順服[44]。換言之，標的團體之選擇順服或不順服的行為方向時，決定的基準，在於其對上述兩種行為方向，所做的成本與利益評估。這種成本利益的衡量，根本的前提，乃人們是理性的，縱然諸多因素往往使人民無法達到完全理性的境界，但長期觀之，一般人民的行為大致傾向於理性。

(4)顧全大體的意識：根據前述，標的團體在決定是否順服政策之前，每每經過一番成本利益的考量，凡是一項與標的團體利益相衝突的政策，也許有人時有違逆之心，可是透過一番考量後，猶會認為順服該項政策為合理的、必要的、或公平的。蓋個人小我的犧牲，而獲致大我的完成，無論自個體或整體而言，均是更高層次目標實現的手段。例如，憲法上規定人民有納稅、服兵役的義務，事實上的確有人設法逃稅或逃避兵役，但如果進一步思考，發現稅法與兵役法是法律之前人人平等的，亦是合理的，因稅收實為國家提供各項服務所必

[43] C. S. Bullock, 111 and H. R. Rodgers, Jr., "Civil Rights Policies and The Matter of Compliance", in J. E. Anderson (ed.), *op. cit*,. p. 242-243; See also J. E. Anderson, *Public Policy-Making* (N.Y.: Halt, Rinehart and Winston, 1979), p. 115.

[44] *Ibid.*, p. 238.

要的支出，服兵役爲確保國家安全、維持社會穩定、個人圖謀發展所不可或缺者，人民基於這些信念以及目標的昇華，還是會順服政策的。

(5)基於私利的考慮：根據*A. Etzioni*的看法，獎勵的力量乃取得組織成員順服組織決策的基礎之一[45]，政府亦可應用這個原理，求取標的團體對政策的順服。國家所制訂的政策，設若賦予個人或團體直接的利益，其也因而誠願接受政策規範與標準。工廠爲了順利取得政府的信用貸款，而承諾更新設備，改善工作環境，提供勞工福利，而致使勞工政策的推行。因之，標的團體之順服某項政策，有時亦出自政策規定與私人利益相互一致，即順服政策將得到積極報酬，故而服從遵守之。這種現象，在經濟政策的範疇上最爲普遍。

(6)避免懲罰：強制力量亦爲*A. Etzioni*所認爲主要取得組織成員順服的條件之一[46]。凡是對犯者施予身體或金錢上的制裁，或對將犯者施予制裁的威脅，往往會產生嚇阻作用。不少的研究指出：守法者總比違法者更重視進行犯罪行爲後，會受到承擔偵訊、判刑和懲罰的風險，以及人格上的受損。然而，我們不能一味應用懲罰或懲罰的威脅，而獲致標的團體對政策的信服，須知懲罰或威脅的功能只在強化或補助其他順服因素而已。假如政治無法獲致標的團體自動的支持，光以懲罰或威脅來嚇阻標的團體的違背，何能確保政策目標的成就。比如，政府雖採取嚴厲措施，用以取締違規遊覽車的營業，但事實上，若標的團體因利益受損及諸種因素而缺乏自動守法精神，違規遊覽車營業，將防不勝防，而無法全然達到政策目標。

(7)情勢變遷：標的團體對政策的接受，有時亦因時間更迭，情勢演變而加強。一項最初曾引起爭論的政策，嗣經一段相當時間的實施後，標的團體逐漸習以爲常，並以之作爲行事的基準。台灣家庭計

[45] A. Etzioni, A Comparative Analysis of Complex Organization (N. Y.: The Free Press, 1975), p. 5.

[46] *Ibid.*

畫政策在倡議之初，就曾引起立法委員的激烈反對，雜誌的交相指責，然而事實的證明，時間的長久，經濟的發展，社會情勢的進化，漸進改變了標的團體對是項政策的看法，而正式成爲國家的人口政策，並由行政院訂頒「台灣地區家庭計畫實施辦法」，公布「中華民國人口政策綱領」。不過，在少子化社會的來臨，生活成本增加的時際，恐要發出鼓勵生育的對策了。

2.標的團體不順服的因素

毋庸置疑，每一個受到政策影響的標的團體，並不全然順服政策。蓋違背案件的統計資料到處可得，各級法院、交通裁決所、警察機關、基層的調解委員時在處理各種案件，此外，尚不知有多少違背案件未被揭發或加以報導者。然則，何以有的人，或者在某些情況下，有許多人背離了官方所規定的行爲規範？爲了使政策的有效執行，減少標的團體的不順服行爲，有必要找出原因，然後對症下藥，杜絕這種現象的產生。歸納言之，標的團體不順服的因素計有：

(1)政策內容與流行的價值觀念衝突：諸多不順服行爲的產生，乃源自政策與某特殊標的團體流行的價值、習俗與信仰發生嚴重衝突。比如，台灣家庭計畫的口號：「兩個孩子恰恰好，男孩女孩一樣好」，與我國傳統重男輕女的價值觀念、傳宗接代的習俗相違背，形成該政策執行的瓶頸，有待適當對策才能突破。美國最高法院於1954年所做黑白合校的判決，由於其與美國南方居民的價值觀念相牴觸，致該項判決在南方執行時，恆遭抵制抑或陽奉陰違；1948年，美國最高法院認爲公立學校設有宗教儀式的課程，有背政教分立的憲法要求，但地方上的人士與學校當局依然保留下來，只因該項判決有違人民的信仰。

(2)同輩團體的社會化：俗語說：「近朱者赤，近墨者黑。」政治社會化也論及，凡是一個人所結交的朋友都是不參加投票者，百分之九十的機會，其也是一個不投票者；同理，凡是結交藐視法律和不時批評時政的人，或者將違法行爲合理化的人，其可能因此受朋友的定向所影響，而形成背離的價値觀念與脫軌的定向，甚而做出違法犯紀的行爲。名政治學家*R. Lane*在其勞工關係政策的研究上，就曾發現：「由於公司所在地區的不同，犯罪率的差異，勞工對法律、政府的態度，以及違法的道德觀念，亦有所別。他們在勞工關係的活動上，完全遵守其社區的行爲模式[47]。」由是，我們從推理可知，凡是勞工出身崇法務實的社區者，其對勞工關係政策比較順服；反之，則比較可能做出違法犯紀的行爲。

(3)大眾傳播的影響：工商業化的社會變遷，致使大眾傳播成爲最有影響力的社會化機構。由於其自身商業化的結果，大眾傳播之間不免互相競爭，終至傳播不適當的內容，而錯導聽觀眾進入錯誤的方向，尤其是電視上蟣與色情的出現，種下不良種子，蘊藏犯罪的誘因，形成現代社會青少年犯罪問題的嚴重性，社會風氣的奢侈萎靡，搶劫的猖獗，經濟犯的紛起，對法律的順服構成一股強大的壓力。

(4)貪求一時之便：有時候，標的團體平常也會貪圖一時之便，逞一時之快，而產生不順服的行爲。比如，在高速公路上，常有駕駛員違規超速，其動機或因交警不在，或因冀求迅速到達目的地，而平時仍視交通規則爲合法，並且支持遵守之；又如政府規定人民寄居他處，必須申報流動戶口，但事實上甚少人爲之，追究其因，乃自信其並不違法犯紀，並認爲憲法規定人民有居住的自由，只要住所合法登記，暫時寄居他處幾天又何妨呢？因而將該命令視同具文。

(5)選擇性的認知：由於各種政策或法律的性質有異，所規定的罰則又有寬嚴之別，加上個人性向的差異，選擇性的認知也有別，所以有些政策或法律，在他們的感覺下，似乎較不具有約束力，形成不順服的行爲。根據資料統計顯示：刑事犯中，對物犯總是多於對人犯；而經濟犯最近又因情境的演變而有增加的趨勢。總之，有的人對

---

[47] See J. E. Anderson, *Public Policy-Making*, *op. cit.*, p. 118.

於刑法表示嚴格的遵守與支持，而對有關經濟或公務員行爲的規律，則略持疏忽或鬆懈的態度。名教授*M. M. Clinard*就評論說：「人們之所以對法律做選擇性的遵守與服從，根本原因在於人民可能做違法行爲，甚至不道德的行爲，但他認爲上述諸行爲還不致於到作奸犯科的地步，於是罪惡感減低而有不順服的行爲[48]。」

(6)政策或法律本身：不順服行爲的產生，來自政策或法律本身的素質者，可由下列幾點分析之：①法律的內涵混淆不清、不夠明確，或者政策的標準互有矛盾衝突所致。蓋法律如太過於含糊籠統或存有漏洞，人民以爲因不順服行爲而負擔的成本相對地減低了。再者，法律的含糊往往有助於個人選擇性的認知，從最有利於他或她的角度來解釋法律。②一項政策或法律本身由於規定的行爲過於繁雜，因此也就愈難構想出清楚的規制，有助於人民的不順服。③政策或法律要求標的團體改變行爲的幅度，往往引起其對順服成本的認識。論者咸謂：「漸進的改變通常比劇烈的改變，所牽涉的順服成本較低，較易引起標的團體的順服；反之，則往往引發標的團體產生背離、藐視、疏忽等不順服的行爲，只因順服的成本升高所致。」

3.行政機關與標的團體的順服

標的團體順服公共政策的責任，大都是落於行政機關的身上，即行政機關在爭取標的團體對政策的順服上，扮演一居中策應的角色。向來行政機關在執行公共政策上，均自三個角度來影響標的團體，引導其爲期欲的行爲，形成他或她對政策的順服：(1)設法塑養、變更或應用標的團體的價值觀念，以成就期欲的成果；(2)規定獎懲辦法，用以限制標的團體的行爲方向，凡是順服政策而行爲者予以獎賞，而違背政策者則加諸懲罰；(3)解釋政策的內涵與督導政策的進行[49]。行政機關根據上述三個角度而設計諸多策略，用以贏取標的團

48 *Ibid.*
49 *Ibid.*, p. 120.

體的順服：

(1)教育與說服策略：*H. Simon*認爲行政機關由於執行政策的關係，必須改變標的團體的行爲時，通常經由兩個策略爲之：其一，改變標的團體用以抉擇的標準或價值；其二，改變標的團體得以抉擇的事物[50]。教育說服爲前者，而獎賞與處罰爲後者。行政機關時常從事廣泛的教育與說服活動，告訴標的團體政策所具的意義與時代背景，說明推行政策的合理性、必要性、合法性與效益性，冀以標的團體及一般民眾，對政策產生自動的順服。行政機關若能不斷增進標的團體對政策的瞭解與同意，爭取對政策的支持，政策的效能方能發揮，並減少標的團體違法犯紀的行爲，縮小懲罰與制裁的實際應用。

(2)宣傳策略：行政機關有時亦應用各種媒體來宣傳政策，以期獲得標的團體的支持與順服。即行政機關時常應用各種努力，宣傳其所執行的各項政策，與標的團體流行的價值和信念大抵一致，並無背道而馳的現象。就如，第二次世界大戰期間，利他主義與愛國主義爲當時流行的社會價值，因此二者被政府用以宣傳並獲取標的團體對戰時規制順服的工具，蓋遵守戰時規制爲利他行爲與愛國的表現。總之，宣傳比較訴諸情感，一則試圖減低標的團體因適應某項政策而引發的道德成本，二則說明政策本身伴有積極價值，而激起標的團體的順服[51]。

(3)行政機關執行政策的熱忱與決心：行政機關對政策執行熱忱與決心的高低，往往亦是取決標的團體順服與否的因素。設若政府對某項政策之執行，抱著無比熱忱，堅定的決心，不遺餘力地努力，以求付諸實現，則標的團體的抵制抗拒性因而降低。政府所施行的土地改革政策，諸如「耕者有其田」、「三七五減租」、「平均地權」，初期雖迭遭地主的反對、抵制與掣肘，但政府的熱忱與決心始終如

[50] H. Simon, etal., *op. cit.*, p. 453.
[51] *Ibid.*, p. 457.

一，並不因有所困難而畏縮，一面細心輔導地主轉投資，一面予地主適當的補償，於是奠定農業的基礎，推展工商業的潛力，為舉世推行土地改革最成功的國家；反之，汽車排放黑煙的問題、不遵守交通規則的現象，都有過周詳的規定，並加以嚴厲的取締，但由於執行時鬆時緊，乃至一陣風過了，又不從再加過問，於是故態復萌，毛病依然，問題還是問題，現象依然存在。

(4)政策督導：在執行政策的過程中，行政機關有必要督導與控制執行的進度，隨時做適切的調整，或採用權宜措施，以排除執行的障礙，贏取團體的順服。比如，在執行過程中，若法律顯現不平等的現象，行政機關應儘可能予以排除；若發現政策標準有衝突矛盾之處，則加以調整；若發現政策或法律有窒礙難行之際，則應勵行便民措施，簡化行政手續；且必須時時注意輿情的反應，行民之所好之者，避民之所惡之者。以上所述諸端均在政策執行後，行政機關適時適切的督導，俾便獲取標的團體對政策的順服。此外，行政人員時時精進有效執行政策的知識與技能，一則化解標的團體對政策的誤解與敵意，二則諮商與忠告受政策影響者，有助於贏得標的團體的體諒而順服政策。

(5)積極的激勵：行政機關有時亦以獎勵的技術來鼓舞標的團體的順服。易言之，當標的團體為行政機關所期欲的行為時，予以標的團體實現價值的成果，引起其自我利益，以支持順服的行為。政府為了獎勵投資，加速經濟發展，特訂定了「獎勵投資條例」，凡是投資生產事業者予以稅捐減免、工業用地之取得、公用事業之配合發展等措施，以提高投資人的意願，完成政策的目標，即為一例；第二次世界大戰期間，美國為了鼓勵生產，乃向生產者提出按成本利益加算制度來保證其利潤，並對稀少物質提出貼補價格，藉以促進生產，又是一例。

(6)消極的懲罰：行政機關應用上述諸種方法，猶不能取得標的團體對政策的順服，則加諸以正式與非正式的懲罰。所謂非正式的懲罰有二，一爲社會的非難，二爲經濟的損失。前者基於一項前提，即通常個人行爲抉擇的條件之一，爲別人對該行爲所持的態度，設若該人所進行的抉擇違背了社會價值與傳統，則會遭受他人的批評與譴責。因之，若有人不順服政策，則會爲社會所非難攻擊。第一次世界大戰時，美國有許多戰時規制，並未應用正式的法律制裁，均廣泛應用社會非難的方式，而獲致極佳的效果；經濟的損失乃對不順服政策標準者，行政機關一方面予以公布，致使其聲譽受損，利潤降低，另一方面行政機關也對其威之以收回自營或將參與競爭，而迫使其改善設備，提高服務水準，否則將遭受到經濟上的損失。正式的懲罰有證照的許可或拒絕、公家契約的簽定，與行政和司法制裁——損害賠償、拘役罰金與下獄等。行政機關有時禁止一般人從事某種活動的方式，以除非擁有證照，來取得標的團體對政策的順服。換言之，在核定許可證照時，不符合規定者加以剔除，不順服政策者，即加以吊銷證照。再者，行政機關亦可利用契約訂定方式，約束契約的他方當事人，如他方當事人違約，契約立即失效，並禁止其與政府簽約做事的權利，而取得政策順服；此外，行政機關對於違反政策規範時，得處以行政法上的制裁，或透過法院處以民法上和刑法上的制裁，以產生嚇阻作用，防止其再犯，而順服政策。

總之，必要時行政機關應採取消極的懲罰措施，以維持政策的尊嚴與威信，嚇阻可能不順服政策者。不過，這種消極懲罰之實施，最好有法律、社會和心理因素的支持；同時要在其他可資應用的策略均已失效後，不得已才使用；懲罰的程度當視違反政策的程度而定，必使其輕重適中，處置得宜。

（二）機關組織間的溝通與整合

1.溝通的重要性

政策執行成功的條件，部分亦取決於有效溝通。歸究其因：一則在於政策標準本身是無生命的訊息，必須透過傳遞系統傳播給執行政策的機構和人員；二則在於負責執行的人員與標的團體，在執行與順服之前，首要獲悉決策者的期望、政策標準與要求、所要採取的行動、所應注意的事項。自另一個角度觀之，執行政策機關與人員對政策支持之程度，往往也根據其對政策標準的瞭解與解釋，以及接受政策標準的方式以爲定。因之，傳遞執行政令的品質，乃取決於政策溝通的明晰性、一致性、正確性、適當性，以及完整性。

(1)明晰性：政策標準、執行日期、執行方法，應清楚明瞭地表露在政策上，以爲執行的準繩。如果決策人員未能在政策上，明晰地規劃政策概念、目的、計畫和執行的組織結構，且不能在他人的心智中，形成清晰的印象，則有礙於政策執行[52]。然而，由於決策過程的複雜性，決策者本身又沒有充足的時間或不見得具有專才，來規劃執行政策所必要的細節，決策者間達成目標共識又相當困難，以致政策常以含糊的語氣來表示，執行機構無法確知政策上所欲採取的行動，或對指令感到困惑，不能抓住問題的重心，造成執行的延誤，擴大裁量機會，甚至有時背離原來的政策目標，減低執行的效果。

(2)一致性：執行一項政策所發布的指令，時常不只一端，這種前後所發布的指令必須一致，否則執行機關將會無所適從，繼而影響及政策的有效執行，政策目標的獲致。不過，我們經常體驗到執行政策的指令呈現有前後不一致的現象，究其因，或由於負責管轄的機構重疊和層次地位不同，或由於執行的機構受利益團體的影響所致。

(3)正確性：溝通管道一方面擔任政策制訂者和執行人員之間的橋樑，他方面負責將政策的訊息迅速而正確地傳遞給標的團體及執行機關與人員，以免造成曲解，延誤事機，執行錯誤的現象。蓋一項健全的政策，如溝通不正確，則冀欲的成果也不能順利獲致。

(4)適當性：政策必須向負責執行的人員，適當地解釋與說明。

---

[52] F. A. Nigro, *Modern Public Administration* (N. Y.: Harper & Row, 1966), p. 188.

設若一項理想的決策，可是由於溝通的不當，冀欲的成果可能甚難成就。然而，組織間的溝通是一件極其複雜與困難的工作，在傳遞訊息的過程中，從事溝通的人員難免會有意或無意的曲解訊息的內涵，加註他們自己的著重點與解釋法，如此一來，有效的政策執行，恐成爲海市蜃樓，無法圓滿達成。由是，從事溝通傳遞訊息的人員，應妥慎地、適當地、正確地將訊息傳遞給執行機關與人員。

(5)完整性：決策者將政策標準，透過溝通路線，傳送到執行機構與人員；執行機構與人員再根據實際執行經驗，提出改進建議與回饋，以作爲修正政策方向的指針，規劃理想政策的基礎，進而提高執行機構員工的工作績效與工作滿足感。換言之，雙向溝通才能完整地提供執行人員工作技能與工作意願：工作技能乃 *K. Davis* 所指涉的，團體運作所必備的資訊和瞭解；工作意願爲激勵員工，促進協調和提高工作滿足感所必持的態度，綜合上該兩者方能培塑與發揮團隊精神，達成預期的目的[53]。

2.整合的不可或缺性：政府設官分職，主要目的乃要以適當的機關與人力，來治理政府該管的眾人之事。然而，近代國家，由於社會日趨複雜，政府所管轄的事，無論是可以預想到的或不能預想到的，幾乎隨時在累增之中。也正由於政府所管轄的眾人之事不斷增加，政府的科層組織自然相對地隨勢膨脹龐大，難免會發生對同一件事管轄重疊的問題，或由許多機關、單位共同執行一件事情，更何況組織由於分工專業化的結果，乃顯得機關間、單位間的整合與協調，爲有效處理眾人之事，執行政策的不可或缺性。總之，政府是一個整體，任何政策的制訂與執行，皆是爲瞭解決社會上的眾人之事。在現代社會中，眾人之事經緯萬端、複雜多變，是以非但需要任其事者有相當的學識與能力，更需要政府做整體的協調與努力不可。難怪 *P. Sabatier* 和 *D. Mazmanian* 要強調執行機關的內部及機關間的整合爲有

[53] K. Davis, *Human Behavior at Work* (N.Y.: McGraw-Hill Book Co., 1977), p. 375

效執行的條件之一[54]。*P. Berman*亦大聲疾呼而謂：「政執行問題的產生，大抵源自某一政策與其執行機關間的交互影響[55]。」

*P. Sabatier*和*D. Mazmanian*根據許多有關規制和社會服務性政策，其執行過程的研究，最後證明政策執行的主要障礙之一，乃在於執行機關或單位間難以取得協調，並採取一致行動所致。這種現象在聯邦政府制訂政策，並交由州與地方政府來執行政策的細節時，最爲顯著。由是，一項政策最重要的特質之一，爲其在層級上得以整合執行機構的幅度[56]。民國69年6月間，交通部與經濟部關於燃料使用費是否隨油徵收的問題，就是因爲機關「本位主義」的作祟以致釀成良法美策在機關與機關之間，如橡皮球一般踢來踢去，而無法付諸實行。站在交通部的立場，燃料費隨油徵收「勢在必行」；而經濟部則顧慮到其他可能產生的「溢出作用」，而認爲該項計畫應「從長計議」。由於兩部對此問題不能獲致協調與整合，非但使政策無法推行，更使政府的威信受到影響。此爲執行政策的機關各持本位主義，整合與協調不夠，而導致執行的障礙之例證。

*P. Berman*認爲，執行一項全國性政策，必會存在兩類執行問題：一爲聯邦政府在執行政策上，乃儘量設法，或頒布指令，訂頒標準，冀圖規範與影響地方機關，使其得能遵照其方向行事；二爲地方機關爲了反應聯邦政府的行動，也必須設計與推動其內部的種種對策。這兩個層級的執行機關，因所在地的不同，制度結構的特性有異，所引發的執行問題亦有別，因之如果在見解上不能充分地溝通，在行動上未能適切地配合與協調，則任何良法美策均甚難獲致其目標[57]。

---

[54] P. Sabatier and D. Mazmanian, "The Conditions……", *op. cit.*, p. 490-492.

[55] P. Berman, "The Study of Macro-And Micro-Implementation", *Public Policy*, V. 26 No. 2 (Spring 1978), p. 157.

[56] 同註54。

[57] P. Berman, *op. cit.*, p. 164-179.

歸結言之，機關組織間的充分溝通，在求思想上的共同瞭解；而機關組織間的整合與協調，在謀求行動上的協調一致，兩者在政策的有效執行上，占有一席之地，也有可扮演的角色。

（三）執行機關的特性

政策執行機關，所形成的正式及非正式的特性，將影響到該機關執行政策標準的能力，此爲多數學者一貫的主張[58]。比如*F. E. Rourke*就曾謂：「執行機關由於控制政策執行的技術，因此其爲成就政策目標的關鍵。蓋縱然選任的官員具有雄才大略，圖思發展新的計畫或政策，可在許多情況下，實際所能採行的政策方案，受制於所主持的機關，所能執行的行動方向。再者機關的抵制或無能，亦可能致使良法美策趨於曇花一現的命運[59]。」*C. E. Van Horn*和*D. S. Van Meter*亦曾論及：「姑不論機關人員所持的態度若何，幕僚、結構特質，與其他官員和政府機關間的關係，均可能限制或昇華有效執行的展望[60]。」

一般而言，可影響到政策執行的組織特性可分成兩大類：組織外在與內在特性。外在特性又可分成三小類：

1.投入：投入所包含的項目計有：(1)組織所徵募的人選，所受的訓練及所獲的知識，所從事的歷練與所擁有的才能；(2)組織所能享有的資源，所得到的政治支持，所擁有的獨立自主性，及在整個組織系統中所居的地位；(3)組織所擁有的設備、調用的人員。

2.產出：產出所包含的項目計有：(1)組織所提供的服務，所經辦的業務，所製造或生產的產品；(2)組織對人們的影響；(3)組織活動所能產生預期的及非預期的衝擊。

3.環境：環境所包含的項目計有：(1)組織的所在地，究竟是中央

---

[58] A. Downs, *op. cit.*, p. 75-78; F. E. Rourke, *Bureaucracy, Politics, and Public Policy* (Boston: Little, Brown and Co., 1976), Chs. 4&5.

[59] F. E. Rourke, *op. cit.*, p. 26.

[60] C. E. Van Horn and D. S. Van Meter, *op. cit.*, p. 55.

機關或地方機關，母機關或子機關；(2)組織與一般民眾及其他組織間的關係；組織與決策者的正式與非正式關係。

內在的組織特性也可分成三小類：

1.社會結構：組織的社會結構特性計有：正式的權威結構（用以反應、監督與管理功能運行的方式）、權力結構、溝通與工作聯繫結構、非正式的人群關係、精緻而正式的角色模式（顯示功能分工與分部化的情形）、標準作業程序與適應性結構（提供有關組織如何運作及環境變遷的反應或情報）、組織的規模與成員的多寡。

2.態度：態度乃含涉組織的目標與價值，組織角色運作的規範，組織成員對組織特性的認知，組織成員對所任角色或對組織本身的滿足感。

3.活動：組織活動包括個人的角色行為、集體作業行為、同仁關係、申訴行為、開放溝通程度及行政設計等。

無論是內在或外在的組織特性，對政策的有效執行，政策的產出，均扮演著舉足輕重的角色。茲以機關組織所個別建立的標準作業程序，對政策執行的影響說明於後，以茲證明。

機關組織在執行各項政策時，往往根據多年來自行建立的一套組織手冊，通稱為「標準作業程序」來運作。所謂標準作業程序，乃是當個別問題發生時，預先決定的處理辦法，易言之，其乃處理標準狀況的慣例。而其主要含涉的內容，為某機關組織過去執行責任的過程，並為傳統及運行成功的經驗所認可。機關組織成員有計畫地被訓練來執行這套程序，如果他們有所背離時，通常會受到嚴重的懲罰。這套程序雖然在組織成員面臨類似情況時，因駕輕就熟的關係可增進工作績效，以及致使組織內各部門的行為日趨穩定並極易預測；然而其對政策執行可能產生不利的影響，可自下列幾方面的說明觀之：

1.標準作業程序實施後，必然要求人員不折不扣的遵守：但久而久之，可能轉向公務員行事的目標，由本來達成組織的社會功能變爲固守規則，即社會學家所描述的「目標移置」現象[61]。

2.限制組織成員辦事的能力：機關組織發展了一套標準作業程序後，在本質上，限制了個別組織成員，應用個人裁量以影響政策執行調適的能力。蓋機關組織之所以設立慣例，在於獲得人員行爲的可靠性和預測性，並塑養員工的行爲堅守組織的規則。如此一來，行爲本身顯得呆板，缺乏彈性，不能隨客觀環境的演變而做有效的適應。何況，慣例建立之後，員工工作不能根據自己的思慮、才華、創造力，針對達到目標而選擇最適宜、最經濟、最有效的途徑。

3.組織慣例難於開始，一旦開始又難於終止，因而造成組織的惰性：這種惰性往往延誤了行動的時機，或坐失良機。比如，甘迺迪總統在維也納會晤赫魯雪夫六個星期以後，國務院才提出對柏林備忘錄（蘇俄領袖所發表的）的反應；同理，1962年10月古巴飛彈危機時，甘迺迪總統早在幾個月前，就下令撤離裝置在土耳其的美國飛彈，以遠離蘇俄砲轟的射程，可是國防部斯時爲維護並強化北約，及壯大土耳其，猶將飛彈置在那兒[62]。

4.抵制變遷：由於二十、二十一世紀是知識、經濟、科技、教育與人口爆炸的時代，引發文化的變遷，造成人類價值觀念的改變，因此變遷與發展爲時代的寵兒。然而，標準作業程序使得組織員工固守舊有的政策取向，影響到嶄新政策的執行。*M. Halperin*就曾慨然言之：「美軍在越戰初期的作戰方式，猶如在中歐平原上作戰的情形一樣。……其他有關的機關，諸如國務院、國際發展局、情報局也好像在重複以前的作戰方式[63]。」如此一來越戰焉能打好。總之，當執行政策的人員，面臨到新的狀況與情境時，設若依照參照傳統的慣例和過去的作業方式來處理，有效的政策執行乃爲之不可能。

---

[61] A. Downs, *op. cit.*, p. 19.

[62] F. E. Rourke, *op. cit.*, p. 26.

[63] G.C. Edwards 111 and I. Sharkansky, *op. cit.*, p. 314.

5.甚難應付危機：一旦危機發生，有必要稍微變更標準作業程序，而應付並處理這種情況時，慣例往往造成阻礙或絆腳石。古巴飛彈危機時，甘迺迪總統及其顧問人員認爲，封鎖古巴爲蘇俄在古巴部署飛彈的適當回應，於是美國海軍乃設計一套計畫來執行封鎖的政策，可是稍後不久，甘迺迪總統鑑於種種新情勢的演變，乃下令海軍將封鎖線向前移近。不過這個命令，美國海軍並未執行，軍艦仍待在原來的封鎖線[64]。

6.標準作業程序不僅阻礙了機關組織適時反應新的情況，有時亦會造成該機關，從事上級機關或人員非計畫的工作：因爲，機關組織乃依照慣例和一般作業程序，可能自動執行一些額外的工作，古巴飛彈危機就顯示了這種缺陷的例子。甘迺迪總統雖曾明確的表示，最初接觸蘇俄的船隻，並不包括蘇俄的潛水艇在內，可是負責執行任務的海軍，依照已建立的反潛艇戰鬥計畫，派遣船隻停泊於蘇俄潛艇的上方[65]。

綜上所述，機關組織希望能夠掌握和控制人員的行爲，便頒訂了標準作業程序，作爲掌握與控制的工具，深以爲如此便可造成人員行爲的可靠性和有效性，有效的達成組織目標。殊不知，標準作業程序實施的後果，雖可能達到部分的效果，但附帶亦會產生了諸多惡劣的後果，凡此爲決策者及執行人員所必須特別注意的現象。

（四）執行人員的意向與工作態度

政策執行的成功或有效，不僅需要執行人員知悉上級所期望做的事情，同時要具有行事的能力，而且更需要他們誠願執行某一政策。正如*M. J. Petrick*的觀察：「人類團體深信，他們如果欠缺基本的行

---

[64] G. T. Allison, *op. cit.*, p. 130.
[65] *Ibid*,. p. 138.

事信念，則難以執行有效的作爲[66]。」由是我們絕對不能忽視，執行人員的意向及工作態度，在有效的政策執行中所居的地位。執行人員的意向及工作態度之所以有其重要性，一方面執行人員在執行上，通常具有裁量權，往往對每一執行事項，考慮個別需要，權衡輕重，斟酌緩急，而做各種不同的調適，俾收因事、因地、因時制宜之效；另一方面執行人員對政策的反應，諸如他們對政策標準的認知與瞭解，對政策的反應方向，及反應的強度，也可能影響到執行政策的能力或誠意[67]。

執行人員在應用裁量權時，有賴於他們對政策的看法，以及他們推動政策對一般民眾、他們個人與組織的利益之道。他們的判斷往往透過三種方式來攪和決策者的意圖：(1)執行人員每每利用個人對政策指令所做的選擇性認知，而忽視他或她所接受指令的某些方面；這種現象尤其在上級指令與個人的政策偏好傾向不一致時，特別顯著；(2)人們總不太願意執行他們所不同意的指令，於是政策與執行間難免產生不銜接的現象；(3)執行人員很可能只專精某些政策領域，而對別的與知之甚鮮，於是很可能反對[68]。

再者，當政府標準經由適當的傳遞媒介，妥適地運作過程，而將訊息清晰地、一致地與正確地傳送到執行人員，成功而有效的執行，也不太可能一蹴可及，其往往遭遇到諸多的阻礙與掣肘。蓋執行人員假如對政策並不表完全順服與支持；同時對政策標準表示無知，或認爲負擔過重；且對何種政策行動的採行，方足以獲致政策目標，亦一誤再誤，無法當機立斷；藉故忙於他事，而缺乏時間執行；陽奉陰違等；凡此均說明了執行人員的意向，有取決有效執行之功。尤有甚者，自另一個角度觀之，執行人員也不可能執行政策標準，設若該標

[66] M. J. Petrick, "The Supreme Court and Authority Acceptance", *Western Political Quarterly* (March 1968), p. 7.

[67] C. E. Van Horn and D. S Van Meter, *op. cit.*, p. 55.

[68] G. C. Edwards 111 and I. Sharkansky, *op. cit.*, p. 308.

準蘊含了他們所拒絕並反對的目的。他們據以拒絕的理由，通常為政策標準違背了他們個人的價值系統、自我利益、組織認同感與現行習慣的人際關係。此外，執行人員對政策的反應強度，也深深地影響執行過程：凡是有人對執行的政策表示強烈地反對態度時，很可能公開地抨擊政策目標，斯時執行的問題就立即引起爭論，其他的執行人員也可能在問題爭論未解決之前，不敢或不願加入執行行列；而反對態度較不積極者，最通常的行為模式，乃暗中地進行不正當的規避與轉向。在這種情況之下，只好求助於監督、考核與執行的強化了。

執行人員的意向、工作態度的形式、基本的社會背景、人格特質都有其所在的地位，但是「組織氣候」才是關鍵的所在。蓋組織內所具挑戰性之氣息——包括組織賦予個人責任的程度、組織對風險所持的態度、組織要求的績效標準；組織對獎酬及支持的態度——包括組織所採取的獎酬方式、組織中支持的氣氛、組織面對衝突所持之態度；組織內社會包容的氣息——包括組織中人情的氣息、員工對組織的認同感；組織結構等組織氣候的面向，對員工的行為動機，尤其是成就動機、隸屬動機及權力動機影響殊深[69]。然而行為動機乃是員工表示意向與工作態度的基礎，因之，吾人認為為求任何政策之有效執行，冀想執行人員「鞠躬盡瘁」、「赴湯蹈火」，組織氣候的妥善安排，員工工作滿足感的提高，亦不得忽視。

（五）政策執行之監督

行政機關冀使既定的政策付諸有效執行，有時必須訂頒具有「輔助法律性質之法規命令」，例如教育部為了有效執行「大學法」而訂頒了「大學規程」；內政部為了有效執行「動員戡亂時期公職人員選舉罷免法」，而訂頒了「動員戡亂時期公職人員選舉罷免法施行細

[69] 朱榮欽，「組織氣候之研究」，政大公行所碩士論文（民國67年7月），未出版論文，第四章～第七章。

則」，此為行政法學者稱之為「行政立法」之現象[70]。再者行政機關也時常施用「行政裁量」來貫徹立法目的，增進公共利益，並謀行政上之便宜。然而，一則為防止行政機關對行政立法之濫用，俾使其遵循既定的政策取向；二則為了增進行政立法之功能，並有助於政策的有效執行，對行政立法必須施予必要性的監督。同理，為了「防範行政裁量之誤濫行使」，「預防行政裁量之怠忽行使」，「維護公道正義」起見，行政裁量也有必要監督。

1.行政立法之監督

有關行政立法監督之研究，最為詳盡完備者當推張劍寒教授。其鉅著「行政立法之研究」謂：行政立法之監督可分為「行政監督」、「立法監督」、「司法監督」及「政治監督」[71]，茲節略分述於後：

(1)行政監督：即係「行政機關制訂之行政法規，依行政程序，分別刊登於政府公報，以引起人民之注意，並利今後之遵行。」正由於行政法規之制訂，按程序須公布於眾，喚起人民之注意與研討，如認為不妥當之處，可訴諸輿論的公斷、請願陳述其希望，致使行政機關不致濫訂行政法規。

(2)立法監督：即「立法機關對行政立法所做之監督，亦稱為議會監督。」可分為「政治性之議會監督——議會利用質詢權、不信任投票權、糾正權，對行政機關施以壓力，迫使行政機關修改或廢止所制訂而不當的行政法規。」「法律性之議會監督——國會對行政機關所訂頒的行政法規，有最後決定其是否准許生效之權。」「技術性之議會監督——最主要者乃設置審核行政立法之專門機構，專司審核行政立法的重要內容及程序。」

(3)司法監督：即「法院對行政立法所做之監督，司法監督的方式有三：其一，程序上之審查——審查行政機關制訂之法規，是否依

[70] 參閱張劍寒，行政立法之研究（台北：自刊本，民國61年1月）。

[71] 同註70，頁50-56。

法定程序辦理；其二，實體上之審查——審查行政立法是否超出法律授權的範圍；其三，行政立法之解釋——法院對於涵義不明之行政法規，加以闡釋，以求更能符合立法目的及立法本旨，防止行政機關之曲解、誤解。」

(4)政治監督：人民利用參與法規制訂的機會，無論參加聽證、提出諮詢意見、透過輿論的反應而監督行政機關之違法與不當之處。此亦即*P. Sabatier*和*D. Mazmanian*的見解，其謂：「一般民眾可透過輿論與大眾傳播媒體的交互應用、民意調查的施行、對選區議員的影響而令其提出質詢，來監督或影響政府的作爲[72]。」

2.行政裁量之監督

有關行政裁量監督之研究，許慶復先生在其碩士論文「行政裁量監督之研究」立論相當詳盡充實[73]。其謂行政裁量監督之道，計有「限定裁量之範圍」、「規制裁量之行使」、與「節制裁量之運用」。茲分述如下：

(1)限定裁量之範圍：乃意泛指「將一切必要的裁量權，置於限界之內，而把所不必要的裁量權剔除於外。」而主要的限量裁量之道有二：「用法律加以限定」、「用法規加以限定」。

(2)規制裁量之行使：乃意指「在指定的裁量權範圍內，管制裁量權行使之方式。」舉其要者有「計畫之公開」、「政策及法規之公開」、「公開事實認定與理由」、「公開成例」、「公開聽證」。

(3)節制裁量之運用：乃泛指：「爲防範行政機關裁量之專斷或濫用，責成一個官員，或一個機關，對另一官員或機關之運用裁量權，加以審查、糾察或管制之意。」而其主要的運用途徑計有：「行政監督——上級行政機關或上級行政人員，爲保障國家行政上之利

[72] P. Sabatier and D. Mazmanian, "The Implementation……", *op. cit.*, p. 550.

[73] 許慶復，「行政裁量監督之研究」，台大政研所碩士論文（民國65年6月），未出版論文。

益，實現行政上之目的，防止行政裁量之濫用，對於下級行政機關或下級行政人員，加以指示、訓飭、督察、或糾正之謂。」「行政糾察，即監察長制度，乃意指由國會任命一位官員，藉受理及調查人民權益被侵害所提起之申訴案件，對政府機關或公務人員之違法或不當行爲，採取適當描述，以謀救濟之制度。」「國會控制，即國會利用法律控制、財政控制、人事控制、調查控制之道，監督行政裁量之運用。」「司法審查，即法院對行政機關所爲之行政行爲，如有武斷、反覆、濫用裁量、或不遵守法律規定者，得將其宣告爲非法而撤銷之。」「行政爭訟，包括有訴願及行政訴訟兩者。」

歸結言之，行政機關執行政策之際，有必要訂頒行政立法來輔助法律之施行；應用行政裁量來判斷最佳的行事辦法。爲了防止行政立法之濫用，維護行政裁量之正義，有必要進行前述各項監督，俾使行政機關按照既定的政策方向推行，而順利有效地達成政策目標。

（六）領導管理技術

一旦一項政策經由適當地規劃而付諸執行，負責執行的機關，其領導者對外必須應用各種手腕及機會，用以爭取控制執行所需資源的機關之支持，搞好公共關係，取信於反對者與標的團體，並保證將予以同等待遇，動員潛在支持者的支持，應用大眾傳播媒介廣泛而持續地報導，藉以形成輿論，開創有利執行的環境與氣氛；對內則須維持機關員工高度的工作士氣，對組織目標的認同感，效命組織的決心；注入組織員工所需的「能源」；排難解紛，化解衝突，維持和諧；刺激員工不斷地檢討執行得失，以爲改進突破的基礎；適時發動革新的措施，順適環境的變革；排除抵制變革的障礙，俾以發展嶄新的活動，調整現行運作方式而適應新的環境或挑戰，保持充分彈性以應付緊急情況。

機關組織的領導者身兼政策執行的成敗，負有上述對外與對內的雙重領導責任，如何運用新進的管理技術，方能成就其任務，獲致政策目標，舉其要者有五：面對面會談、計畫評核術、參與管理、目標管理、與適應性領導方式。

1.面對面會談：面對面會談法又稱問題解決法，爲解決組織衝突比較有效的方法。這種會談是透過衝突的各造面對面的接觸，兩造不斷地會談、調適與折衝彼此不一致的見解，且在接觸的過程中，各造的看法予以發表申論的機會，互相研討批評，截長補短取精用宏，而獲致共識的建立，政治的支持，衝突的化解。在面對面的會談中，各造應能設法設身處地站在他人立場，虛心致志地來瞭解爭論問題的眞相；此外主其事者儘可能確立爲各造所認同與體認的目標，昇華目標的追求，凡此均爲問題迎刃而解，獲取支持所繫的重要因素[74]。

2.計畫評核術：計畫評核術乃是一種管理術，而賴以建立的信念，乃基於執行一項政策，有必要繪製執行步驟的順序，以爲執行的準繩。一般而言，主要的步驟有三：其一，決定著手進行的問題；其二，抉擇處理所有問題有關面向，有必要採取的行動；其三，草擬各項行動所費時間與所需資源的估計，並按最低限度、最高與正常數量編列[75]。如此一來，始有助於機關主管取決所需採行的事情，應按何序進行，以及完成各項步驟所需的時間與資源的限制；並能依據各類行動個別的時間表，執行順序，以及相對資源的消費，說明各種行動之間的相關性；計算出需要的時間、資金、人員和材料數，以及機關可能額外爭取到的數量；指出何種行動在推行的過程，可能於何時或何處會發生停滯或困難，俾便做事前的充分準備。總之，管理者從網狀的作業圖中，能獲知每一項活動起訖時間、各種資源與人力的有效使用，和如何追查及控制工作的進程與效率，而避免工作上的脫節、

[74] 參閱林水波，「漫談政治衝突解決之道」，憲政思潮第49期（民國69年3月），頁209-210；S. Deep, *op. cit.*, p. 217-219; E. F. Huse, *Organization Development and Change* (N. Y.: West Publishing Co., 1975), p. 137-144.

[75] G. J. Gordon, *Public Administration in America* (N. Y.: St. Martin's Press, 1978), p. 368.

浪費與重複。

3.參與管理：參與管理乃「一個組織或機關在推展業務的進程中，管理者爲使其成員在思想上、情緒上、感情上對業務的決定與處理，皆有親身介入的認知與感受，因而產生對組織的認同感、依附感、責任感，及自尊、自重、自榮的心理，因而願獻其才能與力量，冀以成功地達成組織目標[76]。」*N. J. Gross* 等人也深深體會出員工參與的重要性，其謂：「由於員工參與組織之各項決定，引發高昂的工作士氣，而高昂的工作士氣爲成功執行的必要條件；員工參與提高爲組織的效命感，而高度的效命感爲引起變遷的要件；員工參與致使其能更清楚地認識瞭解各種指令與政策革新目標，而清楚瞭解政策指令、標準與目標，亦是執行的有效要件之一；員工參與可化解抵制變遷的壓力，增進執行的助力；員工若不能參與各項執行決定之做成，很可能抵制任何政策的變革，導致執行的失敗[77]。」由此足見參與的重要性，聯盟的主管應善用之。

4.目標管理：目標管理是機關的上下級主管共同設定機關及各個部門的目標，俾使各部門的目標得以相互配合，引發各級主管產生工作的動機，有效達成組織共同目標的管理術[78]。根據 *C. Newland* 的描述，目標管理的基本屬性有七：(1)按某既定時間內所要完成的成果，設定組織目標、目的和優先順序；(2)發展成就成果的計畫；(3)根據已建立的目標、目的和優先順序分配各項資源；(4)介入必要人員參與各項計畫的執行，並強調彼此間的溝通，以維持目標共識及反應情境演變；(5)督導或稽察工作的進度，確保正常的運作狀況；(6)根據效果、效率與經濟的原則，評估工作成果；(7)改進執行技術，

---

[76] 張金鑑，「參與管理的理論與方法」，人事行政第57期（民國68年8月），頁22。

[77] N. Gross, etasl., *Implementing Organizational Innovations* (N.Y.: Basic Books, 1971), p. 24-29.

[78] S. Deep. *op. cit.*, p. 168.

充分利用人力資源，用以擴增工做成果，完成組織目標[79]。

至於如何成功地運用目標管理術而成就組織目標，有效執行政策，共有五個根本條件：(1)儘可能設定運作性、具體性的目標；(2)各級主管眞正參與績效目標的設立；(3)適時適切考核督導並回應屬員的作爲與績效；(4)健全的人群關係，消除屬員的恐懼；(5)主管人員的支持及推行的熱誠。

5.適應性領導方式：時下一般常論及的領導方式有三：權威式、民主式與自由放任式。假使我們忽略了組織個別特性、領導者的意向與才能、部屬的人格特質、工作情境的變化，單純基於這三種領導方式的特性，我們實甚難指出孰優孰劣。因此，*O. J. Harris* 就根據上述四個角度，分別論述在何種情境與條件下，哪種領導方式最妥當，而高倡適應性的領導方式，並不拘泥固守哪一種，完全斟酌衡量各變數的變化而抉擇領導方式[80]。換言之，傳統X理論有其優劣，人群關係理論亦有利弊，自由放任亦有其環境與條件的限制，三者均有所偏廢，如何權變靈活運用，乃現行系統分析時代所不得不注意者。蓋員工性格有別，素質有異，宜懲則懲，宜獎則獎，民主參與、自動自發，固屬優良；而命令督察，強制指揮，亦有其原本的效果。於是「理有正反，事有優劣，全面觀察，整體衡量，方屬圓滿。圓通無礙，因事制宜，對症下藥，才是上策[81]。」

歸結言之，領導管理技術的妥適應用，俾以形成員工的工作效命感、組織認同感，建立良善的組織氣候，提高員工工作滿足感，進而致使組織的發展，促成有效的政策執行，成功達成政策目標。

79 C. A. Newland, "Policy/Program Objectives and Federal Management: The Search for Government Effectiveness", *Public Administration Review* (Jan.-Feb. 1976), p. 26.

80 O. J. Harris, *Managing People at Work* (N.Y.: John Wiley & Sons, Inc., 1976), p. 186-191.

81 張金鑑，「激勵管理的理論與方法」，人事行政第52期（民國67年5月），頁8。

（七）政策環境

執行機關所面對的政治環境，非但可能影響到政策績效的素質，而且關涉到機關所採取的行動。姑不論執行人員的立場或執行機構的素質如何，組織的高階層人員、大眾傳播媒介、一般民眾、私人與團體對政策目標的支持或反對程度，均可能影響到執行的努力與成果。不少學者的研究也指出：「一般民眾與社會精英的意見，政策的顯著重要性，為政策執行過程中重要的定數[82]。」因之，本節擬從下列幾個角度逐一觀察：

1.政治文化：每個國家由於國情殊異，文化不同，政治社會化過程有別，因而塑造並養成不同的政治取向。比如，台美兩國人民對整個政治系統、政治運作過程，以及政策制訂的看法，不僅有小別並有大異存在，以致影響到各項政策推行之順利與否。換言之，人民對政治結構的取向——包括對政制典則的態度與看法、對政治結構的輸入與輸出之認知與評估；對政治系統其他層面的取向——包括人民所具的政治認同感、政治信任感與對遊戲規則的支持度；對自己政治活動的取向——包括人民所持的政治能力感與政治效能感[83]；凡此種種均衝擊到政策執行是否遇到逆境或順境。比如，職位分類制度在美國的政治社會裡，能推行無阻，並達到其預期的目標；反觀該制度在我國的推動情形，卻是險阻艱辛困難重重，究其因雖有諸多因素交織在一起，然公務員受本國政治文化的影響而造成心理的抵制，乃是關鍵的因素。由是觀之，政治文化影響到人民的政治取向，政治取向影響到人民對政策的順服，進而影響到政策執行。

2.業務介入的機關：一項政策的執行，牽涉到其他業務機關協助的情形，對於執行機關亦有所影響力。蓋執行機關在推展業務時，若

---

[82] 比如F. A. Lazin, "The Failure of Federal Enforcement of Civil Rights Regulations in Public Housing, 1963-1971: The Cooptation of a Federal Agency by It's Local Constituency", *Policy Sciences*, V. 4 No. 3 (1973), p. 263-273.

[83] W. A. Rosenfaum, *Political Cullture* (N. Y.: Praeger Publishers, 1975), p. 6-7.

須得力其他機關的支援，斯時兩機關人員如和諧相處，政策內容將每個機關應負之責清楚地界定，各機關並能各盡份內之事，是以政策執行方能順利，成果才能產出。比如，衛生機關取締違法的污染工廠時，如有管區警察的協助與密切配合，方能執行得徹底有效；辦理選務的機關爲了致使選舉能在公平、公正、公開的原則下進行，則有賴戶政機關、監選人員與法院的配合，各司其責，各盡其任，才能畢竟其功。

3.監督機構：監督機構乃指涉政府機關的監察系統。其通常爲預算、主計、人事與審計機構，一旦政策執行的經費撥付後，它們乃爲政策執行機關報銷經費或取得開支合法證明的機構。於是，政策執行機關若能爭取到它們的支持，則經費之使用與撥付不致延誤，公文往來與交涉均能迅速核辦，有助於政策執行的成功。

4.民意機關：在長期執行的過程中，設法維持民意機關積極支持政策目的之成就，乃是一件絕對重要的事。因爲其乃每年提供執行機關必要的財政資源者；同時亦是確保政策方向大致不變，只是予以稍加修正執行上的某些困難者。總之，民意機關乃代表選民監督執行機關的運行，執行機關若得到民意機關的支持，間接亦是受到選民的擁護，則政策執行無往而不利。過往高速公路通行費的提高，其之所以暫緩實施，在於該政策得不到民意機關的支持，以致胎死腹中。

5.法院：法院的司法審查與法規詮釋，在在影響到執行機關的各種行動。我國大法官會議的解釋，往往形成日後執行機關必須遵行的規則與步驟。法院改隸之實施、地方議會議員言論免責權之確定、「官吏」一詞之範圍等，凡此均是影響政策執行的著例。

6.政黨：政黨爲政府與民眾間的橋樑。民眾的利益常由政黨來表達與匯集，民眾對政策的順服與支持，有時亦由政黨來促成。政黨一方面透過人事任命、政黨的政策取向影響執行機關的立場；另一方面在政策執行過程中遭遇阻礙時，政黨亦可居間斡旋，進行政治溝通，扮演協調的角色，消除執行的阻力。在選舉的過程中，獲勝的政黨，代表民心的向背，開闢有效政策執行的坦途。

7.利益團體：政策執行機關向來均擁有或多或少的裁量權，基於立法目的、公共利益或行政上之便宜起見，有權判定作為或不作為的舉措。於是一旦一項法案嗣經立法機關通過，哪些出現在政策決定階段的競爭團體，也隨著轉移陣地來到執行機關，試圖左右執行機關的行動，影響政策的方向與產出，支持或掣肘政策的執行。甚至有時候，某一個利益團體與執行機關關係過於密切，而造成該利益團體控制執行機關的現象。利益團體時常為了爭取並掩護其利益，乃利用下列策略試圖影響或左右政策執行機關：其一，儘可能影響政府的人事任命，以求支持其利益之人選負政策執行之責；其二，想盡辦法影響選舉程序，使哪些不利於自己團體的候選人，或者與自己團體觀點不同的人在競選活動中失敗；其三，控制對選舉活動的捐款，協助競選，提供候選人的競選經費；其四，控制經由選舉產生的政府官員[84]。

8.民眾的支持：政策的有效執行，一方面固然須政策獲致標的團體的順服，另一方面還須一般民眾的廣泛支持。不過，我們所要留意的，乃一般民眾對某一政策或政策所指稱的問題表示熱衷與否的情形，往往是循環性或間斷性的。追究其因，乃繫於大眾傳播媒介關注的焦點，不時的轉換，是以任何政策若欲獲致民眾持續的政治支持，就殊為困難，負執行之責者應能利用最佳時機，適時推出政策，而成就政策目標。此外，支持某特殊政策的政治勢力範圍，往往也因時間的更迭，環境的變遷而有了變化，可能形成種種壓力，迫使政策內容為之變更，增加執行人員的裁量權，進而影響到標的團體行為調適的困難。

---

[84] See P. Woll, *Public Policy* (Cambridge: Winthrop Publishers, 1974), Ch. 3.

一般民眾向來持以影響執行過程的方式有三：(1)輿論的建立：輿論與大眾傳播媒介的交互鼓吹，強烈影響到立法機關所討論的議程，行政機關關懷注意的問題；(2)選區選民的影響：立法人員爲了爭取競選連任，每每重視其選區選民顯著注意而見解一致的問題，必要時提出施政質詢與糾正不當措施；調查各種實際情形，以供立法之參考；調查官吏有無違法失職，以決定是否提出彈劾，彈劾違法、廢弛職務或其他失職的人員；(3)民意測驗：執行機關有時亦利用民意調查，探究民心的向背，爭取其支持特殊的政策立場。美國環境保護署於1973～74年間，就曾主持一項民意調查，用以駁斥一般的論調：鑑於阿拉伯石油禁運的影響，一般人對於防治污染措施的主持，已大不如前。嗣經調查統計的結果，實質地確證環境保護署的立場，其就運用這個調查資料說服國會繼續支持1970年通過的「清潔空氣法修正案」，而極力推行防治污染政策[85]。

9.大眾傳播媒介：大眾傳播媒介對政策問題關心與注意的程度與持久性，在有效政策執行的過程中也是值得重視的變數。其理由大抵言之有二：其一，大眾傳播媒介爲經社環境變遷與一般大眾、政治精英體認環境業已變遷的重要橋樑，而大眾之體認變遷，爲支持政策修正的必要條件。其二，大眾傳播媒介報導的傾向，向爲某一段時間內，全神貫注某一政策問題，爾後再言及其他，如此一來，無法持續不斷地注入政策受益者所表示的政治支持。因之，政策執行監督機關應妥善運用大眾傳播媒介的前瞻力量，僱用專業而非通才記者，不時監聽政策的執行，加深並延長大眾傳播媒介對問題注意的期待幅度，用以獲取大眾傳播媒介對重要政策表示持久而不間斷的注意，致使政策更能有效地執行。

---

[85] J. Viladas Co., The American People and Their Environment, *A Report to The Environmental Protection Agency Springfield*, Va. NIIS, 1973; Here cited from P. Sabatier and D. Mazmanian, "The Implementation……"*op. cit.*, p. 550.

10.國內政治氣氛與國際環境：國內政治氣氛的熱烈、團結、支持與關懷，爲任何政策順利推行的基本前提。而今日的國際環境，由於科技發達、交通進步、資訊交流，形成天涯若毗鄰的事實；同時，高度工業化、電子化的結果，促成國與國之間經濟相互依存，關係已到榮枯與共的程度。由是，各國政府在推行政策之際，不論是內政或外交往往會受制於或因應於國際環境的變化，而影響到有效的政策執行。兩伊之間的戰爭，影響到國際能源的供應，進而衝擊到國內穩定物價政策的推行，乃最顯著的例子。

歸結言之，動態的政治環境，無論是源自國內的壓力，或是國外的勢逼，均或多或少地影響到政策執行，是以執行者如何視危機爲轉機，因勢利導，順水推舟，而致政策成功之境，爲一重要課題。

（八）經社與技術環境

時間不斷的更迭，經濟、社會與技術相應的變遷，很可能影響到標的團體、一般民眾對政策目標的支持，大眾傳播媒介的關懷及注意幅度，進而影響及執行機關的政策產出，甚至於政策目標的成就與否。蓋經社技術環境的變遷，甚可能引發人民在認知上、情感上及評價上的改變，致使原來甚爲重視與支持的政策問題，在程度上有所貶損。此乃繫乎於其他的政策問題，可能風雲際會、時間更迭的關係，相對上變得較重要，於是政治上支持分配稀少資源給原來政策的質與量，可能相對地減少。何況，地方經社環境的變遷，也致使有效的政策執行更加困難；因爲政策問題重要性的變化，一則產生一股鉅大的壓力，迫使決策者不得不重新建構較富彈性的政策，並酌增執行機關的裁量權；而裁量權的擴大，將更可能影響到執行機關的政策產出及政策目的與原定的一致之幅度；二則決策者若對情境廣泛不同的轄區加諸一致的政策標準，幾乎難免會增加敵對的團體。無論上述何種情況發生，原來的政策目的均較不可能成就的。此外，有些方面的政策，諸如環境保護、消費者保護或勞工安全等，似乎與標的團體的經濟榮枯及在整個經濟系統中的相對重要性密切有關。因之，凡是某一社會的經濟愈富有活力與多樣性，標的團體的經濟愈繁榮，則愈有助於政策的有效執行。最後，某些政策，諸如防治污染、能源代替、核能發電等，其有效執行直接與科學技術有關，即技術水準的精粗、提升或不變，顯然攸關重要。

總之，經社與技術環境乃影響政策執行機構，政策產出及政策目標成就的外在變數。經社與技術環境的變化，引發利益團體、標的團體與一般大眾支持政策目標的變化，以及立法機關和主管行政機關對執行機構的支持程度，進而剌激到政策的有效執行與否。再者，執行人員亦可能直接反應環境的變遷，尤其是當他們認為經社與技術的變遷，有助於支持他們的計畫或偏好時。台灣家庭計畫的規劃完全回應經社與技術的變遷，逐漸排除阻力、調適執行範圍，而贏取人民的普遍支持，致使該計畫的漸進擴大推行。不過，在面臨少子化到來的時代，有關當局恐要思索如何激勵生子的政策工具，抑或在相關政策領域探究稀釋政策內容之道。

結語

誠然，「徒法不能自行」，吾人實不能偏重於政策如何做成之分析，猶須關注於政策如何有效執行之研討。因為，任何政策之執行，甚少像承認某國政府一樣，只要發布一項陳述就能自動執行，而是大多數的政策均要採取必要的行動，歷經組織因素的作業，方能克竟其功。於是，當我們在分析鑽研政策執行之際，吾人非但要注意政策執行的行動層面，而且要深究組織變項的衝擊。

政策貴在能行，而政策之所以能順利而有效的執行，其所牽涉的變錯綜複雜，經緯萬端，嗣經前述的理論探討而舉其大者綱者而言之，不外繫乎三端：一者爲政策問題本身的特質，二者爲政策本身所能規劃與安排的能力，三者爲政策本身以外的條件。上述三者的精密配合，安排與規劃得宜，始比較有可能獲致冀欲的目標，成就輝煌的成果，吾人實不能等閒視之。

政策執行是驗證政策這項假設，能否有效成立的作爲。一旦假設得以驗證，就可鞏固政策的持續運轉，甚或擴大其適用之範圍，移植輸出到其他地區或國境應用。反之，原先假設若未能得到執行的檢驗，如原因出在政策本身，則該政策就要接受評估的審核，以決定其何去何從。

{第六章}

政策評估

第一節　政策評估的重要性

政策評估良久以來，即被公認爲政策設計不可或缺的一環。一般人非但日益關切政策的成因，而且更迫切冀望政策之設計與管理構思精密、妥當可行，而獲致政策目標。何況，處今資源成長已到極限的時代，如何妥善應用有限的資源，成就輝煌的政策成果，已構成爲時代的心聲，人民的盼望。然而，現今的公私政策，往往需要耗掉龐大的經費來推動與執行，於是，有識之士乃不斷呼求增加政策的生產力，提高效率，意圖以有限的資源，成就豐碩的成果。事實上，爲眾所周知及向爲人們所關切的政策，由於諸種原因，無法實現既定的目標，解決所要解決的政策問題。於是內外在會形成一股強大的壓力，要求仔細進行政策評估，用以診斷病因，而爲對症下藥的依據，改善的良方，這乃使政策評估受人矚目的因素，評估研究熱烈展開的肇因之一。

任何政策，姑不論是屬於醫療衛生、人口問題、教育行政、經濟企劃、政治抉擇，以及宗教信仰等方面，抑或是屬於 *F. M. Frohock* 筆下的規則性、分配性、再分配性、補助性及道德性的政策[1]，均必須不時提供合理性及有效性的證明，用以表明社會持續支持的正當性基礎。社會成員之所以要求評估上述種種面向的政策，乃是其對現代社會所持的基本信念之一，即他們認爲：諸多的政策問題，得以依據與時俱進、隨時推移的知識，進行有計畫的行動，配之以優良的解決方案，而獲致問題妥善而有效的解決。再者，政策問題的本質與重要性，公共服務機關的結構與功能，人民的需求與期望，在新時境的演化下正發生根本性的變遷，因而引發評估研究的強烈渴求，冀圖判定當代的各種政策，能否配合快速社會變遷所形成的各種挑戰。

今日的政策問題已影響到整個社會的福祉與安危，並非僅是哪些不幸的受害者首當其衝而已，更何況，政策問題產生的主要責任，整個社會實不能辭其咎。因之，社會之改革，較之於個人行爲之調適，更能指示根本解決問題的期望和遠景。於是，嶄新的解決政策問題之政策層出不窮，以因應各項問題之產生。爲了評估這些新的政策，必須建構新的目標，發展新的效力指標，而演展成評估研究之進步與強化。

不過，非但政策的目標，必須隨著政策問題之本質而不斷更新，執行政策的結構和功能，亦應與時並進。換言之，政策活動之範圍擴大，功能加強，性質有異，以致產生諸多複雜的組織與資源問題，這些問題需要持續的評估與調適。此亦即泛指新行政機關逐漸的成立、職業區分的更換頻仍、人員之教育與訓練的條件有別、社會服務的激增，造成不少的新政策目標，有必要從事較廣的政策工作。蓋任何機關組織之要務，在於提升使其成爲更有效力與有效率的組織，接受政策設計、發展與評估的實際挑戰。

正當政策問題之本質、公共服務機構與功能發生重大變遷之際，

[1] F. M. Frohock, *Public Policy* (Englewood Cliffs, N.J.: Prentice-Hall, 1979), p. 12-14.

人民對於公共服務的種類，以及對於政策所賦予的支持態度與行爲，也發生重大的轉變。蓋由於教育的普及，知識的發達，參與國是的熱切，人民乃不斷要求政府提供科學證明，以顯示各種推行政策之效力與效率；另一方面，政府爲了爭取人民參與與推動各種政策，依賴的主要的激勵因素在於引證政策成就的資料，用以博得人民積極的支持；再者，人民亦懇切期望有能力的政府提供更廣泛和更優異的服務，而這種服務逐漸被人民認爲是基本權利。其結果，社會大眾更積極地關切與重視公共服務和致力於影響各項公共政策之制訂。如此一來，公家機關面對激增的壓力，被要求負責較大的責任，它必須與其他機關共同爭取有限的資源和經費；設計新穎的政策如未能贏得人民的認可與支持不得施行；舊的計畫要能顯示出應有的效力與效率，才能持續而不致被終結。在這種競爭爭取人民支持的境遇下，政策評估乃是最佳的武器，從政策評估上指出現行的政策成果，發現推行的缺失，規劃哪些行動須與之配合，而擬訂將來的指針。

傳統上，一般人每以爲：法案一旦由有關機關提出，嗣經立法機關的審議，又經總統公布施行，並開支大量經費後，法律與開支的目的就已達成。人們向爲一廂情願地假定：立法機關採納某項政策，並撥付執行該項政策的經費；行政機關組織一項行動計畫，僱用必要的執行人員，支付所需的各項開銷，從事爲執行該項政策而安排的種種活動，其結果就會造成政策所欲的目的。易言之，人們總以爲，政府一旦採納了正確的公共政策，公共政策就能達到下列這些目的：滿足人民的參與需求、消除社會貧窮的現象而邁向均富的社會、消除髒亂而保持良好的衛生習慣、預防犯罪而維護社會的治安、因應國際變局而維持國內穩定與持續發展等等。然而學者的研究、各種政策的效果、決策者的實際經驗，在在均顯示並未產生上述樂觀及異想天開的效果，實際上，政策或由於問題之認定有所偏差、政策環境的更迭與時推移、新問題的不斷衍生、政策執行人員之素質、政策資源的關係，致使原定的政策無法完全獲致預期的目標，甚至產生額外的副作用，因而引起不良的惡性循環；即政府爲瞭解決一項問題或達到一個目標起見，大多採取一種措施，這一種措施也許能解決這個問題或達到這個目標，可是由於這一措施實施的結果，附帶產生了其他所預想不到的副作用，因而產生了另外的問題，這些新的問題所演變的結果，非但使原來的問題未能獲得解決，反而使其更趨嚴重，或者非但未達到原來的目標，反而使達到目標的距離更趨遙遠，於是形成惡性循環現象[2]。因之人們在歷經各種政策執行之後，諸如戰勝貧窮計畫、國民住宅、都市更新、人力訓練與培植之教訓和體驗之後，莫不認爲當前首要之圖，乃是評估公共政策的眞正影響力，俾以提供政策之持續、修正、或終結之依據，發現新問題擬訂新方案的良方。

歸結言之，政策評估爲政策之持續與終結、人民之支持、認定新問題、訂定適合政策之基本前提；傳統對政策之樂觀想法已不復存在；資源成長已達極限之時代，危機時有爆發之際，政策問題業已變質，機關組織之結構、構成員與運作之變遷，人民需求與期望之提升，凡此均是政策評估研究有力的時代背景。

第二節　政策評估的基本概念

研究任何一個問題，第一個步驟乃界定該問題的內涵。設若吾人對於該問題的內涵加以詳盡的界定，則這個界定可以指示我們研究的定向和範圍，使我們不致於在廣泛的範疇中，不知所措，無所適從，甚至不知應該從哪一方面著手，選擇何種問題，蒐集及處理何種足資證明我們所欲研究問題的資料，進一步探討、分析、評述該項問題，以求得結論，建立理論體系。因之，吾人實有必要對政策評估的內涵

---

[2] 姜占魁，機關組織與管理（作者自行發行，民國59年4月初版），頁79-80。

加以闡明，以爲進一步研究的基石，探究有關問題的依據。吾人擬從下列幾個方面分析之：

（一）「評估」一詞是極具彈性的字眼，所涉及的範圍至廣，含涉各種不同的判斷

人們常會討論機關人員工作績效之考核、某部電影之影評、某種新產品之可能銷售量的評估。上述這些對「評估」一詞的使用，均具有一項共通的特性，即判斷優劣的觀念。從事評估者往往應用一些明示或暗示的標準，檢定和衡量某一現象；這個現象可以是一個人、一件事、也可以是一種觀念。然而本章所討論的評估，爲一種特殊的現象，乃是爲增進人類福祉而設計採行的政策，因此稱之爲政策評估。

（二）自政策過程的系列活動觀之

一般而言，政策過程所涉及到的活動有問題的認定、方案的規劃、政策的合法化、政策執行與政策評估。由此可知，政策評估乃是最後一個政策過程，而關注的焦點在於政策內容、執行與效果的估計、評估、或鑑定[3]。然而，有些學者將評估的過程，指涉爲「描述各種解決政策問題的方案，陳述各種方案的優劣點[4]。」換言之，在這種系絡中，評估爲一種分析的過程，分析各種不同的政策方案，指出每個方案的可行性與及相對的優缺點，即如 *M. C. Alkin* 爲文陳述：「評估是一種過程，這個過程在於確定重要的決策範圍，選擇適當的資訊，蒐集與分析資訊而做成有用的摘要資料，提供決策者抉擇適當的政策方案之基礎[5]。」上述這種評估乃爲政策方案的評估。本章所泛指的政策評估，著重在判定政府所執行的各項政策之得失，以取決

---

[3] J. E. Anderson, *Public Policy-Making* (N.Y.: Holt, Rinehart and Winston, 1979), p. 151.

[4] N. Lichfield, etal., *Evaluation in the Planning Process* (Oxford: Pergamen Press, 1975), p. 4.

[5] M. C. Alkin, "Evaluation Theory Development", in C. H. Weiss (ed.), *Evaluating Action Programs* (Boston: Allyn and Bacon Inc., 1972), p. 107.

政策是否與如何解決或影響所面對的問題。因之，政策評估的內涵爲評估某一現行的政策，在達成目的上的效果；並利用研究設計的原則，來區辨在某種情境內，究竟是政策本身或者其他因素所形成的效果；最後企圖以修正現行政策的方式，增進其效果。由是觀之，政策評估是結合政策運行與政策設計的活動。政策評估的研究發現，得以用來修正現行政策的運行方式，設計未來的政策方案，提供漸進改善政策的資訊，因此是專注於政策過程上最終的功能活動。

（三）自政策評估所擬提供的資訊觀之

原則上，政策評估對決策者和政策執行者所要提供的客觀資訊有七：(1)爲政策的成本與效果，以便進行有效的管理與合適地分配有限的資源；(2)爲政策持續、修正、擴大或終結的立論根據；(3)爲在某一既定的成本水平下，何種執行政策的計畫所獲致之效益最優；(4)爲現行政策或計畫的運作狀況與效度，而爲將來決策的參考；(5)爲何項政策或計畫之構成要素，或者各要素之綜合，在既定的經費水平下最爲有效，而達成最佳運作的效率；(6)爲政策或計畫對不同階層、不同素質的個人所產生的影響；(7)爲那些新方法足以克服政策或計畫在執行上所遭遇的困難和阻力。歸結言之，政策評估主要要回答四個問題：(1)何種政策最有價値？(2)哪種政策運行最佳？(3)政策何以具有價値？(4)何以運行最佳？這些發現可能致使政策方向的變更，執行的修正，管理的革新。

（四）自政策評估所涉及的活動觀之

政策評估所涉及的活動有三：

1.說明所欲評估的標的：政策評估的標的可以是明確的，比如判定國民住宅政策是否已完成興建更多的國民住宅，而實現住者有其屋的目標；政策評估的標的亦可以是含糊的，有如判定某套經濟政策是否已重建人民對政治領導的信心，對系統的積極支持，提高並強化統治的正當性。

2.量度政策成效的標準：在這個評估活動中，其內容包括：分析政策所欲解決的問題、描述和標準化政策的內容、量度政策環境變遷的幅度、判定所觀察的環境變遷是否歸因於政策活動或是其他因素的結果。

3.分析前述各項資訊，以決定政策的績效、效能與效率。

（五）自社會變遷的角度觀之

政策可以說是人類有意進行的社會活動，目的不只是改變現存的社會環境，同時更冀望防止現行社會環境之惡化。因此，政策評估是人類企圖考驗或檢定自己影響他人或社會環境的能力，它在於發現人類計畫的社會行動，所導致的成果。由是，政策評估自這個角度觀之，乃意圖分析下列事實：(1)何種社會變遷是人類所寄盼的？(2)經由何種手段或途徑促成人類所寄盼的社會變遷？(3)有哪些證明或數據足資顯示，所觀察到的社會變遷，因由該使用的手段或途徑而起？(4)所已發現的社會變遷具有何種意義？(5)非預期的社會變遷是否產生？基於上述分析的事實，而擬訂未來社會行動的指針。

（六）自評估研究與基本研究的差異觀之

原則上，評估研究的重點，特別關注特殊的社會問題，意圖透過研究，貢獻解決社會問題的良策，並由在社會過程中扮演積極角色的人士擔任；反之，基本研究或純研究的重點，並未指向於特殊的社會問題，也不提供政策推薦或政策指引的資訊，更不是由社會過程中扮演積極角色的人士所擔任[6]。這兩種研究之區分，可自下述各方面得到進一步的認識：

1.評估研究在於獲致適時的知識；而純研究或基本研究不太關切

---

[6] F. M. Frohock, *op. cit.*, p. 184-185.

目前的社會需求，其研究的動機並不在於提出解決社會問題的政策，雖然研究的結果可能具有政策提示的意涵。

2.評估研究之目的在於根據研究成果，以爲修正或制約某一公共政策的依據；而純研究則在建立爲理論和資料所支持的結論。

3.評估研究者之主要旨趣在於揭露社會問題得以被治療的條件，因此乃關注可以控制的政策變項，而非政策研究中無法控制的情境變項；反之，基本研究則同時熱衷於兩種變項之研究[7]。

（七）自參與政策評估的人員觀之

人員之參與政策評估，往往隨著構成員及接近政策制訂過程之情況而有異。從構成員觀之，有的人員是個別的，有的是機關的；由接近政策過程觀之，有的是組織內部的人員或機關，有的是組織外部而與政策制訂無關者擔任之。組織內部的人員或機關從事評估工作具有下列優點：

1. 對於機關組織及政策與計畫有較透徹的認識。
2. 具有不斷進行督導與評估活動的制度基礎。
3. 在某一既定組織內，負責政策評估的個人或機構，有機會直接影響政策之做成，俾便隨之調適情境的變化。

反之，組織外部的評估員則擁有內部評估員工所不能享有的優點：

1. 外部評估員常能維持評估的客觀性與正確性。
2. 外部評估員經常應用種種評估標準，來測定政策的基本理論或假設。
3. 外部評估有時並不必倚賴組織有限的資源，進行評估的工作。

[7] *Ibid.*, 185-186; See also J. S. Coleman, "Problems of Conceptualization and Measurement in Studying Policy Impacts", in K. Dolbeare (ed.), *Public Policy Evaluation* (Beverly Hills: Sage, 1975), p. 24.

4. 外部評估員對於政策執行之標的團體的價值和需求，可能比內部評估員，較能正確的認識。

總之，組織內部之評估員，無論是個人或機關，雖與政策做成過程極爲接近，但比較不能進行客觀、批評和建設性的政策評估；而外部之評估員雖較能貢獻富有創造性的政策建議與調適，但由於其並不直接涉入政策制訂過程，所以欠缺正當的影響力。於是，爲致使政策評估具有客觀性、批評性與建設性，如何平衡內部與外部評估員，實爲一大前提。

基於上述幾方面的分析與陳述，我們認爲政策評估乃「基於有系統和客觀的資料蒐集與分析，進行合理判定政策的投入、產出、效能與影響的過程；而主要的目的在於提供現行政策運行的實況及效果之資訊，以爲政策管理、政策持續、修正、或終結的基礎，擬訂未來決策的方針，發展更爲有效和更爲經濟的政策。」

第三節　政策評估的目的與用途

從政策評估的基本概念之分析上，我們約略可以洞悉其動機與目的。而根據心理學的研究顯示，動機與目的既爲任何行爲產生的趨力或泉源，行爲定向與行爲模式的發展傾向，吾人實有必要進一步地、更詳細地指陳政策評估所欲達到的消極和積極目的，蓋任何從事評估者，因職位與身分有異而所懷的動機就有所不同。總之，從事評估者務必察言觀色與愼謀能斷，發現決策者對於評估研究的冀望，以及如何企盼應用該項研究結果。評估者事先蒐集了這些資訊和具備了這些知識後，方能最有效地使評估研究配合決策者所要求的資訊。本節將從下列幾個方面進行研討。

一、評估是否經常被認為是正當合理的

所有的政策，姑不論好壞，均應接受評估而毫無例外嗎？其實並非如此。蓋評估是一種應用的研究，所著重的是功能的原則，設若評估對於決策並未具任何影響，進行評估乃是無用的舉措。因之，評估在下列四種情況下，並不值得一試[8]，否則是徒勞無功而已。

1. 政策或計畫本身並未發生任何問題。即政策或計畫進行順利不輟，有關其將來進行方向之各項決定或已做成，或尚未提及時。
2. 政策或計畫尚未有明確的定向時。蓋政策或計畫的幕僚人員基於思慮未深、原則引用不明而所採取的每日臨時活動，或者計畫不時修正或變更，方向徘徊不定時，斯時尚未符合一項政策或計畫的條件。
3. 當人們或組織的成員，對於政策或計畫所欲達成的目的，尚未有一致的見解或建立共識時。斯時，因人們或成員對於認知的目的還有一段距離時，評估即無一席之地。
4. 任何機關並沒有充足的經費或十足適格的職員來進行評估時。因爲評估是極端苛求的事，不但需要花費時間與經費，而且從事評估人員需具備豐富的想像力、堅忍的毅力、高超的技能。

歸結言之，在上述不理想的評估情況下，甚少可能供應輝煌而有見地的成果。是以，進行評估之前，主事者應對前述四種情況有所掌握，再決定之後的作爲。

二、評估的消極目的

人們之所以決定進行某項政策之評估，可能有許多冠冕堂皇的理由，有的是非常合理，有時是富有政治性的。自消極的角度而言，評估的動機或所欲達到的目的有：

---

[8] C. H. Weiss, *Evaluation Research: Methods of Assessing Program Effectiveness* (Englewood Cliffs: Prentice-Hall Inc., 1972), p. 10-11.

（一）遲延做成決定

決策者有時尋求各種方法來遲延決策之做成。通常他或她可以任命某一委員會進行調查各項事實與眞象，並等待結果報告才做成決策；反之，他或她有時亦應用評估研究之進行，而延長決策做成之時間。此亦即利用探尋事實爲藉口，延遲必要行動之採行。正如*E. A. Suchman*之所謂的「以研究取代服務[9]」。

（二）規避責任

有時執行政策的機構中，對於應採行的行動方向，各派閥具有不同的主張與看法，斯時主管人員乃求助於評估，冀其提供公平的證據，以便推卸責任。有時主管人員甚至早在進行評估之前，就已預先知悉決策將如何做成，他們只是希望以評估研究，來掩飾其合法性而已，此亦即以評估作爲客觀或專門的幌子。正如*E. A. Suchman*之所謂的「以形式取代研究[10]」。

（三）進行公共關係

偶而評估也爲決策者及執行者視爲一種炫耀工作績效的手段。當主管人員深信已推行一項高度成功的政策或計畫，有必要覓尋一途加以宣揚，喚起有關人士的注意，一項優良的評估研究或許可以達成這種願望。揚善的研究報告一送到有關機構，或富有影響力的人士，嗣經其嘉許表彰而獲致公共關係之開展，俾便將來爭取更多的經費鋪路。總之，主持政策或計畫之執行者，必須對提供經費者，提供或證明政策或計畫的正當性或合理性；同時覓尋他人支持他或她所深信不疑的觀念與計畫；而追求他人或機構對現行政策或計畫的支持，乃是從事評估的共同動機。

---

[9] E. A. Suchman, "Action for What? A Critique of Evaluative Research", in C. H. Weiss (ed.), *Evaluating Action Programs*, *op. cit.*, p. 81.

[10] *Ibid.*

（四）符合經費補助要求

近年來，進行政策評估之決定，漸漸地來自政策執行機構之外的機構之要求。例如，諸如美國聯邦財政補助之各項革新計畫，均須以評估為申請的必要條件。蓋自資助資金者的眼光觀之，他們乃在嘗試革故鼎新的政策，於是要求執行機構供應一些數據、證明，用以顯示政策執行的績效，乃人之常情。然而，政策的執行者每以新政策開始運作而須籌備的工作為優先，而常為人事安排、預算編擬、後勤支援、社區關係和其他開先鋒所需的各項嘗試所困擾。由是，他們往往會忽略了評估的重要性，而認為那只是一種形式，計以安撫資金的提供機構而已，對其本身並未具有任何實質的用途。

（五）偽證、掩飾與攻擊

有時評估之進行，意圖在於合理化效果不彰、績效不良的政策，而審慎選擇表面上似乎不錯的政策要素進行評估之，換言之，以「表面取代實際」；有時則以評估來掩飾偽裝政策的失敗或失誤；有時甚至以評估來攻擊或破壞某一政策或計畫，而並不顧及其效果，即以「政治取代科學[11]」。

由上觀之，評估原本是一項理性的工作，卻常於非理性或不提供資訊的理由下進行，在這種消極的動機與目的之下，往往導致評估進入危險和歧途的困境。因之，評估者在進行評估之前，必先探尋何人倡議政策的評估？所要達到的目的何在？機關中有無其他團體反對或質疑評估的意圖？這些團體反對的動機為何？政策執行人員、主管人員或資金資助者中，是否具有眞正的誠意，冀以評估的結果來改善將來的決策呢？設若評估的眞正目的不在於改善決策之做成，也無人想眞誠地應用評估的結果，則該政策可能並不是評估的好對象。斯時評估者應慎謀能斷，而決定不希望介入這趟渾水或者另尋他圖而大展鴻

[11] *Ibid.*

才。

三、不同人員對評估懷有不同的期望

評估在正常的情況下，主要的目的旨在獲悉政策如何地完成目標，然而對評估的期望每每因人因職而異。高階層的決策人員所追求的資訊爲有助於下列各項問題之抉擇者：政策應否持續或終結？在整個運作系統中應否將政策予以制度化或只限於初探性的階段？應否以同樣的程序或技術持續或修正？是否應分配更多的經費來支援原來的政策或移轉到其他的政策？總之，他們冀望政策的整體效力之資訊。

執行政策的總負責人，其所面對的問題，又與高階層決策人員的有異。他們所要知悉的包括政策如何成功地達成意欲的目標，哪種一般性的策略較易成功或失敗，哪種方案較能經濟而有效地獲致成果呢？哪些政策的特性最爲傑出，以及哪些要項可以變更或廢止？

直接參與執行作業的幕僚人員，由於經常與個人和各種團體接觸來往，所以他們迫切關注每日的執行技術。他們希望評估能夠提供哪種方法最能推進政策，如建立一套良好的工作習慣，應否著重團體討論、影片介紹或講解而引起標的團體的注意與接受等事宜。

評估研究的經費資助者，尤其是哪些並未直接參與政策之實際運作者，則熱衷於獲知另一方面的知識，他們比較重視理論建構與研究方法的問題，而較不重視實際運作而產生的問題。比如，社會團體工作是否有助於年輕夫婦的父母功效？對於低收入的青年，增加他們的就業機會，是否會減少青少年犯罪的發展？如果社區衛生醫療工作協調一致，區民是否能夠接受較優的衛生照顧？因之，評估的另一種目的，在於檢定服務概念或理論模型之效用。

一般民眾，由於他們是納稅者、學齡兒童的父母、或是資金的奉獻者，他們關切他們的金錢是否開銷支付得明智而有效。

服務的消費者以被服務對象的眼光，來透視政策評估的用途，各機關所推行的政策是否履行了服務目標，達到受益者所期望的服務價値？

總之，不同人員居於不同的角度來透視政策評估，因而各有其不同的著重點，從事評估者應事先瞭解不同的對象，而妥適提供正當的評估資訊。

四、評估的積極目的

從以上各層次的人員對評估所寄予的期望，我們可以得知，評估的積極目的於理論上而言，乃在於提供三類主要的資訊，即政策的投入、效力與效率，以爲下列各項決定的基礎：

1.政策之持續或終止。
2.改進政策之推行與程序。
3.增刪特殊的或個別的方案策略和技術。
4.是否在他處擴展並推動類似的政策。
5.分配不同政策間的資源比率。
6.接受或拒絕某一政策的立論基礎[12]。

政策投入乃泛指成就政策目的所必須採行的活動量與類別，其不僅是工作的時間、進行的活動，以及執行的情形，而且也涉及到資源分配與使用的情形；政策效力則指現階段政策所成就的目的之情形；政策效率乃政策投入與政策效力之間的關係或比例[13]。

然而在實際上，評估之主要目的旨在於獲知政策執行的情形，瞭解執行機構所面對的問題，政策執行過程中所發生的事件，以助做成改進政策的決定。因之，它是研究政策活動與可欲目的之間的關係，

---

[12] T. H. Poister. *Public Program Analysis* (Baltimore: Univ. Park Press, 1978), p. 8.

[13] T. Tripodi, etal., *Social Program Evamation* (Itasca, 111.: F. E. Peacok Publishers Inc., 1971), p. 44-50.

是管理的重要工具，促成管理者或政策主持者不時設計新的方案或隨時調適各項資源的分配與人事安排、工作程序與技術、組織結構與工作再設計，意圖增進實現期欲的行動或服務的目標之可能性。至於以評估的結果來取決政策存亡的現象是相當稀少的，蓋縱然政策評估的結果，顯示該項政策是失敗的，正常的反應乃儘量彌補其缺失和重新一試。此外，以評估來檢定政策的理論基礎者，亦屬鳳尾麟角，少之以少了。

第四節　政策評估的類型

政策評估的類型，每因學者著重的焦點有異而有不同的說法，分類的基準不同而有不同的類別，比如*D. N. T . Perkins*根據政策發展過程而建立六種評估[14]，有如圖6-1，該六種評估爲策略評估、順服評估、政策設計評估、管理評估、干預效果評估，及影響評估。*R. A. Snyder*等人認爲評估爲「循環的回饋過程」，其等認爲評估有下列

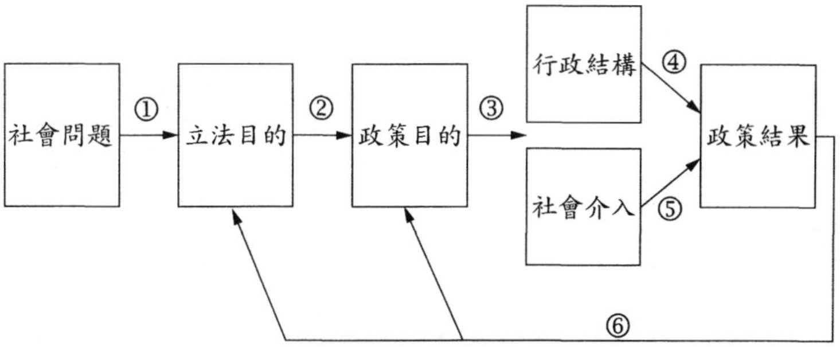

來源：D. N. T. Perkins, "Evaluating Social Interventions: A Conceptual Schema", *Evaluation Quarterly*, V. 1 No. 4 (Nov. 1977), p. 642.

圖6-1　Perkins政策評估類型

[14] D. N. T. Perkins, "Evaluating Social intervenetions: A Conceptual Schema", *Evaluation Quarterly*, V. 1 No. 4 (Nov. 1997), p. 642-645.

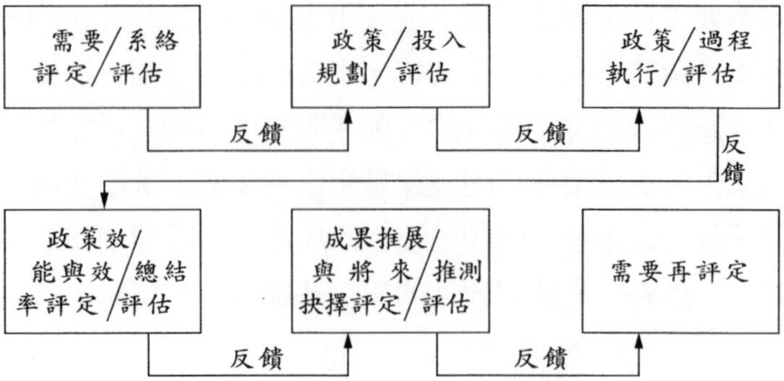

來源：R.A. Snyder, etal., "Model for the the Systemic Evaluation of Human Resource Development Programs", *Academy of Management Review*, V. 5 No. 3(1980), p. 436.

圖6-2　Snyder政策評估類型

五種：系絡評估、投入評估、過程評估、總結評估、推測評估[15]，如圖6-2。

*D. N. T. Perkin*所謂之策略評估屬於問題認定的範圍，政策設計評估則屬方案規劃的範圍，順服評估與管理評估則屬政策執行評估的範圍；反之，*R. A. Snyder*等人所謂之系絡評估，也屬問題認定的範圍，投入評估亦屬方案規劃的問題，過程評估則爲執行評估。因此，本節所討論政策評估著重於：政策執行評估、影響評估、經濟效率分析及推測評估。

一、政策執行評估

（一）政策執行評估的意義與功能

政策執行評估主要的內涵，在於有系統的評定，政策的運作，是

[15] R. A. Snyder, etal., "A Model for the Systemic Evaluation of Human Resource Development Programs", Academy of Management Review, V. 5 No. 3(1980), p. 436-440.

否按照原定的設計進行？政策是否達到特定的對象[16]？一旦一項計畫的政策，在全國、在某個地區、或某一機關組內開始實施時，政策執行的評估就登場了。

政策執行評估所涉及的作爲，計有下列各項：

1. 督導與記錄政策執行過程中，依序所發生的事件，所採取的行動，所投入的資源（包括人力、設備與物質等）。
2. 按政策所預計的內容，蒐集與記錄實際運作的資料。
3. 發現或預測政策設計或執行的缺失。
4. 將政策如何運行的所有資訊，回饋給執行人員，以爲改進的參考[17]。

基於前二項作爲，政策執行評估，一方面探討政策是否確實達到特定的標的團體或實施區域；另一方面研析政策執行過程中所採用各種措施和介入行爲，是否按照政策設計的內容進行，即政策執行是否依據事先的設計，對標的團體提供所需的資源、服務或利益。根據這兩方面的資料，取決執行人員負責盡職的程度[18]。

其次，政策執行評估在管理的功能上，亦扮演著重要的角色。蓋有許多政策並未按原來設計的內容付諸執行，個中原因不同，有時是人員與設備不足；有時是執行人員深受政治或其他因素的阻擾，而無法按既欲的目標行事；有時是執行人員的激勵不足，士氣低落，或者欠缺執行任務的知識；有時甚至是標的團體難以確定或不合作。凡此均可作爲管理措施修正的依據，探討在何種情境下，執行最可能成功；發現執行時可能遭遇的問題及其可資解決的策略；決定政策

[16] P. H. Rossi, etal., *Evaluation: A Systematic Approach*, (Beverly Hills: Sage Publications, 1979), p. 39.

[17] R. A. Snyder, etal., *op. cit.*, p. 440.

[18] K. A. Leithwood and D. J. Montgomery, "Evaluating Program Implementation", *Evaluation Review*, V. 4 No. 2 (April 1980), p. 194.

執行的可行性、執行人員所需具備的能力與條件；而且在政策執行過程中，如產生額外的效果，應如何調適政策的內容，俾便達成政策的目標。總之，政策執行評估所得的資訊，時時作爲採取對應措施的基礎，以收因地、因事、因時制宜之效。

再者，政策執行評估爲解釋或說明，某一特殊政策的效果或影響的依據。正如*L. L. Morris*和*C. T. Fitz-Gibbon*兩人所言：「吾人如不瞭解政策執行的情形，又何能解釋政策的效果或影響[19]。」*P. H. Rossi*等人亦懇切地指出：「除非政策確實已執行，同時業已爲適當的標的團體所接受後，我們才能論及政策的效果或影響[20]。」易言之，瞭解政策被執行情形，爲解釋政策效果或影響的前提。

最後，政策執行評估亦能成就研究發展功能，換言之，政策執行評估得以解釋政策成敗的理由。蓋政策執行評估的資訊，足以作爲決定政策失敗的原因，究竟政策經充分地執行，但並不發生功效；抑或政策可能有效，而實際上並未加以執行或執行不力。政策執行評估也可解釋政策要素與政策效果間的因果關係，瞭解政策與情境變數間的關係[21]。

（二）政策執行評估的程序

前已言之，政策執行評估在於評定政策執行的情形，以及政策是否達到特定的標的團體。如何進行評定，以達成其功能呢？首先讓我們論述標的團體接近政策的情形。

一般而言，任何政策之執行，往往需要標的團體學習新的程序，改變現行的習慣，或接受新的指示，於是在吸引標的團體接受政策上，可能遭遇到某些困難。因之，一項政策是否爲標的團體接受，

---

[19] L. L. Morris and C. T. Fitz-Gibbon, How to Measare Program Implementation (Beverly Hills: Sage Publications, 1978), p. 10.

[20] P. H. Rossi, etal., *op. cit.*, p. 38.

[21] K. A. Leithwood and D. J. Montgomery, *op. cit.*, p. 195.

必須由政策執行評估加以證明，何況標的團體參與政策的情形，向爲政策執行人員所重視的問題。蓋有效的執行管理，需要正確和適時資訊，用以瞭解標的團體參與的情形。設若標的團體參與的情況並不熱烈，未達到既欲水準，就有可能需要變更接受政策的程序。再者，標的團體參與的情形，乃衡量政策效能與持續力的重要標準。

現行評估標的團體參與情形的途徑有三種：記錄卡的應用，政策參與者的調查與社區調查[22]。幾乎所有的政策均有記錄卡，記載接受者的各種資料，根據該項資料，吾人可以分析參與政策者的各項背景資料、消息來源，以及哪些人尚未加入政策，接受服務的情形。抽樣調查參與政策者，爲另一種常用方法，從調查所得的資料分析上，我們亦可瞭解，參與者各項特性及所表現的行爲，比如，陳情處理情形，我們可以以曾提出陳情的人爲對象，從事問題調查，藉以瞭解其對陳情的認知，提出陳情的原因，對陳情制度的評價。當政策執行是以整個社區爲對象時，社區調查乃最有效，甚至是唯一檢定標的團體與情形方法。

一項政策無法對政策環境產生任何影響，個人原因可能不少，問題認定的錯誤，環境的快速變遷外，但大多數的情形，乃政策並未按既定的方式執行，這種現象有三種：全然沒有執行、錯誤的執行及執行標準因人因地而異[23]。因之，我們有必要瞭解實際的執行，指出各項缺失，而爲改進的基礎。

評估政策實際執行的方法有四：評估者自行直接觀察、分析服務記錄卡、由政策執行人員與提供服務者提供資料、政策參與者的調查資料[24]。評估者自行直接觀察，可由觀察者記錄各項事件發生的情形及順序，可以以回答問題方式說明執行情形，也可以塡寫問卷的形式

[22] P. H. Rossi, etal., *op. cit.*, p. 126-130.
[23] *Ibid.*, p. 132-133.
[24] *Ibid.*, p. 144-154.

記載執行的作爲；根據服務記錄卡研析政策執行情形時，事先應將卡片的內容予以安排，並由執行人員適時記載，但求資料的一致與可信，不求資料過度的廣泛與虛誇；訪問和問卷調查政策執行人員，亦能蒐集政策執行的資料；自政策參與者的訪問與調查而得到資料，不但彌足珍貴，而且也可自另一個角度來透視，政策執行的實際情形，這種資料指出，政策參與者所重視的要點、對政策感到滿足的程度，以爲調適政策執行的方向。這四種方法綜合應用，當窺知政策執行實際運作的情況，從各種角度加以比較印證，當比從單一角度獨自觀察，獲益更多。

政策執行評估，自各角度蒐集而來的資料，經分析後，應描述政策實際作業的情形，諸如政策參與者的特性，政策所提供的服務及服務的頻率，參與者對政策所提供服務的反應；比較不同地點的政策執行情形，以瞭解政策因地制宜所造成的差異，諸如執行人員、行政措施、標的團體的不同，或者政策環境的差別，以便建立標準化的作業程序，指出政策成效各地不同的因素；認定政策設計與政策執行間一致與符合的程度，如政策設計陳義過高，則重新界定設計的內容，或者強化政策執行，使其接近設計內容。

*L. L. Morris*和*C. T. Fitz-Gibbon*曾周詳地設計政策執行評估，其所應包括的內容，值得參考，茲簡介如下：

1.內容摘要：其內容乃在說明政策執行評估的對象——政策名稱、進行評估的理由、評估所要達到的功能、評估後的主要發現與建議。

2.政策的背景與環境：這個部分旨在描述政策形成的過程、所要達成的目標、冀圖發動的作爲、可資利用的資源。詳細分之，則包括政策背景—政策執行地，受政策影響的人數、類別與特性，政策執行地的經濟狀況，利益團體活動的情形；政策淵源—發動政策的原因，輿論關懷程度；政策目標一政策預計要完成的指標；歷史背景；政策的標的團體；執行人員；行政措施與安排；經費使用概況一執行成本、經費來源、年度經費的分配。

3.原定政策主要特性總述：這個部分強調原定政策的主要特性，包括政策執行計畫的內涵，即執行時所用的材料、從事的活動、每項活動負責執行的人員、標的團體因應的情形、執行的進度、因時因地制宜的程度、政策的立論基礎、哲學立場；政策檢討再檢討計畫。

4.執行評估描述：這個部分討論評估的政策活動，檢視各種量表。自執行評估的重點而言，其描述執行評估的功能；閱讀評估報告的人士；執行評估的重點一比較原定政策與執行的政策一致的情形；執行評估的環境一有無時間或經費的限制、或者研究方法論的限制而影響評估方向；哪種原定政策特性，選爲描述比較的基礎。自量表與資料蒐集範圍而言，其描述使用哪些量表作爲蒐集資料的工具、選擇量表的標準、量表本身有無缺陷、有無進行信度效度分析、蒐集資料的過程、抽樣的情形。

5.綜論與考慮：這個部分包括綜論政策執行情形與具體發現和結論。自前言而言，每個地方是否均按計畫與標的團體的期望執行？如否其原因情形爲何？有哪些政策要素嗣經拋棄或修正？所有物材均可資應用否及其使用的情形？政策是否按原計畫辦理送到標的團體？有無重要的活動發生？自後者而言，物材是否配合政策目的？有無特殊發展的物材？應用哪些別的資源等等；執行活動是否適合政策目的？標的團體參與的活動？執行人員遵守規則與慣行的情形[25]。

歸結言之，我們若無法掌握政策實際執行的情形，描述實際運作的情況，我們實無法據以評估政策的績效，及其對環境所生的影響。因之，政策執行評估乃是其他各類評估的基礎，在管理上、責任確定

---

[25]：L. L. Morris and C. T. Fitz-Gibbon, *op. cit.*, p. 39-48.

上、研究發展上有其扮演的功能，斷乎不能加以忽視。

二、影響評估

(一) 政策產出與政策影響

既定政策歷經執行過程後，形成兩種結果：政策輸出（policy out put）與政策影響（policy impact）。政策輸出乃泛指：政策執行機關所做的事情、所採取的行動。比如十大建設、竊盜逮捕、國民學校之設立、家庭計畫服務等。其衡量形式，爲公路費用每人平均負擔若干？福利支出每人獲益多少？每十萬人口中，所逮捕的竊盜人數？每個學校中，對於每個學生開支多少？若以台北市家庭計畫推廣中心，歷年家庭計畫服務工作情形爲例，就可明確顯示出政策產出的實際狀況（如表6-1），計家庭訪視指導多少人次？巡迴車服務多少次？產後通訊幾次？避孕專線電話指導幾次？團體衛教幾次及參加人數？巡迴放映電影演講幾次及參加人數？教材製作分發幾種幾份？訓練與講習幾次及參加人數？新婚教育幾對？大型衛教活動比賽九次[26]？又以台北市歷年推廣避孕方法的情形而言，每年發放保險套多少打？增加的新案若干？每年發放口服藥多少月份？新案增加多少？有如表6-2[27]。

凡上所述，均表示政策執行機關所做的事情，所採取的活動情形。政策輸出猶如鳥兒展翅的次數，爲發生政策影響的開端與前提，有時其也成爲政策評估一項重要的基準，何況在政策影響難以衡量與鑑定時，政策輸出的衡量，亦爲重要的政策評估方法。

不過，正如*E. A. Suchman*的看法，政策輸出只告訴我們鳥兒展翅的次數，但無法測知鳥兒飛得究竟有多遠[28]。*T. R. Dye*亦指出，政

---

[26] 台北市家庭計畫推廣中心業務簡報(民國67年12月)，頁9。

[27] 同前註，頁7。

[28] E. A. Suchman, *Evaluation Research: Principles and Practice in Public Service and Action Programs* (N.Y.: Russell Sage Foundation, 1967), p. 61.

表6-1　台北市歷年家庭計畫服務工作成果

項目＼成果＼年		62	63	64	65	66	67
家庭訪視指導（人次）		117,312	124,262	138,217	158,853	148,617	138,233
巡迴車服務（次）		97	89	108	112	92	91
產後通訊（次）		37,180	39,552	38,271	37,968	45,306	39,358
避孕專線電話指導（次）		5,679	9,146	12,304	9,904	11,194	10,725
團體衛教	次	757	6,236	5,215	7,254	7,088	6,789
	人數	30,517	130,031	133,219	168,625	322,713	325,042
巡迴放映電影演講（包括後備軍人教育）	次	11	112	129	71	88	184
	人數	10,263	19,308	16,264	14,271	15,250	73,884
教材製作分發	種	8	14	16	20	24	22
	份數	105,000	150,789	221,825	364,413	367,261	449,445
訓練與講習	次	29	44	63	96	44	53
	人數	181	2,760	1,323	2,201	1,440	1,348
※新婚教育（對）					9,465	19,840	18,481
大型衛教活動比賽（次）		5	8	13	17	26	30

※新婚教育自65年度至67年度係指台北市家庭計畫推廣中心舉行之新婚通訊、新婚座談會。

來源：中華民國67年12月台北市家庭計畫推廣中心業務簡報。

62-67年度

策輸出雖在描述政策的內容上，解釋政策影響的定數上，有其不可磨滅的功勞，但我們猶須探討政策產出，究竟對環境或政治系統產生何種影響[29]。誠然，我們實不能滿足於量上的知識，鳥兒展翅的次數，我們更須探究鳥兒因展翅而飛得多遠，政策因其產出，形成對環境或政治系統的影響。

政策影響乃指政策輸出對個人、團體、社會、自然環境、政治系統的組織結構與運作方式、系統的輸入，以及隨後政治系統的產出，所造成的變遷。簡言之，政策影響乃政策輸出後，所發生的一系列事

[29] T. R. Dye, *Understanding Public Policy* (Englowood Cliffs: Prentice-Hall, 1978), p. 312-313.

表6-2 台北市歷年推廣避孕方法績效表

會 年 計 度	項 目	保險套		口服藥	
		發出量（打）	新案	發出量（月份）	新案
61	目標	24,000	6,000	57,600	6,600
	實績	28,451	9,695	57,949	11,063
	%	118.5	146.9	100.6	167.6
62	目標	30,600	9,000	75,000	9,000
	實績	44,454	9,855	67,535	9,130
	%	145.0	109.5	90	101.4
63	目標	41,976	10,020	75,960	10,020
	實績	56,292	10,109	85,192	9,681
	%	134.1	100.9	112.2	96.6
64	目標	46,176	10,800	83,544	10,800
	實績	78,931	10,176	117,350	10,794
	%	113.4	94.2	120.8	99.9
65	目標	53,102	9,500	96,075	9,800
	實績	86,215	1,2422	73,627	7,047
	%	162.4	130.8	76.6	71.9
66	目標	56,076	5,586	101,455	7,499
	實績	162,077	12,807	80,835	7,530
	%	289.0	229.3	79.7	101.1
67	目標	59,440	5,537	107,542	7,909
	實績	182,017	11,204	82,984	7,104
	%	306.2	202.3	77.1	89.8

來源：摘錄自中華民國67年12月台北市家庭計畫推廣中心業務簡報。

件[30]，這一系列的事件，據*J. G. Grumm*的看法爲[31]：

1.政策制訂：即權威當局宣布一項新的政策，或修正現行的政策。其形式有法律、命令、規則、或司法解釋令。

2.行政當局的反應：即行政機關對制訂的政策所採取的各項調適，諸如僱用人員、修改行政規章、發出新的行政指導、機關改組、建立分支機構、資源重新分配。

3.初步接觸：即政府機關與標的團體的權威性接觸。比如訪問可能接受福利的對象、調查貧戶情形、支付款項、做成行政處分、契約談判與簽訂、逮捕貪污官員等。

4.初步影響：標的團體最初感受到影響，即標的團體的生命、生活環境或行爲所造成的變遷。比如，接受福利救助而改變其社會地位、學校接受經費補助而增加教師減少師生比率等等。

5.續發影響：標的團體以外的團體所受的影響，即所謂政策的副作用或溢出作用。比如，教育政策的變更，不僅影響到考生、教師，更影響到教學風氣、書商、研究氣氛、大眾傳播等。

6.系統影響：政策產出對個人和團體造成初步與續發的影響後，就對整個系統發生影響。福利政策影響到整個經濟體制—諸如通貨膨脹、減少失業、變列所得分配；教育政策影響到社會結構、社會變動與政權的分配；規制的政策影響到經濟系統的運作。

7.角度回饋：前面各階段所造成的結果，可能改變和影響隨後的輸入。初步、續發與系統的影響，可能改變系統成員對系統、體制或政策所持的態度，系統可能引起更強的壓力、成員可能提高滿足感。

---

[30] J. G. Grumm, “The Analysis of Policy Impact”, in F. I. Greenstein and N. W. Polsby (eds.), *Handbook of Political Science*, V. 6- Policies and Policymaking (Reading, Mass: Addison-Wesley Publishing Co., 1975), p. 443.

[31] *Ibid.*, p. 444-445.

成員組成新的利益團體、現行利益團體更加強化，而淘汰舊的利益團體。總之，系統成員對系統的廣泛性支持或特定的支持，因而增強、消弱或內容改變；提出新的需要或改變舊的要求，要求不同的價值分配。

8.不同輸出：過去的政策影響回饋回到系統，於是新的運作過程又開始，而形成不同的政策輸出。如此不斷的循環與更調，致使政治系統的持續。

歸結言之，政策影響所涵蓋的範圍與層次相當廣泛，有長期或短期之分，直接或間接之分，具體的或象徵性的，預期的或非預期的。不過，*T. R. Dye*的界定，能讓我們撥雲見日，其謂：「政策影響包括政策對標的情境或團體的影響，政策對標的以外的情境或團體的影響，政策對將來及目前的影響，政策所負擔的直接成本（投入的資源），政策所負擔的間接成本（包括機會成本在內）[32]。」

行政院經濟建設委員會於68年11月所完成的「十項重要建設評估」內謂：「十項建設之陸續完成，一方面創備了現代化水準的交通設施，並充裕電力的供應，使我國的投資環境更形有利，另方面，鋼鐵、造船及石油化學等重化工業基礎的奠立，則提高了重化工業基本原料的自給程度，並爲工業結構的轉變提供更堅強的條件。尤值重視的是，十項重要建設的如期完成，顯示政府克服困難的堅定毅力與決心，而國人從十項建設中所獲利的經驗與信心，更是今後促進工業升級的有力憑藉[33]。」

其又謂：「……就經濟發展策略的觀點而言，十項建設之完成，一方面將因交通運輸之便捷及電力供應之更爲充裕，而有助於民間投資意願之提高，促使經濟建設更具活力；另一方面，重化工業基礎之

[32] T. R. Dye, *op. cit.*, p. 312.
[33] 行政院經濟建設委員會，十項重要建設評估（民國68年11月），頁88。

奠定，掌握了基本原料之穩定供應，減輕對外依賴，且隨同新穎科技之引進，以及激發性財經政策之配合，必將使中下游民間關聯產業加速發展。由此顯見，十項建設對促進今後主導台省經濟發展之策略性產業的發展及工業之全面升級，實具有重大意義[34]。」

由上面兩段引述，我們可知政策影響的眞義。復就中山高速公路建設所產生的影響視之，當能更具體明瞭政策影響的內涵。中山高速公路興建後，行車里程為之縮短，行車速率加快與節省時間（參閱表6-3），高速公路通車後對鐵、公路客運造成極大之衝擊，交流道附近新設工業區加速經濟發展，交流道對附近地價造成高漲，對台灣地區人口移動深受影響，對於行車安全、車禍肇事率也有衝擊[35]。由此可知，政策影響乃政策產出對環境所造成的各種變遷。

（二）影響評估的功能

影響評估的主要目的，在於確定一項政策是否造成預期的影響，證實政策產出與政策影響之因果關係，排除政策本身以外的因素，評估政策影響的幅度，設法祛除非預期的、不良好的額外影響。

當今社會環境的複雜性，制訂政策所依據的知識欠缺或不知之際，政策所花費的資源又昂貴龐大的當前，政策設計者、政策執行人員與決策者，均對影響評估賦予優先考慮的地位。政策設計者希望利用影響評估，認定政策內容應如何安排與綜合，才最有可能影響標的團體的順服，形成某種推進或改變；同時，他們也認為，小規模的影響評估為政策廣泛推廣前，規劃政策策略的一種最經濟途徑。政策執行人員冀圖應用影響評估的發現，向經費資助團體或機關證實，其努力與作為不僅有代價；並以之決定執行機關資源分配的比例，發現最佳的執行措施。決策者需要影響評估的資料，用以作為決定廣泛而長

[34] 同33，頁88。
[35] 同33，頁137-149。

表6-3　台北～高雄區間高速公路與台省一號公路行車速率、時間比較表

區段	里　　程（公里）			平均行車時間（分）		平均行車速率（公里／小時）	
	高速公路		省一號公路	高速公路	省一號公路	高速公路	省一號公路
	本　路	連絡道					
基隆							
	10.50	1.00	13.50	8	18	86	45
汐止							
	14.60	1.00	15.50	10	21	90	44
台北							
	2.00	0.60	3.40	2.5	5	82	40
三重							
	13.80	2.00	15.70	11	24	86	40
林口							
	8.20	8.90	25.00	14.5	28	71	54
桃園							
	13.30	8.20	10.30	17	14	76	45
中壢							
	6.70	1.50	10.30	6	12	82	51
楊梅							
	25.80	3.10	26.40	20	29	87	55
新竹							
	15.50	2.00	19.60	12	20	87	58
頭份							
	22.40	2.00	22.30	17	27	86	50
苗栗							
	34.80	3.00	39.80	26	43	87	55
豐原							
	11.00	4.00	13.40	11	14	82	57
台中							
	10.40	4.80	12.00	12	16	76	45
王田							
	9.50	1.00	5.70	7.5	8.5	84	40
彰化							
	12.50	10.60	15.00	19	16.5	73	54
員林							
	29.60	11.80	37.30	32	43	77	52
斗南							
	23.60	3.00	23.40	19	28	83	50
嘉義							
	24.20	3.50	25.40	19.5	25.5	85	59
新營							
	15.20	2.00	12.80	12	13	86	59
麻豆							
	15.90	0.50	22.40	11	23	89	58
永康							
	7.80	7.50	7.50	10.5	8	76	56
臺南							
	22.00	6.50	25.50	21.5	26.5	79	57
岡山							
	23.80	3.50	25.50	19.5	26.5	84	57
高雄							

來源：行政院經濟建設委員會，十項重要建設評估（民國68年11月），頁193。

說明：1.省一號公路穿越市鎮地段速率按40公里／小時計。

2.區段公里數，係以高速公路各交流道所連接之市鎮間爲區段，並以連絡道路連接。

期的資源承諾依據，防衛不同利益團體的政治壓力，競爭爭取有限資源的利器[36]。

（三）影響評估的基本公式

影響評估的主要目的，在於估計一項政策的淨影響。淨影響乃指該影響的產生，完全因由於政策本身的緣故，排除其他因素所造成的影響。政策影響評估的先決條件，首先必須確定衡量政策目標的標準，據以衡量政策的影響；其次，政策已經充分了執行、標的團體接到政策主要的要素。設若欠缺上述兩種條件，則進行政策影響評估，是一項浪費時間、經費、人力而不濟於事的作爲。

一般而言，時下流行的基本公式，據*P. H. Rossi*等人的看法[37]有三種形式：

$I=E_2-E_1$

這個公式的意義，乃指政策影響的程度爲標的團體接受政策後，經衡量而得的數量，減去標的團體未接受政策前的數量而得。

$I=E_2-C_2$

這個公式意指，政策影響乃標的團體接受政策後，經衡量而得的數量，減去未接受政策影響的控制團體，其測量而得的數量之結果。

$I=(E_2-E_1)-(C_2-C_1)$

這公式意指，政策影響乃標的團體接受政策前後之差，減去未接受政策影響的控制團體，其前後兩段時間在數量上的差而得。

第一個公式所得的數量爲粗影響，易言之，標的團體接受政策後的全部改變，不論這種改變是歸屬於政策或其他外來的因素。另兩個

[36] P. H. Rossi, etal., *op. cit.*, p. 161-162.
[37] *Ibid.*, p. 172～175.

公式則考慮外來因素的影響，並設法加以矯正，其中以第三個公式最爲正確，爲測量淨影響的主要公式。

每一項政策的影響力，可能受到政策本身所引起，也可能受到其他社會現象所影響。於是一項理想的政策影響評估，應儘量設法排除政策本身以外的因素，其所造成的影響，而顯示眞正的政策影響力。政策本身以外的影響因素計有：

1.內在的變遷（endagenous）：政策運行的環境中，有些政策以外的力量或情境，引起政策影響力的改變。這種現象，在醫學的研究上，相當普遍，對一種藥物的效力之測定，必須扣除病人本身自然恢復的力量；「消滅貧窮」政策，亦應考慮到，有的家庭和個人並未接受該項幫助，亦能獲得經濟上的改善。

2.長期趨勢的變遷（secular drift）：一個社區或國家的長期趨勢，其所造成的變遷，可能影響到一項政策的效果。比如提供出獄人就業機會的政策，可能因經濟蕭條時期，而無法發揮其效果；增產糧食政策的失敗，係因天候的關係而影響作物生長的條件。

3.介入干擾的事件（interfering events）：短期的事件或偶發的事件，也可能影響到政策的效果。比如，能源的危機，造成穩定物價的政策失效；戰爭的威脅，提升國內合作計畫的效力；地震破壞了交通，影響到糧食的運送。

4.自然成長因素（maturational trends）：人類因自然成長的關係，而影響到一項政策的影響力。比如，增進幼兒處理語言能力的教育政策，其效果就受到幼兒逐漸成熟的影響；倡導青少年參與運動的興趣，因其長大成人進入勞力市場而減低。

5.自我選擇的性向（self-selection）：人類因社會化過程的不同，形成不同的行爲定向與偏好，於是凡與其行爲定向與偏好一致的政策，極易發揮其效果；反之，凡與其行爲定向與偏好不一致的政策，就難引起共鳴，而無法發揮功效。比如，一項提高職業技術的政策，必然深受有意提高職業技術的人士所歡迎。

6.機會或隨機的影響（stochastic effects）：樣本的不同，施測的結果也可能不同，致使評斷一項政策的效果發生偏差。

7.量表的信度（reliability）：資料蒐集所應用的量表，其信度不足時，往往影響到施測結果的正確性，致使無法肯定實際的效果，到底是否因政策所引起。

8.政策執行的偏差：政策執行的偏差，而致政策效果的增加或減低。比如，執行人員的執行不一致、寬嚴不一，標的團體的順服就有不同；又如，大眾傳播媒介傳播內容的不一致，致使收播的標的團體，得到不正確與錯誤的資訊，而引起不同的效果。

因之，評估者在進行影響評估時，必須儘可能除去上述這些非政策本身所造成的影響，而建立政策本身眞正的影響力。爲了達到此目的，研究設計的妥當，加上統計規則的應用，乃評估者不得不注意的焦點。

（四）影響評估的方法

最理想的影響評估方法，當然以實驗的方法，來測定一項政策的淨影響，這在醫藥衛生政策效果的測定上，經常嘗試與使用。然而，一般的公共政策，由於在執行上甚難區分爲實驗組與控制組，而且這樣區分在道德上，亦不受許可。因之，此處所描述的方法，爲一般常用的方法，其準確度當然比不上實驗法，但其適合公共政策的特質，也不違反道德觀念。

1.參與者自我評定法：這種方法是由參與政策者，即標的團體，對政策的效果予以評定的方法。比如，職業訓練政策的成效，可以由參與者評定，對該政策的滿足度，估量所學習到技能，評定訓練措施是否培養了他們就業的資格條件等等。這個方法的主要缺點，在於標的團體可能不完全瞭解，政策對他們的影響；何況，參與者自政策得到積極的利益時，滿足感可能比較高。

2.專家評斷法：這方法乃由專家檢試各項政策記錄，觀察政策的進行，舉辦標的團體的訪談，與執行人員交換意見，訪談以前的政策參與者後，撰寫評估報告，鑑定政策的成效。專家評斷法之具有價值，完全取決於專家是否具備專門方面的知識而定，設若專家對於政策領域的知識不足，無法構想理想的評估架構，當不易獲致正確的影響。

鑑於當前有許多情境，只能利用專家來評斷政策的影響力，因此我們對於專家的挑選，務必格外小心，注意專家克服溝通障礙的能力，及其本行的學術水準。同時欲使專家評斷法趨於正確思想的境地，必須儘可能斟酌下列各項資料來源：

(1)行政記錄：專家應從行政記錄蒐集下列各項資料，政策的規模、徵募到的參與者、執行人員間與參與者間的接觸經驗、參與者接受政策後的體驗、每位參與者所花費的政策成本、參與者參與政策前後的改變。

(2)政策運行的觀察資料：任何政策之推動，若需與參與者密切接觸，其經過情形，評估的專家應直接觀察，以瞭解實際執行的情況。

(3)參與者的訪談資料：專家在評估的過程，與目前的參與者或過去的參與者，進行非正式且自然的訪談，亦可瞭解到，參與徵募的情形、參與者的激勵情形、參與者對政策的滿足程度、參與者在達成政策目標的進展情形。

(4)相關人員的訪談資料：專家有時必須與地方官員、其他政策的執行人員、重要地方機關人員、地方仕紳，進行非正式的訪談，以瞭解他們對政策價值的判斷、評估政策有益於或有害於社區的程度、政策持續的看法。

3.政策執行人員評估：政策執行人員也經常評估政策實現目標的進展情形，這種評估法最能對政策運作的情形，進行相當正確的描述與陳述，根據這些描述與陳述而評斷政策影響。因之，這個評估法特別重視優良行政記錄的建立，俾便獲致可靠的統計記錄，而爲評估論斷的基礎。不過這種評估法有下列幾種缺點：政策執行人員對執行的政策，可能會儘量隱惡揚善，而無法確知政策眞正的效能；執行人員每天忙於執行業務，無法分心兼顧影響評估的進行。

三、經濟效率分析

這是一個資源有限的時代，變遷迅速的環境，許多不同的政策，均彼此爭取推動的經費。是以，一項政策的持續或終結、擴大或減縮、是否爭取到資助，有賴於政策間相互比較後，才能做成有效的抉擇，這種抉擇主要考慮到政策的經濟效率問題。換言之，政策支出了各項成本，是否造成充足的效益？政策資源的使用，若與其他政策相較，是否經濟而有效？凡此均是經濟效率評估的主要內涵。

現行經濟效率評估最主要的方法有二：成本效益分析（cost-benefit analysis）和成本效能分析（cost-effectiveness analysis）。成本效益分析需要估計政策的效益，包括具體與象徵性的，以及政策執行所花費的成本，包括直接與間接的。一旦成本與效益加以確定後，乃將二者轉化成共同的度量單位，通常以貨幣單位爲主，然後加以比較。成本效益分析的主要目的，在於提供經濟效率的鑑定，決定資源分配的指引。評估者在進行成本效益分析時，首先要確定衡量成本效益的角度爲何，然後基於這個角度進行分析比較。一般而言，衡量一項政策的成本與效益，向自三個角度觀之，個人、政府與社會[38]，每一個角度所得的結果各有不同。其次，成本效益分析要進行成本與效益的確

[38] *Ibid.*, p. 254-258.

定、量度與價值化，此爲分析的重心。

不過，評估者在進行成本效益分析之前，必須考慮到幾項因素，然後再決定是否進行。蓋進行一項政策的成本效益分析，所須具備的要件有：(1)政策擁有單獨的經費；(2)政策已經執行，而且淨效果非常顯著；(3)政策影響與影響的幅度可知或得以有效的估計；(4)效益得以化約成金錢的價值；(5)決策者已在考慮其他的政策，而非僅決定是否持續原政策中，某一個計畫的運行而已[39]。

成本效能分析，通常用以評估社會政策，決定資源分配的考慮。這個分配需要量化政策的成本與效能，但不必以金錢的價值來表示政策所獲致的效能，只有政策成本有這個必要。蓋有關社會方面的政策，其所成就的效能與科學技術和工業政策的不同，甚難以金錢來衡量。

成本效能分析是評估一項政策，其在實現既定目標上所發生的功效，以及因此所需投入的成本。這種分配可以供決策者比較各種政策的成效，並分別予以列等，以爲進一步抉擇和資源分配的依據，或者影響決策者決定社會政策的命運。不過，這種分析由於效益無法化成共同的單位，所以並不能鑑定一項政策的絕對價值，只能進行比較成就類似目標的政策，其相對的效率，即花費成本的高低。

當評估者在衡量一項政策的成本時，必須考慮到下列幾種成本：運做成本、社會成本與機會成本[40]；同時更須注意到時間因素對幣值的影響。蓋時間的不同，購買力就發生變動，於是衡量時應注入折扣的技術（discounting）。同理，評估者在衡量政策的效能時，也須注意時間的影響；考慮到各種已產生的效能，無論是直接的或溢出的，有形的或無形的；斟酌政策對不同標的團體，是否造成不同的效能；

[39] *Ibid.*, p. 271-273

[40] C. C. Attkisson, etal. (eds.), *Evaluation of Human Service Programs* (N.Y.: Academic Press, 1978), p. 385-386.

選擇量表應明確、經濟而且容易使用[41]。

四、推測評估

政策歷經執行評估後，獲知政策已付諸妥善地執行，並克服一切執行困難；又經影響評估，而顯示政策已產生了淨影響，成就了政策目標，改變了政策環境；嗣經成本效益分析與成本效能分析，確定政策的經濟效率，隨後乃進行推測評估（prognosticative evaluation）。蓋在進行上述各項評估時，由於經費、人力、時間的限制，大抵均以樣本作爲評估研究的對象，於是有必要考慮研究發現得以類化到整體的程度，換言之，評估者必須考慮到評估研究的內在效度與外在效度。所謂內在效度乃在確定政策本身是否產生所觀察到的成果；而外在效度則指將政策成果推及或類化到檢定以外團體與環境的程度[42]。兩種效度的檢定爲推測評估的核心。

推測評估檢定了政策的內在效度與外在效度後，乃構成決策者取決政策修正、擴大或終結的基礎，而爲嶄新的政策發展之開始。

第五節　政策終結

當今是一個變遷神速、講求績效、重視發展的時代；亦是人口漸進膨脹或緊縮，資源有限，成長已到極限的時代。在這種時空裡，公共問題的類別、性質與癥結併隨著時間的更迭，空間的演變而發生變化或日趨複雜。何況，科學技術的變遷，公共資源分配的浮動，政策之政治或理念支持的動搖，人民對政策內容所持態度的改變[43]，往往致使新政策的誕生，舊政策的終結。當一項政策的目標業已達成，問

[41] *Ibid.*, p. 393-394.

[42] P. H. Rossi, etal., *op. cit.*, p. 288-289.

[43] D. Bothun and J. C. Comer, "The Politics of Termination: Concepts and Process", *Policy Studies Journal*, V. 7 No. 3 (Spring 1979), p. 542.

題已經解決，政策終結乃是政策的結束；而當一項政策的失敗，無法解決其所面對的問題，政策終結是另一個新的政策或改革的開始。

政策終結原為政治學忽視的領域，直至政策評估的研究如火如荼地展開後，才逐漸受到重視。蓋在政策評估後，發覺一個過時或無績效的政策，業務萎縮效能不彰的組織，當局有必要以「將士斷腕」的決心，將該政策予以終結，該組織予以裁撤，而充分運用有限的資源，迎接新的挑戰，解決嶄新的問題。因之，政策終結為政府當局適應環境所不可或缺的一環，肩承著時代運轉的使命，我們實應加以分析與研究。

一、政策終結之意義

終結（termination）一詞在字典上的意義，乃對某事在某一時間，或某一空間內，使之終止或結束。這種現象，我們得以在許多個人和組織的實例中發現到，諸如離婚、死亡、退休、破產、革命和投降等均是終結的行為。不過，公共政策的終結比個人的類型更加複雜，其所代表的意義，根據 *P. Deleon* 的說法，則為：「政府當局對某一特殊功能、計畫、政策或組織，經過審慎評估的過程，而加以結束或終止[44]。」*G. D. Brewer* 將政策終結指涉為：「政策與計畫的調適，大凡政策與計畫無法發生功能，已成多餘與過時，甚或不必要時，則將政策與計畫予以終止或結束[45]」。由此我們可知，政策終結這個概念隱含了一套期望、規則和慣例的終止，政策活動的停止，機關組織的裁撤；不過，我們更應體會政策終結這個概念，通常是新期望的提出，新規則、慣例的建立，嶄新活動的展開，機關組織的更新與發展。總之，政策終結不但代表舊政策的結束，而且亦象徵著新政

[44] P. DeLeon, "Public Policy Termination: An End and A Beginning", *Policy Analysis*, V. 3 (Summer 1978), p. 370.

[45] G. D. Brewer, "Termination: Hard Choices-Harder Questions", *Public Administration Review*, V. 38 No. 4 (July-August 1978), p. 338.

策的開始。

而自政策終結之倡導者觀之，一般可以分成以下四類[46]：

1.反對政策者：反對政策者乃厭惡政策者。他們之所以提出政策終結的舉措，乃在他們的心目中，那是一項壞的政策。政策之壞處，在於該項政策實際或反對者主觀認爲損害到他們所重視的價值，或所持的原則，甚至侵害到他們的社會、經濟或政治利益。

2.經濟者：經濟者所以提議終結政策，一方面冀圖重新分配資源，將較不重要或不值得的政策予以取消，而投注於較重要影響深遠的政策；另一方面化約政府的成本，減少人民的負擔，增進人民的向心力。

3.改革者：改革者認爲政策之終結，實乃成功有效地採行新政策，所不可或缺的先決條件。改革者每深以爲舊政策爲建立新政策的障礙，務必將其終結，以爲展開新政策規劃的起點。

4.政策評估者：政策評估者於評估政策之後，提供實際的政策績效資料，顯示政策目的達到的程度或範圍，決定政策之持續或終止，或須另建構新的政策來解決問題。蓋政策未採取行動之前，無論規劃的方案如何合理、妥善與周全，但由於人類本身能力及技藝所限，所需資訊的不足，無法完全預測政策的後果，有待政策評估者進行評估，以爲進一步行動抉擇的依據。

再者，由於政策之終結，往往導致一些現狀發生改變，尤其對政策受益者與原政策、原組織之負責人，更是有切身之利害關係，若措置不當，容易造成終結之阻礙。於是，爲了使終結之執行易於成功，政策終結之對象必須首先釐清。政策終結之對象，依據*P. Deleon*的說法，可分成四種類別[47]：

---

[46] 前三者請參閱E. Bardach, “Policy Termination as a Political Process”, *Policy Sciences*, V. 7 (1976), p. 126.

[47] P. DeLeon, *op. cit.*, p. 375-377.

1.功能（function）：功能爲政府因應人民需要而提供的服務。這項服務可能由許多不同的機構及其各別的政策共同來負責。比如美國有不少的聯邦機關及很多的政策共同規範州際貿易，而州際貿易只是一項政府推動的功能而已。這種政策終結最爲困難，因爲功能之履行或承擔，乃政府因應人民需求的結果，將其加以終結定會引起抵制。

2.組織：組織終結的發生，乃是組織的裁撤，或是資源的減少。通常組織資源的減少爲組織裁撤的先行步驟，亦是漸進裁撤組織的作爲。

3.政策：政策乃是機關組織用以解決問題而採用的途徑或策略。縱然一個機關可能花費大量的資源來設計與執行妥適的政策，但政策比組織較易被終結，因：(1)除非一項政策與其組織本身的關係密切，利害一致，否則組織寧願放棄政策，而保存組織的存在；(2)政策本身不如組織一般，並無足夠的籌碼以資運用，因之在欠有力的支持下，難逃被終結的命運；(3)政策目的的較爲單純，而組織目的甚爲多樣，於是前者易於評估，而決定其續存否；(4)大多數的政策，本身即有反對力量，而組織雖有自然的敵人，但其通常被批評的爲組織之政策，而非組織本身，因此政策本身之終結較易於組織的裁撤。

4.計畫：計畫之終結是最容易達成的，因其最接近問題，其好壞結果或影響大都得以直接觀察、衡量或批評。再者，計畫所擁有的政治資源與維護最微，所以計畫終結所遇阻力最小。

綜上所述，我們自政策終結在概念上的意義談起，推及政策終結的發動者，進而指出政策終結的對象，將有助於認清政策終結的內涵，體會其必要性，瞭解其困難性。

二、政策終結之障礙

政策終結無論是由反對者、經濟者、改革者或評估者所倡導，均可能形成一股強大的抵制力量，杯葛終結之進行，阻礙終結之完成。推究其因，研討分析抵制之力量，足為設法克服抵制之依據。綜合*H. Kaufman*、*E. Bardach*、與*P. Deleon*的說法，可以歸納成下列幾點：

（一）心理上的抗力

人類原本不願意面對死亡的問題，這種心理現象也表現在政策終結上。尤其是原來政策，已賦予標的對象既得利益，政策終結特別引發哪些人的痛苦時，抵制之聲此起彼落。何況，人類心理上本不願承認政策的缺陷，蓋政策乃決策者設計來解決問題或疏減某一特殊問題的；更何況，所提出的方案與所選擇的計畫，均經仔細考慮、精挑細選的，於是，人類並不迫切關注政策的可能失敗或隨後需要終結的問題。政治領袖也同樣不願承認過去的錯誤，而造成心理上的負擔，並承擔懲罰的風險，何可輕談政策之終結。誠如*R. Biller*所言：「政策的提議者費盡心血說服各方，並言明所提的方案的功效，而且爭取到必要的資源，以為執行的動力；政策無法達成預期的目標時，我們總儘可能不加以承認，寧願以環境變動不居的特性，解釋為造成政策困境的理由，而非檢討過去我們所用的策略與技巧[48]。」

（二）機關組織的持久性

機關組織之成立，均歷經審慎設計的過程，以維持某項服務或關係，致使人民認為該機關為長久並唯一提供是項服務者，這種組織擁有強大的能力抵制變遷與終結。何況，機關組織與人類一樣，持有龐大的能耐，以適應變遷的環境，以避免終結的原因。當組織成立的目的與環境間的差距，逐漸擴大，組織就會設法扭轉乾坤，減輕所面對的壓力，解決所發生的問題，而維持砥立不搖。

任何組織甚難因遭受新問題或情境變遷的威脅，而輕易地崩潰。

48 R. Biller, "On Tolerating Policy and Organizational Termination: Some Design Considerations", *Policy Sciences*, V. 7 (1976), p. 137.

蓋組織具有成長性、適應性與持久性，乃政治與機關組織生活的事實，而這些特性，正是抵制終結或裁撤的最佳利器。何況，組織由於經驗的累積，提高執行既定職務的能力，建立各種處理問題的例規，贏取服務對象的支持，乃增強存立的根基。

（三）動態的保守性

組織之所以能抵制終結，因本身具有動態的本性，足以調適工作的手段與動機，是以當組織的目的已成就，可以改變組織的職掌，而維護機關的存在；當組織的政策與特殊的政策目標間存有偌大的鴻隙時，可更新組織，改變組織的政策，以適應其所面對的新環境。換言之，組織成立後，雖因時間的更迭，有可能形成保守的傾向，但當其面對生存攸關時，又能動態地採取對應措施，以維護其不墜，而表現其韌性。

政策目的的成就，不足構成裁撤組織的理由，蓋組織得以界定新的目的，以維持其繼續存立；同理，組織無法解決其所面對的問題，亦不可能造成終結的命運，只因組織內經常儲備足夠的資源，用以嚇阻這種現象的產生，並立即採取矯正或改善的行動。一旦環境發生變遷，社會支持度降低，組織可以放棄原來的目標，而見風轉舵以迎合新的需要，保持組織的存立。

原則上，無法符合人民期望的組織或政策，總比圓滿成就其所指定的目的之組織或政策，更可能成爲被終結的對象，增加其被終結的機率。不過，組織及其政策是動態的而非靜態的，兩者均可依照需要的情況而改變，導致增加終結它們的困難。

（四）反對終結力量的結合

組織內部與外部的政治團體，往往結合起來抵制終結，這種團體雖各自有其優點與策略，但爲了阻止終結行動的開展，務必內外共同結合，才能獲致成功。自組織內部而言，其成員應協力發展一套組織持續的立論基礎；自組織外部而言，有被終結之組織或政策，乃儘量設法延攬支持者，施以維護的壓力，而導致組織或政策之持續。總之，組織內部的抵制終結者，極易因拉攏並接近有影響力的政府人士，形成一股強大的抵制力量；有機會培養固定的服務對象，形成利益團體，動員抵制任何可能的終結威脅；而外在的聯盟團體，由於獲益於有被終結威脅的組織或政策，不但對有關當局遊說，並提出強烈的主張，以維護組織的存在，政策的持續。

（五）法律的阻力

法律的廢止，機關的裁撤，有其正當的法律程序，致使政策終結極爲困難。比如，依據我國中央法規標準法第二十二條規定：「法律之廢止，應經立法院通過，總統公布。」換言之，法律之廢止，應經過立法院二讀程序通過，總統公布後始得爲之，其過程複雜並非易事。何況，「依法行政」又爲行政法的基本原則，機關組織必須奉行的圭臬，行事不得武斷與善變，構成政策終結的阻礙之一。

（六）高昂的沈澱成本

現行的組織、政策或計畫已投入鉅額的成本，也就可能排除任何終結的變革。蓋不計較組織政策目前的效用，先讓它持續一段時間，再予以檢討，實是一種正常的現象；何況，對於全新或不同的政策後果，猶處在未知的狀態時，固守已知的政策，乃爲上上之策；此外，終結費用的高昂難籌，反對力量的安撫與妥協，均是煞費周章的事。

由上觀之，政策終結誠非一件易事，抵制力量重重，不僅飽受壓力，更受到反對。然而，當今資源成長已到有限的時代，政府實無能力一方面負荷強大的國防戰備，提供各種社會福利，而又維持繁榮的經濟，有必要的政策終結，乃勢所趨，我們實應講究終結的和，務使終結不致減低組織或政策處理問題的能力，而又讓終結方案簡易可行。

三、政策終結之策略

政策終結是一種政治過程[49]。其既然是一種政治過程，則必以高度的政治智慧，高尚的政治藝術來處理，如何採取策略而終結政策，實爲有待深思的課題。

（一）克服心理的恐懼

政策終結者應讓人民相信：終結並不是個人或機關前途的結束，而是改善劣勢情境的機會，邁向成功的象徵。政府應學習民間企業的作法，凡是已無銷路或銷路減退之產品，其製造廠之規模每會加以縮小，必要時甚至予以關閉，俾便集中精力人員設備，生產有利的產品。同樣，政府機關也應做到，凡是設立目的任務已達成無存在理由者，或業務趨於萎縮之單位，即予裁減，以迎接新的挑戰。

（二）知己知彼

在設計具體的終結策略前，我們必須斟酌終結的「政治情境」與「天時地利」。前者乃指贊成或反對終結的團體，各自力量的虛實，所持的立論基礎，獲致的支持程度，足以應用的資源；後者乃指涉終結的最佳時機，最有利場所。這兩種資訊關乎終結策略的採行，取決成敗的命脈。由是，提倡政策終結者，務必「知己知彼」，而「百戰不殆」。

（三）不放試探性空氣

試探性的空氣，原本是一項極有價值的政治策略，用以測定人民對新政策見解的反應與所持的態度，決定進一步行動的依據。而其主要的宗旨，在於引起民意的討論，誘發正反雙方的觀念與論證，認清支持者與反對者，體會雙方熱烈的程度。從這個過程中，我們或可因而發現新政策的弱點，反對的強烈，而使其銷聲匿跡，藉以免除政治

[49] E. Bardach, *op. cit.*, p. 123-131.

領袖不必要的難堪和敵對。

不過，一項構思未成熟，設計不周全的終結，其若放試探空氣，並未有上述如意的結果。因爲，終結的空氣一放，即會引起政策受益者及理念上支持者的響應，組成反對勢力，杯葛終結之進行，致使終結前功盡棄。蓋試探性的空氣，所提供的資料與訊息，往往不夠完整與正確，所提的內容只是點到爲止，不易爲一般大眾所支持與瞭解。此外，人們懼怕失去，重於展望可得的現象，也使終結被攻擊得體無完膚。

（四）揭露原政策的害處，爭取終結的支持

政策終結的成敗，完全取決於支持者的多寡、積極與團結。如何爭取支持呢？揭露原政策對政策環境、標的團體所造成的害處，強調終結效率不佳、績效不彰、陳舊過時與重複的政策，只有造成好處與利益。總之，我們若能證明，政策對社會所造成的危害，則其可動員人民的支持，提供終結的最佳立論根據。

（五）指出理念的變遷，證明政策的缺陷

政策之制訂，往往有立論基礎，有理念架構，政策之良窳，往往根據該理念架構的評估而定。於是，創造或改變理念架構，可能致使原本對社會有益的政策，顯現各項弱點，甚至造成危害；所以政策終結之倡議者，可以乘理念架構變遷之際，或創造新理念架構，提供新的觀點，引導人們觀念的變更，改變對原政策的看法，形成終結的氣氛。

（六）以新的政策取代原政策

政治領袖向來不願意終結政策，因爲終結往往代表著消極的意義。然而，政治領袖們卻喜歡發動嶄新的、較佳的政策。因之，我們可以以採納政策乙的形式，來終結政策甲，蓋選擇乙政策時，務必終

結甲政策。具體而言，政策革新得以自不同的視域來透視，而且政策變遷最有效的方法，乃著重於政治支持度最高的問題領域，忽視會引起論爭或反對的面向。

（七）徵募第三者推動終結

政策終結往往要經過激烈的政治競爭，才能塵埃落定。是以，終結的進行須有領導中心來主持其事，盡量揭露原政策的害處，動員新擁護者，和處理各項行政細則。政策終結的領導者，應具備相當的威望與影響力，不斷與權威當局周旋，接近重要的溝通管道，引導終結的過程。同時，其不應依戀過去，而須策劃將來，放棄原來的政策哲學，變更原來的政策程序，發展新的立論根據，建立新的作業規則。這種人選應是第三者，而非局外人，只因局內人不願批評，並與其同事為敵，難導致終結的成功。

（八）終結必須終結的政策內容

終結的理由或有不同，但進行終結者務必堅持自己的動機，確切指出政策有哪些面向需要終結，哪些面向值得保留。大凡終結的部分愈少，受終結威脅的人就愈少，於是反終結聯盟的力量，也就愈少[50]。

綜上所述，我們所論及者，均不足以作為設計終結策略的最高指引，並非保證終結的鐵律。我們至誠希望，這種討論，能拋磚引玉，引起各方的注意，發展新的思維，從事建設性的研究。總之，時空環境的艱難性，適時終結不良的政策，致使有限的資源，能做最佳的利用，乃當前刻不容緩的課題，而政策終結的研究，更為對應的措施，由其建立各項假設，排除終結的困境，構思終結的策略。

---

[50] R. D. Behn, "How to Terminate a Public Policy: A Dozen Hints for the Would-be Terminator", *Policy Analysis*, V. 3 (Summer 1978), p. 394-410.

結語

政策評估之宗旨在於應用有系統和客觀的方法，評斷政策，用以提供各項政策，顯示政策的價值，政策對政策環境所造成的衝擊，政策的效能與效率而作爲政策持續，推廣或終結的依據，由是其本身具有診斷、控制、管理與研究發展的作用，進而發現嶄新的問題，建構解決方案的途徑。

在資源有限的時代，現行政策每會遭遇續存與否的命運，蓋資源的浪費，以及績效不彰的政策，其存在的正當性，每會受到質疑。於是，職司該項政策者，就須以敬畏的態度對之進行妥善的評估，找出不足以續的關鍵理由，疏解利害關係人的抵制，進行必要的政策變遷，包括政策終結的考量，俾使政策持續不斷的演化，有機會達及相對上較佳的境界。

{第七章}

政策變遷

政策在制定之後，不一定能夠永續存在，要與其他「同系」的政策競爭存在的正當性；也要面對政治結構的演變，主政者政策思維的歧異，而成爲變遷的對象；更可能因時境的更迭，原本的內容失去支撐的環境，而被列爲變遷的標的。尤有甚者，在嶄新政策趁著勢頭，抑或機會窗的開啓，紛紛成爲設定的議程，競逐多數聯盟的建立，以達及合法化的地位，因而衝擊到既存政策的生存空間，或許在相互擠壓下，成爲終結的對象。是以，政策變遷是一個常態的現象，更是值得開拓耕耘的研究領域。

本文扣緊政策研究的發展趨勢，以政策變遷作爲主軸的思考焦點，分析其政治動力、標竿原則及調適做法。如此一來，吾人對政策變遷就可對之進一步的認識，逐步建構相關的政策知識，有效進行政策變遷的管理。

第一節　動力：政黨輪替

政策變遷在本質上以三種樣態出現，一爲現行政策的漸進調適，二爲在特殊的政策領域制定嶄新的政策，三爲選民於大選中進行政黨支持對象的重組而導致往後的政策變遷（Anderson，1997）[1]。本文所著重的焦點在於第三類。

政黨輪替之後，權力結構更迭，思考模式、政策視野與過往的不同，選舉時的政策行銷亦有所差異，當然在執政期間，就會有推動政策變遷的現象發生。至於爲何催促政策言說的殊異呢？背後的刺激動能可由以下六方面找尋軌跡。

1.歷史經驗累積：民進黨及其成員的發展歷史，經歷過的政治經驗，累積的政治教訓，全然與國民黨人的不同，當然會社會化出互異的思維模式與政策視框，偏好不同的政策價值與方案。

2.生態背景條件：民進黨人成長的生態背景，是國民黨高壓統治下，一點一滴衝破各項政治網羅，而形構今天的樣貌，由完全被治者，經由選舉的民主機制，取得今天治者的地位。與此同時，民進黨之消長並無法依賴優勢的政經力量之庇蔭，全賴捉住民心脈動的政治訴求，撼動選民的支持而來。

3.群體文化意識：民進黨的成員大抵以省籍人士爲主。外省籍參與的不多，以致在政治意識的發展上，不大同於國民黨人士，向來的訴求盡以滿足認同者的心聲爲主，呼應後到住民的意向爲輔，衷情的政策，亦把內政及突顯國家主權的議題列爲優先的地位。

4.知識涵養濡化：民進黨人所涵養濡化的知識，亦與國民黨人的不盡相同，相當重視有關民主制度建立與鞏固方面的知識，環境保護與經濟發展均衡的論述，新中間路線有效運行的韜略，以小搏大的策略運用技巧，議題連結以納入國際政經體系的相關言說，與強本與西進的辯證邏輯（郭正亮[2]，1998；柳金財[3]，1998）。於是，政黨所

[1] J. E. Anderson, *Public Policymaking: An Introduction*. Boston: Houghton Miffin, 1997.

[2] 郭正亮，民進黨轉型之痛。台北：天下文化，1998。

[3] 柳金財，大膽西進？戒急用忍？：民進黨大陸政策剖析。台北：時英，1998。

表7-1　台灣對中國政策的兩條路線比較－西進中國VS.戒急用忍

	西進中國	戒急用忍
理論基礎	國際主義、自由主義	國家主義、現實主義
戰略目標	兩岸關係正常化	台灣以色列化
政策目標	國際體系下的兩岸經貿互賴	國家本位下的台灣固本自救
政策內涵	擴大兩岸交往、共創兩岸和平	鞏固台灣基地、防止中國滲透
安全保障	大國和解下的國際合作外交	大國衝突下的國際權力平衡
國際形勢	冷戰結束、交往重於圍堵	冷戰尚未結束、交往圍堵並重
台灣危機	國際孤立、台海衝突	國家失血、中國滲透
政府角色	經濟全球化、經濟自由化	政治掛帥、管理兩岸經貿
經濟重點	營運中心、兩岸經貿國際化	科技島、產業升級
中國前景	10-20年穩定發展	困難重重、充滿變數
促談壓力	存在、對台灣不利	不存在、無所謂不利
談判內容	經貿正常化、強化對話機制	低層次議題、以拖待變

來源：郭正亮，民國87年民進黨轉型之痛，台北：天下文化。

認同的政策取向有其一定的範圍，得以進入可資考量的方案亦有所限制。

5.特殊利益追求：民進黨有其追求的特殊利益，並將其建構在黨綱之內，以爲執政之後的落實標的。這些特殊利益追求，比如強本西進中國，就有其理論基礎、策略目標、政策目標、政策內涵、安全保障、國際形勢、台灣危機、政府角色、經濟重點、中國前景、促談壓力及談判內容的論證邏輯來支撐（參閱表7-1），根本與戒急用忍路線存有天壤之別。

6.社會特質需要：社會特質的差異，成員需要的演化，訴求對象的區隔，主事者自身品牌的建構，身分形象的定位，就形成不同的政治敏感性，敏感出不同的議題，試圖端出互異的影響方案或機制。

在這六大異質性的影響下，要新政府全然接收延續舊政府的政策取向，可能是強人所難，亦是極爲不可能的任務。於是，在新政府未正式接軌之前，就已由政策變遷的議題率先登場，核四續建與否；美濃水庫續蓋與否；中國政策如何轉型；黑金要如何由建制之改革來加以消弭；司法獨立該如何脫胎換骨，解除長期勒在其上的「政治金箍咒」；財政匱乏問題可否由加稅來解決，而能取得在解決財政良藥及政治生命毒藥間的均衡，均是新政府無所逃避的荊棘議題，如何有效推動，及推動過程中會遭受到的掣肘，均要識者密切加以關注。

核四停建雖於2000年10月27日由行政院對外宣布，但其合法性受到立法院的質疑，乃引發立法權之維護與堅持的一連串作爲，經由大法官會議的解釋，而謂：「……施政方針或重要政策變遷更涉及法定預算之停止執行時，則應本行政院對立法院負責之憲法意旨暨尊重立法院對國家重要事項之參與決策權，依照憲法增修條文第三條及立法院職權行使法第十七條規定，由行政院院長或有關部會首長適時向立法院提出報告並備詢。……行政院提出前述報告以後，其政策變更若獲得多數立法委員之支持，先前停止相關預算之執行，即可貫徹實施。倘立法院做成反對或其他決議，則應視決議之內容，由各有關機關依本解釋意旨，協商解決方案或根據憲法現有機制選擇適當途徑解決僵局。」嗣經立法院召開臨時會決定：「……再予確認核能四廠預算具有法定預算效力。反對行政院逕予停止核能四廠興建之決定；行政院應繼續執行相關預算，立即復工續建核能四廠。」由此可知，政策變遷並非完全是單一機關一廂情願的想法，更不是一件容易之事，有必要透由機關間的協力，達成共識，才有具體落實的可能性。

第二節　標竿：六個原則

政策變遷有一定的標竿要遵循學習，主事者不可但憑自由意志強力推動，進而引發巨幅反彈，抵制變遷的作爲，導致政策猶在原地踏步。本文要提出六大政策變遷的標竿原則。

1.時效性：有些政策具有時間性，不得隨意加以延宕，以免因處置的遲疑，替代方案的設計不及，而產生對政經環境不利的影響。所以，在推動政策變遷之前，一定要對準確時間的拿捏，期程的掌握，未來情勢演變的推估，絕對不可暴虎馮河，但憑一時之勇而用事，而是要謀定而後動，將時宜因素考量思慮清楚。

2.替代性：基於政策視框的契合性起見，打算調整現行政策之際，定要尋找有效的替代方案，不能只將舊方案加諸終結而已，蓋終結不可能將原來的問題源化解掉，進而推動原來政策目標或使命之成就，所以在終結之前或調整之先，宜設計富有說服力的替代方案，另尋通往羅馬的道路。

3.本益比：政策變遷的基礎之一乃本益比的理智考量，而非本夢比的感性思維，因爲具體的政策，一來可分享其效益，二來要承擔其成本，不能以政治夢視之，而要以嚴肅的心境加諸對待，既不煽情，又不浮躁，既不輕率，也不倉促，既要講求理性，亦要呼應情境，所以還是要回到現實來，揚棄選舉時的激情，認眞考量政策本身的本益比。

4.脈動性：任何政策的擬斷，除了顧及專業的理性判斷外，猶須斟酌政策利害關係人的意見，使其深具回應性，而強化其正當性。在當前擁核與反核各有堅持與論證之際，公投的法源未備之時，深度討論後的民調（deliberative poll）（Fishkin, 1995）[4]，即對即將接受民調的樣本，會合而與兩派的人馬形成一個理想的言談情境，進行對話、討論，徹底認知雙方的論證，以及對所涉及的所有相關問題，進行整合性的思維，不爲單方思維所左右，而是透過多輪的互動討論，並在對核四有所瞭解之後，才進行終極的民調，掌握住較爲精確的民意脈動，再爲最終政策變遷的指針。

[4] J. S. Fishkin, *The Voice of the People: Public Opinion & Democracy*. New Haven: Yale Univ. Press, 1995.

5.開放性：有些政策的形成，並未在完全透明之下進行，以致各項支持的論證，姑不論是：洞識、統計、權威、類比、比較、倫理、方法、因果及動機（Dunn, 2004）[5]，均未爲外界詳知，幾乎在一黨完全壟斷、強制表決之下過關的，當然引發令人質疑，究竟是否隱藏或偷帶重大政治利益。於今，當時極端反對的政黨取得執政權，在黨綱的制約下，要求重視這項重大政策，本無可厚非。因此，主事的經濟部及台電應有開放的情懷，公開所有核四資料及各項合約內容，方便進行有效的再審，並衡酌本益比、經濟發展、替代性能源的可掌握性及環境生態的負荷量，再行合理的調適。

6.可理性：續建或停建均會因而衍生諸多問題，而這些問題是否均在現行科技及人類智慧所能處置的範圍內，如不是，則要仔細且慎重的考量，絕不可意氣用事，但憑一時之情緒決定，非以戒慎恐懼的問題解決模式（vigilant problem solving）（Janis, 1989）[6]爲之不可。即在面臨一項威脅或機會時，首先建構問題的類屬及應爲之事，進而運用資訊資源佐證問題的建構及解決的方向，歷經周詳分析及重構過程而釐清前二者的主要本質，評估優缺、利弊及後遺而挑選可能的組合方案，最終的肯認以將各項的缺失徹底地排除，並由內鞏固所做的抉擇，由外強化社會的投入（Janis, 1989:16）。

相關決策者在認眞考量前述政策變遷的六大原則之後，諒對政策圖像有了較清楚的認識，不會輕易落入決策陷阱（Patton & Sawicki, 1993:251-253）：

1.過度倚賴過往經驗：決策者在思考政策變遷時，每會先由過往的政策經驗開始，再進行必要的調整。不過，這樣一來乃假定政策所立基的環境一成不變，而且創新的方案亦受到前述假定所掣肘，不

---

[5] W. N. Dunn, *Public Policy Analysis*. Englewood Cliffs, NJ.: Prentice-Hall, 2004.

[6] I. L. Janis, *Crucial Decisions: Leadership in Policymaking and Crisis Management*. N.Y.: The Free Press, 1989.

易找到勝出路徑。尤有甚者，如該假定已不存在，則由經驗導出的方案，每易無法契合已變的環境，致使已變的政策失去支撐的系絡，而逐步瀕臨失靈的窘境。再者，政策職司者在瞭解嶄新面對的政策問題時，每試圖找出問題在哪些層面，與過往的問題極相類似，並由過去所使用的方案開始探究可資運用於今的要素。然而，如他或她過度倚賴過去的這項政策作爲，每會建構或分類並不正確的問題，因爲主事者總有強烈的想望，要將新問題按照已存在的思維模式來加以建構，進而發生偏差的情勢。何況，只因主事者對過往使用的方案至爲熟悉，就以之作爲調和方案的基礎，而非以方案與問題間的相關性來思考，就可能失去諸多的可能性，姑不論在問題情境的確切洞穿，抑或在嶄新方案組合。於是，主事者不可過早將自己的視角窄化，故步自封地限縮方案探索的空間。

2.未能及時記下洞識：相關人士在研擬政策變遷的內容，抑或進行腦力激盪以激發出新觀念及新作爲時，經常會因互動而很快勝出諸多新穎的洞識，並對政策問題的解決可能有極大的幫助，所以必須以劍及履及的方式加以記錄，以免未來遺忘，並裨益於未來調出使用，強化政策變遷的設計。因之，一旦寶貴富價值的見解一出，定要不遲疑地加以記載下來，絕不因狀似相關度不高而延宕記下的時程，更絕不因當時的情況不便，而未能立即採取行動，甚至不可委諸稍後可將洞識召回而疏忽當機記下的舉措。蓋洞識可能稍縱即逝，如不能及時把握，要完整回憶當初的思慮及見解，就不甚容易了。

3.過早鎖定問題界說：問題的界定，本是一項不斷循環的過程。一項問題的全貌，也要經由相關人士的意見交流，才可能發現到問題所隱藏的面向，找到眞正的本質所在，進而比較可能構思針對問題本質的對策。是以，給予問題認定足夠的時間，絕不可以隨興或倉促的方式對待問題的瞭解。蓋吾人一旦陷入過早的陷阱，就極可能認定錯誤的政策問題，連帶地無法找到相關性強，可能又是較佳的解決方案。

4.太早形塑偏好方案：不少的政策負責人，每對有些方案有所衷情，比如偏好以市場的機制來解決具競爭性的政策問題，甚至排斥以規制的方式來規範產業的合理運營；有的喜歡委外經營的方式；有的寄情於地方化的政府改造方式。不過，這些方案絕不可妨礙其他方案的搜尋，更不可以之排擠其他方案勝出的空間。蓋吾人如成爲偏好的「苦主」或受害者，吾人就至爲可能不再考量或毅然排除其他具建設性的可能方案。這將不利於政策問題的解決，政策目標的成就，甚至引發負擔昂貴的沈澱成本，影響到資源的合理配置。

5.批判窒息新念釋出：在相關人士進行腦力激盪，研發政策變遷事宜之際，每每要求參與者，不得立即批判他人所提出的見解，因這樣一來，極可能破壞那熱切的氣氛，窒息源源不斷地釋出新的觀念，壓縮可資擇定或採用的看法。蓋不管你或他的批判，直接發言否定或輕蔑別人的見解，抑或間接忽視或不對所提建議加以確認，均會大大減少找到相對上較佳的解決方案。是以，主事者務必要提供一個理想的言談情境，讓參與者暢所欲言，爾後再加以歸納與綜合，或可理出配套與接軌較佳的解決方案組合。

6.未經評估排斥方案：研擬政策變遷之際，由於參與者所提出的方案，被認爲不符合其他參與者的信念與偏好圖像，就未歷經妥適評估的作業而加以排斥在選擇的範圍之外。尤有甚者，有時主事者因恐懼提議中的方案，會引發強烈的批評，就不將其列入討論的議程。有時亦會因由於所提方案，乍看之下與主要的文化限制出現不能相容的情勢，原先的方案配套，就脫離被考慮的標的。上述阻絕方案的作法，既未經事先的評估，又以單一標準主導方案的採納，欠缺應用完整的評估標準，諸如效能性、效率性、充分性、衡平性、回應性及妥當性（Dunn, 2004）[7]，進行整全性的評估，才做成取捨的決定，每會不當排斥厚實的方案，增加方案與問題之間的罅隙，昂貴代價的負擔恐不免，政策失靈的責任追究，亦會伺機提出，進而傷及政治治理的正當性。正如今日民進黨政府在金改上所面對的處境一樣。

7.情境變遷未慮前案：問題認定及方案創造與評估，本是一項不斷循環的過程。主事者亦有賴於這樣的過程，進行意見的交流，刺激嶄新觀念的提出，多元方案的建設，再由評估加以挑選，以免疏漏可貴的方案。尤有甚者，在主事者進行上兩項政策工程或任務時，政策所面對的情境，每會發生變化，原來不能契合情境而受到擱置的方案，可能因情境的更迭，而成爲最適宜的方案。如果斯時主事者未將原案調回討論的議程，很可能喪失最適抉擇的機會，留下政策再度變遷的空間，浪費有限資源的運用，引發破壞性的政治衝突。

古巴飛彈危機的解決，最初呈現在決策者面前的方案之一就是封鎖，但因初討論時，限於政治時空環境的不適合，以致暫時被擱置。不過，在經過三回合的互動及演化，以及理性行爲者的分析，組織行爲的運作，政府政治的經營，封鎖案又回到討論的議程，並成爲對應古巴飛彈危機的策略，獲致可觀的政治成果，展現「軟」權力應用的效應（Allison & Zelikow, 1999）[8]。由此可見，主事者在情境發生變遷之後，要回溯原初討論的方案，將其當作寶貴的知識資產。

決策陷阱每每存在於決策情境之中，主事者要詳加關注，小心謹愼防患陷入的危機。蓋政策變遷的形成，本非易舉，需要克服層層的關卡，才出現政策機會窗（Kingdon, 2003）[9]，所以如能一次到位，就能免除重複變遷的窘境，節省下人力、物力及財力資本，更有餘裕

---

7 W. N. Dunn, *Public Policy Analysis*. Englewood Cliffs, NJ.: Prentice-Hall, 2004.

8 Allison, G. & P. Zelikow, *Essence of Decision: Explaining the Cuba Missile Crisis*. NY.: Longman, 1999.

9 J. W. Kingdon, *Agenda, Alternatives, and Public Policies*. New Brunswick, NJ.: Transaction Publishers, 2003.

正視新興而難理的問題。不過，這項期待的兌現，遠離前述的七大陷阱，乃是政策職司者所要學習的課題。

這些決策陷阱的避免，難度並不高，負擔也不重，只待政策有心人士的體會及審慎思慮，建構理想的言談情境，從互動中產出富創意及整合的方案。因此，他或她可能要熟練對話治理的技巧，提供雙向溝通的管道，養塑聆聽及鑑賞的氣度，平日增進彼此間的情感，才可收眾聲喧嘩的效果，再由中進行創造性的整併，或可產出最適政策變遷的模式。

政策在情境變遷之後，爲使其保存鑲嵌性，鋪實可踐性，增進目標的達成，本身的對應變遷是理所當然的，只是政策業已執行一段時間，可資選擇的彈性幅度，未如新政府一般那樣的寬廣，多要進一步考量其沈澱成本，改變後的機會效益，政策取代的適足性，政策影響的深遠性。

政策變遷涉及採納嶄新而不同的政策；有時亦只對現行政策內容進行一些微調，使其更符三E的狀況：effectiveness（效能）、efficiency（效率）及economy（經濟）；有時針對與時境脫臼的政策加以終結或廢止（Lester & Stewart, 2000）[10]。姑不論哪一方面的政策行爲，均會改變原本習慣的運作互動模式，引發一些論述，茲爲了變遷的順利進展，主事者除了扣緊上述變遷的原則，更要進行對話治理，消除相關人士之間的理解落差，轉換消極勉強的變遷合夥人，成爲積極投入的協力推動者。

而在方案的安排上，決策者不可在倉促、草率及狷急的情況下做成相關變遷的決定，而較易落入前述七項決策陷阱之中，非但原本面對的問題未能解決，甚至更加惡化，並衍生新的問題。換言之，政策

[10] J. P. Lester, & J. Stewart, *Public Policy: An Evolutionary Approach*. Belmon, CA.: Wadsworth/ Thomson Learning, 2000.

變遷本非小事，所以「事大不可速成」的道理要能深刻體會。尤有甚者，政策之後遺症亦有一定程度的累積，所以「積弊不可頓革」的古訓亦要遵守，才不至於促使變遷得不償失。

原則之遵循與陷阱之避免外，主事者猶要形塑關係資本，一方面廣結善緣贏得政策利害關係人對變遷的力挺，另一方面要在有權合法化的機關內締結多數的聯盟，致使合法化過程的平穩，不致產生嚴重的組際衝突，阻礙合宜變遷的進展。

第三節　調適：由本開始

政策取向的依勢變遷，雖可搜尋所有嶄新的方案，但就現行方案的分析與轉型，本是不可或缺，從中非但可創造諸多不同於過往的方案出來，且猶可在某些方面維持政策的延續性。這種立基於現行政策之調適做法，可由三大變遷所指涉的層次，細分成十三大類型（Patton & Sawicki, 1993:248）[11]，殊值得吾人深切的關注。

（一）政策規模

政策規模的變化，大抵上可由六個向度來安排，並以政策績效、滋生問題、策際互動、完成速度來做適度的調整。

1.擴大：將現行方案予以擴大層面，增加投入度，延長其執行時效，並於他地複製。不過，在核四案上，恐無法行之，一來不符國內的公共氛圍，二來逆反世界減核使用的趨勢。而在中國政策之演化，或許可以有效使用。

2.縮小：將現行的政策加以瘦身，縮短使用效期，對之判定「有期徒刑」——縮小原定的規模，提前結束政策的壽命（陶在樸，

[11] C. V. Patton, & D. S. Sawicki, *Basic Methods of Policy Analysis and Planning*. Englewood Cliffs, NJ.: Prentice-Hall, 1993.

2000）[12]。這對核四案或可適用，其不僅可防止濫用、誤用及完全禁用，也可達及限用的境界。不過，在中國政策上，縮小政策的運行，恐得不到雙方的利害關係人之認同，更會推遲兩岸的建設性互動，破壞兩造的互信與相互安全。

3.置換：更改政策運行的場址，改用不同的材料，更調政策之組成成分，改變政策的優先順序，調整合法化的方式，均類屬這一類型的方式。若以核四的例子觀之，由集中式發電系統轉向「分散式高效率供電系統」，以多元、小型及分散供電方式，爲核四解套。而戒急用忍或兩國論，亦可由強本西進，抑或試行小三通方式來取代。不過，這種置換或替代，事先要將方案說清楚講明白，而說講的情境要在較爲理想的狀況下進行，要眞誠、要確題、要關注及要獻替（林水波，1999）[13]，方可配套出共識的替代方案來。尤有甚者，在討論之際，絕不可事先先設下方案，讓對話虛位化，而要讓現今永續發展的主導價值，所襯托出來的能源供給方案依序鋪陳出來，再一一加以整併，以能產出合超效應（黃秉鈞，2000）[14]。

4.組合：政策問題之解決，不能以單一方案爲之，因其總有極限性，所以要以配套，或貫通性的組合同步進行之。因政策是未來指向的，多少存有成果測不準性，所以「不可將所有的蛋放在一個籃子裡」，以免要承擔過高的風險。既然在不同的時空，不同理念的引導下，有那麼多互補的方案，決策者更應加以匯整，而以多元化的面貌來呈現，減少單一或獨尊方案的樹大招風，引人疑慮，以及承擔可能的高風險。能源的供應既然有那麼多的備用方案，且效率與效能亦不低，非技術層面的問題（諸如法令的修訂、教育的宣導與策略管理），雖有點複雜，但均在決心、毅力及意志可以克服的範圍之

12 陶在樸，「核四評估應採三分法討論」，中國時報時論廣場，2000.5.8。

13 林水波，「改造政府層級的宏觀原則」，刊載氏著制度設計一書，台北：智勝文化，1999。

14 黃秉鈞，「發電系統　就在我家後院」，聯合報民意論壇，2000.5.9。

內，但視決策者的有心或無心而已。又如台灣平均租稅負擔率只有14.7%，在國際屬於中間偏低位置，確實存有加稅空間。不過，短期內是否加稅，就須綜視政府開銷、社福支出增幅、節流措施成效度，來做組合性的決定。換言之，本質上就有多條路通達「羅馬」，決策者可在相關因素的考量加以權重後，排序組合出多元同步的方案出來。單一方案的衷情，在歷史情境的不同演化下，已漸缺它的競爭力及正當性。

5.重構：對現行政策加速完成，抑或減緩完工期程，改變優先順序，轉化供應方式，調整組織類型，致使其自預算及人事等規制鬆綁，而以更有效能的方式來運營是重構的典範。比如經建會就大力推動高雄港務局特殊公法人化的重構工程。促進產業升級條例雖於1999年3月31日施行期滿，但經濟部工業局歷經衡酌現今正值企業改進體質，提升競爭力之重要關鍵時刻，本條例猶有施行空間，而將租稅減免、工業區開發兩方面，做了對應時需的調整，以利經濟的持續發展（經濟部工業局，2000）[15]。兩岸關係相關的法令，亦可因應時趨的更迭而調整重構，讓關係得以強化，僵局得以解開，戰爭威脅得以化除。黑金問題的減緩，亦可由職司機構的合併，法令的修正，新政府之成立，導致銀行行事作風的轉變，自律的強化：拒絕超貸、關說，而獲致良好的效應。

6.終結：現行政策如窘態畢現，不合乎本益比，而又衍生嚴重後遺症，繼續任之存在，恐會產生排擠效應，決策者應考慮將其終結。比如鄉鎮市代會的功能未能有效發揮，若維持現有體制，並由選舉方式產生代表，則掃除黑金的目標較難以完成，是以如能得到共識可加以廢止；鄉鎮市長亦不必一定由選舉方式產生，因院轄市及省轄市的區長，未因官派而影響地方自治的運行，所以亦可改由官派，終止黑

[15] 經濟部工業局，「推動促進產業升級條例及相關法規制度之修正」，台北：經濟部工業局，2000。

金形構的部分溫床。因此，決策者要有這樣的信念：終結不是政策的結束，而是嶄新政策的開始。

（二）政策部署

政策每以不同方式的部署來推動之，視原本進行的情況，再加以整合或推廣，抑或調整時間密度及期程，以不同的結構來承擔之，不同的融通方式配置政策經費的運用。

7.定位：原本中央防疫體系分設三機構：防疫處、檢疫總所及預防醫學研究所爲之，終究造成業務重疊、職掌區隔不明，人力物力運用次佳化，所以職司者爲消除前述問題，就重新定位，將防疫、檢疫及檢驗體系整合，進而成立疾病防治局，以收事權統一的功效，打造一個機動性、國際性、權威性、專業性的疾病打擊團隊，免除國人對疫病的恐慌（衛生署企劃處，2000）[16]。又如，選定澎湖及金馬三外島試行小三通，再視成效再推廣之，亦是政策運行地點之選定的案例。

8.時程：政策之加速、推遲、延宕，抑或循序漸進地推動，同步進行兩岸的三通事宜，均類屬考量政策時程的不同類型。換言之，有時要在最短的時程內完成政策的所有作爲，有時要延續較長的可行期間，以觀政策的盲失所在，而爲適時適切地調整。

9.融通：政策經費之融通亦有諸多可行方式，比如一次全付，或分次編擬，興稅或採用使用者付費，部分負擔，部分或全額補助，按能力或受益性質收費，按邊際或平均成本定價，以及扣除協定額的支付方式。而全民健保的改革在融通方面，亦可追隨上述方式分期變革；核四之興建初期以年度預算方式興建，後以八年預算一次通過的形式融通，凡此均是著例。

[16] 衛生署企劃處，「防疫制度改革」，台北：衛生署，2000。

10.組織：以集權或分權式的組織體系推動政策，或通案或特案運營之，以法律或規約約束之，以通令禁止的方式述明標的對象不可作爲的行爲，賦與政策對象的自由裁量權，提供或不提供誘因以刺激政策對象的順服，以能力建立的方式化解弱勢族群的依賴，以強制力推動抑或順其自然，以政令宣達與溝通的方式通知政府的作爲而協助人民的參與，懇切要求政策對象的作爲行爲以維護自身的健康及安全，凡此均屬組織性的現策變遷類型。實際上言之，政府組織陸委會及海基會推動兩岸互動，設置海岸巡防署處理海上及海岸犯罪之情事，告知台商大陸的經商風險，與配偶申請來台居住的相關規定，延長促進產業升級條例適用期間及相關租稅的減免，以利企業改變體質等，均是這一類的例證。

（三）執行方式

以現行政策調整爲基調，由執行層面的再議中，亦有另類的方案可資論述。蓋將抽象的政策內容轉換爲具體的政策行動，亦有多元不同的做法：有的更調執行的各項決定，有的改變不同的影響力致使執行原則之變遷，有的更以風險管理的強化，減少政策不確定性可能帶來的後果（Herman, Head, Jackson & Forgarty, 2004）[17]。

11.決行所在：對於現行政策的各項執行決定，究竟猶由現行組織或個人裁決，抑或改由新的組織或個人決行；而有權或適合的人員來自人民直選，抑或由政治任命出任；決策人員須具備專業素養或政治通才；職司者的裁決只具諮詢作用，還是具有約束力；對其決定具有終極審判的性質，還是可呈請上級做進一步的衡酌。是以，從上述這些方面的細思量，當可導出異於往昔的政策調適。本來中央衛生防疫體系，由防疫處及檢疫總所負責政策制定；檢疫總所分擔疫情監測及港埠檢疫兩項重任；預防醫學研究所也分司疫情監測及檢驗調查，

[17] M. L. Herman, G. L. Head, P. M. Jackson & T. E. Fogarty, *Managing Risk in Nonprofit Organizations*. NY: John Wiley & Sons, Inc, 2004.

造成業務重疊，相關機關職掌分割不明，人力物力未能充分而有效的運用，才有今日三合一的改變，成立疫病防治專責機關，克服分治而生重疊的弊病（衛生署企劃處，2000）[18]。

12.影響來源：有些政策的推動，有不同的壓力來源：使用者、提供者、仲介者以及其他受益者或受害者。台灣役男出國政策之變遷，關鍵的力量在於：役男自身的需求要求，以增長知識，拓展國際觀爲由向職司機關施壓。再加上司法院大法官會議釋字第四四三號解釋，以「・・・限制役男出境係對人民居住遷徙自由之重大限制，兵役法及兵役法施行法均未設規定，亦未明確授權以命令定之。行政院發布之徵兵規則，委由內政部訂定役男出境處理辦法，欠缺法律授權之依據，而該辦法第八條規定限制事由，與憲法（第十條規定人民有居住及遷徙自由）之意旨不符，應自本解釋公布日起至遲於屆滿六個月時，失其效力」。這兩種力量共同導致役男出境由「原則禁止，例外開放」修正爲「原則開放，例外禁止」，以符合憲法及大法官會議解釋的指涉意旨（內政部，2000）[19]。

13.風險管理：有些政策的採行，是在取得相對的保證、加入必要的保險，抑或詳定事發後的緊急補救措施後才准以合法推動。比如，核四在妥適及強化的意外管理建制，以及結構符應隨時應付危機的機制後，或可有條件地繼續興建，以免負擔過重的沈澱成本及違約賠償金。不過，對其可要加上「有期徒刑」之類的規範，防止濫用、誤用的情勢發生。

政黨輪替產生諸多牽引政策變遷的力量，難免會形成一些衝突緊張關係，形塑反變遷的抵制聯盟。解決之道，需要與政策利害關係人，進行富建設性的政策對談，以討論達到治理的境界（Majone,

[18] 衛生署企劃處，「防疫制度改革」，台北：衛生署，2000。
[19] 內政部，役政制度改革總結成果簡報，台北：內政部，2000。

1988:158-160）[20]。蓋眞誠的討論，可以迸出智慧，產出合超雙贏的共識，而爲政策進行健全化的改變。

以現行政策爲考慮的基點，基於前述十三大類型的參據，擴大公共參與及對話的空間，相信參與者的誠意，與會者要提出言之有物的論述，既對應情境系絡，又展現超脫的宏觀思維，而非無的放失，盡以負面角度評估現策。尤有甚者，對話者更要流露出積極的幹勁、熱切投入的情懷及表達與人爲善的意願，令人欣然進入有效對話的氛圍；進而提出接近情況的見解、獨特服人的觀點，展現特殊的專業、普受認同的知識、中肯的生活經驗以及表達代表團體所在意的論點、疑慮或期待，經由匯整、評比及整合過程，再得出符應公共利益的方案（Fox & Miller, 1995:121-127）[21]，用以化解政策矛盾，順勢展開新政府的其他議程。

在新政府所面對的這些政策變遷問題，牽涉的層面均相當廣泛，又涉資源的重大重分配，可能無法獨由政府做成決定，多少均要有前述的公共參與與影響，與他們共同認知問題之本質，汲取他們的理念及建議，共同形塑回應性、述職性的決策，方不會帶來政策的偏誤，支持的流失，及信任的腐蝕（Thomas, 1995:38-41）[22]。

結語

政黨輪替這項重大的政治變遷，雖在諸多政策上，新政府必須持續推動或概括性的繼承，無法對之進行巨大的轉型工程（Rose &

[20] G. Majone, "Policy Analysis and Public Deliberation," in R. B. Reich, (ed.) *The Power of Public Ideas*. Cambridge, MA: Ballinger Publishing, 1988.

[21] C. J. Fox, & H. T. Miller, *Postmodern Public Administration: Toward Discourse*. Thousand Oaks: Sage, 1995.

[22] J. C. Thomas, *Public Participation in Public Decisions*. San Francisco: Jossey-Bass, 1995.

Davies, 1994）[23]。不過，對與新政府信守的核心理念互異的政策，極可能成爲選定變遷的對象，並運用各項機會之窗，試圖加以合法化，以兌現競選期間，引發選民政黨重組的政策承諾，確保再度執政，掌握價值分配及資源配置之大權。是以，政治人物於大選期間所爲之革新及變遷承諾，每成爲施政之主軸，導致政策變遷的動力。

經由三個面向的政策變遷分析，吾人或可從中導出七項啓示。

1.變遷的外控性：推動政策變遷事宜者，不一定能完全主管變遷的全程進展，蓋合法化的工程每每仰賴於立法機關的決議或大法官會議的解釋，並非行政部門所能單獨掌控，致行政霸權現象無由發生。

2.長泣的主流性：政策變遷牽涉權益的重分配，所以在工程進行中，抵制的現象難免，主事者每要設法加以紓解，並得按照政治情勢的演展，逐步推展，無法一下就完成所有的過程及任務。國民大會的走入歷史，就可證明組織的堅韌性，以及終結的艱難性。

3.原則的必要性：政策變遷依然是射準未來，多少存有不確定性及風險性，茲爲了防範不必要的風險，毀損政策變遷的正當性，以及爭取對變遷存有疑慮者的支持，於推動變遷過程，確實信守六大原則，有其深切的必要性。

4.類型的多樣性：從政策規模的幅度，政策部署的安排及執行方式的變化，吾人可搜尋多元不同的變遷類型，再對之進行前瞻性評估，才選擇優勢最強、機會最大的類型來進行變遷，或可鋪設變遷工程的坦途。

5.類型的組合性：從事變遷設計者可由十三個類型中進行不同的排列組合，而得出多元不同的配套，以供相關權責人士的擇定，盡可能排除破壞性的抵制，延宕政策變遷的期程，而惡化原本政策的危害

[23] R. Rose, & P. Davies, *Inheritance in Public Policy: Change Without Choice in Britain.* New Haven:Yale Univ. Press, 1994.

性。

6.變遷的學習性：政策變遷是一種政策學習，從過往的政策中，吾人或可體驗出，那種政策工具備受青睞，那種政策安排乏人問津，那個執行結構最具協力精神，那個執行體系各自本位，而由政策變遷加以扭轉，致使政策更能達及效能性、效率性、公平性、充足性、妥當性及回應性（Bennett & Howlett, 1992）[24]。

7.變遷的參與性：既然政策變遷涉及到權益的調整，既定運作模式或秩序的更調，當會有諸多不同的見解，茲為了變遷的順時順勢，讓利害關係人的參與，從相互對話中凝聚共識，再轉為變遷的設計，方不致於變遷的關鍵時段，引發掣肘變遷的衝突。

政策變遷絕非政策的結束，而是邁向較為理想的政策所要為之的學習。這項學習的前景，要由實質正義及程序正義來決定。凡是變遷強化斯二者的程度，則政策學習至為豐厚；反之變遷受到抵制的幅度就會不小，且顯現出學習的僵硬性，過往政策視框的侷限性，主事者任事的保守性，單一機關的霸權性。

政策變遷深受時空環境的影響，一旦時空均成為迫使政策變遷的驅力，政策職司者如猶試圖阻止變遷的推動，恐會失去原本的支持，嚴重者也會腐蝕政權治理的正當性，成為再度政黨輪替的催生力量。是以，治理者在政策上不可出現不可治理的現象，且要隨時感知歷史的變動，內外在環境的演化，針對不再合宜，不夠符應的政策內容，適時適刻地加以調適，使其一直與時空得能鑲嵌，與標的團體的需求一致，與知識經濟時代相符，持續迎接挑戰，扮演貼切的角色，產出解決問題的能力。

政策的規模、部署及執行方式，必須進行變遷，俾便其能在資訊

[24] Bennett, C. J. & M. Howlett, "The Lessons of Learning: Reconciling Theories of Policy Learning and Policy Change." *Policy Sciences* 25/3: 275-294, 1992.

科技精緻、數位化政府及網際網絡發達的時代，猶能展現治理的重大績效。蓋新科技的發展，致使民主公民擁有更多的資訊，改變與治理結構互動的模式，加強要求政府在治理上的回應性。因之，政策之管理，運作過程、運轉體系都要加以調整，以提升政府績效，鞏固持續治理的正當性。

{附錄一}

案例研究——人口擴張時代台灣人口政策

第一節　人口問題探微

公共政策的形成與施行，大抵皆是針對某些特定的需求或既存的問題始應運而生。是以，人口政策的制訂亦反映了人口現象存在著若干必須加以解決的問題。但人口現象究係何指？人口現象又何以會形成問題呢？

這就牽涉到「人口」一詞的含義與其特質。按照一般的解釋：「人口係指人的集合體，而此一集合體是在空間上與時間上發生比較永久聯繫的一群人。」由此可知人口具備了三項特質，即空間性、時間性與集體性。就空間性言，係指一定區域而言，此區域的範圍可大可小，大如一個國家或全世界，小如一個家庭或鄉里均可；就時間性言，一定區域內的人口經常隨時間的改變而增減，如台灣地區的人口民國35年時爲六百多萬，民國69年時已增加至將近一千八百萬；就集體性言，人口是一集合名詞，必須是多數人集合的全體或體體的一部分，如稱台灣省人口、台北市人口、工業人口、農業人口等是。此外，人口尚可依其所具有的某些特性來分類，例如由生物性來分類，可分爲男性人口、女性人口、老年人口、壯年人口、幼年人口等；由社會性來分類，可分爲已婚人口、未婚人口等；由經濟性來分類，可分爲工業人口、商業人口、農業人口、就業人口、失業人口等等。

單就上述的人口現象本身而言，並無任何問題存在；人口現象之所以會產生問題，主要在於人口的數量、特性、分布未能與其生存的空間、生活的資源相互配合，而導致政治、經濟、社會、文化層面上的失調。是以，人口政策的目的，乃是經由對人口數量、品質、分配所採取的策略，來配合生存空間與生活資源的合理運用，以解決其因失調所產生的問題。

唯人類過去歷史上傳統的人口政策並未涵蓋如此廣，而多僅係就人口數量加以調節而已。由於在古代視人口爲國家的主要資源，因此大都主張鼓勵人口增加；但到了18世紀英國人 *Thomas Robert Malthus* 卻對人口增加提出悲觀的看法，他認爲人口增加過速並非國家社會之福，因爲人口的增加是幾何級數的增加，糧食的增加是算術級數的增加，人口增加的速度永遠超過糧食增加的速度，爲了避免人口增加過速而導致戰爭、貧窮、饑餓、早死等等人間悲劇，人們應該採用遲婚、獨身、禁慾等方法自我節制生育；其後，19世紀初葉興起的新馬爾薩斯學派（Neo-Malthusians）更主張採用人爲的避孕方法來實行節育。由於這些影響，人口數量的增加曾略爲和緩[1]，但近世以來，由於醫療設備與環境衛生的改善，使得世界各國，尤其是開發中國家，人口死亡率普遍下降，人口增加更爲快速，帶來了嚴重的人口壓力。是以各國政府均又積極鼓勵節育措施，制訂有關法規作爲人口政策的依據，以求緩和人口增加的趨勢[2]。

---

1 劉克智，「世界人口問題的回顧與前瞻」，人口問題與研究（台北：台灣大學人口研究中心編印，民國64年5月），頁61-84。

2 參閱家庭計畫與人口問題（台北：行政院研究發展考核委員會編印，民國66年6月）。

我國台灣地區由於光復後人口增加至為迅速，引發許多有識之士的關切，不斷呼籲政府制訂人口政策以為推行節育的根據，經過十幾年的爭論，而終有正式的人口政策的制訂。然而自人口政策頒執行以來，匆匆已歷十餘載，城鄉人口的不均衡分布，不但未見改善反而日益嚴重，關係人口素質提高的優生保健法，也遲遲未能頒布施行，尤其嚴重的是人口的自然增加率，亦未見顯著的下降，從民國59年的22.26‰，到民國69年的18.63‰，僅降低了3.63‰而已，可見人口政策在執行上仍存在著若干問題和隱居。故作者試圖從政策分析的角度對之加以檢討，冀望能引出癥結所在，以求加速人口政策的順利推行。

第二節　台灣地區人口問題背景的探索

一、人口現象概述

一般而言，對人口的觀察不外乎是由其數量、品質和分布等三方面的現象來著手；而人口政策的目的也是在求人口的數量、品質和分布等三方面，能夠配合其生存空間與生活資源。本節僅就人口數量與人口品質這兩方面的現象加以探討。

（一）人口增加速度過快

由表附1-1我們可以看出，台灣地區自光復後，人口總數由民國35年的609萬餘人增加到民國69年底的1780餘萬人，短短的三十五年之間增加將近原來人口的三倍，平均每年要增加34萬人左右，相當於一個基隆市的人口；而粗出生率由民國36年的38.31‰遽升到民國40年的49.97‰，然後才緩慢下降到64年的22.98‰，65年適逢農曆龍年，出生率又回升為25.93‰，一直到69年底為止，出生率仍調高在23.20‰；另一方面，粗死亡率下降迅速，由民國36年的18.15‰逐漸滑落到69年的4.72‰；自然增加率則在民國39年至52年這段期間，每年均超過

30‰以上，民國53年以後始逐漸降低，直到69年底的18.48‰，然此一數字仍較已開發國家高出許多。依聯合國1976年統計月報載，已開發國家自然增加率如下：日本12.1‰，英國1.4‰，法國4.9‰，紐西蘭13.8‰，瑞典1.8‰，荷蘭4.8‰，西德2.4‰，澳洲9.7‰，加拿大8.0‰，美國5.8‰。由於出生率居高不下，導致台灣地區人口的自然增加速度愈來愈快，人口數量愈來愈龐大。若以民國69年底的總人口（1780餘萬人）作爲基數，按每年19‰的自然增加率推算，則僅需35、6年以後，台灣地區人口即可加倍爲3500萬人，65年以後，更將高達6,000萬人，這著實是驚人的數字。

（二）人口密度過高

人口數量驟增而土地面積不變，人口密度自然節節升高。從表附1-2可知歷年來人口密度增加之情形。

至民國68年底爲止，台灣地區人口密度高達每平方公里485.51人。而據行政院主計處最新的統計，至民國70年3月爲止，台灣地區人口密度已達每平方公里497人[3]，若按69年平均每個月增加27,146人的速度推算，則在70年8、9月間即將突破每平方公里500人的大關，並且在一百年後人口密度更將高達至每平方公尺7人，連站的地方都沒有！依照聯合國發表的1978年世界各國人口資料顯示，孟加拉國土地人口密度全球最高，平均每平方公里497人，我國則以每平方公里482人位居第二。若拿此一人口密度與全球各洲人口密度比較，將更可顯出台灣地區人口擁擠的狀況：以1975年爲例，全球人口密度每平方公里29人，非洲13人、北美洲11人、拉丁美洲16人、亞洲82人、歐洲96人、大洋洲3人；當年台灣地區人口密度則爲每平方公里449人，是密度最高的歐洲的四、五倍，更是密度次低的北美洲的四十倍之多！尤其甚者，台灣地區有將近一半的地區是高山峻嶺，山地面積占

3 聯合報第三版（民國70年5月27日）。

表附1-1　台灣地區歷年人口數及出生死亡率

年別	西元	年終人口總數	總增加率‰	年出生人口數	粗出生率‰	年死亡人口數	粗死亡率‰	自然增加率‰
35	1946	6,090,860	—	—	—	—	—	—
36	1947	6,495,099	66.37	241,074	38.31	114,192	18.15	20.16
37	1948	6,806,136	47.89	263,803	39.67	95, 340	14.34	25.33
38	1949	7,396,931	86.80	300,843	42.36	93,349	13.14	29.22
39	1950	7,554,399	21.29	323,643	43.29	85,737	11.47	31.82
40	1951	4,869,247	41.68	385,383	49.97	89,259	11.57	38.40
41	1952	8,128,374	32.93	372,905	46.62	79,034	9.88	36.74
42	1953	8,438,016	38.09	374,536	45.22	78,078	9.42	35.79
43	1954	8,749,151	36.87	383,574	44.63	70,181	8.17	36.47
44	1955	9,077,643	37.65	403,683	45.29	76,585	8.59	36.70
45	1956	9,390,381	34.45	414,036	44.84	74,075	8.02	36.82
46	1957	9,690,250	31.93	394,870	41.39	80,714	8.46	32.93
47	1958	10,039,435	36.03	410,885	41.65	74,742	7.58	34.07
48	1959	10,431,341	39.04	421,458	41.18	74,052	7.23	33.94
49	1960	10,792,202	34.59	419,442	39.53	73,715	6.95	32.58
50	1961	11,149,139	33.07	420,254	38.31	73,823	6.73	31.58
51	1962	11,511,728	32.52	423,469	37.37	72,921	6.44	30.93
52	1963	11,883,523	32.30	424,250	36.27	71,734	6.13	30.14
53	1964	12,256,682	31.40	416,927	34.54	69,261	5.74	28.80
54	1965	12,628,348	30.32	406,604	32.68	67,887	5.46	27.22
55	1966	12,992,763	28.86	415,108	32.40	69,778	5.45	26.96
56	1967	13,296,571	23.38	374,282	28.47	71,861	5.47	23.01
57	1968	13,650,370	26.60	394,260	29.26	73,650	5.47	23.80
58	1969	14,334,862	50.14	390,728	27.92	70,549	5.04	22.88
59	1970	14,675,964	23.80	394,015	27.16	71,135	4.90	22.26
60	1971	14,994,823	21.72	380,424	25.64	70,954	4.78	20.86
61	1972	15,289,048	19.62	365,749	24.15	71,486	4.72	19.43
62	1973	15,564,830	18.04	366,942	23.78	73,476	4.76	19.02
63	1974	15,852,224	18.46	367,823	23.42	74,760	4.76	18.66
64	1975	16,149,702	18.76	367,647	22.98	75,061	4.69	18.28
65	1976	16,508,190	22.20	423,356	25.93	76,596	4.69	21.24
66	1977	16,813,127	18.47	395,796	23.76	79,366	4.76	18.99
67	1978	17,135,714	19.19	409,203	24.11	79,359	4.69	19.43
68	1979	17,479,314	20.05	422,518	24.41	81,860	4.73	19.68
69	1980	17,805,067	18.64	412,558	23.20	83,965	4.72	18.48

資料來源：本表民國35年至49年資料係根據台灣省政府民政廳所報年終户籍人口統計報告；民國50年至69年係根據行政院主計處所編，中華民國統計月報，民國70年1月號。

表附1-2 台灣地區歷年人口密度統計表

類別 年別	土 地* 人口密度	耕 地* 人口密度
民國40年	219人	900人
45年	261人	1,072人
50年	310人	1,279人
55年	361人	1,450人
60年	417人	1,624人
61年	425人	1,701人
62年	432人	1,728人
63年	440人	1,732人
64年	449人	1,761人
65年	459人	1,756人
66年	467人	1,822人
67年	476人	1,866人
68年	485人	1,945人

資料來源：邱創煥，「台灣地區人口概況」，政大政研所年刊第14期（民國69年7月10日出版），頁21-23。
*單位：人/平方公里

全島總面積大約43.95%，事實上也不宜居住，因此，以耕地人口密度計算時，在民國69底料已突破每平方公里2000人的大關，生存空間之擁擠可見一斑。

（三）婚育人口驟增

上文中曾提及自民國39年至52年這段期間，人口自然增加率每年均超過30‰以上，這主要是由於民國37年以後大陸局勢逆轉，將近有一百餘萬人口先後遷台，再加上台灣光復以後，戰爭結束家庭團圓，社會漸漸安定，於是結婚率提高，生育數激增，形成所謂「嬰兒潮」（boby-boom），而於民國40年左右達到出生率的最高峰（參見表附1-3）。最近數年內，正值這些四十年代出生的大量嬰兒屆婚育年齡，從表附1-3可以看出：生育率最高的二十歲至二十九歲年輕婦女數，在民國70年底時將達到180餘萬人，幾乎較民國55年時增加

表附1-3　台灣地區15-44歲婦女數及其百分比之演變（民國55年-80年）

年齡組	15－19	20－24	25－29	30－34	35－39	40－44	合　計
百分比	%	%	%	%	%	%	%
55年	629,165 24.5%	450,175 17.6%	453,090 17.7%	396,000 15.4%	349,546 13.6%	288,472 11.2%	2,566,448 100%
60年	864,612 27.7%	626,209 20.1%	445,215 14.3%	448,937 14.4%	391,311 12.5%	344,525 11.0%	3,120,809 100%
65年	941,559 25.4%	865,062 23.4%	619,127 16.8%	439,531 11.9%	443,017 12.0%	386,435 10.5%	3,694,731 100%
70年	974,168 22.9%	939,714 22.0%	860,966 20.2%	615,585 14.4%	435,217 10.2%	438,434 10.3%	4,264,084 100%m
75年	923,648 19.6%	970,630 20.5%	935,790 19.8%	856,847 18.1%	611,505 12.9%	430,833 9.1%	4,729,253 100%
80年	889,560 17.3%	920,298 17.8%	966,573 18.7%	931,307 18.0%	851,086 16.5%	605,497 11.7%	5,164,321 100%

資料來源：民國55年，60年，65年係根據各該年度內政部所編「台閩地區人口統計」；民國70年，75年，80年係根據行政院經建會與台灣省家庭計畫研究所合編之「中華民國台灣地區民國67年至89年人口推計」。

一倍。年輕婦女數量增加如此之速，致使粗結婚率（crude marriage rate）在民國64年以後均一直持續高達9‰以上[4]，再加上二十歲到二十九歲此一年齡階層婦女生育率一向偏高，因此近年內人口粗出生率與自然增加率是否能夠降低，是殊堪質疑的。

（四）依賴人口比例偏高

在人口結構的區分上，通常以十五歲到六十四歲者為有工作能力的生產人口，而以十四歲以下的幼年人口與六十五歲以上的老年人口為非生產人口，一般稱為依賴人口。如果依賴人口比例過高，則形成所謂「生之者寡，食之者眾」的局面，而所謂「扶養比」（dependency ratio）則係指有工作能力的人口對依賴人口的比例言。台灣地區人口年齡結構中，幼年人口所占比例偏高，表附1-4中的資

[4] 台閩地區人口户籍統計（台北：内政部編印，民國69年），頁968-969。

料即顯示出：在民國59年時，十四歲以下人口占總人口的39.5%，至民國68年底則略降至33%；而美國和日本等已開發國家均不及25%。就扶養比來看，一般已開發國家約爲50%左右，亦即每一百個具有工作能力者所應扶養之依賴人口，只有50個人左右，再具體的說，兩個有生產能力的人，養活一個不具生產能力的人；而台灣地區的扶養比，在民國51年時曾一度高達91%，亦即每一百個生產年齡人口須養活91個依賴人口。雖然此一數字有逐年下降的趨勢，但直至民國68年爲止，扶養比仍舊在60%左右，較理想的扶養比50%尚有一段距離。且由於近年內婚育年齡人口的驟增，出生率若居高不下，扶養比就難以再做減低了。

二、對經濟、糧食、教育、社會與環境的衝擊

前文曾言及人口現象本身並無問題，而是必須配合其生存條件與生活資料來考量。而上述的人口現象就台灣地區的生存條件與生活資料而言，無疑具有多方面的嚴重影響。

附表1-4　台灣地區年中人口數按三階段年齡百分比及扶養比

年別 Year	年份分配百分比			扶養比* Dep. R.
	0～14	15～64	65⁺	
59年	39.5	58.2	2.3	72
60年	39.2	57.8	3.0	73
61年	38.3	58.6	3.1	71
62年	37.5	59.3	3.2	68
63年	36.6	60.1	3.3	66
64年	35.7	60.8	3.4	64
65年	35.0	61.4	3.6	63
66年	34.3	62.0	3.7	61
67年	33.6	62.5	3.9	60
68年	33.0	63.0	4.1	59

資料來源：內政部，台閩地區户籍人口統計，68年度。

*扶養比計算公式爲：$\frac{\text{（14歲以下人口）＋（65歲以上人口）}}{\text{（15-64歲之人口）}} \times 100 = \text{扶養比}$

（一）經濟發展的重擔

人口雖然是生產的要素之一，但卻也是消費的主體。一個開發落後、資源稀少的國家，若長期處於高出生率的情形下，由於所增加的人口必然是無法生產的消費人口，並且也將耗盡泰半的國民生產所得，以致無法有多餘的生產所得可以儲蓄、投資，資本的累積與形成自然困難重重，從而阻礙了經濟的發展和國民平均所得的提高。台灣地區自民國42年開始，連續進行五期四年經濟建設計畫，但因爲人口增加太快，幼年人口的比例偏高，消費量擴增，而抵消了許多經濟建設的成果。我們可以拿台灣的實質國民生產毛額支出中，民間與政府消費和固定資本的形成所占的百分比與日本做一比較：在民國41年時，台灣地區民間與政府的消費達國民生產毛額的94.32%，固定資本形成僅爲國民生產毛額的10.76%；至民國59年時，民間與政府消費支出已降爲國民生產毛額的74.56%，而固定資本形成卻只增加到國民生產毛額的23.59%[5]。但是日本的固定資本形成則由1952年占國民生產毛額的17.30%增至1969年的36.57%。如以實質國民所得增加與平均每人所得增加而論，上述期間日本國民所得增加3.8倍，平均每人所得增加3.6倍，相差有限；台灣地區雖然國民所得增加2.6倍，但平均每人所得只增加1.1倍[6]。主要原因就是同一時期台灣地區的人口增加了67%，而日本只增加了20%，可見人口增加太快，使資本形成困難、國民所得增加不易，而阻礙了經濟的快速發展。

（二）教育經費的負荷

光復後出生率的大幅提高，造成人口急遽增加，而這些新增的人口瞬即又都成爲學齡人口，因此就學人數直線上升，造成了政府教育經費負荷日漸沈重。根據資料顯示：民國35年時，全國各級學校總數爲1397所，學生人數爲901,043人，學生人數占總人口數的比例爲

5　參閱中華民國國民所得（台北：行政院主計處編印，民國60年10月）。
6　同上。

14.79%；至民國68年時，學校總數增至4950所，較民國35年時增加3.54倍，學生人數則增至4,570,132人，較民國35年時增加5.07倍，學生人數占總人口數的比例亦提高為26.05%[7]。也因此，政府支出的教育經費亦急遽增加，尤其是各縣市政府的教育經費支出更形龐大。由表附1-5可看出，中央政府年度教育經費支出占其總歲出的比例，由民國39年的0.6%到民國69年的6.6%，增加了11倍；而嚴重的是，各縣市政府年度教育經費支出占其歲出總額的比例，逐年不斷地提高，至民國53年時已超過憲法規定的35%，民國61年時更高達49.98%，而近年來的平均亦在45%左右，可見地方政府教育經費的負擔至為沈重，嚴重地影響到地方建設與地方的均衡發展。由此可見，台灣地區由於受到人口增加迅速和幼年人口偏高的影響，造成教育經費的沈重負荷。

（三）糧食生產的不足

為求糧食的增產，固可透過多種途徑進行，如改良品種與生產技術、充裕肥料等，但糧食生產的多寡主要與耕地面積的大小有密切關係。而且台灣農作物的生產量一方面受到耕地總面積不能增加的限制，另一方面則因農戶耕地面積逐年減少等兩種因素，致生產量幾已達到最大限度；在耕地總面積方面歷年增減不一，唯近來有逐年減少之趨勢。雖說耕地面積平均每年有75%種植水稻，且由於技術的改良而使單位面積稻米產量和總產量均不斷提高，但稻米增產的速度與人口增加的速度相比較，前者遠不足後者增加之迅速（參見表附1-6），如以民國40年為基數，自民國40年至64年，稻米產量增加指數僅為167.98，而人口增加指數則為205.23。固然目前稻米生產量勉強足敷所需，但其他輔助糧食（雜糧）的自給率則不敷甚鉅。根據統計，目前我國糧食總自給率只能達到85%，在計畫成長目標下，

---

7 統計提要：民國68年（台北：行政院主計處編印，民國69年12月），頁706-710。

附表1-5　各級政府歷年教育支出及其占歲出總額比例表

單位：新台幣千元

會計年度	中央政府			台灣省政府			台灣省各縣市政府		
	歲出總計	教育支出	比例%	歲出總計	教育支出	比例%	歲出總計	教育支出	比例%
40	1,431,756	10,099	0.71	620,857	99,625	16.04	428,976	24,792	5.78
45	4,225,609	148,082	3.50	2,864,919	265,674	9.27	1,613,380	473,67τ	29.36
50	8,713,995	263,899	3.03	4,901,661	473,799	9.67	3,088,668	1,001,671	32.43
55	9,718,921	312,597	3.22	4,929,572	515,097	10.45	3,654,353	1,332,198	36.46
56	2,0,034,223	763,348	3.81	8,726,733	942,347	10.80	5,503,876	2,254,747	40.97
57	20,772,858	929,276	4.47	9,500,004	981,559	10.33	5,429,219	2,355,657	43.38
58	26,786,604	1,429,355	5.34	11,024,041	1,389,878	12.61	6,358,199	2,847,736	44.79
59	30,667,392	1,837,370	5.99	13,266,493	1,404,573	10.59	7,694,888	3,516,227	45.70
60	34,948,411	2,313,921	6.62	13,553,341	1,801,579	13.29	8,954,760	4,219,256	47.12
61	39,828,364	3,027,399	7.60	15,061,779	1,927,126	12.79	9,250,686	4,623,195	49.8
62	48,229,202	3,282,749	6.81	18,510,712	1,974,682	10.67	10,179,504	4,921,934	48.35
63	53,121,305	4,308,096	8.11	20,833,152	2,250,835	10.80	14,942,711	6,085,088	40.72
64	74,829,906	4,280,812	5.72	32,362,914	3,552,870	10.97	21,199,301	9,707,110	45.79
65	86,976,221	5,481,688	6.30	37,322,801	4,029,663	10.79	2,498,395	10,633,640	43.41
66	107,288,834	6,906,367	6.44	39,941,988	4,597,920	11.51	29,634,841	12,222,461	41.24
67	130,076,701	7,832,584	6.02	47,916,158	5,097,901	10.64	34,865,073	14,843,054	42.57
68	153,045,787	10,040,835	6.56	55,852,985	6,342,107	11.35	41,722,507	18,684,390	44.78
69*	204,518,129	13,422,483	6.56	67,725,619	8,174,882	12.07	43,343,272	20,097,965	46.37

資料來源：行政院主計處，統計提要：民國68年。教育支出包括教育、科學、文化等支出。
*69年度爲預算數

附表1-6 台灣地區歷年稻米產量與人口增加比較

民國年別	稻米產量		人口增加	
	公噸	增加指數	人口	增加指數
40	1,484,792	100	7,869,247	100
45	1,789,829	120.54	9,390.381	119.33
50	2,016,276	135.80	11,149,139	141.68
55	2,379,661	160.27	12,992,763	165.11
60	2,313,802	155.83	14,994,823	190.55
61	2,440,329	164.35	15,289,048	194.29
62	2,254,730	151.85	15,564,830	197.79
63	2,452,417	165.17	15,852,224	201.44
64	2,494,138	167.98	16,149,702	205.23

資料來源：行政院主計處，統計提要：民國65年。

也僅可望達到88%而已，其餘不足之數則完全是仰賴進口補充，由表附1-7可知近年來我國進口大麥、小麥、玉米及大豆四種雜糧的數量和金額增加情形。以民國68年爲例，上述四項農業產品進口共計將近五百萬公噸，耗費外匯共計314億2,800餘萬元新台幣，折合美金爲8億7,300餘萬元，較之民國61年共計多進口180萬公噸左右，多耗費外匯近6億美金，增加率各約1/3與2/3左右，可見糧食消耗速度增加之快。尤有甚者，根據專家的推算，即使稻米的生產量繼續增加，如人口增加率維持目前的水準，在70年底將可能缺糧15萬多公噸[8]！

除了上述三種問題以外，台灣地區人口的急遽增加更將形成嚴重的社會問題與環境問題。

自社會問題而言，台灣地區由於人口的急遽增加，在都市中形成交通秩序紊亂與青少年犯罪日形猖獗兩大問題。據內政部警政署之統

[8] 吳聰賢，「台灣的人口」，人口問題與研究（台北：台灣大學人口研究中心編印，民國64年5月），頁29-60。

附表1-7　台灣地區歷年雜糧進口量值表

民國	總計 重量/價值	小麥 重量/價值	大麥 重量/價值	玉米 重量/價值	大豆 重量/價值
61年	3,201,635 10,145,257	734,671 2,007,245	435,799 1,008,497	1,319,246 3,265,332	711,919 3,864,183
62年	2,700,473 14,507,109	548,896 2,481,088	263,832 959,195	1,262,281 4,865,420	625,464 6,201,406
64年	2,921,682 21,439,948	502,905 4,063,543	160,205 863,761	1,391,445 8,100,042	827,127 8,412,602
66年	3,492,958 20,853,228	577,316 2,860,190	264,662 1,271,218	1,995,834 9,041,788	655,146 7,680,032
68年	4,996,035 31,428,762	697,035 4,271,326	599,375 2,613,366	2,595,854 13,119,996	1,103,777 11,424,074

資料來源：行政院主計處，統計提要：民國68年。

計，民國64年7月至民國65年6月間，全台灣地區發生交通事故10,517件，死亡2,935人，受傷15,144人，死傷合計達18,079人，其數字至堪驚人。然而，造成交通事故之主要原因，源自人口的增加，致使汽車增加迅速，重型機踏車增加更速，而連年機動車輛急遽增加，道路面積受客觀自然環境所限，無法比照各型車輛之增加而拓築拓寬，因而道路交通量，負荷甚重，而種下交通事故頻繁的惡果。

我國社會型態，由於經濟快速成長，由農業社會逐漸轉變爲工業社會，因經濟繁榮進步，大眾傳播媒介之無遠弗屆，影響社會風氣日益敗壞；更由大家庭制度，逐漸轉變爲小家庭制度，每個人竟日爲生活奔波忙碌，父兄對於子弟，已無法施以教育管理責任，一面由於大專院校數量有限，競爭激烈，以致失學失業日眾；同時，大眾傳播媒介大肆渲染社會不良的一面，是以失學失業青少年，一旦進入社會，由於其年紀尚輕，經驗歷練不足，意志不堅血氣方剛，以致連年來青少年犯罪案件日益增加。61年有7,532人，占犯罪總人數30,200人的24.94%；62年有9,326人，占犯罪總人數34,328作主的27.16%；63年有8,628人，占犯罪總人數38,266人的22.55%；64年有8,145人，占犯罪總人數40,856人的19.94%。由以上數字顯示，青少年已從昔日的打鬥滋事行爲，進而加入犯罪行列，實爲國家社會之一大隱憂。歸結其因，乃繫於台灣土地面積有限，人口迅速膨脹，且均集中都市，流動性擴大，而經濟、文化、教育、娛樂、就業等條件，又不能相對迅速成長，以致犯罪案件，有增無減。

自環境問題而言，台灣地區，由於人口大量湧入都市、工業的急速成長，以及人口分布不均衡、化學肥料及農業使用量的增加、與能源的廣泛使用、工廠的林立，以致環境污染日趨嚴重，尤其都市之空氣、河水污染及噪音爲最。此種環境污染問題之所由生，除各種生活環境所引起者外，最重要者爲人口集中都市，人煙稠密所形成。

第三節　政策問題的認定

在這種情況下的台灣地區人口現象，事實上已形成一迫切需要加以正視的公共問題。已故的農復會主任委員蔣夢麟博士最先對台灣的人口問題表示了嚴重的關切[9]。蔣氏自民國37年創辦中國農村復興委員會起，即深入台灣農村，深體民間疾苦，並且也發現到家庭愈貧窮者生育愈多，生育愈多者貧窮愈甚，嬰兒死亡率愈大；民國40年4月農復會美籍委員*John B. Baker*在聯合國中國同志會發表有關台灣人口問題的公開演講，題目爲「人口與生產之平衡」，認爲台灣人口增加太快，生產速度不能與人口增加速度平衡，故主張應對家庭採取限制辦法[10]。蔣氏爲瞭解實瞭解台灣人口增加的情形及今後發展的趨勢，乃於民國41年9月與美國駐遠東安全分署共同合作，並由洛克斐勒基

9 張研田，「蔣夢麟先生倡導節育運動的經過」，傳記文學第7卷第1期（民國54年7月），頁12。

10 同上，頁15。

金會補助經費，聘請美國普林斯頓大學的人口問題專家*Dr. George W. Barclay*來台主持研究工作，歷時一年，於43年11月由普林斯頓大學出版了一部「台灣人口研究報告」，該項報告的結論中言及：「在這樣的人口增加率（按，當時約爲35‰）下，台灣的人口再過一百五十年就可以等於中國全國的人口4億5,000萬，到二百五十年後，就可以超過今日全世界的人口。」[11]鑒於對此一問題之嚴重性的體認，蔣氏乃領導農復會毅然支持與援助民國43年成立的中國計畫家庭協會推行節育工作。在肯定了初步努力的成果之後，夢麟先生終於勇敢地挺身而出公開提倡節育，在民國48年4月13日於台北召開記者招待會，發表其著名的「人口宣言」——「讓我們面對日益迫切的台灣人口問題」一文[12]，說明台灣地區人口問題的嚴重性，解決之道唯有推行節育。在該文中他首先揭示兩項事實：

1. 每年增加一個高雄市的人口：台灣現有（1959年）人口一千萬，每年正以3.5%的增加率成長，就是每年淨增35萬人，約略相當於一個高雄市現在的人口。
2. 一年四個月消耗石門水庫所能增產的糧食：現在建築中的石門水庫，將來完成以後，水庫灌溉系統所及，年約增加糧食七萬二千公噸。現在每年出生人口35萬，年需消費糧食五萬二千公噸，水庫每年所增產糧僅夠新增人口一年四個月的消耗。而石門水庫全部經費在六千萬美金以上，自調查設計至水庫築完成，約需時六年。以這樣大的投資，六年時間來建築的工程，它的收益卻只要短短一年四月的人口就抵銷了。

除了舉出這兩項事實以外，他接著指出：「由於台灣人口增加迅速，因此國民所得的增加趕不上消費的增加……因省內人口的急遽增

---

[11] 同上。

[12] 蔣夢麟，「讓我們面對日益迫切的台灣人口問題」，聯合報第三版（民國48年4月13日）。

加，在經濟上依賴美援的程度仍舊不能減輕，這種現象實在是經濟發展中的一種隱憂。」最後蔣先生說道：「人口的品質比較數量更爲重要，且資源與人口應有合理的平衡，因資源與人口之間也有一定的比例，超過這一限度，生活水準必定降低……如果我們希望把台灣造成一個富庶康樂的地方，那就必須正視這個問題，如果我們自己不能解決自己的問題，自然調節作用終會來替我們解決的，那將是很不幸的。[13]」當蔣氏的談話和文章發表之後，各界討論極爲熱烈，大多數人均支持節育的主張；台灣的各大報紙和輿論界也幾乎一致贊成與響應蔣氏的意見。

然而，在同一時期卻存在著另一股勢力和意見，極力反對節育的主張，其所持理由大體上可歸納爲五點：(1)節育所根據馬爾薩斯人口論是錯誤的；(2)節育違反　國父遺教；(3)節育違背憲法精神；(4)節育違反儒家學說；(5)節育違反反攻復國、增加人口的宗旨[14]。

雖說在整個環境系絡中，正反對立的見解衝突激烈，但事實上決策當局則早已認定人口問題的嚴重性。民國48年時台灣省主席即同意在某些鄉鎮衛生所進行孕前衛生服務；民國50年省政府衛生處成立台灣人口研究中心，進行家庭計畫的民意調查；而民國52年更在施政指導綱要中決定自行制頒推行家庭計畫辦法[15]，可見政府事實上亦早已體認到推行節育運動爲解決台灣人口問題必然的趨勢。然而何以自民國48年即認定問題後，竟須歷時八年後，行政院方於民國55年9月所舉行的第984次院會中，決定研討我國人口政策及有關法案呢？

---

13 同上。

14 參閱張鐵君，人口問題論評（台北：陽明山三民主義研究所，民國49年3月）。廖樞，「從國家民族立場看節育問題」，革命思想7卷3期（民國48年9月），頁18-19。潘朝英，「台灣節育運動之怪現象」，政治評論6卷3期（民國50年4月），頁11-12。廖維藩，「關於摧殘人口之家庭計畫運動」，政治評論6卷10期（民國50年7月），頁10。廖維藩，「評殖民主義人口政策」，學粹4卷2期（民國51年2月），頁9。

15 劉子英，人口政策（台北：內政部編印，未載出版年月），頁11-12。

究其原因，實係由於反對節育的人士中，包括了許多享有盛名的三民主義學者和立法委員，其人數雖少卻握有極大的影響力，尤其是以　國父遺教作爲冠冕堂皇的理由，更令許多人不敢辯駁，許多官員遂因此對人口問題避而不談，並在立法委員質詢時一味否認政府支持節育。當時報刊曾對此一情況有所報導：「在遵奉遺教的大帽子下面，蔣夢麟先生曾經受到教條主義者的嚴詞指責，由於這些指責來自中央民意機關和部分官辦黨辦報刊，於是其他有官守者相率引以爲戒，對人口問題多避而不談，雖然台灣省政府在農復會鼓勵與資助之下，已由衛生處指定專人在民間從事『計畫家庭辦法』，勸導並協助人民節制生育，但當民意代表質詢時，行政當局還要設詞否認其事[16]。」也就由於承擔不起「違反　國父遺教」這頂大帽子，政府遂採取了放任問題發展的不負責任態度，以致有關節育運動的爭論直至民國55年迄未停止。

爲了平息這種紛爭和早日有效解決人口問題，輿論界和學者專家遂起而呼籲政府應該制訂一個合理健全的人口政策[17]。政府在這種輿論時機成熟的情況下，遂在民國55年7月4日行政院經合會所召開的「人力資源研討會」上，首先請出了國父的哲嗣考試院院長孫科先生發表一篇演說，對　國父的人口主張加以詮釋，意謂：由於時勢的變遷，昔日的帝國主義已不復存在，英、美、德、日、俄、法等列強人口增加速度早已不如我國，國父當年提出我國受到列強人口壓迫而有亡國滅種之憂的前提已經改變，自不能再墨守陳義，頑冥不化。

由於孫科先生對於　國父遺教的這一番詮釋，遂使教條主義者無法再抬出「違反遺教」的大帽子來壓人，並且使決策當局克服了人口政策制訂過程中的第一個障礙，而在兩個月後（民國55年9月）的行

16 自立晚報，第三版（台北，民國55年7月19日）。

17 參閱人力資源與人口問題（台北：國際經濟資料中心印行，民國55年11月20日）。

政院第984次院會中決議：「研討人口政策及有關法案，由內政部邀請有關機關代表及學者專家辦理之[18]。」隨後內政部始著手擬訂各項方案，使人口政策的制訂進入了另一個階段。

第四節　政策規劃與合法化

決策者在著手規劃政策方案時，往往會存在一種現象，即參照過去的政策經驗、或傾向於沿襲過去有政策的精神，我國政府在規劃人口政策的方案時，即屬於此一情況。現行人口政策綱領頗多完全參照民國34年的「民族保育政策綱領」之規定，因此談及現行人口政策的規劃，就有必要對該綱領稍作說明。

民國30年，行政院社會部有鑑於我國人口問題的重要，乃於該年秋天組織了一個「人口政策研究委員會」，延聘學者、專家多人擔任委員，民國31年3月1日及3月28日於重慶和昆明先後兩次集會，會後提出書面建議，其要點爲：(1)關於教育部，我國學校自小學、中學、至大學，俱應增加人口問題的常識及課程；(2)關於社會立法者，應增加或修改關於婚姻及低能、瘋狂的法律；(3)關於主管機構者，暫設人口政策委員會以資策劃，將來籌設人口署隸屬行政院；(4)關於生育及品質者，應設婚姻指導所及保健院。

爾後的三年內，人口政策研究委員會曾經多次集會商討，擬訂了一個人口政策綱領草案，由社會部長谷正綱先生，以中國國民黨中央委員的名義，於民國34年5月提出於中國國民黨第六次全國代表大會修正通過，定名爲「民族保育政策綱領」，共分二十一條，對於提倡適當生育，增進國民健康，提高生活標準，減少疾病死亡，以期人口

[18] 人口政策委員會工作報告（台北：內政部人口政策委員會印行，簡報資料未出版，未載年月），頁2-3。

數量的合理增加，人口品質的普遍提高，人口分布的適當調整等均有概要的規定。後又由社會部奉行政院令根據該次全國代表大會及中央執行委員會第一次常會決議案擬訂「民族保育政策綱領實施辦法」，呈由行政院審查後轉吾國防最高委員會送由中常會於同(34)年10月30日第四次會議備案[19]。唯隨後匪禍戰亂又起，未及施行政府即已撤守台灣。

自政府播遷來台後，從民國48年起又紛紛嚷嚷爭吵了七、八年的人口論戰，終因孫科先生對國父遺教的詮釋而暫時平息，同時政府也得以「正式」將人口問題列入議程。蓋來台後，人口問題列入政府議程實非始自民國55年9月的第984次行政院院會，早在民國49年行政院即曾經在「施政計畫」中列有「研擬人口政策」的項目[20]，唯實際上並未眞正著手從事各項方案的規劃，究其原因無非憚於遭受遺教派的責難（參閱前節），一直拖延到五、六年後思想障礙克服了，內政部始得根據行政院首次的正式決議，於民國55年10月成立一人口政策委員會的臨時性機構，專案負責擬訂我國有關人口政策的法令。此一委員會經好多次集會研討，並參照前述在大陸時期所制訂的「民族保育政策綱領」，於民國56年6月研擬完成了「中華民國人口政策綱領」草案，以及「台灣地區人口調節方案」、「台灣地區家庭計畫實施方案」等另外兩項草案，並在7月26日呈報行政院核示。次年（民國57年）5月17日行政院先以命令的方式公布了「台灣地區家庭計畫實施辦法」，接著在民國58年4月9日再以命令方式公布「中華民國人口政策綱領」令飭實施，至於「台灣地區人口調節方案」則予免議[21]。最後在民國58年，內政部依據人口政策綱領第17條規定正式成立「中華

[19] 龍冠海，中國人口（台北：中華文化出版事業委員會，民國44年4月），頁219。

[20] 蔣公亮，「家庭計畫與人口政策」，中國地方自治14卷10、11期合訂本（民國51年3月1日），頁16。

[21] 劉子英，前引書，頁12。

民國人口政策委員會」，確立了內政部爲人口政策推行之主管機關，至此，我國的人口政策終得以明朗化。以下即擬對我國人口政策的目標與內容加以探討，其要點如次[22]：

（一）提高人口品質

在實施優先保健，以增進國民身心健康，同時維護家庭制度，使生活和樂。

1. 優生方面：注重先天的遺傳。品質優良的人口，繼續繁殖；品質惡劣的人口（患有惡性遺傳、傳統惡疾、遺傳性精神病者），防止其遺傳或傳染。其方法：(1)辦理婚前健康檢查；(2)申請醫療機構施行人工流產；(3)申請醫療機構施行結紮手術。但人工流產及結紮手術之實施，另以法律定之。
2. 保健方面：注意後天的環境。其方法：(1)增進兒童福利；(2)提高教育水準；(3)發展國民體育；(4)改善國民營業。
3. 維護家庭制度方面：在求家庭生活之美滿和樂。其方法：(1)倡導適婚年齡；(2)厲行一夫一妻；(3)發揚倫理道德。

（二）促進人口合理成長

緩和人口之增加，使其逐漸趨向於合理之成長。其途徑：

1. 實施家庭計畫：使子女眾多者，斟酌個人的身體健康或經濟狀況，節制生育；並使結婚多年未生育子女者，請求醫療機構治療，使能生育。故家庭計畫並非專爲節育，且家庭計畫係由人民自由意願去決定，亦非強迫實施，政府僅居間輔導。
2. 普設衛生醫療機構：儘量防止國民發生疾病；發生之後能夠治好，以減少其死亡，提高其平均壽命。

---

[22] 易敬簡，「宣導人口政策與家庭計畫紀要」，社區發展月刊2卷5期（民國62年3月），頁29。

（三）調節人口分布

其運用兩種途徑：

1. 調整城市與鄉村及國內區域間的人口密度：訂定國土計畫，推行社區發展計畫，增加鄉村就業機會，使密集地區的人口自然向人口稀疏地區遷徙，使城鄉均衡發展。另由政府訂定移民方案，適應資源的開發，實施國內區間有計畫的遷徙，並輔導向國外移民，以國家的財力，調整人口分布。
2. 改進就業人口行業職業結構的分配：加強職業教育，增進國民就業知識水準，實施職業訓練，提高國民生產技能，使國民能夠充分就業，以期人力之有效運用，並謀國民所得之提高與均衡。

單就上述各點所涵蓋的層面言，我國人口政策的目標與內容堪稱頗爲健全，但良法美策貴在能行，政策的成敗，除了政策本身因素之外，往往繫乎執行上的各項配合措施是否妥善。因此，政策執行的重要性實足堪與政策本身相比擬。

第五節　政策執行：結構與功能

公共政策制訂的目的通常在於求得公共問題的解決，唯在實際上公共問題是否能得到完善的解決，則有賴政策執行的成果。往往我們會發現，在政策執行後的成果與原定政策目標之間存有若干距離，這就不得不令我們對影響政策執行的有關因素加以重視，冀望能找出有效配合政策內涵的缺失所在，以確實達成政策目標。

傳統上對政策執行的探討，存在兩種不同的途徑，一爲行動學派，一爲組織理論學派。行動學派認爲負責執行政策的機關和人員，採取各項行動俾以導致目標的達成，謂之爲政策執行，其著重點在於採取的行動；而組織理論學派則深以爲政策之能否被有效地執行，組織為主要的關鍵，欲瞭解政策執行的眞諦，首先要有組織的知識[23]。唯事實上此二者並不應有所偏廢，前者所強調的政策執行的各項功能活動（functional activites），後者則強調負責政策執行之組織的結構系絡（structural context），而同時自結構與功能兩個層次著手，將使政策執行的探討更為完備。

在這個體認下，此地即擬以政策執行的機構、政策執行的經費和法令制度的配合等三個面向，分析我國人口政策執行的結構系絡與功能活動。

一、執行機構

通常政策制訂後，執行政策的機關往往不是原先制訂政策的機關，而是另行設立的機關，或是將原機關改組而成立的機關，專司政策執行。根據*C.O. Jones*的看法，一般而言可有五種方式將政策交付執行[24]：(1)由原有機構負責執行；(2)在既存部門中設立一新機構；(3)提高既存機構的地位；(4)設立新機構；(5)改組原有的機構。按照這種分類，我國人口政策的執行機構，主要是採取第一種形式以及第二種形式，其所以如此，蓋依不同之功能活動歸隸屬不同之組織負責。內政部人口政策委員會即為根據人口政策綱領第17條所設立的新機構；而另外關於節制人口過速成長的家庭計畫推行工作，則早已有民國53年即成立的台灣省衛生處家庭計畫推行委員會（民國55年改名為台灣省家庭計畫研究所）負責，人口政策綱領制訂後，仍維持其工作與組織。以下即擬就（一）人口政策委員會，與（二）家庭計畫的推行機構，分別說明。

[23] 林水波，「政策執行之理論探討」，思與言十八卷六期（民國70年3月），頁461。

[24] Charles O. Jones, *An Introduction to the Study of Public policy* (Belmont: Wadsworth Publishing Company, Inc., 1970), p. 93-94。

（一）人口政策委員會

內政部於民國58年依據人口政策綱領第17條規定，成立人口政策委員會。在其組織結構方面，委員會設主任委員一人，由部長指派次長兼任；副主任委員一人，由部長指派戶政司長兼任；委員十五至十九人，由部長聘請部內外業務有關人員及專家學者兼任之。委員會內另設有秘書、助理秘書、幹事、研究員、雇員等若干人，由業務有關人員兼任或聘雇，負責委員會決議案之協調、執行及行政事務之處理等事項。民國63年委員會下，另設四個研究小組，負責研究各項人口問題，這四個研究小組為(1)政策綱領修訂小組；(2)政策策劃研究小組；(3)人口合理成長研究小組；(4)政策宣導小組。每一小組設召集委員一人，委員四至五人，由人口政策委員會委員兼任之。整個人口政策委員會的組織結構，即如圖附1-1所示。

另一方面，再就其職掌與功能言，依內政部民國64年1月7日台內戶字第621258號令公布實施的「人口政策委員會工作計畫大綱」之規定，人口政策委員會的工作內容共分為八大項，茲臚列如次[25]：

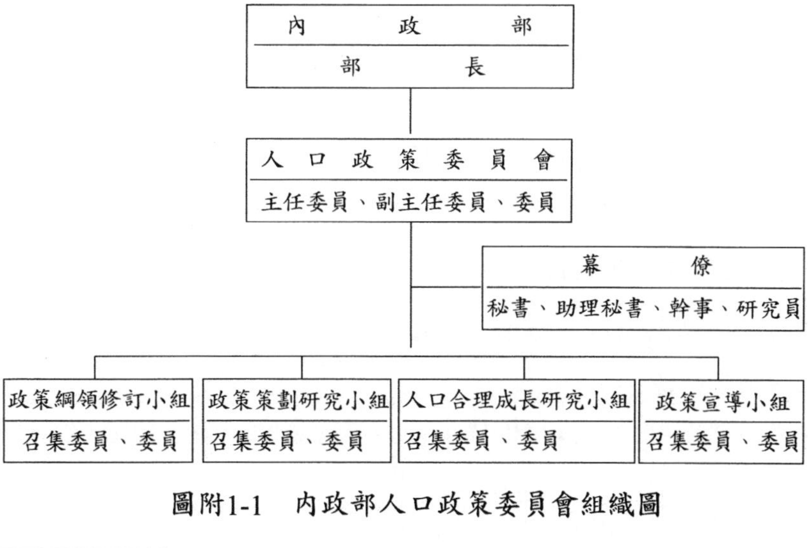

圖附1-1　內政部人口政策委員會組織圖

[25] 中華民國行政院內政部，台內户字和經621258號令（民國64年1月7日）。

1.強化本會功能

(1)本會對於人口問題，應統籌研究，分別性質，決定政策，並酌情制訂法律、辦法、方案或計畫，以爲推行依據。

(2)政策經核定後，本會應洽請有關機關，各依職權，採取必要措施，分頭並進，配合推行。

(3)有關機關配合推行人口政策，本會應協助進行，並宜會同定期檢討改進，以擴大並確保其成果。

(4)本會對於人口政策之研究與進行，應把握重點，分別緩急，必要時，得分組研究，派員視導，以利進行。

2.加強人口政策宣傳工作

(1)宣導人口政策，使人口政策之宗旨，能夠家喻戶曉。

(2)協調各機關、團體、學校分別負責加強宣導。

(3)洽請新聞單位經由報紙、雜誌、電影、廣播及電視等廣爲宣導。

3.推行人口教育

(1)協調教育機關實施人口教育，將有關人口知識編入學校教材，以貫徹人口政策。

(2)促請社教單位，以人口政策作爲主要的社會教育項目。

(3)協調教育及學術機構，舉行人口教育座談會，使負責教育人口瞭解人口政策之眞正意義。

4.促進人口合理成長

(1)研究配合經濟發展之需要，訂定人口之合理成長率，以爲推行人口政策之目標。

(2)協調各級家庭計畫推行機構，積極推行家庭計畫，並瞭解推行情形、成效及問題，予以適當之協助。

(3)積極培植並普遍倡導幸福家庭之新觀念。

(4)研究從法律制度、賦稅政策、福利措施等各方面，配合達成人口合理成長率之辦法。

5.改進人口品質

(1)協調有關單位從速完成優生保健法之立法程序。
(2)協調各級社政主管機構，加強推行兒童及婦女福利。
(3)促請各級教育機關從事有計畫的發展國民體育，改善學生營養，促進國民健康。
(4)促請各級衛生機關注意防止有惡性遺傳、傳染病或遺傳性精神病者之傳播。

6.調節人口分布

(1)關於地區人口：
①調查台灣地區人口分布、遷徙情形及都市化之趨勢。
②協調加強實施區域計畫、都市計畫及專業區計畫，促成鄉村與城市之均衡發展。
③有計畫的推行地方建設，使人口分布趨於合理均衡。
④協調促進農村建設，推行社區發展，以改善國民生活環境，增進鄉村就業機關。
(2)關於職業人口：
①調查分析職業人口分布情形。
②研究職業人口之合理分布。
③配合經濟發展，實施職業訓練，增進國民生產技能，改進就業人口之行職業結構。
④協調有關單位研討職業訓練與輔導就業之人力配合運用計畫，使人力做有效之運用。

7.研究人口問題

(1)蒐集並交換人口資料。

(2)策劃進行與國內外人口研究機構及學術團體密切聯繫，並合作研究計畫。

(3)洽請國際學術及人口研究機構補助研究獎學金。

(4)協調有關人口研究單位，加強台灣人口統計之分析及研究工作，以配合經濟社會發展需要。

(5)研究人口問題之社會與經濟組織結構，訂定移民方案並注重其可行性。

(6)協助專家、學者參加世界人口大會及國際性的人口會議，並密切與其聯繫。

(7)策劃成立人口研究機構，以發展人口科學之研究。

8.檢討人口政策推行情形

(1)籌開人口政策推行檢討會議。

(2)研究在人口政策及推行之改進計畫與改進措施。

從此一工作計畫大綱來看，人口政策委員會所負職掌之繁浩與所應負功能之眾多，是否以前現行之組織體制即足以擔當，實不無疑問！關於此點將於下節政策評估中再予深入檢討。

（二）家庭計畫推行機構

由於現階段最嚴重的人口問題乃是數量增加太快，因此促進人口的合理成長一直是整個政策執行的重點工作，而其主要方法則是家庭計畫的推行。在這方面參與政策執行工作的並不限於只有政府機構，許多民間團體亦均致力於推行家庭計畫，這些民間團體包括：中華民國婦幼衛生協會、中國家庭計畫協會、中華民國紅十字會台灣省分會、中華民國學校衛生學會、台灣地區婦幼衛生中心、台灣基督教福利會、中華民國自願結紮協會。目前其主要的工作多在避孕器材的供應與推廣生育指導、貧困費用補助，以及宣傳等[26]。

在政府機構方面，中央層級有行政院衛生署負責主管全國家庭計畫之策劃、督導、考核及經費協調；台灣省有衛生處轄民國64年7月1日改制的「台灣省家庭計畫研究所」；台北市有衛生局轄61年7月設置的「台北市家庭計畫推廣中心」。主要負責計畫、教育、訓練、輔導、研究及資料分析等工作，並與開業醫師訂約及在公立醫院辦理家庭計畫門診。縣市層級則由衛生局第五課負責配合辦理輔導及服務的工作。整個推行家庭計畫的行政組織，可以圖附1-2、附1-3表示之。

就其主要功能活動方面言，可概略分爲節育醫療服務與節育觀念宣導，而其中又以後者爲首要。蓋家庭計畫眞正努力的目標應該不在於如何使大量的適婚婦女或育齡婦女接受節育醫療服務，充其量這只是家庭計畫的一種治標工作，眞正的治本則是要如何讓整個社會改變態度（如重男輕女、養兒防老、多子多孫、傳宗接代等觀念），使人

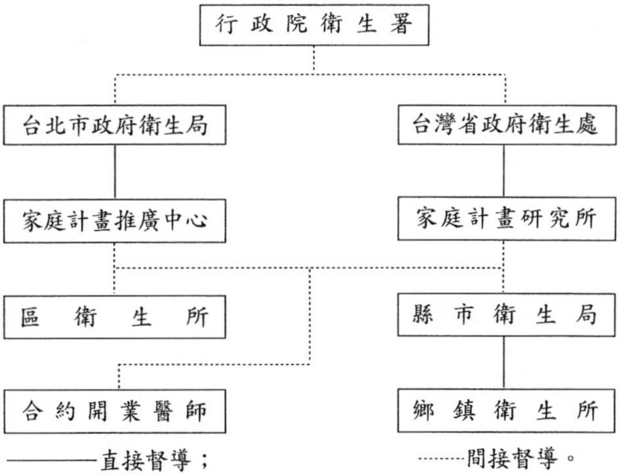

圖附1-2　台灣地區推行家庭計畫行政組織圖

[26] 李棟明，「台灣地區家庭計畫的倡導與推行機構」，社會建設17期（民國62年8月），頁101-110。

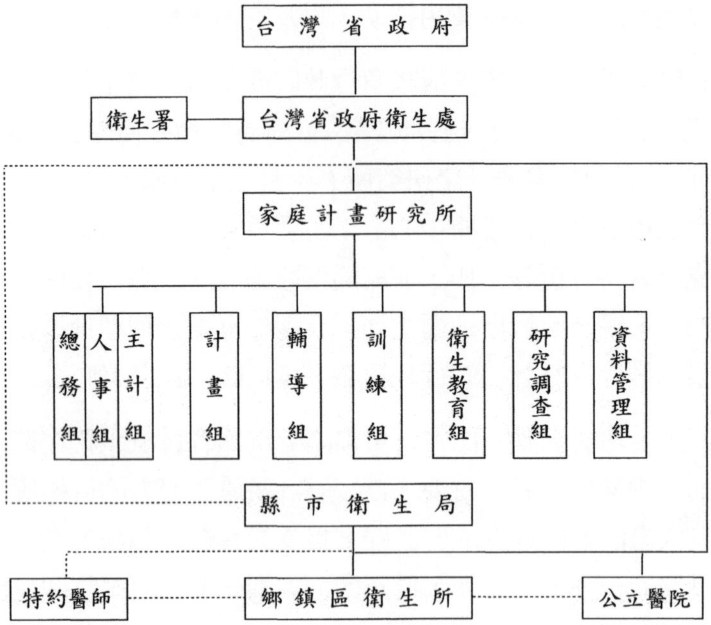

圖附1-3　台灣省推行家庭計畫行政組織圖

們樂意接受政府所提供的節育指導與服務，是以家庭計畫工作本質上是一項宣導與傳播的運動[27]。這項工作乃是藉著親身接觸與大眾傳播媒介等通道，使用適當的訴求方式，以求社會價值的改變，也可以說是一種成人的再社會化行爲。

二、執行經費

經費、人員、資訊與權威（authority）四者乃最主要的政策資源，而其中經費尤爲政策執行的動力。因此從政府預算中所編列的經費，亦有助於觀察政策是否得以有效地執行，以及其資源效益化。

[27] 徐佳士等，「台灣地區民眾家庭計畫傳播模——通道、訴求與反應」，人與社會3卷1期（民國64年4月），頁38-43。

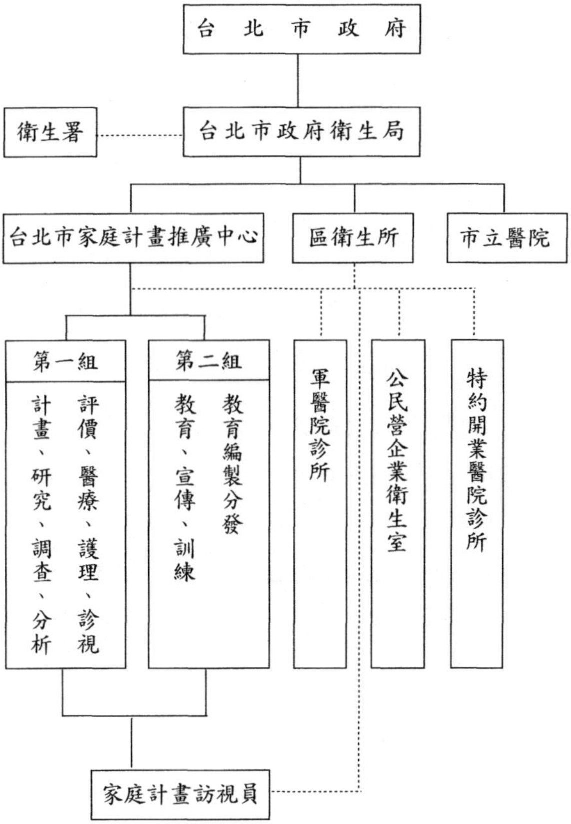

圖附1-4　台北市推行家庭計畫行政組織圖

(一) 內政部人口政策委員會的執行經費

由於人口政策委員會的組織體制，並非以一獨立機構的型態存在，且其委員及所屬辦事人員又均係兼任性質，以致委員會本身無獨立的預算，而是附屬於戶政部門的預算之內。根據行政院內政部歷年來之施政計畫顯示，直至民國68年度以前，推行人口政策之經費乃是附屬於「戶政業務」類之「戶籍行政」項下，並未獨立列明其款額。「戶籍行政」項的年度預算，民國63年是968,176元；至64年增爲1,068,906元，較前一年度增加10.4%；至民國65年增爲1,666,346元較64年度增加55,8%；到了民國68年度增爲2,245,110元。此一預算額本已不足觀，而仍須再經分配於不同工作名目下，可見人口政策委員會推行人口政策的經費是至爲拮据的。以民國68年度的預算爲例，「戶籍行政」項下的預算爲224萬餘元，而此224萬餘元，尚需分配至三個工作名目：(1)加強戶政督導；(2)改進國籍行政；(3)推行人口政策。設若預算是平均分配到這三個工作，推行人口政策所得之經費只不過有75萬元左右而已！以人口政策委員會如此重要之機構，負責如此繁浩之職掌（參見前述「工作計畫大綱」），一個年度卻僅有75萬元（或多或少）經費，如何能有效發揮其功能？

民國69年度起，推行人口政策之經費從「戶籍行政」項下獨立出來而與之並列同等地位，成爲「戶政業務」類下的「推行人口政策」項。唯令人吃驚的是整個「戶政業務」類的經費1459萬7148元，僅分配給：戶籍行政、國籍行政、辦理經濟活動人口調查統計、台閩地區人口統計編印、台閩地區戶口及住宅普查等五項，而獨「推行人口政策」項下竟然分文未列！眞不知無經費要如何擴展業務？民國70年度的行政院內政部施政計畫中，所幸未再見此一驚人現象，「推行人口政策」項下編列了220萬元的經費，占整個戶政業務類預算365,349,000元的0.60%，占整個內政部預算2,455,513,000元的0.09%，尚不及每年度編印「台閩地區人口統計」一書的經費（230餘萬元）來得多！固然說人口政策委員會非獨立機構，不負責實際業務之執行，但目前所分配得之經費實在仍不足以達成其工作計畫目標。這當與人口政策委員會的組織體制有關，容後再做檢討。

（二）行政院衛生署的執行經費

行政院衛生署自民國60年3月成立後，即成爲負責全國家庭計畫推行工作的中央機構，故從衛生署所編列之推行家庭計畫的經費，亦可窺知其執行情況。表附1-8列出了民國63－65年度與民國68－70年度，衛生署施政計畫與預算中，推行台灣地區家庭計畫所編列的經費比較，我們可以看出63年度到65年度衛生署推行家庭計畫的經費，從

表附1-8　行政院衛生署推行家庭計畫預算額

年　度	推行家庭計畫費用	增加指數
63年	7,050,000元	100.00
64年	11,000,000元	156.02
65年	43,697,500元	619.82
68年	68,193,450元	100.00
69年	70,000,000元	102.65
70年	82,578,000元	121.69

資料來源：各該年度行政院施政計畫

700餘萬元成長爲4,300餘萬元，增加迅速，想係受到民國65年（農曆龍年）出生率大幅回升的預期影響所致。不過此後人口出生率仍偏高，是以推行家庭計畫的經費亦逐年增加，近三年均在七、八千萬元之譜。更重要的是其經費占行政院衛生署整個預算的百分比均在十一、二之間。以民國70年度爲例，行政院衛生署的預算爲6億5,321萬2,000元，推行家庭計畫的經費爲8,257萬8,000元，占12.6%[28]，比例頗高，可見推展家庭計畫已成爲執行人口政策的重點工作。唯在增加經費的同時，應對其分配加以檢討，並對每年度出生率降低千分之一所需耗用的花費與所得的收益加以評估比較，以求資源的最佳運用。蓋家庭計畫的治本目標應在如何突破傳統的人口思想、樹立正確的人口觀念，只要能設計適當的傳播模式，運用適當的宣導通道與訴求方式（參見下節政策評估部分），必然可因社會化的功能而使政策執行達到最佳的成效。目前經費的配置，大半以上仍置於節育醫療服務，僅少部分用於宣導與教育，此後實有必要在繼續分配大量經費於節育醫療服務的同時，提高宣導經費比例。

（三）台灣省政府衛生處的執行經費

台灣省推行家庭計畫工作的主要機構是省衛生處所轄之台灣省

[28] 中華民國行政院衛生署七十年度施政計畫。

家庭計畫研究所，依其所列經費可查考執行工作的情況。由表附1-9可知，台灣省在民國64年度推行家庭計畫工作的經費高達2,900餘萬元，65、66年度則略有減少。然而整個預算額雖看似龐大，但絕大的比例多爲人事費用的支出，64年度占全部經費的39.8%，56年度占76.0%，66年占75.3%，其他業務費等項的支出不過占總預算的四分之一而已。可見事實上，省方推行家庭計畫的經費亦嫌不足，以龐大的人事費用支付給眾多的工作人員，卻無足夠的業務費用等供其推展工作，豈非形成人力資源的浪費！爲有效減低人口增加率，如何增加執行機構的業務經費，以利人力資源的充分利用於推展家庭計畫工作，實爲首要者。

三、相關法令的配合

在政策制訂後爲求其有效地執行，除了上述執行機構與執行經費兩項因素外，尙需注意到一足以影響成敗的關鍵因素，亦即，在政策的指導原則下，是否配合訂定了提供標的團體有利誘因與鼓勵的施行法令？另一方面，又是否配合修改了既存有礙於標的團體順服的有關法令？此二者缺一均難以竟其全功。

一般而言，與人口政策執行密切相關的是一些影響生育行爲的法律制度。所謂影響生育行爲的法律制度是採廣義解釋，除實體法外，尙包括習慣法、命令、判決及行政措施等，這些法令大體上分爲兩類，一是關於生育的動機或目的，主要有婚姻家庭制度、婦女地位、社會安全制度、兒童福利、教育制度、租稅政策、生活津貼、住宅政策等；一是關於生育行爲的控制，其主要的有避孕、結紮手術及人工流產等[29]。關於這些法律制度對於生育行爲的影響程度如何？法令改變後又會產生何種作用？等等問題，在目前實不易有一明確定論，但無疑法令規定具有其規範力量，是以不容予以忽視。

[29] 王澤鑑，法律制度與家庭計畫（台北：台灣大學法律系，民國63年12月），頁11-12。

附表1-9　台灣省衛生處推行家庭計畫之預算額

單位：N.T.元

年度	合計	人事費	業務費	旅運費	維護費	材料費	設備費	補助獎勵費	特別費
64	29,408,558	11,710,880	6,317,232	2,079,686	596,160	1,360,000	660,600	6,640,000	38,000
65	24,023,218	18,254,400	1,445,832	1,367,526	76,460	666,000	475,000	1,000,000	38,000
66	27,705,033	20,861,549	2,306,184	1,634,680	755,760	239,260	869,600	1,000,000	38,000

資料來源：台灣省主計處編各該年度預算書。

例如若干歐洲國家為了增加人口，設有各種獎勵生育的辦法。我國目前正努力於推行家庭計畫，當然不可能有專為獎勵增加人口而設的制度，但若干法令，例如生育津貼、子女津貼、子女獎學金（公教人員方面）、所得稅扶養親屬寬減額、分配宿舍子女人數在評點上的計算、以及子女多寡為選拔模範母親的條件等，雖均具有社會、經濟、教育等立法目的，但在適用上不免會產生對多生育無所謂的副作用。若從人口政策現行目標而言，此類法令的存廢修正，頗有考慮的必要。於此，有二項因素必須特別斟酌，一為事實因素：多數社會學家雖然認為此類法令的存在，具有鼓勵生育的作用，而其廢止可以抑緩生育的動機，但其程度如何，目前尚無實證資料可供參考；一為價值因素：促進合理生育的人口政策與各該法令所欲實現的特別社會、教育目的，孰輕孰重？如何判斷？如何取捨[30]？

我國人口政策的執行，在這方面工作並不理想，雖然數年來人口政策委員會的工作目標之一即在協調有關機構，對該類法令加以檢討，但一直遲遲未能有明確的行動。甚且，此類法令大都僅適用於占少數人口的公教人員，而對眞正生育率稍高的中低勞工階層並無作用，是以成效亦有問題。以下將僅先就已採取的若干措施說明，至未及配合者，則留待下節政策評估部分檢討。

（一）省、市家庭計畫實施辦法、施行細則

「台灣地區家庭計畫實施辦法」於民國57年5月17日由行政院公布施行，與「人口政策綱領」同為最早的政策產出。其後，該辦法的省、市施行細則，先後於民國58年5月14日與60年4月12日，由台灣省政府和台北市政府公布施行。根據這些法令中的規定，確實提供了一些獎勵性的因素，但細察之仍僅限於節育醫療服務方面的費用減免，除此外，實際上並無其他有利的誘因鼓勵在可能節邊緣的人，願意實

[30] 同上，頁18。

施家庭計畫。

（二）優行保健法

人口問題除了數量外，其素質問題亦日漸受到重視，實施優生（先天）與保健（後天）即為提高人口品質的主要方法。根據「人口政策綱領」在提高人口品質方面所設定的目標和原則，內政部於民國59年1月成立研訂優生保健法草案專案小組，聘請專家、學者為小組委員，經過多次研討，至民國60年6月完成草案初稿，共計九章三十六條，對實施優生保健減少疾病死亡、普設醫療機構、增進幸福家庭、發展國民體育、促進國民健康等做成簡要規定[31]。由於該期間內政部衛生司擴編為衛生署，隸屬行政院，爾後有關該法案工作即均由衛生署負責。衛生署於民國60年3月17日成立，但在成立之前的籌備期間，即2月11日，行政院曾將內政部有關優生保健法的草案交給衛生署，令其蒐集資料及意見。衛生署乃召集各專家學者及幾位立法委員，就內政部所擬之草案加以修正，同年6月完成草案初稿，7月5日送至行政院秘書處，八月底行政院秘書處又將草案送回，令衛生署和內政部共同會商研討。

69年9月，衛生署再會同內政部將最後一次修正的草案呈交行政院轉國民黨中央政策委員會裁決，經過一年，至61年7月，中央政策委員會將此草案送回行政院，再轉至衛生署，同時附了黨政座談會的綜合討論意見十七條，請衛生署對這些意見一一答覆。衛生署乃再次研究，歷經五年至民國66年1月13日衛生署對此十七條意見一一回覆，再送交行政院。後行政院秘書處又去函衛生署指示：「就訂頒本法之必要性；未訂頒本法於工作上遭遇之困難；及訂頒後可能產生之影響，詳予研究分析、報核[32]。」請衛生署協調內政部、司法行政部（現為法務部）、經設會及省市政府等有關機關研辦。

---

31 劉子英，前引書，頁30。

32 同上。

此後關於該項工作即未曾再有任何動靜，「協調有關機關從速完成優生保健法之立法程序」一項，每年均見之於政府的工作計畫中，但每年均未見採取行動，反倒是許多民間團體和輿論報刊不斷呼籲，爲優生保健法請命。中華民國醫師公會全國聯合會尤爲積極，不但由該公會另擬了一優生保健法草案，且其全國聯合會衛生法制研究委員會亦曾召開了幾次會議（民國69年3月14日、25日），邀請政府有關部門派員出席，研究建議政府制訂優生保護法問題，並將衛生署所擬草案與醫師公會所擬草案，相互比照逐條討論，以期該項影響深遠之法案能更臻完善，可見醫師公會在此一過程中所扮演之角色異常重要。在醫師公會的敦促下，輿論的呼籲下，衛生署遂於民國69年7月9日與18日召開兩次研議訂定優行保護法草案會議，立委數人及行政院法規委員會、經濟建設委員會、農業發展委員會、內政部、經濟部、台北市政府衛生局、中華民國醫師公會全國聯合會、中華民國婦產科學會、中華民國小兒科學會、中華民國神經精神學會等有關單位代表亦應邀參加。會中對人工流產問題爭議最多，與會人士各抒己見未能取得協議，由此可見優生保護法草案中引起爭議的癥結仍是墮胎合法化條件的問題[33]。

儘管如此，從當初草案初稿完成（60年6月）至今（70年6月），已整整十年，優生保健法草案始終留置於行政機關中，遲遲未交立法院審議立法。此情此景，和當初（民國48年至58年間）政府面對人口問題論爭時，所持之放任問題發展的不負責態度，若合符節。只不過當初政府是憚於遺教派人士「違反　國父遺教」之責難，而今卻是畏於衛道人士「淪喪道德」之非議，蓋在道德的帽子下是無由談人工流產問題的。唯有趣的是，不論今昔，該責難非議之聲大體皆來自國會中的少數老成立法委員，是以「人口政策綱領」未送立法院審議立法，而由行政院以命令令飭實施；「優生保健法」草案亦遲遲不送立

[33] 「爲優先保健法催生」，台灣醫界23卷8期（民國69年8月），頁7-11。

法院。試想此一攸關數百尤婦女切身健康與未來民族命脈的重要立法，焉能靜待少數所謂的「衛道者」亦「棄絕道德」？十年來台灣地區人口增加整整三百萬，由報章廣告上的醫師所施行的非法墮胎人數，也增加到每年五十萬以上的婦女[34]，其生命安危與身體健康的保障何在？面對這些問題實在令人渴求有擔當、有遠見的決策領袖，更希望由其領導致使「優生保健法」的立法不要再拖延無期。

除了上述的有關配合法令外，尚有許多抵觸人口政策精神的既存法令規定，卻都一直未配合修改，此點容後再述。以上即以政策執行的機構、政策執行的經費和法令制度的配合等三個面向，對我國人口政策執行的結構與功能，做成簡要分析。接著擬分別對問題的認定、規劃與採納，以及執行等三個政策階段加以政策性的評估。

第六節　政策評估：檢討與建議

一、問題認定的評估

根據*Charles O. Jones*的看法，通常決策者在面對一公共問題時，可能有下列三種不同的態度：放任問題產生、鼓勵問題產生或促使問題產生[35]。

1.放任問題產生：在這個模式中政府的角色相當消極。它不協助任何個人或團體界定問題、組織或擔任問題界定與優先設定（priority setting）的工作。各關係人自己界定目標、組織成員、尋求接近途徑（access）、爭取他人支持、影響決策、督導政策之執行。

2.鼓勵問題產生：在這模式中，政府從旁協助人民界定與表達問

[34] 中華日報第三版（台北：民國68年8月13日）。

[35] Charles O. Jones, *An Introduction to the Study of Public Policy*, 2nd. ed. (North Scituate, Mass.: Duxbury Press, 1977), p. 37-38.

題。不過，政府只擔當訓練人民參與的能力而已，並不承擔認定與界定問題的責任。

3.促使問題產生：政府扮演一積極角色，用以界定問題和設定目標。決策者非被動的反應，而是主動指揮政治系統的運作，並在系統內設立機構職司問題界定與優先認定（參閱本書112頁）。

而在另一方面，政策問題的認定方式與難易，又與政策問題的結構及政策型態有關，所謂政策問題的結構是以抉擇的基礎與決策的情形來判別，大體可分爲三類[36]：

1.結構優良的政策問題：這類問題有二：其一爲在完全確定性之狀態下的政策問題，即解決問題的方案、與共效益、後果，不但爲決策者所知，而且因果關係確定的；其二爲在風險狀態中的政策問題，其解決問題的方案、效益後果雖亦預知，但因果關係並非確定，只知可能性。

2.結構適度的政策問題：在不確定性狀態下的政策問題，所有方案與效益、後果雖亦已知，然對因果關係甚或其或然率一無所知。

3.結構不良的政策問題：所有解決方案、效益、後果均不知曉或只知其中一部分，而且對因果關係和或然率無法確定（參閱本書75-76頁）。

根據此一分類，我國的人口問題顯然爲一結構不良的政策問題，是以其認定顯非易事。然而人口政策的政策型態，基本上應是屬於規律性政策的範疇，要求政府扮演一主動、積極的角色。在此前提下，即使問題的結構不良，亦不能放任問題發展，否則社會本身根本無力取得一協調。試看在人口論爭正炙之時，行政機關對台灣地區人口問

[36] W. N. Dunn; *Public Policy Analysis* (Pitts burgh: Univ. of Pitts burgh External Studies Program, 1977), p.X.2.19.引自林水波，「政策問題之認定」，思與言16卷4期（民國67年11月），頁47-48。

題的嚴重性即有體認，然卻遲遲不肯認定此一公共是已爲迫切的政策問題，直到拖延了七、八年後，方才正式列入政府的議程，然此一期間（民國48年至55年）人口又驟增了250萬，徒使問題更趨嚴重而已！

固然多數的政策必定涉及人類價值的衝突，決策者須以審慎態度爲之，但人口政策既爲一規律性政策，且其問題具有相當的迫切性，決策者即需立即對之有一明確認定，並從速進行各項方案的規則，以謀早日解決公共問題，保障人民生活福祉爲是，焉能放任問題發展，曠廢時日延誤契機。因此，吾人以爲決策者在面對一政策問題時，首要之務即在認定政策型態，以作爲決策系統對問題所應有之反應與態度的前提，捨此必然導致政策目標與政策後果間的偌大距離，甚或政策的失敗，這就有賴決策者的政策知識了。綜觀行政部門在制訂我國人口政策的表現上，實在是欠缺必要的政策知識，甚且連負責的政治道德勇氣亦較爲闕如。

二、政策規劃與合法化的評估

通常政策規劃若根據決策制訂的本質作爲標準時，可以區分爲三類：一是例行的規劃——對一項已在政府議程取得相當地位的問題，做重複、不變的規劃；一是類推的規劃——處置新問題仿照過去解決類似問題的途徑；另一是創新性的規劃——以一種打破慣例，嶄新的方案處理問題[37]。在衡諸時間、資源與效益的原則下，未必所有方案均需源自創新性的規劃，此在事實上沒有可能，也不必要。我國最常採用的則是類推的規劃，人口政策即是一顯著的例證。

民國55年9月行政院正式將人口問題列入議程，指示由內政部負責規劃。10月內政部成立一臨時性機構「人口政策委員會」，專案研擬我國人口政策的有關法案。該委員會即採取了類推的規劃方式，幾

[37] 朱志宏，公共政策概論（台北：三民書局，民國68年7月），頁116-117。

乎完全參照在大陸時期所制訂的「民族保育政策綱領」，很迅速地在56年6月研擬完成了「中華民國人口政策綱領」草案。然而該草案卻在行政院留置了將近兩年的時間，方才以命令的形式公布，決策部門的行動保守可見一斑。

即使不談時間拖延上的問題，政策採納未經「合法化」程序，無論就政治或政策層面看，都是一項令人遺憾的缺失。狹義的「政策合法化」，即贏取多數立法人員（理論上也就是多數人民）對政策方案的支持。從政治層面言，政策方案唯有在獲得大多數人民支持後始能付諸施行，乃是民主的基本要義，況且除實質意義外，政策尚有其象徵性意義，經由立法機構通過的政策——法律，其在人民心目中的合法化程度自亦較高，從而也較易贏取標的團體的順服。其次，從政策層面言，設若既存公共問題牽涉廣泛而且錯綜複雜，需投注相當的人力、財力資源方克竟其全功；如果只由行政機關以命令方式令飭實施各項方案，則必然受制於其法律之位階，絲毫無法獲得其必要的政策資源如經費、人員、權限等，政策的施行成效自然大打折扣。

「人口政策綱領」既未經立法程序，其在施行上所遭遇的不便和阻難，自屬意料中之事，而迫切的人口問題也只能得到些微的疏緩。據此，有關決策部門實應儘速運用時機，在考慮修訂人口政策綱領的同時，送請立法院制訂成爲「人口保育法」之類的法律，以使人口政策得以更有效地執行。「政策」問題雖然終究仍係一「政治性」問題，但過分率爾以政治因素加諸於政策制訂，實非關切「公共利益」所應有的現象，更是吾人所不願見者，決策者豈可受制於少數固執者的成見，而無視於千萬人未來之生活福祉。

再者，政策本身內涵，亦即人口政策綱領雖已堪稱頗爲周全，但仍略嫌過於消極，僅見禁制的規定，而無積極獎勵的辦法，不過此點似乎是我國多數政策的通病，非獨人口政策爲然。此外，人口政策綱領內亦缺乏有關社會安全及社會福利的規定。蓋所謂人口政策絕非僅在於節制人口數量的成長，舉凡人口生存的與生活環境的改善，皆所關切者，如社會安全制度即爲保障人民生存權利的基本措施，其在經濟、社會上之作用，在於補助人民充分就業之不足，實現人民所得之穩定化與公平化，使人人均能享受不虞匱乏之自由，而獲得生活安全之保障[38]。社會福利則爲社會安全體系的一環，社會安全制度完善的國家，對其人口的生、教、養、衛均有妥善的照顧，這對於社會之安定，家庭生活之和樂，貧窮問題之解決均有莫大助益，尤其重要的是對於人口品質的提高更有積極的影響。關於此點，現行人口政策綱領實有加以補充的必要。

三、政策執行的評估

除了政策本身的因素以外，執行實質上與政策成果關係最爲密切，往往政策最主要的問題和缺失就存在於執行面。以下就分別對執行機構、執行經費和相關法令配合等進行檢討，並嘗試提出若干建議。

（一）執行機構

一般而言，推行牽涉廣泛的規律性政策的機構，通常需要採行單一首長制的組織型態，以集中事權，同時尚需賦予其相當的組織地位與實際職權，否則甚且無法發揮其協調功能。我國現行的人口政策委員會係隸屬於內政部的顧問性機構，而無常設獨立的組織編制，且委員皆係兼任性質，每隔兩個月才開會一次，其下幕僚人員亦均爲內政部有關業務人員所兼任，以如此組織自難順利推行其業務；且人口政策委員會並無實際屬於本身的職權，任何行動均須出之以協調而實際並不能獲得任何結果，以致許多工作年年見諸施政計畫，卻年年不見有任何成果；這同時就又涉及了預算經費的問題，人口政策委員會既非獨立的專責業務機構，自無從編列獨立的預算，其所需經費僅能以

---

38 廖樞，國父社會安全制度（台北：幼獅書店，民國54年3月），頁2-3。

功能預算的型態編列於戶政業務的預算內，款額又極微少，民國68年以前僅區區數十萬元，而依據工作計畫大綱其負責職掌卻相當繁浩，是以動輒即四處請求補助經費，在此情形下工作推展實難有成效。

人口政策的推行密切關係著經濟的發展成果，並且影響到其後數年的社會與教育的問題，實屬政府重要的基本政策之一，爲求能夠積極推行政策，解決目前組織不健全、權限不足夠、經費不充裕的困境，似應考慮成立一專責的業務機關，將各項有關人口業務納入職掌。此機構可仍隸屬於內政部，或將現行衛生署擴編爲衛生福利部後，再成立一人口局或人口司，如此依功能需要來改組行政結構，不僅可使人口政策執行機構擁有相當的權限，並且也使經費問題獲得舒解。例如亞洲推行家庭計畫最有成效的新加坡，即早於1966年就在衛生部下成立家庭計畫與人口局，編制三百餘人；且其家庭計畫經費在衛生經費中列爲第一優先，每年衛生經費占國家總預算6%以上（1976年），可說相當充裕，更重要的是有相當權限能夠獲得社會政策立法方面的配合。因此，不論從組織、權限或經費方面言，專責的人口政策推行機構的成立，以統合各項有關的功能，是絕對有必要的。

另外，在目前推行家庭計畫的機構方面，不論是台灣省政府的家庭計畫研究所、台北市政府的家庭計畫推廣中心，或是地方政府的衛生單位，編制都嫌過小不足以擔負如此繁重的工作量，而且許多實際執行家庭計畫推展業務的基層工作人員和輔導員，在省市方面都未納入正式編制，大多係臨時性的約雇人員，其待遇低又無保障，所以人事流動性頗大，更嚴重的就是因此無法對其工作進行有效的督導和考核，致使家庭計畫推展的工作報表發生造假情形，尤其是省市派駐地方的訪視人員未推展業務卻虛報工做成果，設若此一情形非特殊個案而係普遍現象，則顯然家庭計畫的推廣工作已亮起了紅燈，而決策階層更無可靠的調查資料和研究報告作爲檢討和改進的依據，此一問題的影響嚴重實不容忽視。新加坡政府在這方面卻相當成功，其家庭計畫及人口局有獨立的「用人權」，所有家庭計畫工作人員，待遇與福利（包括年資、退休金、公積金）同於政府人員，而其任用則是經由十五人（衛生部主管及各大醫院院長）所組成的家庭計畫及人口局審議委員會審核，同時其工作績效亦由該委員會考核督導，以使其確實負責，這種方式在我國未必完全適用，但卻具參考價值[39]。

再者，推行家庭計畫所編列的預算，尤其是省市地方政府的經費看似龐大，實則將近四分之三是用之於人事費用（參見前節表附1-9），所剩能用於推廣業務者僅餘四分之一，在這四分之一的經費配置中亦有檢討必要。前文曾論及目前家庭計畫推行的工作，較著重於節育醫療的服務，至於節育觀念的宣導，則未受到應有的重視，想係由於宣導價值觀念改變的工作不易，但這就涉及到宣導計畫的設計了。根據傳播學者的意見[40]，若將家庭計畫工作的本質視爲是一項「傳播」運動，那麼顯然可以找出一個宣導模式與原則——針對特定對象，經由正確的通道，使用適當的訴求方式，則必然可使家庭計畫走入一新境界。因此，現階段家庭計畫工作實應努力爭取充裕的預算，和配置經費的合理化，並且設計家庭計畫的傳播計畫，確實執行。在這個傳播計畫的最主要重點，就是判定與選擇對象、訊息與傳播工具。

在選擇傳播對象方面應把握兩個原則：(1)認清影響家庭計畫推行的個人或團體；(2)按各項區分標準，以年齡、收入、職業、教育程度、地理文化環境與實行避孕情形等等詳細歸類。在宣導對象予以區分歸類後，可根據三種假設決定計畫實施的「優先順序」，第一，對生育率有影響之婦女應予優先；第二，年輕婦女應予優先；第三，

---

39 參閱家庭計畫與人口問題（台北：行政院研究發展考核委員會編印，民國66年6月）。

40 徐佳士等，前引文，頁38。

實行避孕措施未見普遍者予以優先。再利用計算公式予以設定其優先順序，以期獲得最大效益[41]。

在選擇傳播訊息方面，則可運用各種不同的訴求方式向不同的對象群宣導。各種訴求內容可簡要的區分為：(1)遠見訴求：人口增加導致糧食減少，形成對人類社會的一項威脅；(2)社會參與訴求：實行家庭計畫有利於女性到社會工作；(3)兒女福利訴求：少生兒女可使兒女得到更好的照顧，不論物質上或精神上皆然；(4)美貌訴求：少生孩子，可以長期維持女性的青春美貌；(5)健康訴求：實行家庭計畫可以維持母親的健康；(6)經濟訴求：實行家庭計畫可以使全家享受較好的物質生活；(7)夫妻恩愛訴求：少生兒女可以使夫妻更能享受恩愛的婚姻生活。依照不同對象群的物質予以傳播適當的訊息應有最有效的影響力[42]。

至於在選擇傳播工具方面，宜考慮民眾利用傳播工具的習慣，並根據下列各點予以選擇：(1)列出能夠達到宣導對象的每一種傳播工具；(2)依據訊息的性質檢討每一種傳播工具的功能；(3)檢討傳播工具是否已充分利用；(4)檢討傳播工具的經濟效益；(5)為滿足不同需要同時利用數種傳播途徑[43]。

根據這個建議性的傳播計畫，當可充分發揮資源的效益，以及家庭計畫推行的成效。這似乎是有賴在決策策畫階層培養政策分析人才，在業務執行階層的機構培養系統分析人才，方能徹底突破目前的工作瓶頸了。

（二）法令配合

政策執行機構無健全之組織編制，無足夠之權限，必然直接影響

---

41 同上，頁41。

42 同40，頁58。

43 同上，頁62。

到其協調工作無法產生作用，而這最明顯的結果就是各項與政策精神和主旨有違的相關法令，未能配合修改。其影響所及，自然使政策的執行遭受相當困擾與不便，成效亦大打折扣。

前文曾論及與人口政策的執行密切相關的是，一些影響生育行為的法律制度。這些法令大體分為兩類：一是關於生育行為的控制，主要關於避孕、結紮手術及人工流產等規定；一是關於生育的動機或目的，主要有婚姻家庭制度、婦女地位、社會安全制度、兒童福利、教育制度、租稅政策、生活津貼、住宅政策等規定。我國在推行人口政策時，這方面的配合並不理想。

關於前者，現有的法令（家庭計畫實施辦法、施行細則）僅對避孕有關事項做出規定，至於現在一直在倡導的結紮手術，卻仍無任何法令根據，人工流產更不知要拖延至何時方納入法令的規定而允其合法化，並得以有效管理。根據法學專家王澤鑑博士的研究指出[44]：結紮行為在法律上的責任，由於目前我國尚無特別法令，僅能依刑法的規定加以判斷。結紮手術乃切除輸精管或輸卵管，應構成傷害身體的法定要件，但尚須審查行為有無阻卻違法的事由，如為醫療目的而實施的結紮手術，雖構成重傷（刑法第十條第四項第五款，毀敗生殖機能），但為業務上正當行為，依刑法第二十二條規定不罰，固無問題；但是基於純粹節育目的的經同意承諾而實施結紮時，在現行法解釋上可否認為亦得阻卻違法，仍有疑義！由於結紮手術是節育的良法，但卻因刑事責任如何，不易確定，造成法律適用的困擾，實應從速以特別法規定之。審議中的優生保健法草案即在第六章規定施行結紮手術的要件與程序，以排除刑法有關毀敗生殖機能的傷害罪。其規定的精神與內容以及立法原則與技術，均極為妥善周全，值得稱道，但整個法案卻已拖延十年而仍未曾送交立法院立法實施，對家庭計畫的推行實是一主要絆腳石。反觀新加坡政府早於1974年即頒布單行法

[44] 王澤鑑，前引書，頁25-26。

規——自願結紮法，對結紮要件採取最放鬆的規定，幾乎是只要本人或法人代理人同意即可，且由政府補助費用，本人只需交付五元新加坡幣（折合新台幣80元左右）即可，是以接受結紮人口相當多。至於在人工流產方面，我國現行刑法原則上採禁止主義，僅認可醫療上正當行爲得免罰，但事實上每年施行人工流產的婦女大量增加，據估計約有五、六十萬名之多，而由於此係違反法律規定，多數正規合格醫師不願觸犯刑齊，致使多數手術均是經由不合格密醫施行，嚴重危害到婦女的身體健康與生命安全。然而現行人口政策綱領第十二條，仍僅規定同意醫療上的人工流產，如何給予婦女同胞確切的保障實成問題。而審議中的優生保健法則已對人工流產的要件予以放寬，尤其是子女眾多致影響家庭生活者，亦構成人工流產的合法要件，堪稱明智，唯似乎即因此導致整個優生保健法草案的遲遲未能立法，顯見爭議的癥結即在人工流產的合法化問題。根據「世界人口危機委員會」1979年4月份報告得知，截至1978年年中爲止，依世界各國現行人工流產的法令分類，全世界有三分之二的人口居住在得以自由請求施行人工流產的國家（包括美、英、德、日、法等二十七個國家，占全世界人口61%）；其他條件允許施行人工流產的共有66個國家，其人口占世界的26%；而完全未合法的有十五個國家（包括中華民國），占全世界人口的9%[45]。

於今之道，實須儘速立法通過優生保健法，爲優生與母體的健康，社會的福祉，將人工流產納入醫療服務的正軌，以保障婦女同胞的健康與安全，絕不可再任由少數自認衛道人士，以其所謂道德的帽子大放厥詞，謂人工流產合法化將敗壞社會善良風俗云云，而置數百萬婦女的生命安全與身體健康於不顧，寧非自欺欺人歟？

除了前述的有關生育行爲控制之法令以外，關於影響生育動機或目的的法令，我國仍有頗多與現行人口政策精神不符者，茲僅列舉：

45 「爲優生保健法催生」，台灣醫界23卷8期（民國69年8月），頁7-8。

所得稅法上扶養子女寬減額的規定、公務人員請假辦法與工廠法上產婦休假與福利的規定、公務人員生活津貼辦法上生育津貼的規定等項目加以檢討。

從理論上來說，租稅制度具有多種功能，除財政收入、平均財富及促進經濟發展外，尚可藉以實現公共政策，唯至目前尚少有國家將租稅措施作爲執行人口政策的一種手段。所得稅法上與人口政策有關的是扶養子女寬減額制度，根據現行我國所得稅法第十七條的規定，納稅義務人之子女未滿二十歲，或滿二十歲以上而仍在校就讀或因身心殘廢，或因無謀生能力，受納稅義務人扶養者，於計算綜合所得總額時，得減除其扶養親屬寬減額。該款項在民國53年至61年期間爲每人每年六千元，62年度增爲八千元，63年度爲一萬一千元，68年度爲每人每年一萬五千元，69年度則再增爲一萬六千元。扶養子女寬減額的規定，在目前似乎並無太大的作用，蓋其款額少得不切實際，對賦稅多寡無顯著影響；但在理論上而言，我國現行稅法未對子女寬減額加以人數的限制，無異間接放任人民多生育，與節育的人口政策有違；且個人隨意生育子女將其扶養費用轉嫁社會大眾負擔，亦與租稅公平原則不符，因此有必要加以修正，比如對所得高者，子女超過一定數目者須附加稅；對所得低者，子女不超過一定數目，予以獎金或減稅，對於出生率的降低必有很大的幫助。新加坡政府即在租稅政策上採取有效的具體措施，配合家庭計畫的推行，在1973年以前其所得稅法子女寬減額是以四個爲限，第一個寬減額爲七百五十元新加坡幣，第二第三個爲五百元，第四個爲三百元，亦即採用差別寬減額以限制多生育；1973年8月1日以後，子女寬減額限爲三個，第四個以上即不得享受所得稅減免的優待，並且將第二個子女的寬減額提高到七百五十元，第三個仍爲五百元，以示政府只鼓勵人民生育二個子女[46]。我國在這方面實亦應有更周全的設計，一方面顧及人民的負擔，一方面也能配合人口政策，可行的方法是依循漸進和不溯既往的原則，首先將扶養子女寬減額予以大幅提高，使其切合實際，然後將人數暫先限爲四個，前兩個寬減額同爲全額，第三個減少百分之二十，第四個減少百分之四十；三年後人數減爲三個，前兩個寬減額仍爲全額，第三個減少百分之三十；五年後即可將人數固定限爲兩個，唯需時時注意使寬減額切合實際。如此當可使家庭計畫的推行得致有效的配合，達到降低人口自然增加率的政策目標。

其次在產婦的休假與福利方面，現行法上對公務人員與勞工均予有利的照顧。依公務人員請假規則第三條第四款規定，公務人員分娩者給予六個星期的休假，產假期間薪俸照常支領；勞工婦女的產假依工廠法第三十七條規定，「女工分娩前後應停止工作八星期，其入廠工作六個月以上者，假期內工廠應照給工資，不足六個月者，減半發給。」凡此均係對產婦的特別保護與福利，位均無生產次數的限制規定。現今爲促進家庭計畫的推行，應可考慮採行部分限制措施，關於休假方面爲顧及母體健康起見，可仍予以維持；但在薪俸或工資方面，則可規定前兩胎均得照支薪資，第三胎以後則予減半薪資或根本停薪（指假期間）。

再者，關於生育貼補方面，現行中央公教人員生活津貼支給辦法第二十條第三款規定，公教人員的配偶或本人分娩者，補助二個月薪俸額。此項規定亦無子女人數的限制，子女教育補助的申領亦無人數規定，僅實物配給方面限領三口眷屬配給。因此，生育補助津貼、子女教育費，亦可比照實物配給以請領二個子女爲限。

固然上述幾項措施僅能對占少數人口的公教階層產生作用，實質

---

[46] Chen Ting-An, *The Relationship Between Population and Tax Policies in Taiwan*, in Conference on Population and Economic Development in Taiwan (December 29, 1975-Januery 2, 1976, The Institude of Economics, Academia Sinica, Taipei), p. 267.

上的效果無法普遍，但至少亦能教育人民，政府施政的決心，以及顯示政府本身政策上的協調配合。而實際上還有待社會福利措施的全面配合，透過多方面同時的努力，人口政策推行的成效應該是可以預期的。

四、政策影響評估

我國人口政策執行後，其對社會環境所產生的影響，以及是否產生冀欲的成果，殊值得評估，用以檢討過去、策劃未來。

人口政策研究者評估政策影響最常用的幾個標準，為自然增加率的變遷、理想子女數的高低、每一家庭的平均子女數、因避孕方法的使用而避免出生的人口數、婦女節育知識、態度、實行之調查、區域生育力資料之迴歸分析[47]。每一種估量基準均有優缺點，本小節僅以1965、1967年、1970年、1973年台灣省家庭計畫推行委員會所進行的婦女知識、態度、實行調查研究的資料，以及台灣地區1965年、1967年、1970年、1973年平均理想子女數的演變來說明家庭計畫政策的影響。

台灣省家庭計畫推行委員會在上該四年所進行的調查研究，其結果顯示，二十歲至四十四歲已婚婦女，對家庭計畫所擁有的知識、所持的態度與現在實行節育情形，有如表附1-10。由表附1-10顯示：(1)二十歲到四十四歲已婚婦女的知識，因年代的不同而逐漸加強，至少知道一種避孕方法的百分比，由1965年的80%至1973年的96%；而知道樂普的百分比，更從1965的48%至1973年的89%；而知道口服避孕藥者，由1965年的32%至1973年的85%；(2)二十歲至四十四歲已婚婦

[47] P. H. Rossi, etasl., *Evaluation: A Systematic Approach*, (Beverly Hills:Sage Publications, 1979), p. 165-167; Shiow-you Lin, “A Review of Current Approaches for the Estimate of Fertility Change Due to the Efforts of Family Planning Program”, Journal of Population Studies, No.3 (May 1979), p. 69-84;孫得雄，「台灣地區家庭計畫工作效果之研究」，中研院經濟所經濟論文期刊1卷2期（民國62年9月），頁85-45。

表附1-10 1965、1967、1970、1973已婚婦女對家庭計畫的知識、態度、實行情形

20-44歲已婚婦女對家庭計畫的知識態度實行情形	1965	1967	1970	1973
至少知道一種避孕方法	80%	86%	93%	96%
知道樂普	48	62	81	89
知道口服藥	32	47	70	85
知道保險套	30	31	38	54
贊同家庭計畫	77	79	94	94
曾使用避孕法	27	42	56	68
目前使用避孕法	23	34	44	55
目前使用樂普	5	9	14	15
目前使用口服藥	1	2	3	6
目前使用保險套	1	2	2	4
目前使用子宮環	6	9	10	12
結紮	5	7	8	9
目前使用傳統方法	6	6	1	1
至少一次人工流產	10	12	12	20

資料來源：台灣省家庭計畫推行委員會。

女對家庭計畫表示贊同的態度，由1965年的77%升至1973年的94%；(3)二十歲至四十四歲已婚婦女目前使用避孕法者，由1965年的23%升至1973年的55%，由此表可見，家庭計畫政策成果還算不壞。然而是項成果調查研究並未扣除其他因素介入的影響，其只是一種粗的成果，至於淨的成果究竟有多少？尚須扣除第六章所言明的諸因素，其所造成的影響。不過，欲扣除其他因素的影響，實非一件易事。

我們若從表附1-11上亦可發現，平均理想子女數亦因家庭計畫的執行，而減低的現象。如二十二歲至二十四歲已婚婦女，其平均理想子女數，由1965年的3.7個降低至1973年的3個；二十五歲至二十九歲已婚婦女，其平均理想子女數由1965年的3.8個降至1973年的3個；

表附1-11　1965、1967、1970、1973各年齡已婚婦女平均理想子女數

年代／婦女年齡	1965	1967	1970	1973
22-24	3.7	3.6	3.6	3.0
25-29	3.8	3.6	3.6	3.0
30-34	4.0	3.9	3.8	3.3
35-39	4.3	4.2	4.1	3.6
所有年齡	4.0	3.8	3.8	3.3

三十歲至三十四歲已婚婦女，其平均理想子女數由1965年的4個降到1973年的3.3個；三十五歲至三十九歲已婚婦女，其平均理想子女數由1965的4.3個降至1973年的3.6個；所有年齡的已婚婦女，其平均理想子女數由一1965年的4個降至1973年的3.3個。由數據觀之，家庭計畫的推行有其顯著的成果，但其也未能排除其他介入因素的影響，是以我們無法斷定單獨家庭計畫的影響力有多大，這也是人文社會政策評估的困難所在。

結語

歸結言之，無論自經濟、社會、教育等層面來看，人口政策都是亟需全面努力推行的基本政策之一。人口政策綱領頒布十二年以來，人口壓力雖已稍有舒緩，但並不理想，粗出生率仍然偏高，民國69年平均爲23.20‰，人口自然增加率則爲18.48‰。而依民國70年5月26日行政院經建會人力規劃小組的估計[48]，今年全年的人口增加率將爲18.1‰，比十年經建計畫所訂的16.9‰還要高出許多，顯示人口政策與家庭計畫的推行遭遇到相當的困難，似乎正處於瓶頸狀態。

[48] 聯合報第三版（台北，1981年5月27日）。

加以近年內育齡婦女數大幅增加，嬰兒出生時母親平均年齡亦稍有降低的不利跡象（民國60年爲27.52歲至68年降爲25.26歲）[49]，新任衛生署長於1981年6月中旬決定推廣一種危險性頗高的避孕針，雖然終因醫界的極力反對而暫時免議，但由此可見目前問題的嚴重性。筆者個人對衛生署長做成此一決定的心情頗表同情，但卻並不完全贊成這種辦法，蓋本章中曾指出家庭計畫推行的治本工作，應是節育觀念的宣導，而非節育醫療的服務；同時也嘗試提出了一套傳播計畫的設計，若能增加宣導方面的經費確實依設計的傳播模式徹底執行，當能收到相當效果。

當然，最重要的工作還是使推行人口政策的機構成爲一專責獨立的機構，並求其組織健全，編制恰當，經費充裕，權限足夠。如此方可獲得所需的配合，統合有關的功能，而竟其全功了。

當今，人口已逐步邁向少子化、老年化及多元化的時代，過往人口擴張的政策及思維，恐已失去情境的襯托，時空的鑲嵌，實有必要大幅加以轉型，以免在人口結構巨幅變化下，各項政策失去接軌的現象，進而引發令人驚恐而難解的政策問題。因之，在面對時境變遷之際，相關政策進行對應的調適，乃無法以隨性的心態視之。

[49] 台閩地區人口户籍統計（台北，内政部編印，民國69年），頁944。

{附錄二}

選舉與公共問題的解決

第一節　題目界說

本專題是「選舉與公共問題的解決」，屬於公共政策、或政策科學的研究範疇。公共政策係政府爲解決公共問題，經由政治過程，所產出之策略[1]。政策科學則探討「涉及公共與市民秩序的決策過程，有關及所需之知識」[2]。公共政策的研究，強調在實際具體的政策。政策是政治過程的產出（out put），不同的過程便有不同的產出，問題的解決亦就有差異。政策科學強調在知識，其一是有關決策過程本身的知識，其二是在決策過程中所需用的知識。這兩方面的知識均涉及決策過程。

選舉是表現人民意願，以解決公共問題的一種重要政治決策過程；其在解決公共問題的情形若何？有何重要關聯？便值得探討。首先界定選舉如下，其次再界定公共問題。

1 張世賢，「簡介公共政策的研究」，國立政治大學政治研究所年刊第9期（民國64年5月），頁17。

2 Harold D. Lasswell, *A Pre-View of Policy Sciences* (New York: American Elsevier, 1971), p. 1; “The policy sciences are concerned with knowledge of and in the decision processes of the public and civic order”.

(一) 選舉

選舉是指一個組織依其規定，由全部或部分成員，抉擇一個或少數人，充任該組織某種權威職位之一種程序[3]。引伸其涵義有五個要項：

1.選舉是一種程序：選舉本質上是一種程序，例如有公布選舉日期、提名、競選活動、投票、計算選票、公告當選人名單等繁瑣的過程。其間是一套複雜的社會互動過程（interactive process）[4]。

2.選舉是在表現人民的意願：意願是一種價值觀念，無固定準確的「眞理」，公說公有理，婆說婆有理。個別的意願之間，無高低對錯之別，是平等的，且受到尊重，否則便無須表決。選舉既然在表現人民的意願，在選舉的演進歷史上，逐漸趨向選舉權的普遍化及平等化，乃係必然趨勢。

3.選舉在表達公共抉擇：選舉就決策的觀點言，有兩個層次，第一個層次是個人的抉擇，第二個層次是整體的抉擇。表面上言，整體的抉擇似乎是其成員個別抉擇的總和。但實際上不然，個人所做的抉擇與在團體中成員個別所致的抉擇是不同的[5]。個人在團體中所做的抉擇要受到團體情勢和氣氛的影響。

4.選舉的對象是「人」：儘管選民在投票時，可依其政黨、候選人、或問題取向做抉擇，例如某人投票是以政黨做爲抉擇的標準，只要某黨所提名候選人，便投給他，不計較其人若何、其對於問題的看法若何。但歸結到底，投票的對象總是候選人。雖然實行比例代表制

---

[3] David L. Sills (ed.), *International Encyclopedia of the Social Science* 17 Vols. (New York: Crowell Collier and MacMillam, 1968)，V. 2.譯文引自：王雲五總編，雲五社會科學大辭典十二冊（台北：台灣商務印書館，民國62年），第三冊政治學，頁399。

[4] James N. Rosenau, *Citizenship Between Elections: An Inquiry into the Mobilizable American* (New York: The Free press, 1974), p. xxx.

[5] Heinz Eulau, Micro-Macro Political Analysis: Accents of Inquiry (Chicago: Aldine, 1969), p. 1-22.

的國家，其選舉的對象是政黨，而實際上是選民信任政黨所提名的候選人[6]。

5.選舉是在進行政治參與，有其權威性：選舉係在政治體系內進行政治參與，則此程序具有權威性，其開端是個人意願的尊重，因此不能有威脅利誘，以妨礙個人意願的眞正表達；其結局在著重公共抉擇。因此，強調理性、參與的熱誠、智識能力的發揮，以及對於公共事務的責任感。當選人既經由選舉程序所產出，在其職位上，不論其爲民意代表、或行政首長，亦具有權威性。選舉程序在政治體系內進行，而政治體系是對整個社會做價值的權威性分配，具有廣博性與強制性，則選舉程序不容被破壞。任何人，不論候選人、或選民，均不得違法。違法受到制裁。當選人在其職位上具有權威性，此項職位是「公職」，要對選民負責。其成效若何，至少在下次選舉受到選民批判，決定去留或獎懲，而使得公職受到選民的控制。

（二）公共問題

「公共問題」一詞，語意不清，與其他概念纏在一起，必須界定清楚。問題（problem）與疑問（question）、困難（difficulty）、困惑（puzzle）是不同的。疑問指知識推理或事實的眞相不明白，需要瞭解，得到解答（answer）；疑問是固定的、靜態的，可以脫離人的因素獨自存在。例如數學上的疑問〔難題〕，你來看這個難題，他來看這個難題，一年以後再來看這個難題，這個難題〔疑問〕還是同樣的難題〔疑問〕，不因人、因時間、因社會而有所改變。通常在討論會上、或在課堂上，向演講者、或教授所請教的問題是指疑問、難題（question），而不是問題（problem）。

困難是指一項活動、或一項工作在進行過程中所遭遇到不順利的

---

[6] 例如西德，請見：Karl H. Cerny, *Germany at the Polls: The Bundestag Election of 1976* (Washington, D. C.: American Enterprise Institute for Public Policy Research, 1978), p. 29-37.

障礙。不順利，如不想要克服，便不構成問題。例如登陸月球對很多國家言有困難，如不想登陸月球，便不構成該國之問題。困惑是指心理上的迷惑困擾，不瞭解事實的眞相（包括過去、或現在、或未來），不知道應該怎麼辦？困惑是要解決的，一旦解決，便不再有同一困惑，即永遠解決了[7]。

而問題是指人們所認定的需求，需要解決的[8]。問題的認定隨人的察覺、界定而異，並且亦可能隨時修改的。其與疑問（question）不同，不是靜態，是動態，不能脫離人的因素而獨自存在的。其與困難（difficulty）不同，是一定要克服，且不一定要存於一項活動或工作進行過程中。且與困惑（puzzle）迥異，不是一旦解決了，便永遠解決了。人們是不斷地解決問題，又不斷地製造問題；問題是永遠解決不了，問題的解決只是以一個新的問題代替了舊的問題[9]，例如交通問題，那有得解決得了。

澄清了「問題」之後，再探討「公共問題」。公共問題（public problem）常與政策問題（policy problem）、社會問題（social problem）、社會的問題（societal problem）等字眼纏在一起。其間，除「社會的問題」係以社會爲整體的一個單位，所產生的問題，較有差異外，其他三者只是重點不同而已，差異較少，而用詞亦隨研究者的偏好而不同。像*Herbert J. Gans*及*Charles E. Lindblom*等較喜用「社會問題」，而不用「公共問題」。因爲用「公共」便有其相反的對照「私人」，用「社會」一詞，則無其對照，不論整個的社會，

---

[7] Aaron Wildavsky, *Speaking Truth to Power: The Art and Craft of Policy Analysis* (Boston: Little, Brown and Co., 1979), p. 5.

[8] Charles O. Jones, *An Introduction to the Study of Public Policy* 2nd. ed. (North Scituate, Mass.: Duxbury Press, 1977), p. 15.

[9] Aaron Widavsky, *op. cit.*, p. 387.

或部分的社會均包括[10]。而 *W. I. Jenkins* 則用「政策問題」，在其「政策分析」一書中所分析的問題是政策問題[11]。政策問題範圍比公共問題爲小；蓋政策問題係指公共問題已進入政策分析、或政策過程者而言。*Charles O. Jones* 探討「公共政策的研究」開宗明義從「公共問題」著手[12]。

Charles O. Jones「公共問題」的定義在舊版著作中（1970）爲「人們的需要、受剝奪、或不滿足，包括自我認定、或他人認定，其察覺受影響而有所反應，以訴諸解決者，已不限於直接當事人」[13]，修正版（1977）簡化爲「人們所認定，不屬於私人的需求」[14]。茲引伸其涵義如下：

1.公共問題是需要解決的：公共問題源自於人們的需求、受剝奪、或不滿足而須訴諸解決。其程度必須達到需要解決的壓迫感，不解決不行，至於能否解決是另一回事，但總以能獲解決爲宜。公共問題既需要解決；因此問題一經提出來，但表明了需要解決的目的與憑藉（obiectives and resources）[15]。例如台北市公車經營不善，亟須解決，不解決不行。如果認爲是路線問題，則從路線規劃著手，不要太多迂迴路線、迂迴轉車、或乘客太擠太疏。如認爲是車票問題，則改

---

[10] Herbert J. Gans, "Social Science for Social Policy", in I. L. Horowitz (ed.), *The Use and Abuse of Social Science: Behavioral Research and Policy Making* (New Jersey: Transaction, 1975), p. 4; Charles E. Lindblom and David K. Cohen, UIsable Knowledge: Social Science and Social Problem Solving (New Haven, Conn.: Yale University Pree, 1979).

[11] W. I. Jenkins, *Policy Analysis: A Political and Organizational Perspective* (New York: St. Martin's Press, 1978).大抵政治學家喜用「公共問題」或「政策問題」，而其他的社會科學家喜用「社會問題」。而亦有學者認爲用「問題」一字已足，蓋在學術上不談私人問題，如衛達夫斯基（Aaron Wildavsky）。

[12] Charles O. Jones, *op. cit.*. p. 14-24.

[13] Charles O. Jones, *An Introduction to the Study of Public Policy* (Belmont: Wadeworth, 1970), p. 20.

[14] 同註8。

[15] Aaron Wildavsky, *op .cit.*, p. 21-25.

爲卡式硬票、或直接投遞票價的零錢、或加強稽查。如果認爲原有車輛不敷調派，則增購新車輛……。其情形正如一個人身體不舒服，需要解決。如果診斷是頭痛，則自然是醫頭痛的藥，不可能是醫腳痛的藥。即問題的提出，便限定了其目標與憑藉。

2.公共問題是認定的：人們的需求、受剝奪、或不滿足，不論由當事人自己認定，抑由他人認定，均屬認定的問題。認定起自於知覺，透過人們的感覺器官，感受到外在事件的存在，如覺得有壓迫感，達到不得不解決的程度，便構成問題。但感受，可能乃相當模糊，因此需要界定清楚，使其明顯具體，以便於解決。可是，對於同一個事件，相關的每一個人察覺以及界定，並不一定完全相同。到底以誰的認定爲準呢？其間牽涉及相關人互動的情形，以及知識推理分析的情形。不同的互動情形和思考分析的結果（social interaction vs. intellectual cogitation），便產生對於公共問題不同的認定[16]。

3.公共問題是公共的：對於公共問題，人們察覺受到影響而有所反應，以訴諸解決者，已不限於直接當事人。如果限於當事人，則爲該私人、該團體份內的事，不足以構成公共問題。公共問題必須超越了直接感受到需要、受剝奪、或不滿足，而需要採取行動的人們；其他的人亦感受到影響，而必須採取行動。但人們察覺問題的內容與程度，往往無形中受到其先入爲主的一些觀念、價值判斷、好惡，甚至意識形態的影響；有時很難改變調整，有時會懷疑而改變，但有時甚至會沒有主見，無所適從，不知如何是好，而無法定奪。其情形不一。公共問題是公共的，受到公共的教條或懷疑程度（dogma vs. skepticism）的影響[17]。

4.公共問題受社會的侷限：公共問題存在於社會之中，不能超脫於社會之外，社會的文化型態、權力結構、資源情況……侷限公共問

[16] *Ibid.*, p. 109-13.
[17] *Ibid.*, p. 205-11.

題的形成與解決。能夠被妥善解決的公共問題，只是少許的。它們均需符合社會文化倫理規範、受到政治權威體系的接納、以及配合當時所能掌握並利用的資源。一些極爲迫切的公共問題，儘管人們感受到壓力甚大，若是沒有充分的資源配合，或缺乏政治上有力人士或團體的贊助，或不符合當時文化倫理的觀念，均不能獲得解決。公共問題如何在社會中被妥善的認定與解決？本身不只是科學，而且是藝術和技巧[18]。

公共問題的解決有這四個要項，而選舉的涵義亦有五個要項，其間如何相互配合？如何經由選舉而解決公共問題？便是本文所探討的。

第二節　研究目的

本專題既屬於政策科學的範疇，則研究目的便在發展知識，有助於決策，而使知識不致浪費。一般專家學者在選擇研究題材時，他們自己以自己的觀點認爲這是最有價値的，不論在理論的層次上，或在實際的運用上；而不是在如何或何時使知識有用，而發展知識。他們無形間便在浪費時間、精力和知識，卻不自知。

這種浪費的情形，早在1962年*Leo Strauss*在「政治科學研究論文集」的跋文裡已提到：

……『當羅馬焚燒時，它還在虛擲光陰』。但它是基於兩件事實來辯解：它不知道自己在虛擲光陰，也不知道羅馬在焚燒。[19]

七年之後，1969年，*David Easton*在美國政治學會第六十五屆年

[18] *Ibid.*, p. 1-18, 385-405.

[19] Leo Strauss, "An Epilogue", in H. J. Storing (ed.), *Essays on the Scientific Study of Politics* (New York: Holt, Rinehart and Winston, 1962), p. 327.

會主席演說辭「政治科學的新革命」云：

我們當中有日益增多的人，於我們的專家已以我們面臨的災難警告我們的當頭，不論在實際上或道德上，都已經不復能夠忍耐讓自己依然站在政治的邊緣袖手旁觀！[20]

學者專家不把他們有用的學養，用在急迫待決的問題上，便是浪費。例如選擇研究題材，選擇一些不關痛癢的題目，而讓一些急迫的公共問題擺下來，日趨嚴重，沒有人能貢獻出、或發展出相關的有用知識[21]。本專題的研究目的，便在發展出有關選舉在公共問題解決的根本知識，追究其癥結所在。

對於選擇的研究，美國國際社會科學百科全書「選舉」條分爲「選舉制度」與「選舉功能」，而有關選舉的動態過程則散見於其他各條，如「投票行爲」、「競選活動」……。由此，嘗試將選舉研究粗略分爲三類：(1)選舉制度；(2)選舉功能；(3)選舉動態過程。由此三類分析本專題的探討在學理上有何價值與目的。

（一）選舉制度

選舉制度的研究，可分爲一般性及個別國家的研究。一般性的著作，例如*Douglas W. Rae*的「選舉法的政治後果」，*Enid Lakeman*的「民主國如何投票：選舉制度之研究」。個別國家的選舉制度，諸如英國選舉制度、法國選舉制度、美國選舉制度……等不勝枚舉[22]。這

---

[20] David Easton, "The New Revolution in Political Sience", American Political Science Review, Vol. 63 No. 3 (Dec. 1969), p. 1060.該段譯文引自呂春沂譯，「政治科學的新革命」，憲政思潮第13期（民國60年1月），頁14。

[21] Charles E. Lindblom and David K. Cohen, *op. cit.*, p. 86-88.張世賢，專業知識與公共問題的解決（台北：正中書局，民國69年）。

[22] Douglas W. Rae, *The Political Consequences of Electoral Laws* (New Haven, Conn.: Yale University Press, 1967). Enid Lakeman, *How Democracies Vote: A Study of Electoral Systems* 4th & rev. (ed.) (London: Faber and Faber, 1974).有關各國選舉制度的著作浩繁，不勝枚舉。就只是各國政府有關選舉法規的出版品，便已甚多。例如：U. S., Congress, Senate, Committee on Rules and Administration, *Election Law Guidebook*, Document No. 95-96, 95th Congress, 2d. Session, Feb. 6, 1978.

一類著作，有的僅及於選舉制度的描敘介紹，有的進一步及於其實際運作的動態過程，有的亦說明採行這種制度的原因及後果。

但這一類的著作在理論的層次上，頂多僅探討及於選舉制度與民主有關；對於爲什麼產生選舉制度，並未做更深更根本的探究。而本專題便在探討公共問題的解決，在決策上，爲何要透過選舉過程？是否可以不經由選舉過程？爲什麼？本專題的研究，可以彌補以往有關選舉制度在根本理論上的不足。

（二）選舉功能

關於探討選舉對於實際政治有何功能的學者，有的是做一般性的分析，例如 *W. J. M. Mackenzie*、*Richard Rose*、*Harve Mossawir*、*James N. Rosenau*、*Norman D. Palmer* 等等[23]；有的是對於特定功能加以發揮，例如 *Samuel Huntington* 探討選舉如何表現政治參與的功能[24]、*A. J. Milnor* 探討選舉制度的設計與政治穩定的關係[25]……等等。

本專題屬於探討選舉表現政治抉擇功能的範疇。這方面的著作並不多，現有著作如 *Robert Dahl* 的「民主理論芻議」亦只是從民主政治理論著手，透過選舉過程表現選民控制政治領袖與公共政策[26]。最近才有 *Charles E. Lindblom*、*Aaron Wildawsky* 直接從公共問題的解決

---

[23] W. J. M. Mackenzie, "The Functions of Elections", in David L Sills (ed.), *op. cit.*, V: 5. Richard Rose and Harve Mossawir, "Voting and Elections: A Functional Analysis", *Political Studies*, XV (June 1967) p. 183-89. James N. Rosenau, *The Dramas of Politics* (Boston: Little, Brown, 1973), p. 144-45, 159-60. Norman D. Palmer, *Elections and Political Development: The South Asia Experience* (Durham, N. C.: Duke University Press, 1975), p. 48-105.

[24] Samuel Huntigton, *Political Order in Changing Societies* (New Haven, Conn.: Yale University Press, 1969).

[25] A. J. Milnor, *Elections and Political Stability* (Boston: Little, Brown, 1969).

[26] Robert Dahl, *A Preface to Democratic Thesry* (Chicago: University of Chilcago Press, 1956).國內有譯本：朱堅章主譯，張明貴、王切女合譯，民主理論芻議（台北：幼獅文化事業公司，民國67年）。

探討選舉的功能[27]，如此才能眞正抓住選舉的直接目的，可以彌補以前研究選舉功能之不足。

（三）選舉的動態過程

選舉的動態過程包括的範圍非常地廣，例如投票行爲、競選活動、競選經費、競選工具（例如電視）等等。這一類的著作甚多，著重在實際的選舉現象，而不是應該是如何，爲行爲論學者所強調。例如*Robert Dahl*研究美國康州新哈芬市（New Haven）的投票行爲而撰成「誰統治？一個美國城市的民主和權力」一書[28]。*Giovanni Sartori*的巨著「民主理論」亦有所闡揚[29]。另外，*V. O. Key*，Jr.的著作亦表現的淋漓盡致[30]。

由於社會經濟的急速變遷，暴力事件增加，晚近的學者亦注意及選舉中的政治暴力事件，稱之爲「負的參與」（negative participation）。例如*Fred M. Frohock*、*James Q. Wilson*、*F. R. von der Mehden*等等[31]。

---

[27] Charles E. Lindbolom, The Policy-Making Process (Engelwood Cliffs, New Jersey: Prentice-Hall, 1980), p. 56-63, 95-121; Aaron Wildavsky, *op. cit.*, p. 252-278.

[28] Robert Dahl, *Who Governs? Democracy and Power in an American City* (New Haven, Conn.: Yale University Press, 1961).

[29] Giovanni Sartori, Democratic Theory (Detroit: Wayne State University Press, 1962). 國內有人介紹，詳見：呂亞力：「政治發展與民主」（台北：五南，民國68年），頁233-270。

[30] V. O. Key, Jr., *Public Opinion and American Democracy* (New York: Knopf, 1961); V. O. Key, Jr., *Politics, Parties and Pressure Groups* 5th. ed. (New York: Growell, 1964); V. O. Key, Jr., *The Responsible Electorate: Rationality in Presidential Voting* (Cambridge: Harvard University Press, 1966).

[31] Fred M. Frohock, *Public Policy: Scope and Logic* (Englewood Cliffs, New Jersey: Prentice-Hall, 1979), p. 103-44; James Q. Wilson, *Thinking About Crime* (New York: Basic Books, 1975); F. R. von der Mehden, *Comparative Political Violence* (Englewood Cliffs, New Jersey: Prentice-Hall, 1971); Ted R. Gurr, *Why Men Rebel* (Prentice-Hall, 1971); Ted R. Gurr, Why Men Rebel (Princeton, N. J.: Princeton University Press, 1970); Herbert Hirsch and David C. Perry, (ed.), *Violence as Politics: A Series of Original Essays* (New York: Harper & Raw, 1973).

但此類著作著重在分析選舉現象，及其原因，頂多深入分析此種現象是否背於民主而已，未能再更深入探討此種現象是否能解決公共問題，以及爲什麼公共問題的解決要經由「數人頭代替砍殺人頭」的選舉？本專題的探討，便可彌補其不足。

從上述三類的分析，本專題可以彌補各類的缺漏之處，聯結更廣更堅實的經驗事實；在學理上建構更深更根本的基礎；在現實的政治上方可樹立具有說服力的規範作用；對於時下選舉所產生的病狀，才可痛下針砭有所貢獻。如此，本專題是結合經驗的事實、理論的規範，以企發揮實際的效用。

第三節　分析方法

選舉在現代國家，不論其爲民主或獨裁，已開發或開發中，都被標榜作爲反映輿情，表現政府與政策合法化的必要過程[32]。在政治生活中，選舉甚至已成爲一種公共儀式格象徵符號[33]，至於是否能發揮功用，解決公共問題，則漸被忽略。

本專題的分析方法，從問題的解決途徑著手。美國耶魯大學社會暨政策研究所所長*Charles E. Lindblom*在1977年建立起問題解決的兩個模型：模式1與模式2（Two Models: Model 1 & Model 2）。模式1的基本假設是人們可以有充分的知識，可以透過知識思考解決問題；模式2的基本假設是人們沒有充分的，只好透過社會互助解決問題[34]。

---

32 民主國家的選舉，學者研究甚多，至於蘇聯的選舉，請見：Victor Zaslavsky and Robert J. Brym, “The Functions of Elections in the USSR”, *Soviet Studies*, Vol. 30 No. 3 (July 1978), p. 362-71.

33 Gerald M. Pomper, *Elections in American: Control and Influence in Democratic Politics* (New York: Dodd, Mead 1968), p. 41.

34 Charles E. Lindblom, Politics and Markets (New York: Basic Books, 1977), p. 247-60.

表附2-1　Charles E. Lindblom問題解決模式

模式 解決問題	模式1	模式2
1.知識的基本假設	充實、樂觀	不充實、悲觀
2.解決的基礎	眞理（客觀）	意願（主觀）
3.解決的標準	正確（先驗的）	同意（經驗的）
4.決定的做成方式	發現	抉擇
5.人際關係	不平等	平等
6.抉擇單元	一個單元	多元
7.需求	和諧一致	紛歧衝突
8.解決問題的途徑	知識思考：廣博的、決定的	社會互動：交易的、議價的
9.解決問題的過程	同心協力	相互牽制
10.思考的範圍	周全（全體）	各爲己謀（局部）
11.對錯誤的態度	規避	修改
12.衡量接受與否的依據	結果	程序

茲列表分析如表附2-1。

（一）知識的基本假設

在模式1裡的社會，知識非常充實，人們對於知識的能力亦非常樂觀，人們遭遇到任何問題，都可以坐下來，冷靜的思考，便可找到答案。公共問題的解決，如果請教賢明之士，窮盡思索，便可得到完滿解決，如果予智自雄，閉塞聰明，便不能獲得解決。

在模式2裡的社會，人們懷疑知識的能力，知識亦不充實，人們遭遇到任何問題，無光以知識來解決，若要發展知識來解決問題，則遠水救不了近火，或已明日黃花，問題益形嚴重。

（二）解決的基礎

在模式1，知識既然是充實的，則問題的解決，便由知識的層面來判定，是非曲直是客觀存在的，脫離了人的喜好，解決的方案對就是對，錯就是錯，不因人們的喜歡便成爲對，亦不因人們的厭惡便不對，更不因人數多寡而改變其對錯。亦即解決的基礎是眞理，眞理是客觀的，是絕對的，是經得起考驗的。這一觀點孟子已提到：

> 左右皆曰賢。未可也。諸大夫皆曰賢，未可也。國人皆曰賢，然後察之，見賢焉，然後用之。左右皆曰不可，勿聽。諸大夫皆曰不可，勿聽。國人皆曰不可，然後察之，見不可焉，然後去之。（孟子卷二下梁惠王下）

在模式2，人們對於知識既然是悲觀的，則無所謂「眞理」存在。縱使有眞理存在，人們亦無從判定什麼是眞理，什麼不是眞理。在這種情況下，「眞理」的有無，便無意義了。解決問題的基礎是意願（volition），問題的解決只能依人們主觀的好惡做基礎。只要能滿足人們的願望，問題便算解決了，不能滿足人們的願望，問題便不獲解決。人們的意願，千差萬別，無所謂對錯、或境界高低；與知識不同，知識是有對錯之別，層次高低之分。

（三）解決的標準

在模式1，公共問題的解決標準是正確。正確是先驗的。即正確的答案早就存在。人們依據正確的答案解決問題，問題便可以獲得妥善完滿的解決。人們若依據錯誤的答案解決問題，則問題愈解決愈糟。

在模式2，公共問題的解決標準是同意，同意的觀點〔意願〕並不是事先存在，在還沒有表決之前，眞正的答案無從明確知悉，是經驗的，不是先驗的；即要由人們所感受到的事實表現出來，人們同意這樣便這樣，人們同意那樣便那樣，這是具體的事實，因人而異，並不是脫離了人的因素，客觀先驗的存在。

（四）決定的做成方式

在模式1，公共問題的解決，其決定的做成方式是發現。發現就有先知先覺、後知後覺、不知不覺之分。對於眞理、正確的答案，人們只能發現，不能創造。有些人發現的早，有些人發現的晚。有先見之明者，有經過痛苦教訓才醒悟者。這屬於知識感悟的層面，不是人際關係的層面。

在模式2，公共問題的解決，其決定的做成方式是抉擇（choice），不是發現。由人們表決喜歡何種方案，大家同意的方案，便是解決的方案。抉擇的情形，有全體一致、絕對多數、普通多數、較多數等等。全體一致（unanimity）指團體的成員一致同意某種方案，無任何異議。絕對多數（absolute majority）指團體的成員贊成某種方案的超過所有該團體總人數一半以上。過半數的情形，有達到超過該團體總人數的四分之三、或三分之二者，特別稱特別絕對多數、或特別多數（extraordinary majority）。普通多數（ordinary majority）指在表決時，除去缺席票、廢票、棄權票，在計算有效票中，有過半數的有效票贊同某種方案，但並不一定超過該團體總人數的半數。較多數（plurality）指在各種方案相互比較中，某種方案得票最高。

（五）人際關係

在模式1，從知識的觀點看，人是不平等的。人有聖、賢、才、智、平、庸、愚、劣之分；或先知、後知、不知之別。公共問題的解決，由聰明之士來思考解決，比較容易發現有關的眞理，並快速地找到眞正答案。如平庸的人亦參與公共問題的解決，則徒增紛擾而已。成語「休問天下國家事，自有周公孔聖人」便指此。庸俗的人只好遵照聰明的人去做即可了。在解決公共問題上，人是不平等，份量不相等的。

在模式2，從意願的觀點看，人是平等的。只要是人，意願是平等的，同樣受尊重，不分性別、年齡、種族、宗教、職業、黨派、教育程度，一律平等。在平等的基礎上，投票表決才有意義，一人一票，一票同值。

（六）決策單元

在模式1，整個社會是一個決策單元，大家有共同的意願、相同的意志，只不過人人分工專業不同而已，需要大家集思廣益，思考周密，相互配合。好像是一個管絃樂隊，雖然每個樂器不同，奏出的聲音亦不相同，但大家的意願是一致的，步調是相互分工配合的。決策是以整個社會做出發點的，來分配每個人所需做的工作，就好像管絃樂隊所奏出的曲子，是以整個管絃樂隊爲單元，然後分配各種樂器應如何奏出各該部分的聲音，才能使整體的聲音美妙和諧動聽。

在模式2，決策單元是在社會裡的個別人、或個別的團體、黨派、勢力，而不是整個社會。每一個決策單元，只要就自己的意願來做抉擇，不必考慮到別人的意願如何，更不必亦無法考慮到整體社會的意願如何。「事不關己，己不關心」。每個決策單元只就自己的情況做決定。因此，在模式2的社會，決策單元是多元的，是多元社會，在政治上表現多元政治。有好幾個，至少兩個以上的權力結構中心。每個權力中心，只要爲自己考慮，不管別人，更不必爲整體社會著想。而整個社會的決策，便是由實際上各決策單元相互作用的結果表現出來。正如一個團體在投票一樣，每個成員都爲自己的利益，表達自己的意願，不必顧慮別人的利益；表決的結果便是這個團體的決定，亦是這個團體的利益所在。在還沒開票以前，成員亦不知團體的眞正利益何在，亦無法爲整體的利益考慮。

（七）需求

在模式1，整個社會的需求是和諧一致的。「人同此心，心同此理」，每一個人的需求有共同的趨勢，是相互和諧的。正因爲如此，對於公共問題的解決，透過知識思考的分析，才有意義，亦才會有定論。我國古代孟子的賢人政治，其基本假設是「人性善」，姑不論是否有經驗的印證，倘若沒有此假設，孟子的賢人政治便落空了。

在模式2，社會裡的人們，需求是千差萬別，紛歧的，甚至相互衝突。「公說公有理，婆說婆有理」，「一個人的良藥，可能是別人的毒藥」，「你所討厭的，可能是別人所喜歡的」。因爲這些都是屬於個別人的意願、個別人的喜惡，無法從知識推理的觀點，分析對錯好壞，是由本身來自我驗證，而不是由外在的標準來驗證。由於個別人本身的個性、處境不同，需求的情況自然是紛歧，千差萬別，甚至相互衝突。這一觀點與我國古代荀子的看法類似：「人生而有欲，欲而不得則不能無求，求而無度量分界，則不能不爭」（荀子第十九篇禮論）；又說「人之性惡，其善者僞也」（荀子第二十三篇性惡）。薩孟武教授認爲：荀子之所謂性，不是善惡之性，而是好利惡害之情。換言之，就是人欲，故說：「欲者情之應也」（荀子第二十二篇正名），即荀子認爲人類均有利害觀[35]。人的利害經常是相互衝突的。

（八）解決問題的途徑

在模式1，公共問題的解決途徑是知識思考。由以上的推論，在模式1的社會裡，知識是充實的，亦是萬能的，公共問題、政策問題都是屬於知識問題，而不是政治問題；公共問題的解決途徑當然捨知識思考莫由。聰明之士面對公共問題時，公共問題已是具體明確，而不是每個人的察覺與界定不同，有關的消息資料亦是充實完整，聰明之士可以窮盡思慮，廣博的、理性的，衡量當時情勢的輕重緩急、本末先後，以最少的代價，達到最高的目標。這種知識性的解決問題途

[35] 薩孟武，中國政治思想史，增補再版（台北：三民書局，民國61年），頁45，47-49。

徑，稱之爲周全的分析（Synoptic Analysis），與理想的、理性的分析同義[36]。

以知識思考作爲公共問題的解決途徑有兩個特性：一是廣博的（comprehending），思考是從整個社會，整個歷史的發展前因後果著眼，資料是窮盡不遺漏，細微處面面俱到；二是決定的（deciding），思考的結果具有決定性，不受人爲因素的影響，不受人們的感情、情緒、好惡、政治勢力的干擾和壓力。知識思考的結果，即決定了公共問題的解決，是由知識單方面做決定，而不是人際間雙方面、或多方面妥協、討價還價的結果。

在模式2，公共問題的解決途徑是社會互動。由以上的推論，在模式2的社會裡，沒有先驗的所謂眞理、所謂正確的答案存在，而且大家的意願又沒有高低對錯之別，解決公共問題，全憑社會互動結果。例如決定工人的工資問題，並不是由某個偉大領袖、或經濟專家縝密思考設計來決定，而是由一個三邊委員會來決定。三邊委員會的委員是由勞方、資方，以及政府三方面選任的。他們相互討論、討價還價、折衷的結果，才決定了工資。另外一個例子，一個新元首的產生，並不是由一個英明偉大的領袖，「爲天下擇人」，亦不是透過「電腦分析」選定某人做元首，而是透過一套繁瑣的投票過程產生。而在古代卻是以打破人頭代替數人頭的砍殺方式〔一種互動方式〕決定誰才是眞命天子。

社會互動方式種類很多，各個社會各個問題，所表現社會互動的方式亦不盡相同。例如國家元首的繼承問題，就有「兄終弟及」、「父傳子繼」、「宮廷政變」、「元老會議」、「槍桿子出政權」、

[36] David Braybrooke and Charles E. Lindblom, *A Strategy of Decision: Policy Evaluation as a Social Process* (New York: The Free Press, 1963), p. 40.國內的介紹請見：莊錦農，「理性與政治決策」，政治學報第7期（民國67年12月），頁179-234。

「選舉投票」等互動方式。民主社會裡的互動方式有兩個特性：一是交易的（exchange），社會互動的參與者，有所得，必有所失，以其所得交易其所失。例如某個候選人，雖然當選了議員，但在競選期間卻亦相對的提供了花費許多時間、金錢、健康身體，甚至和諧的家庭生活。一是議價的（bargaining），公共問題的解決不是由參與社會互動的某一個人、或某一方面的決定，係由參與社會互動的所有人相互作用，或討價還價、或相互討論協調、或相互施加壓力等等的結果表現出來。例如議會的議員是由選民投票產生，但誰能當選，不是由某候選人決定，亦不是由候選人單方面妥協決定，更不是由選民單方面決定，而是由所有社會互動的參與者：候選人及選民相互作用的結果表現出來[37]。

（九）解決問題的過程

在模式1，解決公共問題的過程，是參與者之間的同心協力。因爲在以整個社會爲一個決策單元，而大家均有共同的意願，知識思考又是廣博的，且具有決定性，則大家只有同心協力，群策群力，貢獻思慮，以達到公共問題最佳的解決。這樣做對大家均有利，在風雨同舟的社會裡便須如此，如果同舟之內皆是敵國，則遲早覆舟，並葬身魚腹了。

在模式2，解決公共問題的過程，是參與互動者之間的相互牽制；相生相剋，相輔相成。例如解決誰能當議員的問題，是透過選舉〔一種互動方式〕。如果當議員，只有苦勞，而無利可圖，則沒有人要競選議員，如果候選人想當選之後大撈一票，則選民不會選他，彼此相互牽制。

---

[37] Aaron Wildavsky, *op. cit.*, p. 104-41.; Charles E. Lindblom, *The Policy-Making Process*, p. 26-32.

（十）思考的範圍

在模式1，思考的範圍是周全的，窮盡思慮，蒐集全部相關資料，考慮及整體全面，有利的、不利的、正面、反面、側面，面面俱到。

在模式2，解決公共問題雖以社會互動，但並不排除知識思考的運用。參與社會互動的人，要運用思考，確定自己在社會互動中扮演什麼有利角色，並運用思考策略扮演好此角色。例如解決誰能當美國白宮主人的問題，雖然要經一套繁瑣的選舉程序，但參與競選的人，以及投票的選民，都要運用思考表現最有利於自己的舉動。思考是「人各爲己謀」，從自己的利害出發，而不是從整體出發，思考是局部的。每個參與者皆從自己的意願、立場出發，並批評、攻擊別人的說辭。

模式2，推其極致，社會上各觀點均被呈現出來，其總結有如模式1的思考範圍，只不過方式不同。模式1是從整體出發，模式2是從各個局部或點出發。模式1比較沒有刺激的誘因，容易忽略不利之處；而模式2參與者彼此相互批評攻擊並維護自己的觀點，衝突及相互牽制有其正功能，比較有刺激的誘因，使思考更細膩，稱之爲黨派分析（partisan analysis）。在黨派分析中必須遵守競賽規則（the rule of the game）、互動程序、容忍別人的意見[38]。

（十一）對錯誤的態度

在模式1，以知識思考解決公共問題，便須規避錯誤，求其周全，止於至善。窮盡知識思考的目的，便在避免重蹈覆轍，並拾遺補闕，盡善盡美。

在模式2，以社會互動解決問題，便須不斷修正所認爲錯誤的決

[38] Charles E. Lindblom, *The Intelligence of Democracy* (New York: The Free Press, 1965).

定，因社會結構並不是僵硬的，是動態的，內部不同勢力隨時在消長。人們的意願經常在錯誤中摸索，調整改變。人們對於前次的解決方案不滿意的，便在下次的社會互動中有所修改。例如選舉投票，人們對於上次的投票表決不滿意，便在下次投票上，爭取多數的支持，修正上次的決議。

（十二）衡量接受與否的依據

在模式1，衡量是否接受公共問題解決方案的依據是知識思考的結果。正確的便接受，錯誤的不能接受。如果當時不能判定是否正確，則由事後發展的結果來判定，驗證其爲錯誤，便不再重蹈覆轍。

在模式2，衡量是否接受公共問題解決方案的依據是社會互動的合法程序，而不是結果。只要合乎法定程序，不論其結果如何，均須接受。不合乎法定程序，其結果再怎麼「美好」，亦不能接受。例如解決誰能當美國總統的問題，係經由大選的社會互動方式。只要合乎競賽規則（the rule of the game），則不論誰當選，你所喜歡的，或討厭的，都要接受。如果不合乎競賽規則，例如尼克森水門事件，在對方黨部裝竊聽器，縱使當選，縱使你所喜歡的人選，亦不能接受。

從以上 *Charles E. Lindblom* 的問題解決模式，便可據以分析選舉與公共問題解決的關係。

第四節　選舉在社會互動模式中的情形

公共問題是政治問題，不是知識問題，所以要由社會互動的方式來解決。其情形，薩孟武教授在批評孟子的觀點中已經提出[39]：

國人皆曰可，而即用之，國人皆曰不可，而即去之，這

[39] 薩孟武，前揭書，頁45。

是民主政治。但孟子的結論並不如此，而乃說，國人皆曰賢，然後察之，見賢焉，然後用之。國人皆曰不可，然後察之，見不可焉，然後去之。現在試問由誰去察，由誰決定用之或去之。據孟子之意，也許以爲詳察與決定之權應屬於賢人（知識思考）。但是誰眞是賢人，又由誰決定呢？湯武以自己爲賢，桀紂亦何曾自居爲不肖，這樣，只有訴諸武力（一種社會互動方式）。

在社會互動的各種方式中，選舉投票是最人道的，人們所最滿意的。因其以數人頭取代了砍殺人頭，以溫和的方式唾棄了暴力的方式。玆分析其情形如下。

（一）選舉是社會互惠的[40]

選舉不是單方面的，是雙方面的：有社會與個人；有候選人與選民。社會整體的意願有賴個人表達；而個人亦需要表達自己的意願，以維護自己的利益。社會與個人均需要選舉。候選人需要選舉，以便在選舉中提出對公共問題的政見，獲得當選，獲得公職，伸展抱負。而選民亦需要選舉，以便在選舉中能表達自己的意願，控制候選人，使當選人能符合自己的利益與要求。

政府亦需要選舉，雖然表達民意有很多種途徑，但選舉是表達民意的各種途徑中最廣泛以及最具體者。政府要解決什麼公共問題，以及如何解決，有時不曉得。有了選舉，人民在選舉中，便提出了問題，以及解決的意願。政府的措施，才不會在選舉中，便提出了問題，以及解決的意願。政府的措施，才不會勞而不惠。有時候，政府決定政策，以解決公共問題，並有貫徹之決心，但不知人民意向如何，支持程度如何，需要經由選舉以瞭解實情。

人民亦需要選舉。工商業日趨進步，社會日趨複雜，人與人間相

[40] Aaron Wildavsky, *op. cit.*, p. 255.

互不滿、誤解、衝突的情況愈多。選舉提供廣大人民的政治參與，表達意願，發洩一些不平之氣，把不瞭解、有誤解、爭論之處，不論政府部門與個別公民之間、或民間團體之間，至少有相互溝通，體會對方感受之機會，在選舉活動中提供充分資料、解說、辯白，討論、對彼此之間都有好處，是對於社會衝突的再整合。

（二）選舉是要容忍差異的

選舉在表達意願，不是在發現「眞理」。眞理對就是對，不對便不對，與人數無關，不用投票表決。而意願不分軒輊，大家都平等，都受到尊重，不能說某種意願比較高明，某種意願比較拙劣，只能說某種意願比較受人歡迎或不歡迎。不能強迫別人的意願，以屈就於自己的意願。容忍差異是必要的。大家的意願均不盡相同，而卻又同等價值，如遇到公共問題，只能做一種決定來解決，將如何？只能夠以滿足愈多人的意願愈好。因爲意願既無「質」的軒輊，則只能計算「量」的多寡。

人們的意願不會完全一致的，因此解決公共問題便要大家捐棄成見，捨小異而就大同。如果大同的意見不能產生，亦只好以多數人的意見，即同意的人最多爲裁決的標準，少數人便要容忍以多數人的意見作爲解決公共問題的方案。但多數人亦不能仗人多勢眾，欺壓少數人。多數人亦要容忍少數人，讓少數人存在，並讓少數人的意見有成爲多數人意見的機會，至於後來能否成爲多數人的意見，則是另一回事。

可是，容忍亦不是不受限制的。破壞了社會互動的競賽規則是不能被容忍的，要受到法律的制裁，而且是很嚴肅的制裁。因爲破壞了競賽規則，便破壞了大家表達意願的共同基礎，即破壞共識（consensus）；自己先不尊重社會的意願，自己的意願便不受社會所尊重；自己先破壞社會的意願，自己的意願便被社會所剝奪，這是理所當然的。

（三）選舉要共同遵守競賽規則

選舉是一種社會互動，所重在其程序，而不是結果。因此參與社會互動的人們共同遵守競賽規則是公開的、公正的、公平的。從候選人的提名至其當選，其間過程是公開的，不可能爲少數人所操縱把持。例如美國總統的黨內提名，經過一州又一州的初選，勝利者過一關又邁向一關，節節受到考驗，失敗者知難而退。大家的眼睛都是雪亮的，都在看這場競賽，便容易公正、公平。其他諸如選區的劃分、選舉的監察、候選人的資格條件的規定……亦均是公正、公平的。

不論公共問題怎麼解決，不論誰當選，這一套競賽規則的遵守比競賽的結果重要。因此樹立自己的意願爲「眞理」，以暴力的方式，強迫他人就範，都要被社會所唾棄。例如1968年和1972年密西根大學抽樣調查人們對暴力的看法如表附2-2[41]。

表附2-2　暴力態度

態度〔暴力〕	1968	1972
贊成	7%	8%
就事論事	16	33
反對	67	57
不知道	10	3
總計	100%	101%
抽樣數	1344	2705

資料來源：密西根大學，調查研究中心

[41] Willam H. Flanigan and Nancy H. Zingale, *Political Behavior of the American Electorate* 3rd. ed. (Boston, Mass.: Allyn & Bacon, 1975), p. 185.此項資料與地方性資料迥異，見：Lester W. Milbrath, “The Nature of Political Beliefs and the Relationship of the Individual to the Government”, *American Behavioral Scientist*, Vol. 12 No. 2 (1968), p. 28-36.

（四）選舉係和平的、穩健的、取代暴力的、不安定的

對於公共問題的解決，如依易君博教授的決策模式，可析分事實判斷、後果判斷、價值判斷。前兩者可以由知識思考推理判定，價值判斷則沒有定論，在民主國家要訴諸公民決定[42]。由於社會上人人對於公共問題的價值判斷不盡相同，彼此之間的衝突是難免的，有了選舉投票便肯定了這項事實，而把衝突明顯化、公開化、合理化。

選舉把對於公共問題的各種意見納入正軌，使大家有渲洩的機會，有被疏導的正當途徑，便比較是溫和的、穩健的，而不是情緒的、暴力的，不會造成社會的不安。因爲人們的意願經常改變，而公共問題亦常是推陳出新，選舉便必須定期經常舉行，讓人們有表達意願的機會，相互溝通，相互協調；情緒不會積鬱太久，自然是和平的、穩健的，而不會是暴力的、不安定的。

英國的內閣制，平民院除規定原則上每五年改選一次外；必要的時候，平民院亦可被解散，重新改選。例如1974年便有兩次大選，一次在二月，一次在十月。如此，人民的意願不會積鬱太久，隨時可以調整，機動因應。美國的總統制，除每四年一次的大選外，中間還有期中選舉。亦即每兩年均有選舉，可以讓不滿的情緒有所發舒。在這種情況下，暴力事件便不容易得逞，社會亦可獲安定[43]。

（五）選舉提供參與的平等機會

選舉只能提供人們對於公共問題表達意願的平等機會，而不能強迫人們一定要表達意願。如果強迫人們一定要表達意願，則不尊重人們的意願了。因爲不願意表達意願，不願意去投票，亦是一種意願。

---

[42] 易君博，政治學論文集（台北：台灣省教育會，民國64年），頁90。

[43] Monte Palmer and William R. Thompson, "The Comparative Analysis of Political Violence", *in The Comparative Analysis of Politics* (Itasca, III.: F. E. Peacock, 1978), p. 266-67; See H. D. Graham and T. R. Gurr (eds.), *Violence in America: Historical and Comparative Perspectives* (New York: Bantam Books, 1967).

選舉便在尊重意願，不尊重意願便破壞了選舉。因此，選舉是要自由投票制，不受任何強制，不受任何威脅利誘。

蘇聯的選舉號稱投票率高達99%，與西方的選舉相較，已經變質，不是在表達意願，而是在被迫表達對於共產政權的合法性，並且在選舉期間，共產教條更有被灌輸、煽動、宣傳、討論的機會。選舉並不是讓公共問題的價值判斷由人民決定，而是共產黨已做好的價值判斷，要由人民接受、貫徹[44]。

在古典的民主理論健全的民主政府之運作，有賴人民的積極參與，參與是廣泛的，而且是熱衷的。但實際上不然，仍有很多人不去投票，而政府亦不強迫他們去投票。例如美國全國性選舉的投票率如表附2-3[45]。

表附2-3　美國全國選舉投票率

年	投票率
1976	53
1974	39
1972	56
1970	45
1968	60
1966	42
1964	65
1962	42
1960	65
1958	46
1956	60
1954	42
1952	63
1950	42

[44] Victor Zaslavsky and Robert J. Brym, *op. cit.*

[45] George C. Edwards III and Ira Sharkansky, *The Policy Predicament: Making and Implementing Public Policy* (San Francisco: W. H. Freeman, 1978), p. 28.

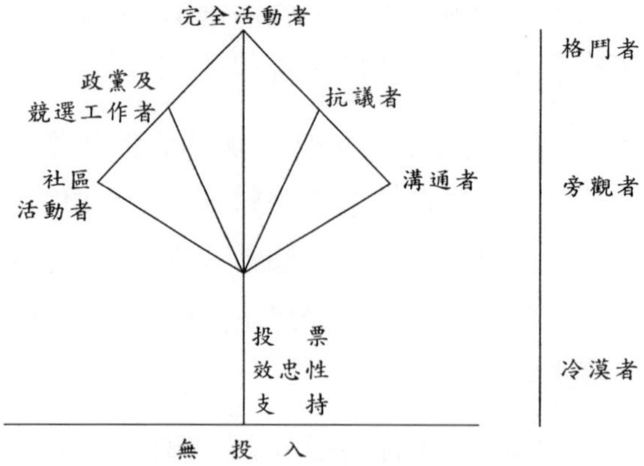

圖附2-1 政治參與程度

幾乎只有在大選年的時候，投票率才高於50%。政府尊重個人的意願，不以投票率低爲恥，亦不以投票率高爲標榜。選舉只是提供參與的平等機會，而實際上有很多人不去參與，參與的情況亦不同，有如表附2-4及圖附2-1[46]。

這樣社會的參與互動結構，並不有損於公共問題的解決，蓋公共問題是認定的，認定感受的情況隨人而異，因此參與情形亦隨人而異，一點也不能勉強[47]。

（六）以選舉控制公共問題的解決是鬆弛的

選民平素很忙，對於選舉不很熱衷，對公共問題深感切身利害者不多，如要加以注意，則代價甚高，划不來[48]。假如選民要運用選票

[46] Lester W. Milbrath and M. L. Goel, *Political Participation: How and Why Do People Get Involved in Politics*？ 2nd ed. (Chicago: Rand McNally College publicshing Co., 1976), p. 17-21.本書第一章國內已有譯文見：衛民，「建立政治參與的概念」，黃紀等譯，政治學名著精選（台北：洪流出版社，民國68年），頁272-301。

[47] 另外一種觀念是從參與對政府的壓力看的，認爲參與不可太多，見Gabriel A. Almond and Sidney Verba, *The Civic Culture* (Princeton: Princeton University Press, 1963), p. 482.

[48] Aaron Wildavsky, *op, cit,*. p. 256-57.

表附2-4 個人與政權之間的關係型式

投		入	輸出型態
	型式	界定項目	
積極性 非慣常性	抗議者	參加公開街頭示威（3%） 必要時進行暴動（2%） 政府施政不道德時極力抗議（26%） 參加抗議集會（6%） 拒絕遵守不公正的法律（16%） （他們在其他型式上也活動）	要求非常積極的政府；尤其要保護人權及提供經濟機會
慣常性	社區活動者	在地方問題上與人共事（30%） 爲效力地方問題而組成團體（14%） 社區組織中的活躍成員（8%） 爲社會議題接觸官員（14%） （他們也極規律的投票）	用志願性社區活動而不用政府來提供福利
	政黨及競選工作者	爲政黨或候選人積極工作（26%） 說服他人如何投票（28%） 參加集會、大會（19%） 向政黨或候選人捐輸（13%） 加入並支持政黨（35%） （他們也規律的投票）	沒有特別的輸出態度
	溝通者	保持接收有關政治（67%） 從事政治討論（42%） 寫信給報紙編輯（9%） 向領袖提出支持或抗議的訊息（15%） （他們也極規律的投票）	觀察、討論、及批評政府的作爲，持看門狗的態度
	特殊事務接觸	爲特殊問題接觸地方及中央官員（4%） （他們在其他活動上並不積極）	爲個人需要尋求特殊的反應，而非爲一般的社會情況
消極的支持性的	投票者及效忠者	有規律的投票（63%） 愛自己的國家（94%） 揮舞旗幟，參加庭院行以表現效忠（70%） 納稅（94%）	正常的、有限的政府 提供公共秩序安全、領導、正義
冷漠	不活躍	不投票，不參加其他活動（22%） 無任何效忠性投入（3～5%）	

控制公共問題的解決，則基本前提是他們要對公共問題瞭解清楚，並有自己的意願。但一般選民在這方面很欠缺，例如不瞭解候選人的立場。縱使他們瞭解候選人對於問題的看法，但仍以候選人人格因素，或政黨取向投票。例如 *Alan I. Abramowitz* 研究1976年大選威廉斯堡市（Williamsberg-James City County）的投票行爲，仍以候選人爲投票取向，而不是以問題取向[49]。不過，*Norman H. Nie* 等人研究最近美國投票行爲，認爲美國選民有改變以問題爲取向之趨勢[50]。

再從候選人來說，有些候選人對於某個公共問題並沒表明自己的立場，或含糊其詞，令選民無所抉擇。更有甚者，大部分的公共問題並沒有在選舉的時候被提出來，等到選舉結束之後，才陸陸續續的冒出來，並且在下一次選舉之前便漸漸消失了。在這種情況下，以選舉控制公共問題的解決便很鬆弛。在兩次選舉之間所產生的問題便由立法人員、行政決策人員來解決。例如比較細微的外交政策、稅制、金融政策等不一定在選舉中提出來，而由立法人員在立法機關，及行政人員在行政機關，制訂通過成千成百多如牛毛的法令規章。選民只能利用大眾傳播媒介如報紙表達自己的意願，甚至一點不預聞焉[51]。

（七）以選舉控制公共問題的解決具有潛在力

選舉控制公共問題的解決雖然鬆弛，但具有潛在力。*Gabriel A. Almond* 與 *Sidney Verba* 認爲民主國家的公民在政治上具有三種取向的混合：狹隘的（parochial）、臣屬的（subject）與參與的（participant），即對於初級團體的原始取向、作爲子民的被動政治取向，以及作爲公民的積極政治取向。這三種取向表面在政治中構成相當的平衡。公民控制公共問題的解決雖然鬆弛，但具有保留性的

[49] Alan I. Abramowitz, “The Impact of a Presidential Debate on Voter Rationality”, *American Journal of Political Science*, Vol. 22 No. 3 (Aug. 1978), p. 680-90.

[50] Norman H. Nile, Sidney Verba, and John R. Petrocik, *The Changing Amercian Voter* (Cambridge, Mass.: Harvard University Press, 1976) p. 319-44.

[51] Charles E. Lindblom, *The Policy-Making Process*, p. 106-107.

影響力。很多公民並不一定熱衷政治，並敏感地感受到公共問題的壓力，積極地參與公共問題的解決。然而，必要的時候，他們卻有潛力如此做。

因爲公共問題是人們所察覺認定的，每個人的察覺認定不同，有些人認爲切身利害，有些人不認爲切身利害，因此就有人積極參與，有人消極冷漠。可是，一旦相當多的人感受到與他們有切身利害關係時，他們會被激動起來，投入公共問題的解決，表示他們的意願，並發揮他們的潛力。

這時候，原本不投票的公民亦都去投票了；原本在政治上不活躍的人亦要到處走動，顯得極爲熱衷；原本在政治上不聞不問的人亦要表示意見，發表演說。這種突然而來的大量政治參與，對於社會是個很大的負荷，對於政府亦構成很大的壓力，已非決策當局所能完全應付。決策當局爲避免此種情勢的出現，必須注意及平素公共問題的解決要得體，不要過分離譜，以符合人民的意願。如此，公共問題的解決眞正落入公民的控制之中[52]。

（八）以選舉控制公共問題的解決具有考驗性

選舉對於政府而言，具有考驗性。選民在選舉中檢討政府施政的利弊得失。政府對於公共問題解決的措施是否符合人們的意願，在選舉中受到考驗。選舉便提供人們挑戰政府的機會。如果沒有選舉，政府所作所爲，無從受到挑戰，政府便容易作威作福，人民的意願亦無從伸張，而政府亦不受人民控制。最後，可能走向暴力革命之途。選舉提供人民對政府合理挑戰的機會。

例如英國，第二次世界大戰後，1945年7月大選，工黨以394席之多數，贏得勝利，保守黨在第二次世界大戰期間所做的努力與貢獻面臨很大的考驗，比較歷年選舉情況，可見1945年的大選很突出。

---

[52] Gabriel A. Almond and Sidney Verba, *op. cit.*, p. 473-503.

表附2-5　英國大選結果統計（1922-51）

年	席次					獲票率			
	總計	保守黨	自由黨	工黨	其他	保守黨	自由黨	工黨	其他
1922	615	346	115	142	12	38.2	29.1	29.5	3.2
1923	615	258	159	191	7	38.1	29.6	30.5	1.8
1924	615	419	40	151	5	48.3	17.6	33.0	1.1
1929	615	260	59	288	8	38.2	23.4	37.0	1.4
1931	615	521	37	52	5	67.1		30.7	2.2
1935	615	431	21	154	9	53.6	6.6	37.8	2.0
1945	640	212	12	394	22	39.8	9.0	47.8	3.4
1950	625	298	9	315	3	43.5	9.1	46.1	1.3
1951	625	321	6	295	3	48.0	2.6	48.8	0.6

資料來源：D. E.Butler, *The Electoral System in Britain* 1918-1951(London: Oxford University Press, 1954), p. 173.

選舉不僅得以考驗政府，亦得以考驗政治上偏激的黨派。有些黨派平素相當囂張，攻擊政府不遺餘力，所做政治活動亦有相當的群眾參加，聲浪不小，以爲可以大幹一番。但一經選舉的考驗，出乎意料之外，得票卻相當的少，並不得到選民的讚賞，錯估了群眾，不得不略爲銷聲斂跡。

*Benjamin Ginsberg*與*Robert Weissberg*研究1968年及1972年美國總統選舉，選民在選舉前後態度改變的情形，認爲政治領袖可以藉選舉動員大眾的支持，把平素看不到明顯的支持力量表露出來，而反對的勢力卻在選舉後黯然消退。由此亦可證明選舉亦得以考驗政治上較爲偏頗的黨派[53]。參見表附2-6、附2-7、附2-8、附2-9。

（九）選舉的社會互動情形受到社會的侷限

選舉的社會互動情形，因當時當地的社會而異，不能超越社會，受到社會的侷限。例如：英國的社會是比較謙遜的，相互尊重並現實

[53] Benjamin Ginsberg and Robert Weissberg, "Elections and the Mobilization of Popular Support", *American Journal of Political Science*, Vol. 22 No. 1 (Feb. 1978), p. 31-55.

表附2-6　1968年及1972年美國總統候選人得票表

	VOTE	
1968	Popular Vote	Electoral Vote
Richard M. Nixon (Republican)	31,770,237	301
Hubert H. Humphrey, Jr. (Democrat)	31,270,533	191
George C. Wallace (American Independent Party)	9,897,141	46
1972		
Richard M. Nixon (Republican)	47,168,963	520
George S. McGovern (Democrat)	29,169,615	17
John Hospers (Libertarian)	2,691	1

的。不論保守黨或工黨執政，反對黨均受到尊重，反對黨是英（女）王陛下的忠貞反對黨（Her Majesty's Loyal Opposition），人們可與現政府相反對而不爲國家敵人，亦可以爲反對黨不爲叛逆。在選舉期間執行黨與反對黨相互尊重，不爲已甚。行爲乖張，過分離譜，不僅不能出奇致勝，反而弄巧成拙，不爲社會所容。

在美國，有些地方公民水準很高，競選竟在無聲無息下進行，倘非對政治比較敏感，不會感受出來。沒有喧嚷的競選活動，人們只能在禮堂上、或電視上看到片段的競選花絮，以及在報紙上和信箱上看到候選人的政見。偶而亦會察覺到由中立客觀的市民所組成的選舉委員會爲選民公平地介紹並比較候選人對公共問題的不同看法[54]。在這種社會，選舉不會意氣、感情用事。一切光怪陸離的現象不可能發生。

在台灣，早期的選舉，竟有候選人到處呼救、苦肉計、要人同情，或抬著棺材、或把年老的父母拖上宣傳車，在炎日下拜託拜託。甚至最近的，亦有斬雞頭發誓的。並且亦有人每選必競，只要競選了

[54] 例如康州有：The Connecticut Gitizen Action Group and the Connecticut Citizen Research Group, 1978 *Gubernatorial Profile* (Connecticut, August 1978).

表附2-7　1968年總統候選人支持者選舉前後態度改變情形

各種情況／態度改變	支持且投票者			支持尚未投票者			所有投票者	所有未投票者	總計
	Wallace	Humpheey	Nixon	Wallace	Humpheey	Nixon			
%選舉前消極選舉後改變為積極	27.1% (N=59)	45.5% (N=130)	45.5% (N=132)	25% (N=20)	24.6% (N=57)	22.4% (N=49)	41.1% (N=331)	24.2% (N=153)	35.7% (N=485)
%選舉前積極選舉後改變為消極	50.0% (N=38)	24.5% (N=261)	21.8% (N=316)	42.9% (N=14)	62.3% (N=53)	45.6% (N=57)	25.1% (N=630)	53.2% (N=74)	30.3% (N=770)

表附2-8　1972年總統候選人支持者選舉前後態度改變情形

態度改變＼各種情況	Voted for Nixon	Voted for McGovern	Total Voters	Total Nonvoters
%選舉前消極，選舉後改變為積極	28.7% (N＝171)	23.6% (N＝123)	26.2% (N＝309)	16.8% (N＝190)
%選舉前積極，選舉後改變為消極	21.7% (N＝290)	24% (N＝121)	22.2% (N＝427)	39.4% (N＝109)

表附2-9　1972年總統選舉前後投票人對政府信任態度改變情形

態度改變＼項目	信任政府是對的	政府謀全民利益	政府是有能的	政府是誠實的
NIXON VOTERS				
%選舉前否定，選舉後改為肯定	49% (N＝159)	27% (N＝193)	41% (N＝179)	41.1% (N＝136)
%選舉前肯定，選舉後改為否定	20.6% (N＝320)	20.9% (N＝225)	19.1% (N＝247)	16.6% (N＝332)
McGOVERN VOTERS				
%選舉前否定，選舉後改為肯定	21.3% (N＝145)	14.8% (N＝156)	32.1% (N＝112)	30.3% (N＝102)
%選舉前肯定，選舉後改為否定	34.4% (N＝116)	42.7% (N＝81)	29.6% (N＝141)	26.8% (N＝153)

幾次，便可提高知名度，而遲早可獲當選[55]。這些互動方式，會被社會所容忍，並且得逞，社會本身要負很大責任。亦即社會本身如果沒有進步，則選舉的互動方式，仍然會停留在原來的那種情況。只要社會進步了，一切光怪陸離的現象不僅不能得票，反而會失票，受到社會的拘束。

[55] 馬起華，「競選花樣之研究」，政治學報第6期（民國66年12月），頁289-307。

第五節　選舉在知識思考模式中的情形

公共問題的解決係由社會互動，但在互動過程中，並沒有排除知識思考。知識思考補充社會互動的不足。知識思考幫助社會動的參與者確定其在社會互動過程中的有利角色，以及扮演此角色的有利策略，並且診斷、評估、改進社會互動的方式。選舉是一種社會互動方式，在選舉過程中亦沒有排除知識思考，不過這種思考是局部的黨派分析（partisan analysis），不盡似*Charles E. Lindblom*所稱的整體的周全分析（synoptic analysis）〔模式1〕，但要運用知識思考來解決問題上是類似的。選舉係在表達意願，爲何仍需要知識思考，有其必然的原因如下[56]：

1.資源的稀少：人們的時間、財力、精力均是有限的，不是無窮的。因此不可能有無窮的意願，在同一個時間，只能做一件事，不能做兩件事，做了這件事，便要同時放棄做其他的事。一分錢投注於某件事上，便不可能投注於別件事情上；亦即投注於此事上，必須同時放棄投注於其他事上。一個人做這件事，便要放棄做其他事，因爲一個人不能在兩個不同地方同時出現在做不同的事。資源既稀少，便逼迫人們不得不在各種情況下做決定，只能選擇一種意願。於是便需要知識思考，衡量利弊輕重，挑一個您認爲最好的意願。

2.需要的不滿足：問題是因人們的需求、受剝奪、或不滿足而須解決的。如果人們滿意於現狀，沒有問題，便不會想要用知識思考去改變現狀。就是因爲人們的需要不滿足，所以才動動腦筋去解決問題，達到滿意的結果。

3.人們是自利的：人性上的普遍趨勢：人是自利的，雖然有時

[56] 參考美國政治的基本假定，見Roy L. Meek and Larry L. Wade, *Democracy in America: A Public Choice Approach* (North Scituate, Mass.: Duxbury Press), p. 1-26。

候以「公益」的名義出現，但其骨子裡頭卻隱含著私利，*Harold D. Lasswell*有個公式認爲：政治人經常隱藏自己私人的動機，將之理由化轉換爲公共利益，而爲自己的行爲辯護（p{d{r＝P）[57]，即指此。「人不爲己，天誅地滅」，爲了私利，巧盡思慮，要應用知識思考。

4.*人是理性的*：如果有幾種可供選擇的情況下，一般情況下人們會選擇他認爲最好的，其公式爲「兩利相權取其重，兩害相比取其輕」($B_i - C_i > B_k - C_k$) [58]。利害得失要比較分析，因此要用知識思考。

5.*參與社會互動係要將其意願加諸別人*：人們的意願如果由其個人便可達成，便屬於私事的範圍；如果與他人相關係，須藉公共力量達成者，便屬公共問題，就要參與社會的互動過程。要順遂己願，便須他人支持其意願，於是「灌輸」、「宣傳」、「廣告」、「遊說」、「說服」、「命令」、「交易」等做法便產生。要能得體，恰到好處，發揮效果，則有賴知識思考，巧予運用[59]。

6.*人們所知者有限*：人們所擁有的資訊是不充足的，常有許多不確定的因素存在。對於已把握的資訊便要充分珍惜與利用，對於未能掌握之部分便要追求與檢證。這兩者均須發揮知識思考始爲功。資訊愈充足，所做的決策愈具體，意願亦愈易達成。

選舉過程既需要知識思考，其內部情況如下。

（一）知識思考使人們在選舉過程中較爲理性

在選舉過程中，候選人與選民的分析是局部的，不是整體的，只是對自己的意願或主張予以理由化，在說理上求其站得住腳。透過了

---

[57] Harold D. Lasswell, *Psychopathology and Politics* (Chicago: University of Chicago Press, 1930), p. 75-76. p: private motives; d: displacement onto a public object; r: rationalization in terms of public interest; P: Political Man.

[58] William Riker and Petter Ordeshook, *An Introduction to Positive Political Theory* (Englewood Cliffs, N. J.: Prentice-Hall, 1973), p. 45-77/ Alternative is Preferable to k, where B=benefits and C=costs.

[59] Charles E. Lindblom, *op. cit.*, p. 26-28.

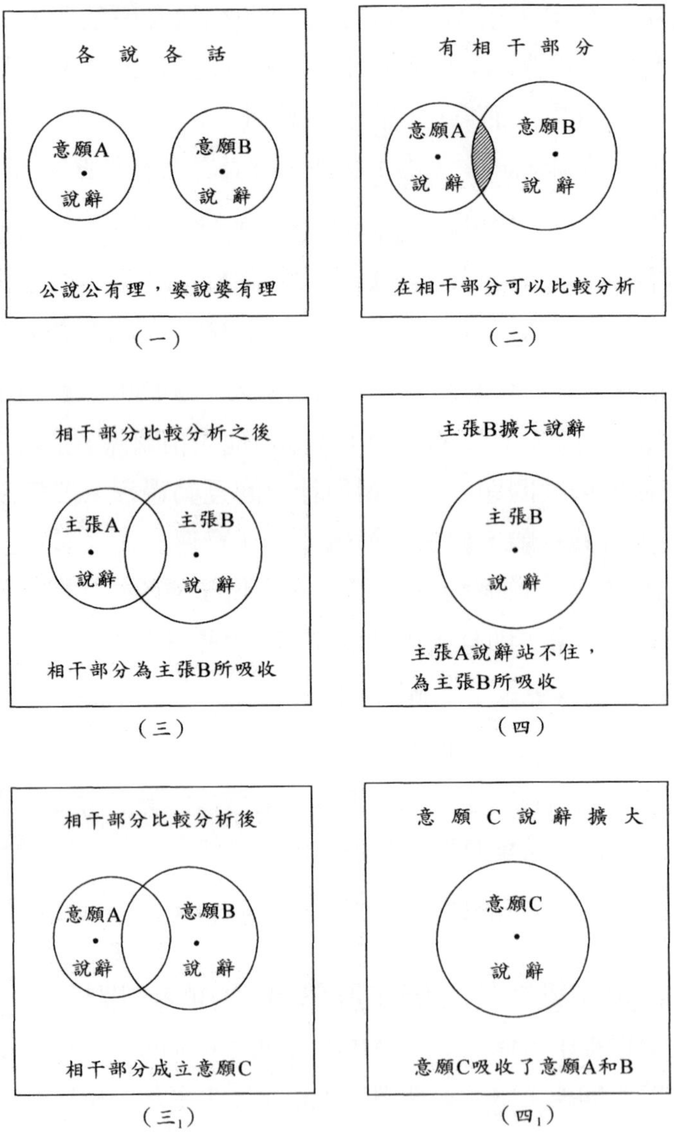

圖附2-2　意願與說辭相關情形

知識思考，可使自己的意願更有支持的基礎，亦更有信心，即「理要站得」住。人們對問題的察覺與認定，開始都只是一種感受、一種希望，甚至一種一廂情願，不甚健全，不明朗；大部分是情感的、情緒的；為了使這種看法能站得穩，然後才進一步分析，找一些說辭。

說辭即在擴展自己意願的論證，論證愈擴大，則意願愈堅強，對別人亦愈有影響力。而別人亦可以有別人的意願和說辭。各個人支持其意願的說辭愈擴大之後，必有些衝突、相矛盾、或相重疊的部分。在這些相干部分必然會有其優劣利弊之分，而能使意願有所比較，判別孰為可欲，孰為不可欲。蓋意願本身便是一種選擇，在確定選擇的情勢、選擇的目標、選擇的憑藉下，會有大家容易接受的意願。

意願之所以不同，(1)可能因為所認識的情勢不同：如果能由知識思考分析，對情勢有共同的看法，則意願會趨於一致。如對於能源問題，有人主張無限貼補，穩定物價，防止通貨膨脹；有人主張以價制量，以求供需平衡並遏止浪費。雙方均各有說辭，但經雙方所瞭解的情勢後，便會有定論，有共同的意願；(2)亦可能因所追求目標不同：目標是一連串不同層次目標的連續體，亦即目標可化成高層次目標、低層次目標。高層次目標吸收低層次目標。幾個低層次目標之優劣，可以站在高層次目標的層面，經由知識思考判斷加以比較，而可以有定論；另外(3)，亦可能對於自己的憑藉估計錯誤，而致意願的選擇上有所偏差，如經由分析瞭解自己確實具體的憑藉，則意願的抉擇會趨於定論。

透過知識思考，使人們在選舉過程中較為理性，理性有三個特性：(1)一致性；(2)工具性；(3)傳遞性。一致性指個人不能同時認為X較Y好，Y又較X好。工具性指當人們認為X較Y好時，假使a會導向X，b會導向y；人們會選擇a而不是b。傳遞性指當人們較喜x而不是y，較喜y而不是z時，人們會較喜x而不是z[60]。這三種特性均經由知識思考比較分析中得之。

[60] 有關理性的討論，請見：Anatol Rapoport, *Strategy and Conscience* (New York: Harper & Row, 1964), p. 7-11.

（二）知識思考刺激公共問題的界定

每一個人對於同一個公共問題的察覺、感覺、認定，因各人的背景互殊，不會一致的。而且最初人們對於公共問題的瞭解亦是模糊的，並且是偏頗的，只是從自己的觀點直覺地出發。有了知識思考使人們擴大認識的範圍，刺激了不同觀點之間的相互比較，相互溝通，認識亦因而加深。

但知識思考並不是憑空而來，在選舉過程中，競選活動是必要的，不論是廣告、宣告、演講、大眾傳播媒介的應用、討論、辯論等等均能刺激人們去思考，而對於公共問題的瞭解較有清晰的概念，尤其能夠認識候選人對於公共問題的政策主張[61]。而候選人準備競選活動，第一步便要弄清楚選民興趣什麼？關切哪些問題？以便研究清楚，提出對問題的看法，爭取選票。下一步便要運用各種競選策略和大眾傳播媒介，塑造選民對候選人的好印象，及對於公共問題贊成候選人政見的好觀感[62]。

在早期的研究，探討知識思考在選舉過程中的作用，是在加強政黨的認同，或在改變政黨的支持，而不是以問題取向爲標準。例如*Bernard R. Berelson*等人研究1948年美國總統選舉，紐約州厄買拉（Elmira, New York）的選舉行爲，發現討論的型態與對黨的支持有密切關係，與立場相反的（黨）人士討論，較容易改變立場；與同黨人士討論，更加深立場；而未經討論的選民，則容易不關心選舉而不

[61] John Ehrlichman, "The Effects of Elections on Doing the Work of Government", in L. Maisel and J. Cooper (eds.), The Impact of the Electoral Process (Beverly Hill, Calif Sage, 1977), p. 293.

[62] Stephen Hess, *The Presidential Campaign: The Leadership Selection Process After Watergate* (Washington D. C.: The Brookings Institution, 1974), p. 44-52. Dan Nimmo, *The Political Persuaders: The Techniques of Modern Election Campaign* (Englewood Cliffs, N. J.: Prentice-Hall, 1970), p. 5-6, 69.

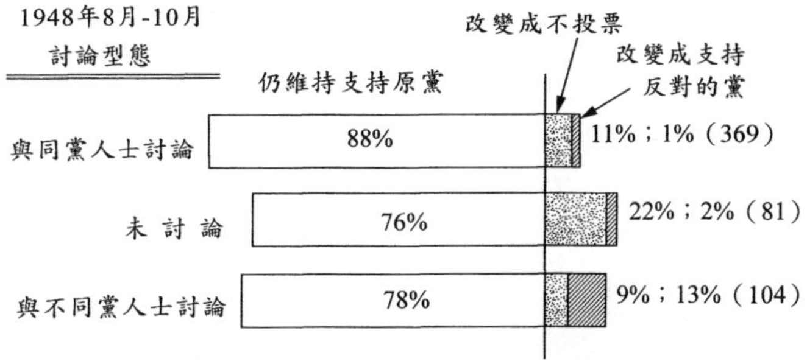

圖附2-3　討論型態與投票態度改變圖

去投票，如圖附2-3[63]。

另外，*Edward C. Dreyer*等人研究1956-1960年，美國總統選舉亦證明政治知識高低與是否支持同黨有密切關係，如表附2-10[64]。

但政黨有其政綱、政見，對於政黨態度之不同，亦可以隱含表示對於公共問題看法之不同。知識思考是有助於公共問題的界定，而不只是對於黨及候選人之認識而已。1968年美國總統大選起，即有大批學者傾向於問題取向的研究，而不是政黨取向的研究，稱之爲「公共

表附2-10　1956-1960年總統選舉，政治知識與投票態度關係表

知識面	兩次均投同黨 (N=712)	兩次各投不同黨 (N=207)	只投一次 (N=220)	兩次均不投票 (N=201)
高	49%	33%	19%	11%
中	32	32	35	17
低	19	35	46	72
總　計	100%	100%	100%	100%

[63] Bernard R. Berelson, Paul F. Lazarsfeld, and William N. McPhee, *Voting: A Study of Opinion Formation in a Presidential Campign* (Chicago: The University of Chicago Press, 1954), p. 120.

[64] Edward C. Dreyer and Walter A. Rosenbaum, *Political Opinion and Behavior: Essays and Studies* (Belmont. Calif.: Wadsworth, 1970), p. 410.

表附2-11　問題指標和投票意願的迴歸分析（1972）

	早決定（7－9月）			晚決定（9－10月）			實際投票（11月）		
	r	r^2Addel	Beta	r	r^2Addel	Beta	r	r^2Addel	Beta
越　戰	-.35	5.6%	-.23	-.23	4.7%	-.18	-.34	10.6%	-.24
社會福利	-.40	16.1	-.27	-.14	2.4	-.11	-.33	6.3	-.22
經　濟	-.30	3.3	-.19	-.19	1.7	-.14	-.28	3.6	-.18
道　德	.08	0.8	.05	-.07	1.3	-.10	-.07	0.7	-.07
犯　罪	.08	0.1	.05	.04	0.2	.02	.08	0.2	.06
整體變項			25.9%			10.3%			21.4%
解釋（R^2）			(N＝462)			(N＝141)			(N＝618)

說明　給分：Nixon＝1分，McGovern＝2分
　　　低分：越戰指反越戰，社會福利指贊成更多社會福利
　　　　　　經濟指政府更採取行動，道德指更「自由」
　　　　　　犯罪指政府採取更嚴厲措施

政策的大眾控制」，以別於控制黨，或控制候選人，又稱之為「政策投票」，以別於選黨、或選拔候選人的投票[65]。

他們所用的研究方法較以前細膩，不是用簡單百分比，而是用相關以及迴歸分析，例如*Harold Mendelsohn*等人研究1972年美國總統選舉珊米郡（Summit County, Ohio）的投票行為，例如表附2-11[66]，說明競選活動中的知識思考，對投票的公共問題解決界定上有明顯的影響。

[65] Gerald M. Pomper, "From Confusion to Clarity: Issues and American Voters, 1956-1968", *The American Political Science Review*, Vol. 66 No. 2 (June 1972), p. 415-470; Banjamin I. Page and Richard A. Brody, "Policy Voting and the Electoral Process: The Vietnam War Issue", *The American Political Science Review*, Vol. 66 No. 3 (Sept. 1972), p. 979-995; Michael Margolis, "From Confusion to Confusion: Issues and the American Voter, 1956-1972", *American Political Science Review*, Vol. 71 No. 1 (March 1977), p. 31-43; Arthur H. Miller and Warren E. Miller, "A Majority Party in Disarray: Policy Polarization in the 1972 Election", *American Political Science Review*, Vol. 70 No. 3 (Sept. 1976), p. 753-849.

[66] Marold Mendelsohn, Garrett J. O'Keefe, *The People Choose a President: Inflences on Voter Decision Making* (New York: Praeger, 1976), p. 104.

（三）知識思考引發介入選舉的意願

選舉期間，各種競選活動多彩多姿，無非要引誘人注意，而其實質內容是要人去瞭解候選人對公共問題解決的立場，去想、去比較，好投下一票，支持候選人或黨，而選民亦在各種不同的解決方案中，挑一個認爲對於自己最有利的，投下一票。

這種情形以政治經濟學（Political Economy）的理論來比喻。選舉過程就好像在市場裡的交易行爲。有人願意到市場來賣東西，因他在市場裡可以找到顧客，可以賣出貨物，賺到錢。而顧客亦願意到市場來買東西，因他可以在市場買到他要買的東西。這兩方面均斤斤計較，賣東西的老闆想要賺更多的錢，買東西的顧客想要以最便宜的價錢買到最實惠的東西，雙方都是自利的。但是老闆如果賣太貴了，顧客不會上門，會去找別家；反之，顧客如果出錢太少，不是買到爛貨，便是買不到好東西。

政黨、候選人就好像在市場上賣東西，尋求利潤的老闆或企業家，爲了使他們能夠獲得權位（公職）與保持權位（公職），所以制訂了他們相信能夠獲得大多數選票的公共問題解決方案（政策），其理由就如同老闆或企業家，賣他們相信會獲得最大利潤的產品相同。而選民就好像在市場上，尋求合適於自己要用的東西將之買回來的顧客一樣，爲了使自己的錢，花得更經濟有效，便貨比三家不吃虧，斤斤計較。選民的選票就像顧客在市場上所帶的錢，要投對於自己有利的一票。

在市場上，買賣雙方均用知識思考，精打細算，引誘他們要相互從事交易行爲。例如：賣方運用各種商場戰術，或大登廣告，或大事宣傳解說，引誘顧客上門，刺激顧客購買慾；其情形與政黨、候選人運用各種競選策略，或印宣傳單、演講、討論、辯論或其他花招，引誘選民注意公共問題，刺激選民支持他們，投他們一票相類似。

買方在日常生活上有許多需要，不解決不行，希望有人能發明、能生產、能賣出來，方便大家。顧客願意買，便引誘老闆、企業家去思考設計，設廠生產，想要大撈一把，賺一筆大錢。其情形與選民在日常政治生活中碰到許多問題，亟需解決，但不知問題的具體情形，不能只是頭痛醫頭、腳痛醫腳，要把問題的癥結找出來，才能對症下藥；選民願意界予公職（權位）給能夠提出他們滿意方案的人，引誘了政黨、候選人願意思索問題，提出解決方案相類似。知識思考引發介入選舉的意願[67]。

實際例子，可以再引用*Harold Mendelsohn*等人研究1971年美國總統選舉的情形，發現政治知識與決定政治態度之遲早有密切關係，知識愈高的選民愈早決定其投票的意願，知識愈低的人愈晚決定其投票的意願，亦即知識愈低之選民之所以後來亦決定要去投票，是受到競選活動，刺激知識思考，被引發了要去投票的意願[68]。

由表附2-12再配以密西根大學調查研究中心調查選民何時決定其投票的意願表附2-13，便可充分說明黨大會及競選活動所帶給選民知識思考的刺激，引發選民投票的意願之情形[69]。

在極權國家，知識思考亦可以引發介入選舉的意願，與民主國家情形不同。民主國家是「市場型」的知識思考，而極權國家是「神壇型」的知識思考。在極權國家，為解決公共問題，「賢明的人」經由

[67] Charles E. Lindlom, *Politics and Markets: The World's Political-Economic Systems*, p. 161-199; Anthony Downs, *An Economic Theory of Democracy* (New York: Harper, 1957); James M. Buchanan and Gordon Tullock, *The Calculus of Consent: Logical Foundations of Constitutional Democracy* (Ann Arbor, Michigan: The University of Michigan, 1962).國內首先介紹「政治經濟學」是：袁頌西，「理性與政治行為：湯斯、布卡南、鐵洛克，三氏理論之分析與檢討」，食貨復刊1卷1期（民國60年4月），頁39-49。

[68] Marold Mendelsohn and Garrett J. O'Keefe, *op. cit.*, p. 56.

[69] William H. Flanigan and Nancy H. Zingale, *op. cit.*, p. 158.

表附2-12　政治知識與政治態度（1972）

	全 (N=618)	早決定 (7-9月) (N=462)	晚決定 (9-10月) (N=81)	改　變 (N=60)
〔自己認定政治知識〕				
高	40%	41%	37%	33%
中	25	26	19	27
低	35	33	44	40
〔實際政治知識〕				
高	19%	19%	17%	17%
中	42	42	43	43
低	40	39	40	40
〔競選活動參與〕				
高	32%	35%	16%	22%
中	35	34	42	38
低	33	31	42	40

表附2-13　1948-1972美國總統選舉投票意願決定時間表

決定時間	1948	1952	1956	1960	1964	1968	1972
黨大會之前	37%	34%	57%	30%	40%	33%	43%
黨大會期間	28	31	18	30	25	22	17
競選活動期間	25	31	21	36	33	38	35
不記得	10	4	4	4	3	7	4
共　　計	100%	100%	100%	100%	100%	100%	99%
抽樣數	424	1251	1285	1445	1126	1039	1119

周全的知識思考，發現了「眞理」，必須要有選舉的機會（神壇），將「眞理」很有技巧地經由討論、煽動、宣傳、灌輸給平庸的大眾。蘇聯中央書記處有煽動宣傳部，並有布爾塞維克煽動者（Bolshevic Agitators）便有如教士在傳播「福音」，在教人信仰「眞理」，「信我者得永生，不信我者入地獄」。而選民亦需要選舉，在投票中表明他們肯定共產政權的合法性與揭輸「忠誠」，以紓解他們在嚴密恐怖

表附2-14　公眾對基本政治事實的認識（1973）

資　訊	正確答案百分比
州長姓名	89 %
州長政黨別	77
一位參議員姓名	59
該參議員政黨別	53
第二位參議員政黨別	39
該參議員政黨別	36
一位眾議員姓名	46
該眾議員政黨別	41
國會的組成	62

統治下的不安全感；正如一個沒有安全感、遭受痛苦挫折缺乏信心的人，需要膜拜神只，信奉「眞理」一樣[70]。

（四）一般選民的知識思考是粗略的

選民雖然介入選舉，但在選舉過程中，選民有自己的工作，有自己的私人生活，他如果花費太多時間於蒐集他有興趣的資料，並參與有關的政治活動，對他（一般選民）來說，並不划算。他所獲得的資訊，有些只是道聽塗說，往往不會仔細地注意其內容，對公共問題解決所做的決定，亦只是過得去就好了（mudding through），不必太認眞[71]。例如，1973年哈里斯民意測驗（Harris Poll）調查選民對於基本政治事實瞭解的情形，表附2-14可見一斑[72]。

選民對於政治的基本事實認識不高，便遑論知識思考會有多深入。在這種情況下，要以選舉控制公共問題的解決便很成問題；及其

[70] Charles E. Linblom, *op. cit.*, p. 52-62.

[71] Aarons Widavky, *op. cit.*, p. 256-57.

[72] George C. Enwards III an Ira Sharkansky, *op. cit.*, p. 25.

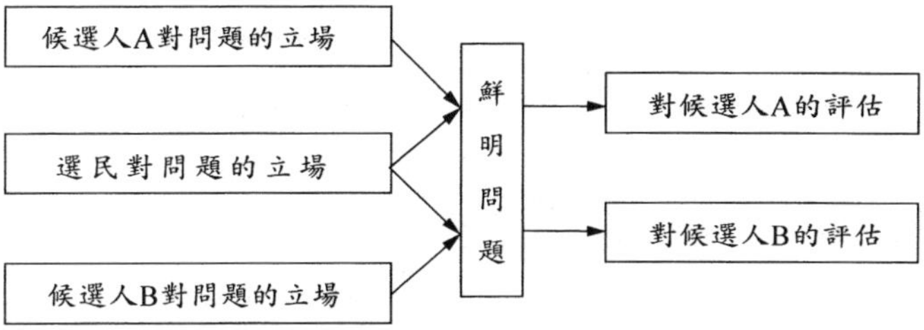

圖附2-4　政策投票的充要條件圖

結果，公共決策便既不是理性，亦非不理性[73]。因其不能完全滿足政策投票的充分必要條件。其充分必要條件爲；(1)選民認爲某公共問題是鮮明的，選民與公共問題相連結；(2)選民對該鮮明問題有其意願，並以其意願（立場、態度）來投票；(3)選民必須察覺到候選人或黨對於該公共問題的意願或解決方案，其情形如圖附2-4[74]。

在政治基本事實以及知識思考不深入的情況下，對上述三條件便不能充分滿足，在投票上便有所偏頗，產生差距。例如*Benjamin I. Page*研究1968年美國總統選舉有關尼克森和韓福瑞對越戰的爭論，發現民主黨的選票在預期上以及實際上所觀察到的結果便有問題差距（issue distance）（圖附2-5）[75]。

（五）知識思考影響選舉的互動方式

公共問題有賴於透過選舉的社會互動方式來解決，而知識思考在其間的作用：(1)診斷、評估、改進其互動方式。要以選舉來解決公共問題，選舉制度本身便要公平，並具有代表性以及能力性。選舉這一套互動方式不能對參與其間的任何人有失公平的現象，任何人的意願均受到尊重，並且是平等的。選舉必定像一面鏡子反映社會的意

[73] Roy L. Meek, and Larry L. Wade, *op. cit.*, p. 14-16.

[74] Benjamin I. Page, "Comment: The Assessment of Policy Voting", *The American Political Science Review*, Vol. 66 No. 2 (June 1972), p. 456.

[75] *Idem.*

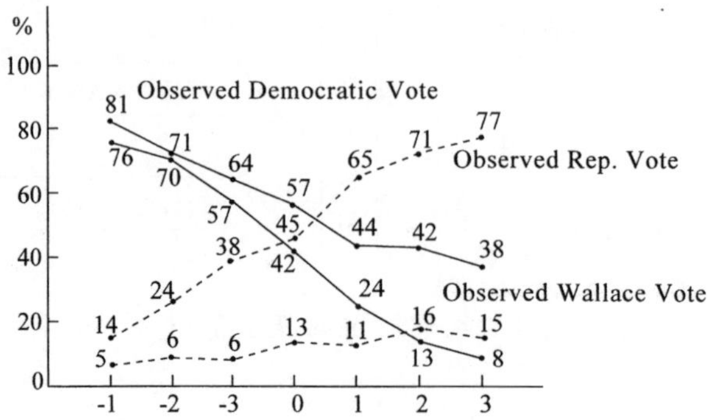

圖附2-5　1968年票與越戰問題差距

願，不能失眞失實，不能以少數代表全體，造成以偏蓋全的現象。經由選舉所產生的公職人員，要有任事的能力，貫徹所反映的意願。

但是人類的智慧並不是完整周全而無欠缺，選舉制度的設計經常時過境遷，漏洞百出。因此便要靠知識思考再診斷、評估、改進選舉制度。例如法國的下議院選舉制度，在第四共和時代是比例代表制（PR），在第五共和國便因此比例代表制易造成政局不穩定，便改成兩次投票制（The Double Ballot System）。而在第四共和的比例代表制亦常因其是否公平且反映眞實現狀，屢遭爭議，而常修改。其情形如表附2-15[76]。

表附2-15　法國（1945）選舉法修定表

The Electoral Law of 1945
The Abortive Electoral Law of April 1946
The Electoral Law of October 1946
The Electoral Law of 1951
The Electoral Law of 1955
The Electoral Law of 1958

[76] Peter Campbell, *French Electoral Systems and Elections Since* 1789 2nd. ed. (Hamden, Com,: Archon Books, 1965).

表附2-16　1876、1888總統選舉得票率

		選民票	選舉人票	
1876年				
民主黨候選人	Samuel Jones Tilden	4,287,670	184	
共和黨候選人	Rutherford Birchard Hayes	4,035,924	185	當選
1888年				
民主黨候選人	Gover Cleveland	5,540,365	168	
共和黨候選人	Benjamin Harrison	5,445,269	233	當選

另外，像美國總統的選舉制度，亦有頗值疵議之處，選民票與選舉總統人票在比例上往往差距很大。最明顯的例子如表附2-16[77]。

當時美國之所以採用選舉團制（Electoral College），如表附2-16 *A. B. Wildavsky*等人研究，認爲著重在三權的制衡，不要使國會內部的南方農業各州的影響力，又重複地出現對於總統選舉的影響力上。便由於在時過境遷，改革之聲已甚囂塵上[78]，而要改爲直接民選。

(2)知識思考在既有的這一套選舉互動過程，幫助參與者確定其有利的角色以及扮演其有利角色的策略。用不用知識思考不僅影響誰會當選、公共問題怎麼解決，並且影響選舉內部互動的型態。在競選活動中候選人第一步便要瞭解選民。*Dan Nimmo*將選民分爲四類，如表附2-17[79]。對於每一類的選民所採取的策略不同。

表附2-17　競選活動目標的選民類型

	留心選舉的選民	不關心選舉的選民
早決定者	再加強其態度	動員，或不可能動員
晚決定者	改變其態度，並予以動員	激　動

[77] Svend Petersen, *A Statistical History of the American Presidential Elections* (New York: Frederich Ungar, 1963), p. 46, 55.

[78] Nelson W. Polsby and Aaron B. Wildavsky, *Presidential Elections: Strategies of American Electoral Politics* 2nd. ed. (New York: Charles Scribner's Sons, 1968), p. 242-50; Lawrence D. Longley and Alan G. Braun, *The Politics of Electoral College Reform* (New Haven, Conn: Yale University Press, 1972).

[79] Dan Nimmo, *op. cit.*, p. 25.

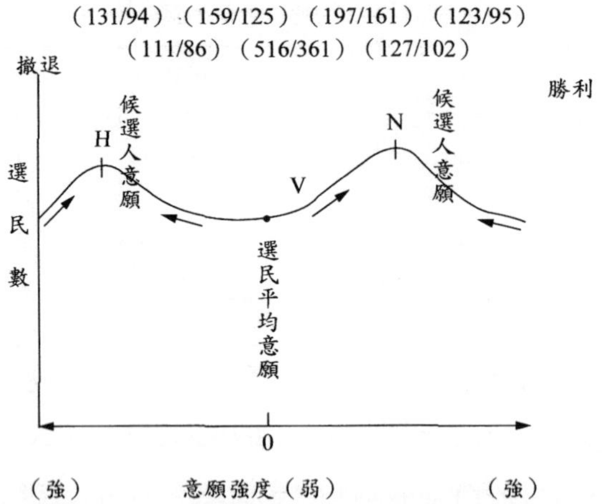

圖附2-5　1968年選票與越戰問題差距圖

在競選活動期間，大眾傳播的量與速度突然加多加快，一般選民無法在短時間消化；一知半解，似是而非，以訛傳訛的事情相當多。五花八門，人們無暇去思辨；一件資訊未弄清楚，另一件資訊又緊接而來，選民不自覺地一下子被塞了很多纏雜不清的資訊。這時候情緒最易被激起來，而逐漸遠離理性，被牽著鼻子走而毫不自知。再加以人們在接受資訊上是有選擇性的。凡是符合自己意願的，會勤於閱讀收聽，並大為讚好；凡是不符合自己意願的，便不加思索地拒絕，並認爲不對。於是選民被拉住符合候選人意願方向。其情形如圖附2-6[80]。

候選人在訂定其對於問題解決方案（意願）時，必先瞭解選民粗略的潛在意願，如果所訂的意願與選民的平均意願差距較少，則以溫和方式便可獲得選票；如果所訂的意願與選民平均意願差距較大，則以激烈的方式才可獲得選票。但是如果候選人一方開始以激烈方式進行選舉了，則另一方亦要有應對的策略，以防止激烈的方式得逞。

[80] Arthur H. Miller, Warren E. Miller, Alden S. Raine, and Thad A. Brown, "A Majority Party in Disarray:Policy Polarization in the 1972 Election", *American Political Science Review*, Vol. 70 No. 3 (Sept. 1976), p. 759.

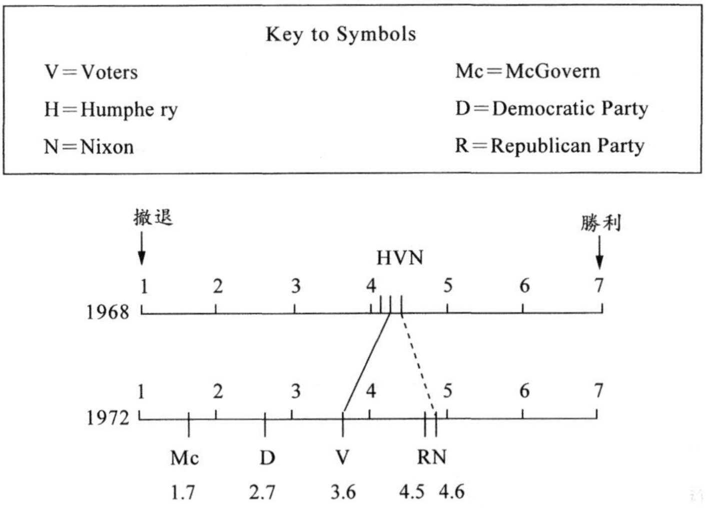

圖附2-6　1968-1972美國總統選舉越戰意願分配圖

由圖附2-7、圖附2-8說明，候選人B所訂的意願點b，較近選民潛在的意願點o，而候選人A所的意願a則較遠。如果立即投票，不要有競選活動則B獲勝；但一經競選活動，由於候選A策略運用得宜，或以較激烈（不一定是偏激）的方式，用力拉選民而獲勝。

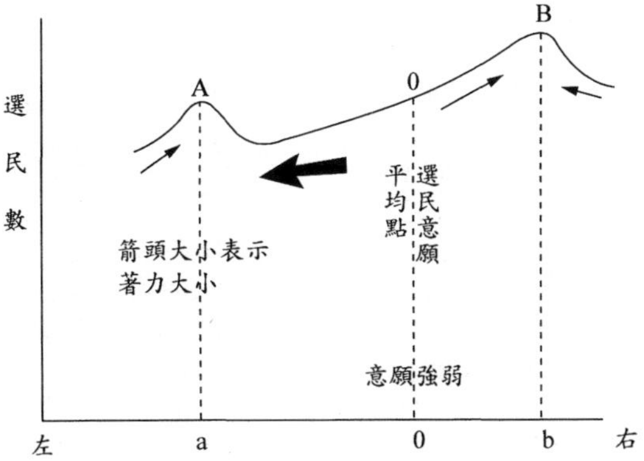

圖附2-7　競選前選民意願情形

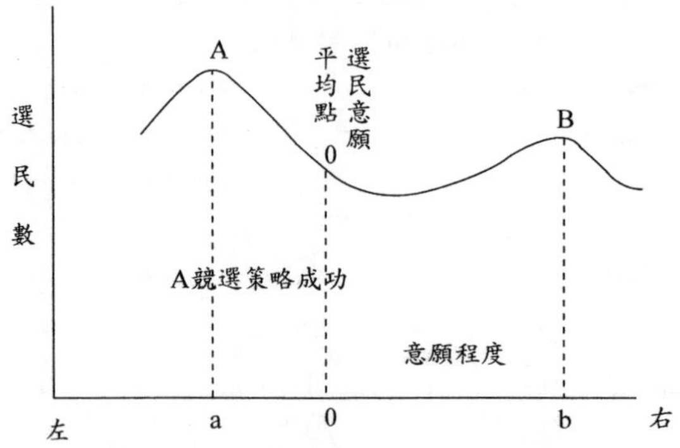

圖附2-8　競選後選民意願情形

由上得證知識思考的運用影響選舉內的互動方式[81]。而選民甘願被候選人拉往其意願點，其原因甚多，各就不同情況而異，如往反對現狀，並較偏激之方向時，大抵由於社會急促發展，人們失去原有社團（或地域）的認同在，易於受挫折，不滿現狀；並因有人（候選人）帶頭負責，減輕其自我責任感，而敢冒隨之附和吶喊[82]。

結語

公共問題是人們認定要解決的，屬於公共的，受社會的侷限的。既然公共問題是公共的，便不可能由私人來解決；是認定的，便因人而異，不是客觀具體的；受社會侷限，便不能超越社會。因此，公

[81] Grarrett J. O'Keefe, "Political Compaigns and Mass Communication Research", in Steven H. Chaffee (ed.), *Political Communication: Issues and Strategies for Research* (Beverly Hill, Calif.: Sage, 1975), p. 129-64.; Louis Maisel, *Changing Campaign Techniques: Elections and Values in Contemporary Democracies* (Beverly Hill, Calif.: Sage, 1976).

[82] V. O. Key, Jr., "The Responsible Electorate", in Norman R. Luttbeg (eg.), Public Opinion and Public Policy rev. ed. (Homewood, Ill.: The Dorsey Press, 1974), p. 69-89; Monte Palmer and William Thompson, The Comparative Analysis of Politics (Itasca, Ill,: F. E. Peacock, 1978), p. 260-314.

共問題是現實問題，不是眞理問題；是政治問題，不是知識問題；要由*Charles E. Lindblom*所認爲的社會互動模式，即模式2（Model 2）來解決。

在人類歷史的演進中，目前社會互動的方式已進到選舉，以數人頭代替砍殺人頭，較爲合乎自由、公平、公正的原則，亦較爲理性，切合人道。但以選舉來解決公共問題並不是沒有其困境，仍有其難以克服之困難。並且在選舉過程中，社會互動與知識思考相互纏雜產生一些亟待解決的問題，茲分述之如次。

（一）以選舉解決公共問題有其困境

1.有許多公共問題但卻只有一張選票：近年來美國學者研究投票行爲，在爭論美國選民到底是以政黨取向呢？還是問題取向？或候選人取向？目前的趨勢似乎以問題取向略占上風，例如*Norman H. Nie*等人著的「改變中的美國選民」一書，1976年出版，到1978年已再版四次，認爲美國選民逐漸趨向問題取向，而政黨取向逐漸沒落。他們所做的研究圖表如圖附2-9[83]，一目瞭然。但這一類的論點仍被*Michael Margolis*檢視各有關發表的論文，認爲有待商榷的必要[84]。

其中難以克服的癥結點是選舉期間有許多鮮明的公共問題，但投票時，卻只有一張選票，而且選舉是在選候選人，不是公民投票在表決某項問題。在這種情況下，要以選舉來解決公共問題便成困境。例如在前述*Harold Mendelsohn*等人研究1972年美國總統珊米郡（Summit County, Ohio）的投票行爲爲例，選民認爲尼克森與麥高文在越戰、福利、租稅、黑白種族、經濟等問題有明顯的不同意見，但如果某一選民在越戰問題上贊成尼克森，而在經濟問題上贊成麥高文，他不能分開越戰問題和經濟問題，投兩張票。他只能投一張票。

[83] Norman H. Nie, Sidney Verba, and John R. Petrocik, *op. cit.*, p. 302.

[84] Michael Margolis, *op. cit.*, p. 31-43.

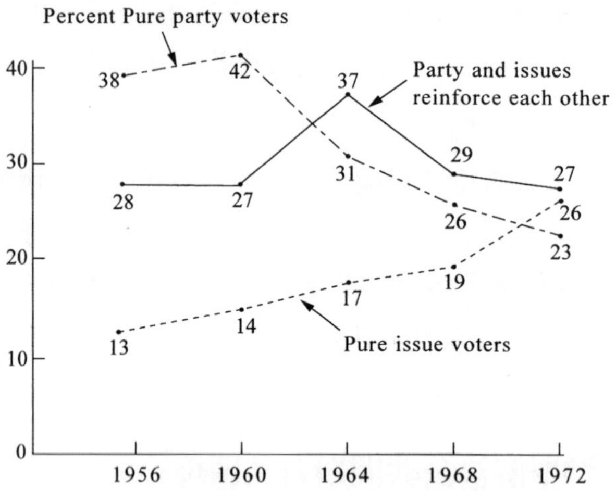

圖附2-9　投票取向爭論圖

如果他對越戰問題的看法比較堅持，他便投票給尼克森，而犧牲了對經濟問題表示意見的機會，如此在計算問題投票上便相當困擾[85]。

不過，在選舉期間雖不能由選舉一一解決各個鮮明問題，因為選票只有一張。但仍可藉以解決整體大致方針的政策問題[86]。

2.選票只能表決問題的單一面：縱使在選舉中只表決一個問題，仍有其困境。公共問題是相當錯綜複雜的，投票只能投贊成或反對，或支持某候選人的主張，或不贊成另一候選人的主張，對於一些細節，投票者便無法過問。例如某候選人提出新稅制的主張，選民所做的抉擇只能做廢棄舊制與贊成新制的表示。對於新制的種種條件、內容可能仍可以有各種主張，但選民在投票中無法做更細膩的要求。

3.多種選擇上的困惑：假定在選舉中只關切到一個共同的鮮明問題，有三個人候選人，各提出不同的解決主張，多數決便很成問題。

---

[85] Marold Medelsohn and Carrett J. O'Keefe, *op .cit.*, p. 100.

[86] Benjamin Cinsberg, "Elections and Public Policy", *The American Political Science Review*, Vol. 70 No. 1 (March 1976), p. 41-49.

表附2-18　多種選擇表

個人意願情形

意願／個人種類	實際意願	推理意願	假定人數（20人）
A	甲優於乙，乙優於丙	甲優於丙	（三分之一）40人
B	乙優於丙，丙優於甲	乙優於甲	（三分之一）40人
C	丙優於甲，甲優於乙	丙優於乙	（三分之一）40人

整體意願情形

多數／整體單位	實際多數		推理多數	實際多數
整體意願	甲優於乙	乙優於丙	？甲優於丙	丙優於甲
人數	多數（80人）	多數（80人）	？	多數（80人）

例如有三分之一的人贊成甲案優於乙案，乙案優於丙案，亦即甲案優於丙案；又有三分之一的人贊成乙案優於丙案，丙案優於甲案，亦即乙案優於甲案；另有三分之一的人贊成丙案優於甲案，甲案優於乙案。其結果是有多數的人贊成甲案優於乙案，有多數的人贊成乙案優於丙案，但仍舊有多數的人贊成丙案優於甲案，而不是甲案優於丙案如表附2-18[87]。

（二）知識思考與社會互動相纏雜

探討選舉不能只偏於社會互動的過程，亦必須注意及知識思考，兩者相互纏雜，相互影響。知識思考使人們在選舉過程中較爲理性（自利），刺激人們對公共問題的注意及界定[88]，引發介入選舉互動過程的意願，並足以影響甚至改變其社會互動的方式；而在選舉過程中首重競賽規則的遵守，相互容忍差異，相互需要，而不是相互排

87 Charles E. Lindblom, *op. cit.*, p. 108-9.

88 Maxwell E. McCombs and Donald L. Shaw, “The Agenda-Setting Function of Mass Media”, *Public Opinion Quarterly*, Vol. 36 No. 2 (Summer 1972), p. 176-87.

斥；因此知識思考不是毫無邊際，要有守有爲，限定於競賽規則的框框之內，不能譏譎巧詐，挖空心思，影響選舉的自由、公平、公正原則。但這些並不是可以說理說得通的或設計一套規定加以限制，實質上最後還是靠整體社會互動來解決，茲分誘因和能力引申如下：

1.選舉活動型態的誘因問題：選舉內部的社會互動情形是受到整體社會結構、文化觀念的侷限。公共問題產自於社會，有怎麼樣的社會便會有怎麼樣的公共問題。公共問題必須由社會解決，無法只斤斤於選舉過程中內部的互動規則。各種的設計、說理，如果未與整個社會的情況相配合，一切都會打折扣或落空。這是*Aron Wildavsky*在其鉅著「向權力說眞理：政策分析的藝術和技巧」一書中所再三強調的[89]。國內的學者有此法者不乏其人，薄慶玖教授云：

> 其實以選舉法規限制競選活動，乃係治標方法，僅憑此，實難保障選舉之自由、公平與公正。因此，我們應該從治本著手，提高國民政治意識，深植國民守法精神，培養國民民主風度[90]。

選舉活動會是怎麼樣的型態，社會整體的情況便是個誘因（incentive），不同社會有不同社會的選舉制度，及不同社會的選舉行爲。要改變選舉活動型態必須從改變社會著手。亦即要解決公共問題，必先從建立起適合於公共問題妥善解決的誘因爲前提[91]。除了國民政治意識、守法精神、民主風度外，「自利」因素亦必須考慮在內。

如果當選之後，所獲的名利很大，則所投入的活動必然是激烈

---

[89] Aaron Wildavsky, *Speaking Truth To Power: The Art and Craft of Policy Analysis* (Boston: Little, Brwon & Co., 1979).

[90] 薄慶玖，地方政府，上下兩冊（台北：華視文化事業股份有限公司，民國68年），上冊，頁215。

[91] Aaron Wildavsky, *op. cit.*, p. 265.

的，而且是耗費的，對於競選活動及經費的限制規定便要大打折扣甚至落空。其公式為：

$B_a - C_a \leq B_s - C_s$ B＝Benefit, C＝Cost a＝activity, s＝success	$B_s - C_s = 0$ $B_s = C_s$ 均衡點

亦即：如所投入競選活動及經費等於當選所得，則競選活動及經費便不再增加，要限制競選活動及經費，必須從當選所得手才有實效。如果選舉之後，又造出一批新貴，或一批特權，則對於選舉的各種規定均枉費心機。

如果選舉忽略了基本所在是在解決公共問題，而在誰當選，或某一黨獲勝，則選舉問題層出不窮。美國社會最近幾年已逐漸走向解決問題〔問題取向〕，是一項進步的表現[92]。當選人在選舉所得降低之後，選舉成敗之差距亦自然隨之減少，人們亦就走向應計較問題要怎麼解決，而不是計較誰當選、或哪一黨獲勝。如此，選舉的互動情況自然緩和、冷靜而安定。如果選舉的成敗差距很大，難免有候選人要以「生死鬥爭」的方式全力以赴了，社會亦就動盪不安了。一切各種選舉規定便徒成空文了。其情形如表附2-19。

另外在選舉過程中所投入知識思考的效果，亦影響選舉活動的型態。如果在開始競選活動前，選民的意願均已決定，游離票甚少，縱使運用知識思考策略，爭取到游離票亦不會影響到選舉大家所認定的

表附2-19　競選活動熱烈情形

$B_s - C_s > B_f - C_f$	如差距懸殊，則選舉過程激烈
$B_s - C_s \geq B_f - C_f$	如差距甚小，則選舉過程溫和
$B_s - C_s \leq B_f - C_f$	得遜於失，則選舉過程冷淡
B＝Benifit, C＝Costs, s＝success, f＝failure	

92 Austin Ranney, *Governing: A Brief Introduction to Political Science* 2nd. ed. (Hinsdale, Ill.: The Dryden Press, 1975), p. 98-100

結果，則選舉活動必將清淡。如果在開始競選活動前，選民的意願未決定，即使決定了亦很容易動搖，或者游離票雖少，但卻影響大局；則挖空心思，投入知識思考極有效；因而競選花招百出，選舉活動便熱烈，氣氛亦緊張。要解決此一問題，社會平素便要讓公民有思索問題表達意見的機會，分擔競選期間知識思考的效果。美國社會，競選活動不很熱烈，其原因在此。

2.選舉期間承受選舉活動的問題：選舉期間有如河川，選舉活動有如河水。河水甚多而河川甚小，河川不勝負荷，河水一定決堤，泛濫成災，選舉暴亂因而產生。美國的選舉，每四年有一次大選，其第二年又有期中選舉，辦理選務的行政人員不會不勝其煩，因爲人們的情緒、意見有更多發洩的機會，選舉期間便不會不勝負荷。英國平民院的選舉除規定原則上每五年改選，但必要時平民院仍可隨時被解散改選，人們的情緒不致抑鬱甚久，而造成選舉期間的額外負擔。

如果很久不舉辦選舉，一選舉便想要一勞永逸，則選舉期間一定相當激烈。因爲機會很少而且有限，參與競爭者不得不全力以赴，失去此一機會可能再沒有機會了，縱使再有機會亦垂垂老矣。如果各種民選公職合併在一起舉行，且各種公職候選人對於公共問題的解決主張相互重複，則不僅要這麼多種公職毫無意義，且增加選舉期間的負荷，選舉問題便要爆發。

社會必須要減少選舉期間所受到競選活動的負荷，其辦法並不是削足適履，制訂各種選舉規章限制競選活動，而是在疏導競選活動的情緒與言論。選舉的次數要增加，至少每兩年必須要有一種公職選舉。每一次選舉不能有多種公職合併舉行。如此，選舉期間便有承受選舉活動的能力。

社會愈急速發展，各種觀念必然雜陳；人際關係愈複雜，競爭激烈，人們亦極易有不滿足感及挫折感。對於現狀的憤懣，其原因並不一定來自政府執政之不當，而是來自整個社會的發展情形，社會裡的每一份子均有責任。因此社會平素便要建立好相互疏導溝通的管道，大家相互尊重，相互容忍，相互設身處地爲別人著想，不要只想到自己，自私自利，一意孤行。人們要對任何公共問題的資訊，可以隨時得到提供的機會。思考流通，便不易偏激。

選舉提供對於公共問題解決的平等機會，但並不是唯一的機會。參與的多元化，以及參與成果的多元化是相當重要的。如果選舉是公民對於公共問題解決的唯一機會，則大家要蜂擁向選舉；如果選舉是分享參與成果的唯一機會，則大家便都要登記做候選人了。於是有人便要高喊「選舉萬歲」而忽視了選舉過程中所要遵守的競賽規則（the rule of the game）了，更把「理性」置之腦後。

參與的多元化，可以疏減對於選舉的壓力，減輕選舉期間的負荷。選舉期間能夠承受選舉活動，公共問題才比較能夠妥善解決。除選舉之外，民意測驗、大眾傳播的報導輿情反應、政府承辦單位與相關民眾的「面對面」、「聽證會」、「行政訴訟」、「螢光夜話」「心連心」，「國建會」……均有助於對於公共問題的瞭解，與解決；不滿情緒以及誤解、曲解的資訊或言論亦易消弭於無形。

參與成果的多元化，便不會每次選舉均有一大堆人去登記競選，或每選必競。因爲選舉是在解決公共問題，而不是在塑造特權。因此誰當選，以及何黨獲勝便無關緊要，參加競選固然可以得到一點名利，但參與其他的參與途徑或方式可能獲得名利亦不少。如新聞記者、專家學者參與座談、發表言論；利害關係人參與訴訟，獲得國家賠償。不必一定要以當民選公職來保障自己的私利。在這種情形下，選舉不會令人十分熱衷，自然心平氣和，易於遵守競賽規則，走上軌道。

選舉能否解決公共問題，雖有其困境，推致最後的緣由是在整體的社會情況，社會有其對選舉活動型態的誘因，以及表現選舉期間是否承受選舉活動的能力，其間是社會互動和知識思考相互纏雜，*C. E. Lindblom*的分析模式（Two Models: Model 1 & Model 2）提供說明此一現象。

{附錄三}

政策評估：標準之建立、研究之問題與其解決之道

第一節　政策評估：政策變遷的基石

政治系統所面對的環境，其所具的各個層面，及各個層面間的相互關係，往往決定了該政治體系在解決問題上，可資採行的行動方案之範圍。再者環境層面的特質，及各特質間的相互關係，也每每限定了行動方案是否具有可行性；其更影響到決策的參與者，對各種不同的行動方案與所要追求的將來遠景，懷有相對不同的偏好[1]。然而，政治系統的環境，每因各個層面所具有的特質，及其相互關係，不斷的更迭與變遷，而形成動態性並非恆定性。政治系統處在決策參與者及其相互關係不斷發生更替，自然、經濟、人文與技術不時有所變換，自然事件與人爲事件的接續產生之際，人民需求有所變化或提升之時，其必須適時因應這些環境的變遷，反映人們的要求，俾便解決各種問題，謀圖長治久安，維持政治穩定，促成政治發展。如何因應呢？乃是政治系統的一大課題。我們認爲，針對環境的變遷，而進行

1 See K. J. Radford, *Complex Decision Problems: An Integrated Strategy for Resolution* (Reston, Virginia: Reston Publishing Co., Inc., 1977), p. 20.

政策的變遷，乃首要之圖。蓋每項政策所要解決的問題，一定有其產生的情境，形成的背景，一旦該情境或背景有所改變，並衍生出新的問題，斯時政策若僵硬不變，很可能影響到系統的安定。因之，處今瞬息萬變的時代，政治體系唯有適時謀擬對策，因應環境的變化。

向來政策變遷的類型，可以區分爲四種[2]：

1.政策創新：政治系統針對新的環境所形成的新問題，而制定新的政策。如美國登陸月球的政策，台灣因應卡債族的措施。

2.政策維持：其意乃泛指一個現行的政策、計畫、或機關環境繼續以同樣的特質、任務與方向運行之。這種現象之所以產生，乃繫於人類惰性、絕對優勢團體所下的決定、政策終結與政策賡續失敗的結果。

3.政策終結：其乃指謂一個政策、計畫機關或任務的撤銷，並未構想另外的政策、計畫機關或任務以資取代。政策終結的現象，在歷史上存在的記錄並不多。其更隱含了一套期望、規則和慣例的終止，政策活動的停止，機關組織的裁撤；同時也是新期望的提出，新規則、慣例的建立，嶄新活動的展開，機關組織的更新與發展。總之，政策終結不但代表舊政策的結束，而且象徵著新政策的即將開始。

4.政策賡續：其乃指謂一個先前的政策、計畫或機關，由新的來取代，但其所要解決的是同樣的問題，所要服務的是相同的對象。政策賡續在政策領域愈來愈狹隘的今日，現行政策本身可能塑造政策變遷的條件或情境下，財政緊縮沉澱成本嚴重的時代，已成爲政策變遷的主要型態。

這些型態的政策變遷，其主要的依據當然是政策評估。因爲任何政策創新均必須透過需求的認定，以及需求重要性的評估，用以決定

---

[2] B. W. Hogwood and B. G. Peters, "The Dynamics of Policy Change: Policy Succession", *Policy Sciences*, V. 11 N.3 (June 1982), p. 225-229.

政策規劃與方案發展的方向與範圍。詳言之，需求重要性的評估，足可提供各項資訊，致使政策規劃者斷定政治系統成員的需求類別及強度，評估可資應用的資源，而研擬新的政策，滿足成員的需求。

一項政策之能否維持或持續而不予以任何修正或變更，雖有前述的各項原因，但大抵均對該政策厲行評估後，得到了一些有關政策績效的資訊，用以推論人類的需要、價值和機運正在獲得滿足，因之，不必再重新界定政策問題，指陳標的團體，抑或調整資源與人事的分配與安排[3]。

一項政策之所以受到終結，不外乎因政策有效執行後，發現原來的問題已獲得解決，抑或政策所要解決的問題非但未獲解決，反而衍生更嚴重的問題。這種推論的基礎，實有賴於政策評估來提供必要而明確的資訊。尤其在今日各國財政緊縮、資源短缺日趨嚴重的時代裏，政策終結現象可能愈來愈頻繁，處在這種情境之下，我們在處置或解決政策終結時，有必要三思下列幾項問題：

(1)政策終結的目標爲何？由誰來擬定這些目標？這些目標的清晰度或明確度如何？誰要承擔政策終結的責任？更有哪些可接受的標準來衡量或斷定政策的終結與否？

(2)政策負責機構在終結過程中涉入的程度如何？如果該機構預計將因政策終結而導致資源上的損失，斯時我們如何能對該機構建立積極的誘因，不致因其所主持的政策將被終結而感到頹廢沮喪？

(3)我們是否能預期或估計嚴厲的政策減縮，其可能帶來的政治與經濟的影響？我們應如何從事至公至正的分析，以及我們應採用何種或何人的見解來論斷政策的終結與否？

(4)我們又如何處理那些權力基礎已立的各項人事安排，但因政

---

[3] W. N. Dunn, *Public Policy Analysis: An Introduction* (Englewood Chiffs, N. J.: Prentice-Hall, 1981), p. 341.

策終結而引發的人事調整問題[4]？

職是之故，爲了針對前述這些因政策終結而誘發的新問題，我們只好仰賴政策評估來擔當承先啓後的責任了。而在企盼追尋上述那些問題的解答時，政策評估必須呈現日漸重要的地位。政策規劃者更應以長期的眼光來著手分析各項政策；衡量政策目標的先後重要性，一旦發生變化時，所應採取的對應之策；探討政策本身如不能充足的配合現行環境時，究應如何作爲的問題。

政策賡續爲目前政策變遷的主要型態。其無論是以(1)線性賡續，即完全終結一項現行的政策，另建立一項新的政策，用以成就相同的政策目的；(2)政策合併，即先將兩個或兩個以上的政策，加以全部或部分地終結後，而另規劃一項新的政策，用以成就原政策所追求的，而現已被取代的相似政策目的；(3)政策分化，即由一種現行政策或機關分成二種或二種以上的政策或機關；(4)終結部分的政策，即由決策者做成一項明確的決定，宣稱具體的縮減某項政策的資源承諾等方式進行政策變遷[5]，這些賡續現象賴以論斷的依據，爲政策評估的研究。政策評估研究提供了政策資訊，用以反映政策執行的情形，政策環境的變化，而爲調適政策行動的建議，改變資源的用途，增加或減少些微的預算，進而因應新的政策環境。

歸結言之，政策評估爲政策變遷的基石，亦是政策規劃與政策執行賴以改進的參照基礎。其在今日的時代，已扮演著政策成敗的關鍵性角色。

然則，何謂政策評估呢？其乃「有系統的應用各種社會研究程序，俾便蒐集到有關的資訊，用以論斷政策概念化與設計是否周全完整；知悉政策實際執行的情形，遭遇的困難，有無偏離既定的政策方

[4] P. DeLeon, "New Prespectives on Program Termination", *Journal of Policy Analysis and Management*, V. 2N, 1 (Fall 1982), p. 109.

[5] B.W. Hogwood and B. G. Peters, *op. cit.*, P. 236-239.

向；指陳社會干預政策的效用[6]。」換言之，政策評估意味著：評估者應用各種不同的社會研究方法，用以判斷與增進政策的規劃、督導、效能與效率。評估是一種社會科學的活動，評估者類皆來自不同社會科學的背景，而其使用的方法涵蓋了全部社會研究的典範，更應用了各種基本的研究途徑，以蒐集有效的、可靠的論據，俾便從事廣博的、有學術基礎的描述、解釋、推論與預測[7]。

具體言之，政策評估所要探討的問題有：(1)標的問題或和標的團體所涉及到的範圍與分配的情形；(2)政策是否按冀欲的目標來設計與規劃，有無連貫的立論基礎，成功而有效的執行機會，是否加以擴大了；(3)推計的或現行的成本水準，其與效益與效能之間的關係如何；(4)政策是否到達了特定的標的人口或標的地區；(5)現在正推行的各項政策干預，其所作所爲是否按政策設計內特別指定的內容進行之；(6)政策是否有效的成就其冀欲的目標；(7)政策的結果是否得以被解釋爲，政策以外的其他過程所形成或衍生的；(8)政策是否有某些非冀欲的影響；(9)對政策的參與者而言，要推動各項服務所須支付的成本若干，所能得到的效益又有多少；(10)政策在執行階段所使用的各項資源，是否經濟有效，有無其他更爲有效率的資源使用之道[8]？

我們若欲回答上述十大問題，獲致精確的答案，以爲政策維持、終結、賡續，甚或創新的基礎，則評估標準的設立，評估時可能遭遇的問題及其解決之道，乃必先要思維與探究的課題。政策評估標準爲何，如何妥適的建立，並針對不同的政策類型選擇對應的標準；評估時究竟可能衍生哪些問題，諸如政策目標的確定性與否、相關人員的心態、管理資訊系統的性質、因果關係的鑑定諸等現象，是否影響到

[6] P. H. Rossi and H. E. Freeman, *Evaluation: A Systematic Approach* (Beverly Hills: Sage Publications, 1982), p. 20.

[7] See *Ibid.*, p. 20-21.

[8] *Ibid.*, p. 34-40.

評估的進行或精確性；在面對一些評估的問題時，有無良策加以克服與化解，俾能獲致其目標，凡此均是底下所要討論的主題，歸結時並將提出政策評估的典型特性及其將來發展的展望。

第二節 政策評估的標準

這是一個資源缺乏的時代，亦是一個資源成長快到極限的年代。傳統對政策之樂觀想法已不復存在，人民需求與期望不斷提升，加上危機時有爆發的可能，緊急情況隨時可能突發，因之政策評估早爲當代負責任、大有爲、映民意的政府之急務。然則，在這樣的時空環境下，爲求較客觀的從事系絡評估、投入評估、執行評估、總結評估（即影響評估）及推測評估，則有待較佳評估標準的建立，才能獲竟成功。

政策評估的標準爲何，仁智互見，各有不同的說法，比如*E. A. Suchman*就提出了五種標準，即工作量（effort）或投入的多寡、績效（performance）、績效的充分性（adequacy of performance）、效率和過程[9]。T. H. Poister則認爲良好的政策評估應採用下列幾種標準：(1)效能（effectiveness）；(2)效率（efficiency）；(3)充分性（adequacy）；(4)妥當性（appropriateness）；(5)公平性（equity）；(6)回應程度（responsiveness）；(7)執行力（implementability）[10]。*W. N. Dunn*所提出的標準爲效能、效率、充分性、公平性、回應程度、妥當性[11]。個人綜合上述三家的說法與自己的見解，認爲一般

---

[9] E. A. Suchman, *Evaluative Research: Principles and Practice in Public Service and Action Programs* (N. Y.: Russell Sage Foundation, 1967), p. 61-71.

[10] T. H. Poister, Public Program Analysis: Applied Methods (Baltimore: University Park Press, 1978), p. 9-15；原文主要分析前六個標準，第七個爲作者加以命名，此乃綜合行政可行性、管理情況、法規順服情形及政策執行與運作情況而得。

[11] W. W. Dunn, *op. cit.*, p. 232-239.

性的政策評估標準應包括下列十種：(1)工作量（或稱投入量）；(2)績效（含蓋產出量、效能及影響程度）；(3)效率；(4)生產力（productivity）；(5)充分性；(6)公平性；(7)妥當性；(8)回應程度；(9)過程；(10)社會指標。茲詳細申述於後。

（一）工作量

這個標準旨在獲得政策執行過程中，資源投入的幅度與分配的情形，其中包括收入的來源與經費支出的情形；工作員工時間投入與配合的情形；被服務對象的人數與類別；經費、人員與被服務對象間相互關係的情形。換言之，這個標準一則在衡量一項成功的政策，其所投入的各項資源之素質與數量，而不顧及產出的質與量；二則在回答過去所做何事及做得多好兩個問題。再者，這個標準的基本假定爲：特定具體的活動，乃成就政策目標的有效途徑[12]。基於這個標準所進行的評估，可以指出，爲圖解決某一項政策問題，權威當局正在採取哪些行動。誠然，某些行動的投入，其雖非成就政策目標的充足條件，但其確是必要的條件。俗謂：「巧婦難爲無米之炊。」正如*B. D. Benjamin*之所言：「如果一個機關的投入量顯得相當的微不足道，呈現消極而非積極的作爲，則吾人可以相當合理地推論，在成就政策目標的進程上，顯得有氣無力，乏善可陳[13]。」

若以我國家庭計畫的政策爲例，投入的基準，包括預算與開支的情形、使用人力、門診數、分發的避孕器材數、分發的教材量與類別、家庭訪視數量、集會數、參加集會人數等等[14]。我們若以鳥飛的例子來說明，這個標準的內涵，即在度量一隻鳥振動其翅膀多少次，而並不試圖決定牠飛得多遠。又如某一個醫院如果對十萬個慢性病患

---

12 E. A. Suchman, *op. cit.*, p. 61.

13 B. D. Paul, "Social Science in Public Health", American Journal of Public Health, V. 46 (Nov. 1956), p. 1390-1396; here cited from E. A. Suchman, *op. cit.*, p. 61.

14 孫得雄，「台灣地區家庭計畫工作效果之研究」，中研院經濟所經濟論文期刊1卷2期（民國62年9月），頁85-45。

者，進行X光檢查，則可能發現許多肺結核病的案例；相反的，我們如對同數目的幼稚園學生從事相同的檢視，就可能發現極少數的肺結核病患者。總之，工作量或投入量這個標準，在政策對環境的影響甚難測度時，其爲一個重要的指標。是以，管理資訊系統的健全，品質管制的周到，法規所立定的準則，此等均爲這個標準的基本前提。

（二）績效（包括產出量、效能與影響程度）

績效標準旨在衡量工作量或投入量的成果，而非工作量或投入量的本身。這個標準的基本前提，在於一項政策擁有清晰而明確的目標。由於績效的內涵，旨在依據明確而具體的目標，度量一項政策的績效。至於其主要探討的問題，乃在比較政策的實際成就與原來冀望的理想水平之後，探討政策是否產生希冀的成果。換言之，績效標準泛指政策對實際世界或政策環境所造成的影響，其涉及到探討與衡量環境內，受政策影響者，其在身體上、物質上、認知上、態度上或行爲上產生變遷的情形，而這種變遷的情形或幅度，由政策本身所造成的情形，並與政策原擬定的目標比較後，指出其成就的狀況。職是之故，基於績效標準所做的評估，主要的重要點，並不在於政策是否按照原定計畫加以施行，而是政策的施行是否在環境內形成了冀欲的成果。

這個標準的主要指標，一般而言有：接受者對政策所提供的服務，其接受的情形；政策施行後，所解決的問題，在範圍上或普及上的變化情形；政策所提供之服務，接受者得以接受或觸及的情形；接受者如需要其他必要和適當之服務資源，政策本身得能提供有效的配合情形（如公保患者住院之有效安排）；政策本身長期間所能提供的服務水準及爲接受者可接近的程度[15]。若以家庭計畫實施績效爲例而言，這個標準的主要指標爲：「接受者之性格及數量、避孕方法使用

[15] C. C. Attkisson, etal., *Evaluation of Human Service Programs* (N.Y.: Academic Press, 1978), p. 6.

情形之追蹤調查結果、民眾對家庭計畫的知識、態度及實行之改變情形，以及生育率之變遷情形[16]。」又以肺結核病爲例而言，則有下列幾個指標：X光檢查後，發現肺結核病的患者若干；有幾個患者受到醫院的治療；有幾個經過治療後，恢復健康的案例。三以鳥飛的例子而言，即一隻鳥振動了翅膀後，其已飛了多遠的距離，是否到達了牠的目的地。

台灣地區實施家庭計畫後，20-44歲已婚婦女對家庭計畫的知識、態度、實行情形，以及平均理想子女數，歷經1965、1967、1970、1973的四次研究結果，分別列成表附3-1及表附3-2。由上該二

表附3-1　1965、1967、1670、1973已婚婦女對家庭計畫的知識、態度、實行情形

20-44歲已婚婦女對家庭計畫的知識態度實行情形	1965	1967	1970	1973
至少知道一種避孕方法	80%	86%	93%	96%
知道樂普	48	62	81	89
知道口服藥	32	47	70	85
知道保險套	30	31	38	54
贊同家庭計畫	77	79	94	94
曾使用避孕法	27	42	56	68
目前使用避孕法	23	34	44	55
目前使用樂普	5	9	14	15
目前使用口服藥	1	2	3	6
目前使用保險套	1	2	2	4
目前使用子宮環	6	9	10	12
結紮	5	7	8	9
目前使用傳統方法	6	6	1	1
至少一次人工流產	10	12	12	20

資料來源：台灣省家庭計畫推行委員會。

[16] 孫得雄，前引文，頁88。

表附3-2 1965、1967、1970、1973已婚婦女平均理想子女數

年代 / 婦女年齡	1965	1967	1970	1973
22-24	3.7	3.6	3.6	3.0
25-29	3.8	3.6	3.6	3.0
30-34	4.0	3.9	3.8	3.3
35-39	4.3	4.2	4.1	3.6
所有年齡	4.0	3.8	3.8	3.3

表中，我們可以看出家庭計畫的績效一般。

政策評估者，在根據這個標準從事評估時，必須注意政策執行的效度與信度的問題。蓋據報導有許多人已經接受政策所提供的服務，但並不意味著：所有的這些服務，適當地提供給接受者，並且確實地加以完成。反之，患者的發現，每因檢驗的方法、種類、對象、時間與追蹤的程序而可能有不同的結果。因之，績效標準的設定，必須詳細指陳所有的各項重要且不同的情境。

歸結言之，績效一方面爲政策推動的結果，因而是一種客觀的存在，另一方面又是權威當局與社會民眾心目中認定之滿意程度，所以又是一種主觀的判斷。即績效是既客觀而又是主觀的存在，是比較對照政策與期望水準而得的結果判斷，所以它是相對的，而非絕對的[17]。政策評估者在進行以績效爲標準的評估時，除了考慮政策目標成就的程度與情形外，必須斟酌所有由政策本身造成的結果或影響；同時並應設法排除前述非政策本身造成的各項影響。任何一項周全的績效分析，不僅要量度政策本身的主要影響，還要計算出次要的、非所欲的、對外在的、副作用的，以及期望的、目標成就的影響[18]。

17 吳曉峰「施政績效衡量基準之建立與應用（上）」，研考月刊，5卷10期（民國70年），頁87。

18 T. H. Poister, *op. cit.*, p. 10.

聯合報於72年3月7日報導一則消息，謂：「一位立法委員在質詢時公開反對政府推行節育政策，並否定實施家庭計畫的重要性。試以台北爲例說明。台北市家計中心十年來，共爲二萬六千一百零八名婦女裝置過子宮內避孕器，分發九萬九千六百八十八月份的口服避孕藥，二十七萬一千三百四十二打保險套，並完成五百八十八案男性結紮及四千三百二十六案女性結紮。這些避孕方法的接受數，據估計，可避免三十五萬三千三百多位嬰兒出生，相當於一個台北市松山區的人口數。連帶地，也節省了八百九十二億四千九百萬元的教育養育費[19]……。」由這段報導，更可使我們體認以工作量或以績效爲標準的評估，其眞正的意涵。

（三）效率

效率標準旨在衡量一項政策，產生某種水準的效果，所必須的工作量或投入量，本是績效與工作量之間的一種關係[20]。一般而言，這個標準每以每單位成本，所能產生的最大價值，每單位生產所需最小的成本作爲評估的基礎。以效率爲標準的評估，所要鑽研的一系列問題爲：(1)一項政策是否因投入而產生績效？(2)有沒有其他較佳的方法或途徑，足以達成相同的成果？(3)有無不同的方法，而且花費更低的成本，並成就類似的成果？(4)能否以技術水準略低的工作員，充分地代替高技術水準的人員，並成就相同的績效。我們若以鳥飛的例子來說明，則效率標準所強調者爲：(1)一隻鳥能否以飛行方法以外的途徑，更有效率地飛抵其目的地？(2)牠在飛行的過程中，是否曾乘氣流之便，加快速度？(3)牠飛行的高度是否太低或太高，而有害飛行的速度，延遲到達目的地的時間？

由上觀之，效率較著重於以較佳的方法執行政策，並非著重於以有效的途徑來成就政策的目標。其與以效率與以績效爲標準的評估不

---

19 聯合報，「教學的聯想」方塊，民國72年3月7日。

20 W. N. Dunn, *op. cit.*, p. 232.

同，一項有效率的途徑，不見得能成就高的績效；反之，一項績效甚優的政策，也不一定達到效率的水準。然而，二者並非必然毫無相關，因有時執行政策的某一途徑可能既有效率又有績效[21]。

公共政策分析上，有兩類效率最爲學者所熱衷探討的，一爲技術效率，二爲經濟效率。前者又稱「技術經濟」（engineering economy），其乃泛指以最少的工作量或成本產生某項具體的成品，或從事某項特定的活動；抑或擴大每單位投入量或成本，所能產生的成品或活動的質與量；這種效率甚至亦指涉：在成本受限制之下，擴大政策所希冀成就的績效。這種效率的分析，其重點在於貫注政策執行機構的內部運作效率[22]。

經濟效率則指謂：一項政策的全部成本與全部效益間的關係，以及資源配置的標準，致使使用該類資源的人民，獲致最大的滿足感[23]。

歸結言之，由於經濟不景氣的影響，各國財政收入緊縮的時代，公家資源甚爲短缺之際，各類機關彼此競爭有限的資源，以效率作爲評估的標準已愈來愈居於評估研究的主導地位。何況科學的快速成長成精進，「知而後行」的需求更爲殷切，所以評估的基本標準中，被應用最多者，可能是效率了，即重視政策價值與備選方案或途徑間的相對關係。

（四）生產力

生產力之提升，乃一項重要的社會與經濟目標。蓋通貨膨脹不斷增高，公民投票要求減稅，遊說限制政府的開支。另一方面，人民亦要求提升政府服務的素質。然而，當今人民期望水平逐漸增高，而財

[21] 參閱吳定，「公共政策影響評估標準之研究」，中研院三民主義研究所第三次社會指標研討會論文，民國72年2月26日，頁13。

[22] T. H. Poister, *op. cit.*, p. 10-11.

[23] *Ibid.*, p. 11.

政緊縮的時代，公私主攻人員莫不扣緊服務成本，而維持（如不能改進時）一般人民的生活素質。職是之故，各機關企業的職司人員，均在絞盡腦筋試圖獲致良智，發現更有效的方式來管理其組織。最近他們的所作所爲，乃全神貫注於他們所領導的組織與監督的人員，其生產力的提升與增進[24]。

生產力這個標準所指謂的內涵，根據吳堯峰先生的綜合與整理，而謂：「生產力是有效率地尋求活動成果之道，是有形與無形投入與產品或勞和國產出之比率；是效率與效果（本書稱之爲績效），數量與品質之綜合表現。生產力有其不同層次，並有階段性含義，是一種績效的客觀指標，更是一種不斷改進的心理態度[25]。」由是觀之，生產力這個標準有時以前述效率的方式來衡量，如「生產力乃所生產的產品或勞務與生產這些而投入的一種或多種因素之間所成的比率[26]」；有時則以前述的績效方式衡量，即生產力高低的決定因素，取決於政策所獲致的績效多寡與質地而定；有時更以生產力的高低爲效率與績效的總和[27]；甚至於以需要滿足與經濟代價間的比例，作爲衡量生產力的標準[28]。

歸結而言，生產力乃晚近用以評估政策的標準，已不斷地爲各界所重視鑽研，雖然在公務生產力的量度上，面臨一些問題，諸如公務生產力的界定不是不可能，就是非常困難；機關組織與政治上的限制因素，阻礙了生產力增進的推動[29]；但我們必須加強建構績效的指標，作爲評估的標準；研究預算之編擬與審議過程中，如何顯示促進

---

[24] D. A. Neugarten, "Themes and Issues in Public Sector Productivity", *Public Personnel Management*, V.9 N.4 (1980), p. 229.

[25] 吳堯峰，「政府機關生產力之提高與衡量——公共行政的新課題」，張金鑑先生八秩榮慶論文集（台北：聯經：民國71年），頁387。

[26] 同前，頁383。

[27] 同前，頁384-385。

[28] 同前，頁385。

[29] D. A. Neugarten, *op. cit.*, p. 231-232.

生產力的內涵；專心一致探討，如何運用行爲科學的知識，來提高工作員的生產力[30]。如此一來，當能發現決定生產力的定數，建立一客觀、實用、可行的生產力標準。此外，自動化與機械化的科技投資，資料庫的建立，均是任何增進生產力的企圖，所不可或缺的前提要件。

（五）充分性

充分性乃泛指有效的績效，得以滿足人類需要、價值或機會的程度[31]。亦即政策目標成就後，其所能消除政策問題的幅度。蓋政策目標設定的方法，有時是以消除整個問題的方式爲之，然而由於各項預想與非預想到的限制因素之作祟，往往在政策歷經執行後，目標常有「縮水」的現象，或只能對問題作部分的解決，抑或僅選擇先後次序較高的目標完成之[32]，於是，政策並未能充分的解決問題或完全的滿足公眾的需要。

本質上，充分性具有工作量或投入量的意謂；比如某一特殊的政策方案，可能非常有效，無奈投入的資金水準，與政策實施對象對該政策所顯示的需要幅度相較或對照之下，顯然不足或有所短缺，導致無法解決問題，或全然滿足人類的需要。茲舉一例以說明之，對一群心理病患者，推動一項密集的心理治療計畫，可能顯露高度有效的成果；如其中以推動公共衛生的措施，來解決整個社區的心理疾病問題，顯然供不應求，徹底表露出不足的情形。因之，充分性的標準，顯然是一種相對性的衡量，完全取決於政策目標擬定的高低而定。比如，防止小兒痲痺的計畫，如能達到80%的免疫目標就是非常有效；然防止流行性感冒的計畫，所達到的免疫效果，如稍低於80%，亦可

---

[30] *Ibid.*, p. 233-234.
[31] W. D. Dunn, *op. cit.*, p. 232-235.
[32] T. H. Poister, *op. cit.*, p. 11-12.

說是充分了[33]。

總之，充分性的標準，可以告訴我們：依據全部需要的分母大小，而測知一項政策的績效程度之高低。以這個標準進行評估時，不僅要注意政策產生的有效程度（rate of effectiveness），更應注意該項政策的標的團體接近與享受到的人數。蓋通常衡量一項政策的績效高低，乃以有效程度乘上接觸的人數來表示。是以，有效程度低，但推廣很普及，則所得到的充分程度，要比有效程度高，但接觸的人數少，所達到的充分程度來得低。是以一項政策是否普及，廣泛為標的團體所接近，亦是政策執行的一大課題。誠然，我們不但要瞭解鳥兒振動其翅膀多少次，更要依據牠所要飛去的地方，來衡量已經飛了多遠，是否已按其需要，而適時適地飛到目的地，抑或因為振動不夠，或其他因素的限制，致使距離目的地甚遠，進而察覺出改進之道，邁向理想之途。

（六）公平性

公平性泛指一項政策的績效與投入量，在社會上不同的團體間，所造成的分配情形[34]。換言之，政策執行之後，政策的標的團體，所分配到的社會資源，所享受到的效益，所負擔的成本等公平分配的程度。大凡一項公平的政策，乃是該政策的績效或投入量公平合理的政策。諸如所得稅再分配的平均、教育機會不因種族、宗教、階級、黨派一律均等，所有公共服務事項之利用，人人平等。

某一項政策或許完全符合績效、效率、充分性的評估標準，但如其執行後，造成不公平的成本和利益分配，該政策仍不算是成功，有可能加以終結或拒絕。比如，那些需要服務者，所享受到的服務之質與量，未成應有的比例；又如那些最無能力負擔稅收之責者，不成比

[33] E. A. Suchman, *op. cit.* p. 63-64.

[34] W. N. Dunn, *op. cit.*, p. 235.

例的繳納稅款；再如哪些獲益最多者，並未承擔任何支出[35]；實質上未達貧窮標準者，享受安康或小康計畫的補助費；沒有任何資格者，破格擔任事務官之職者；沒有教育部審定合格之教師，擔任大學教職者，凡此均不能符公平的評估標準。

公平性這一概念，乃公共政策在某一特殊的環境內，對於成本與效益分配的公平情形。在一項既定的政策領域裡，利益的公平分配，可能依據需要服務的強烈程度或迫切性，享受同等質量的服務，負擔同額的費用，抑或基於政策涵蓋的地理區爲基礎，而加以判定其符合公平的程度[36]。

社會福利政策的制度，每以所得、機會、社會流動、或其他利益的再分配，爲主要的目標。同時，在這類的政策上，公平的成果，務必被考慮在全部政策成果的架構內，才能據以評估政策的成功或失敗。至於其他類別的政策，諸如規制性或自行規制性的政策，公平的目標並不明確或顯著，斯時評估者可能應用一項一般的公平準則，作爲較高層次的目的，才比較妥當[37]。即言之，不同類型的政策，應從不同的角度或觀點，來衡量政策所獲致的公平程度。

不過有一項人類社會始終存在的事實，即個人和團體每有其不同的需要。是以，某些政策滿足一個人或一個團體，常無法同時滿足另一個人或另一個團體。此即國人所謂「羊羹雖美，眾口難調」。處在這種情況下，政策分析者必須考慮一項基本問題，即如何使政策擴大社會的福利，而不只是專爲特殊的個人或團體的福利。爲了擴大社會福利，*W. N. Dunn* 提出四個途徑：(1)擴大個人的福利；(2)保障最少量的基本福利；(3)擴大淨福利；(4)擴大分配的福利[38]。我們究竟應強

[35] *Ibid.*, p. 236.
[36] T. H. Poister, *op. cit.*, p. 12.
[37] *Ibid.*, P. 12.
[38] W. D. Dunn, *op. cit.*, p. 236-237.

調哪一種福利的擴大呢？形式的經濟規則，或是形式的哲學原則，可能均無法解決這類的問題。蓋有關公平、公正、正義等問題乃屬於政治的範疇，受到社會上權力分配的狀況，合法化過程中折衝妥協過程的影響。職是之故，有關公平、公正與正義的問題，政治因素的考慮，重於經濟因素與道德哲學因素的考慮[39]。團體決策模型的立論基礎，都足以說明這種現象[40]。

（七）妥當性

妥當性乃指謂一項政策的各種目標，所呈現的價値或所居的重要性，以及擬訂這些目標時，所根據的假定是否穩當的形式[41]。究竟政策的目標在於達成某些成就，促進系統內部的整合，維持系統的功能與運作，抑或應付外在多變的環境[42]，這些目標的價値爲何，是否穩當，並針對系統所面對的情境而擬定的；其優先的重要性爲何，是否根據當前的基本國策而列序的。再者，政策規劃的過程中，利害關係人的認定，各種政策問題的背後基本假定之呈現或指陳，各種假定之間的比較評估、匯集與綜合，是否穩當[43]，殊值得評估以發現政策的成功或失敗，是否繫於規劃時所依據的假定之正確或錯誤爲定，抑或是屬於執行上的問題。

由上觀之，妥當性標準旨在評估政策目標本身的價値或重要性，

---

39 W. N. Dunn, *op. cit.*, p. 237；吳定，「政策分析概念探述」，張金鑑先生八秩榮慶論文集，同前頁478。

40 林水波，「公共政策分析基本的模型」，憲政思潮第四十期（民國66年12月），頁152-154。

41 W. N. Dunn, *op. cit.*, p. 238.

42 T. Parsons, *Toward a General Theory of Action* (N.Y.: The Free Dress, 1962), p. 44-47；彭文賢，「組織設計的分析與評估」，中研院三民主義研究所第三次社會指標研討會論文（民國72年2月26日），頁7。

43 See. I. I. Mitroff, "Assumptional Analysis: A Methodology for Strategic Problem Solving", *Management Science*, V. 15N. 6 (June 1979) p. 583-592; see also I., I. Mitroff and J. R. Emshoff, "On Strategic Assumption-Making: A Dialectival Approach to Policy and Planning", *Academy of Management Review*, V. 4N. 1 (1979), p. 1-12.

而非評估用以成就政策目標的手段或策略之妥當性。自邏輯的觀點而言，在探究或分析一項政策，是否有效能的與有效率的運作，而導致政策目標的成就之前，首先要評斷政策的各種目標，是否值得或適於社會或社區來追求。因之，分析一項政策的妥當性時，必須著重目標是否確實反應社會價值的問題。

再者，當我們評估某一項政策方案的妥當性如何時，並非僅關涉到一項標準而已，其實往往涉及兩項或多項的標準。斯時，如若前述各項標準均把政策目標視爲理所當然並可以接受時，唯獨妥當性標準會問：是否這些目標對社會或系統而言是合適而恰當的，如是則該政策爲成功的政策，反之則反是。換言之，妥當性標準優於其他各項標準。

總結而言，在斟酌某項既定政策，其目的是否具有妥當性時，政策分析者務必研究下列三個主要的問題：(1)從某項社會政策的立場觀之，所追求的目標是否爲社會所期望的；(2)政策的成本與利益分配是否符合公平、公正的標準；(3)該政策是否確實回應標的團體所覺察到的需要[44]。因之，如何適當地運用政策分析方法，藉以提供洞察力，用爲評估政策目標所具的普遍可欲程度，以及各類人民認爲達成各項政策目標的相對優先順序，實爲當前政策分析的基本使命與課題，亦是政策評估必須突破所在與關鍵。

（八）回應程度

回應程度乃指謂一項政策滿足某些特殊團體的需要、偏好或價值的程度[45]。任何政策的制定均會牽涉到一些對象，大至涵蓋整個系統的成員，小至某一個個人。這些標的團體，一旦在政策付諸執行後，就受到政策的影響、管制或引導，以成就政策的目標，並滿足其各種

[44] T. H. Poister, *op. cit.*, p. 13.
[45] W. N. Dunn, *op. cit.*, p. 237.

需要、偏好或所追求的價值。如若政策確能實現上述情形，則其回應程度甚高。

政治系統是否能回應成員的需要，乃為獲取支持與信任的前提，強化統治正當性的基礎。然則，個人的需要每每受到文化背景、經濟條件、個人情況、指涉團體、期望水準等因素的影響，同時亦隨著時間的更迭，空間的演變而改變需要的類別與需要的強度。政治系統能否適時展望或預期這種變遷，並設法加以掌握，而提出因應的政策，進而滿足成員新的需要水準呢？殊值得重視。不過，政治系統處在當今資源有限的時代，成長已快到極限的時機，加上過重的負擔加諸其上，同時政府與人民有時亦有認知的差距存在，如何加強溝通，適度地讓人們有參與政策規劃的機會，用以提升系統管理複雜環境的能力；增進社會的適應過程；促進個人、團體、社區、機構與機關間，在規劃過程上的相互調適；增加系統與成員共享權力的機會，進而強化權威的權威性；促使個人與社區能力的提高，助長個人、社區和社會目標的達成[46]。何況人民之參與政策的規劃又可增加政策的可行性，彌補理性與專家的不足，擴大選擇的範圍[47]。如此一來，任何政策回應人民需要，滿足人民之偏好與價值的幅度，乃大大地提升。

總之，這個標準至為重要，蓋某一政策或許符合其他的標準，如績效、效率、充分性與公平性，但如無法回應受此政策影響到的標的團體的需要、偏好或價值，仍被評估為失敗的政策。比如一項提供就業機會的政策，雖然分配得非常公平，亦能產生高度的績效，達到充分的標準，更能確實符合經濟效率的原則，但卻無法回應特殊標的團體（如失業者）的需要，遂不能謂為成功的政策。換言之，回應程度即是績效、效率、充分與公正標準，是否能反映出特殊標的團體的需

46 R. W. Smith, "A Theoretical Basis for Participatory Planning", *Policy Sciences*, V. 4 (1973), p. 281-290.

47 張丹，「社區計畫之民眾參與——柳鄉社區更新計畫案研究」台大土木研究所碩士論文（民國70年12月），頁6-7。

要、偏好與價值呢？

（九）過程（或執行力）

政策分析家在評估一項政策的成功或失敗時，可能學習或知悉到政策如何與為何成功或失敗的許多因素。嚴格說來，這種過程的分析，宗旨雖在指出政策憑什麼條件產生什麼成果來，但其原本並非評估研究的一部分。任何評估的研究，均可限制資料蒐集與分析的範圍，並依照工作量、績效、效率、充分性等標準，來斷定一項政策的成功與否，而不必檢視政策成功或失敗的原因與理由。不過1960年及1970年代的早期，美國嘗受到不少的慘痛教訓與體驗，有識之士者乃改變傳統的研究定向，檢討過去的偏失，從事分析個別政策執行的情形，紛紛發現衍生問題的關鍵與定素[48]。何況，過程的分析具有管理與科學雙重的意義，這種現象尤其是政策評估後顯示出，政策執行過程並未按期望的方向運行時更是如此。自管理的角度視之，過程評估指出政策失敗的原因，可能導致政策的修正，進而產生政策的績效，不致因全然的失敗而將政策加以廢止或放棄。自科學意義上言，以過程為標準的評估，能致評估的發現產生有意義的解釋，否則的話，只是一種描述性的評估結果而已，並無任何解釋。而過程評估的解釋，可能發現雙項間的因果關係，進而邁向理論建構之途。

以過程為標準的評估，可依下列四個層面來分析或處理之[49]：

1.政策屬性的指陳：指出究竟哪些政策屬性導致成功或失敗的緣由。這類評估試圖診斷政策本身促成失敗或成功的具體原因。因而，這種評估務必要將政策分成幾個成分，並指出哪些面向促成或妨礙政策績效的達成。

[48] D. S. Van Meter and C. E. Van Horn, "The Policy Implementation Process: A Conceptual Framework", *Administration and Society*, V.6 N.4 (Feb. 1975), p. 449-450.

[49] E. A. Suchman, *op. cit.*, p. 67-68.

2.標的團體的指陳：列舉受到政策或多或少影響的人。究竟哪種人受到政策的影響最大？政策得以接近與無法接近的人是誰？政策對哪類標的團體——個人、團體、一般民眾——的受益最優？

3.情境的指陳：究竟政策在何種情境下，較能成功或較易失敗。比如在何種地點、哪種時機和何類贊助下，政策較有希望成功。相同的政策在不同的地方，居於不同的情境下，能否成就相等或或多或少的績效。

4.政策績效的指陳：政策的最後成果中，有哪些面向，將作為評斷的標準。一般而言，政策的成果有四種：單元的或多元的成果，非預期或副作用的成果，成果的持續時間，成果的類型——認知上、態度上與行為上的改變情形。

歸結言之，以過程為標準的評估，旨在建立政策的執行力，發現影響政策成敗的原因，進而導致因果模型的建構，達成管理與科學的雙重目的，業已逐漸成為政策評估的核心，政治系統的時代使命。蓋我們試圖瞭解有關「鳥的各項構造，或是飛行的各項原理，用以進一步探究其投入量、績效、效率與充分性等的程度。」

（十）社會指標

社會指標乃指謂社會狀態與趨勢的數量描述與分析。自運作的定義上觀之，社會指標乃是各項時間數列，並依據各數列進行長期的比較分析，且以其他相關的屬性，將一項社會指標分成相關的成分，進而顯示各指標間是否具有顯著不同的變化與相對變動的情形[50]。社會指標通常可區分為三大形式：系統執行、福利及大眾觀感。系統執行類的指標可反映在兩個層次，一是資源的投入，比如教育的公共支

[50] See D. Nachmias, *Public Policy Evaluation: Approaches and Methods* (N.Y.: St. Martin's Press, 1979), p. 80；陸光，美國社會指標（台北：明德基金會生活素質出版部，民國71年6月），頁3。

出；一是產出的結果，例如全國政治系造就政治人才的人數。福利指標是直接與人類福祉現況有關的指標，如通貨膨脹、失業、犯罪、嬰兒死亡等等的現況、變化和長期趨勢。大眾觀感指標，即大眾對他們目前各方面的情況，所提出的主觀感受[51]。因之，社會指標擁有七種前述的評估標準，即投入量、績效、效率、充分性[52]、公平性、妥當性與生產力。我們可以根據社會指標來評估，一個政治系統推動各種政策的整體成果，亦可明晰分項政策的推動情形。

社會指標具有多項功能：(1)它們可以反映過去的變動，依照過去的動向，評估預斷未來的可能發展，作爲政策規劃的依據，預期一定期間之內，要達成某種政策目標，進而研擬實現的方法，籌謀需要之資源，俾便作爲未來的可行方案；(2)它可以作爲社會現狀的說明，指出社會問題的存在，反映社會關切的和有興趣的主題，其所涵蓋的各個層面；(3)社會指標由於是根據事實的資料，可作爲評估時下一般的看法與說法是否合理和妥當的標準；(4)社會指標有助於評估政策的績效，提供對國勢情況的啓發性思維，並作爲比較的標準，指出何項政策的成就較大，各項政策變化的方向與及績效的程度，以爲重新規劃與強化的基礎[53]。

社會指標雖具有上述諸種功能，但本質上是以描述性指標爲主，並無法說明情況如何發生，爲何發生，或者應如何運用政策干預的方法加以改進。蓋社會指標無法建立過程的評估標準，不能對政策輸入如何轉化成政策成果的過程加以描述或指陳，以爲管理改進的參照。

---

[51] 陸光，前揭書，頁2-3。

[52] 充分性標準之取得，乃績效除以主觀感受而得。效率標準之取得，乃以績效除以投入量而得。

[53] See D. Nachmias, *op. cit.*, p.80；陸光，前揭書，頁2-4；張世賢，「社會指標應用於政策分析與政策制定之探討」，中研院三民主義研究所，第三次社會指標研討會論文（民國72年2月26日），頁21；陸光，「社會指標之介紹、製作與評估」，中研院三民主義研究所，第一次社會指標研討會（民國69年6月23日），頁17-18；蕭新煌，「社會指標與生活素質」：回顧與批判，第一次社會指標研討會，頁58-60。

何況政策問題與政府決策，在本質上又不易量化；主觀的社會指標也充滿了價值判斷；實際的社會現象相當錯綜複雜，各因素相互牽連糾結在一起，甚難加以釐清並量度[54]，是以如何審愼應用，並儘量設法排除樣本和非樣本的變異，而得到較精確的指標，以爲政策評估的好標準。

總結前述，一組經過適切設計的社會指標，得以指出社會問題的所在，雖然它或許無法提供有效的解決辦法，但卻能正確地顯示出社會結構中的裂隙存在。這種情形就如醫生每每依據種種病症癥候來診視病患，期能在病發之初即掌握狀況，施予治療。大凡有效的預防、準確的指標和適時的治療，乃爲救危圖存的保證。如若指標有所偏頗，則將無法察覺到問題的所在，症狀不明便將縱容病況惡化，等到病勢坐大之，自然就再好的藥石也罔效了[55]。因之，一組健全的社會指標系統，乃是領導人類文明航向的羅盤，修正現行政策及指示往後政策方向的指針。再者透過社會指標來瞭解社會的眞實現況，其變遷的趨勢，政策的綜合效果，進而修正人類文明的航向，確保人類文明的福祉。

我們已討論了現今政策評估所常採用的十種標準，依據這些標準所進行的評估，所欲回答的問題互有不同，所要呈現的功能也有異，評估的類型亦有別，應蒐集的資訊，採用的研究工具，方法論的思維，研究的過程，以及應建立的標準也不大一樣，如何針對不同的政策領域、標的團體而選用評估標準，乃是政策分析人員發揮政策分析的藝術與技巧的時候。不過，政策分析者如能善用適當的概念和方法，而將影響評估與過程評估予以綜合設計，以致一則判定該項政策是否依據規劃時所立下的過程付諸執行，二則評定政策的影響情形及

54 參閱張世賢，前引文，頁14-21。

55 參閱廖運源，「政策評估與社會指標」，益世雜誌27期（民國71年12月），頁15-17。

是否符合預期目標，達到經濟效率，並提供政策修正參考，俾在政策評估與政策規劃之間搭建聯結的橋樑；同時使二者互相銜接形成政治系統內的回饋環節，即是政策過程的再循環，而彌補偏廢於任何一方所造成的缺失。

政治學家 *P. Diesing* 曾描述人類社會所追求的五種理性[56]：

1.技術理性：即政策是否對社會產生效用而解決人類所面對的科學技術問題。

2.經濟理性：即政策是否對社會有效率，以最低的成本提供最大的效益，或提供固定的效益，而消費最低的成本。

3.法律理性：即評定政策是否符合成文的法律規範與各項先例，亦是探討政策在社會上的合法性問題。

4.社會理性：即斷定政策的內容是否與社會流行的規範與價值一致，分析政策在維持社會制度上所產生的貢獻，是否邁向了制度化之途。

5.實質理性：即政策是否追求前述四種理性中的兩種或兩種以上，以及能否解決各項理性之間的衝突問題。蓋不同類型的問題適用不同類別的理性。

前述各項評估標準中，投入量與績效和技術理性密切相關；效率類似於經濟理性；充分性則強調技術與社會理性；公正標準與社會理性形影不離，相得益彰；回應標準與實質理性密切相關；妥當性、生產力與社會指標亦與實質理性息息相關。

---

[56] See. P. Diesing, *Reason and Society* (Urbana: University of Illinois Press, 1962); W. N. Dunn, *op. cit.*, p. 225-226.

第三節　政策評估研究的問題

政策評估原本是一項非常複雜而困難的差事，只因良好的評估工作必須同時具備兩個條件：設立適當的評估標準，選擇適當的評估方法。這其中特別是標準的適當與否，關係著評估工作的成敗。然而，政策領域的廣泛，問題範圍的無限制，政策類型的殊異，致使評估標準不易具體而客觀的訂定，尤其是影響評估的標準更是如此，究竟有哪些原因造成這種現象？我們在本節內要指出一些障礙或干擾，這些障礙或干擾，可能對政策評估產生某些問題。這種政策評估困難性分析，並非有意談論到評估的弱點，而是要讓有識之士覺察到這個事實，即政策評估既不容易也不簡單，吾人實不能等閒視之。一旦我們能事先體認到這個困境，我們就能設法避免重蹈覆轍。所以，這種分析具有警惕與告誡作用。

（一）政策目標的不確定性

評估標準須以明確的目標爲依據，但由於社會現象的複雜性，人類取向之間的衝突性與妥協性，問題性質的差異性，執行人員的裁量，致使政策的目標通常不夠明確，甚至相當廣泛與多樣，因而在認定政策目標達到的程度時，乃成爲一件令人沮喪而困難的任務，往往無法根據明確的目標而訂定具體的評估標準[57]。更何況，大多數的政策均蘊含多重的目標，政策分析者欲對他們妥當地區分處理與列等，雖非如「挾泰山以超北海」之難，但絕非如「爲長者折枝」之易；有的目標之間又無法相互並存；有時目標之下的目的，亦時難找出並加以具體化；這些目的亦可能因時空的更迭而變更或修正；在政治運作的過程中，目的的擬定又在妥協折衷交易的情況下完成的，以致於政策的目的無法完整地列陳出來；進一步而言，縱然目標得以確定指

[57] J. E. Anderson, *Public Policy-Making* (N.Y.: Holt, Rinehart and Winston, 1979), p. 182.

陳，衡量目標的成就也很困難；最後，一般主政人員，通常均希望以一般或含糊的形式來說明所要追求的目的，俾便提升其應變、動員或求生存的能力[58]。在這種情況下，政策評估的困難就不言而喻了。

（二）有關人員的抵制

任何政策評估，無論是影響評估或過程評估，均會對一項政策的優劣功過作一個判定。在這個無可避免的情境下，執行機關與計畫人員深恐評估所可能造成的政治影響。因爲評估的發現，若從評估者的觀點來看，政策的績效不很彰顯，執行並不很徹底；而這種發現又會引起決策當局的注意，是以主政人員所主持的政策，其影響力與事業可能因政策評估結果不利遭到波及而有所損傷。再者，人類文化的期望之一，乃至盼對任何評估者呈現可能是最佳的「畫面」，而受讚賞與嘉許。於是，一旦評估人員欲從事評估時，較低階層的主管人員及其部屬，就開始爲其五斗米折腰而擔心。在他們的心目中，總希望評估人員能對執事的政策予以最優的等第，不過他們深信最好還是不要冒這個險或碰這個運氣。在他們的思維中，政策評估者可能因評估的緣故而介入政策的運作，進而無法輕易擺脫他的干擾。爲今之計，負責主持政策者所採的上上之策，乃儘可能不使他的立場或存在受到威脅，於是委婉地抵制或杯葛政策評估的進行[59]。他們可能阻止或輕視評估之研究，拒絕評估人員接近資料，或根本保持不完整的記錄，致使評估的工作荊棘重重。何況，任何組織均傾向於變遷的抵制，無奈評估又蘊含變遷的要求。職是之故，組織的惰性可能亦是評估的障礙之一[60]。

---

[58] O. F. Poland, "Program Evaluation and Administration Theory", *Public Administration Review*, V.34 N.4 (July-Aug. 1974), p. 335.

[59] T. V. Greer and J. G. Greer, "Problems in Evaluating Costs and Benefits of Social Programs", *PAR*, V. 42 N.2 (March-April 1982), p. 151.

[60] J. E. Anderson, *op. cit.*, p. 160.

（三）政策資訊系統的素質

資訊爲任何研究的基本前提，政策評估研究亦不例外，極需要正確與相關的統計資料，以及其他多方面的資訊。然而，由於管理資訊的不健全，管理資訊人員與資金的重要性，一般不大爲機關主管所重視，而產生下列幾種現象：(1)成本或效益的資料採自不同的年度（有的以會計年度爲準，有的以日曆年度爲準）；(2)主要的資料以不合邏輯的方式加以組合；(3)各種變項往往透過重新界定的方式加以調整或設計[61]。在這種情況下，政策評估者甚難獲致精確的資料，用以解析政策的各項成果或運作情形。報告制度或記錄表的設計不當，並未考慮到將來成本效益分析所要的各項資料，也就有損正確評估的進行。

（四）政策影響的廣泛

一般而言，政策影響可能包括下列幾種：(1)政策對標的情境或團體所造成的影響；(2)政策對標的團體以外的情境或團體的影響（即所謂政策溢出的影響，其有好壞或正反之分）；(3)政策對未來與目前狀況的影響；(4)政策執行所投入的資源，對政策負擔的直接成本所構成的影響；(5)對間接成本，即機會成本所構成的影響[62]。在這多種政策影響下，致使政策評估的困難，究竟應著重何種影響爲焦點難以取捨，以致不同的評估者，因其重視的角度不同，往往導成不同的結論。

（五）因果關係的問題

任何一項有系統的評估，必須證明實際生活上的各種變遷，確實是由政策行動所引起的。如果我們只有這種事實，即採行了行動甲，情境乙也發展形成了，這並不意謂著甲乙之間就具有一項因果關係

[61] T. V. Greer and J. G. Greer, *op, cit.*, p. 152.

[62] T. R. Dye, *Understanding Public Policy*, 3d ed. (Englewood Cliffs, N. J.: Prentice-Hall, Inc., 1978), p. 312.

存在。蓋在實際的生活上或世界上可能因有或沒有採取政策行動而發生某種變化的[63]。一般而言，政策本身以外影響因素計有：內在的變遷，長期趨勢的變遷，介入干擾的事件，自然成長因素，自我選擇的性向，機會或隨機的影響，量表的信度，政策執行的偏差。再者，政策評估研究時，「選定的受訪者若無代表性或受訪者拒絕回答，這些細微的忽略均會使結果造成嚴重的偏差；不好的問題也會造成偏誤，因爲它可能無法誘出正確的答案，或無法獲得完整答案；受訪者誤解題目，可能因爲題意不清或因教育文化及語言的障礙而無法有效溝通；受訪者可能故意僞造答案，尤其是對可能引起懷疑、恐懼或猶豫的問題；資料記錄的不正確；在校對程序中，爲了修整錯誤的資料或補充遺漏的記錄，可能會引起額外的偏誤；資料處理製表、分析和出版的執行過程中可能引起其他的偏誤[64]。」凡此，均是影響評估研究的困難，如何設法排除上述那些偏誤，乃政策分析者所面對的一大挑戰。

（六）政策資金的混合與政策的重疊

不同的政府政策，往往有個別不同的資金來源，但這些不同的資金來源，往往彼此糾結在一起，以致無法歸列出，究竟這筆經費的支出屬於何種項目，在何種政策之下的。當我們要評估甲政策所撥付的款項，對標的團體的地位所造成的影響時，我們經常發現各項政策所撥付的款項混合在一起，統支統付。在這種情況下，政策成本不易確定，則以效率或績效爲標準的評估就不易進行。其次各級政府所推動的政策，由於本位主義或獨立自主作祟，未能事先進行充分的溝通與協調，以致於各級政府對同一標的團體在同時間內均有類似的政策出現，造成政策彼此之間的相互干擾，無法區辨實際政策的績效[65]。

[63] J. E. Anderson, *op. cit.*, p. 157-158.
[64] 陸光，前揭書，頁4。
[65] 這種現象，可參閱T. V. Greer and J. G. Greer, *op. cit.*, p. 154.

（七）象徵性的價值問題

有許多的政策，其所能成就的價值，主要是具象徵性的意義，並沒有實際改變標的團體的狀況，只是標的團體感覺到政府在照顧或關懷他們而已。政府機關通常不歡迎一項評估研究，顯示或揭露其各項努力或作爲並沒有具體的成果或影響。蓋這種顯示，讓標的團體知悉政策並沒有具體的實益，很可能因此降低了政策的象徵性價值[66]。

（八）政治衝突問題

政府爲了滿足各種不同團體的需要，經常追求不能相互並存的目標。政策評估研究可能揭穿公共政策的不一致性，迫使有關當局重新考慮基本的社會目標。一旦有關人員對一項公共政策的目標，互持不同的意見時，評估研究可能引發諸多的政治衝突。然而，政府機關通常極力避免政治衝突，因此也避免可能引發這類衝突問題的評估研究[67]。

（九）政府機關向來的偏好

政府機關根深蒂固地喜歡顯示或證明，所推動的政策擁有積極、正面的影響。主管或職司政策執行人員，每每認爲評估政策影響的舉措，好像要限制或破壞其政策，或是要質疑職司人員的能力，因之，他們往往不歡迎或抵制評估研究[68]。

（十）沈澱成本問題

政府機關往往對現行的政策投入鉅額的投資，即一般所謂的「沈澱成本」，這種成本通常呈現在組織的設立上，財政的支出上，心理的涉入上，以及物質的使用上。因此，它們向來反對政策失效的任何

---

66 T. R. Dye, *op. cit.*, p. 321.

67 T. R. Dye, *op. cit.*, p. 321.

68 *Idem.*

發現，評估研究的進行也就障礙橫生了[69]。

（十一）政策評估所帶來的干擾問題

政策機關一旦進行一項嚴肅的影響評估研究時，該項研究很可能對現行的政策活動，帶來一些干擾。因此，政府機關每以每日事務的壓力與處理，列入優先考慮，而將研究與評估之事瞠乎其後。尤有甚者，一項實驗的進行，可能剝奪控制組的服務，而該項服務又是法律賦予他們的權利，這種情形在法律上或道德上均有商榷的餘地。是以，這種研究如果不是不可能，可能就是相當困難[70]。

（十二）政策評估所需的成本問題

政策評估需要投入相當的經費、設備、時間與人力，這些投入除非有額外的來源，否則，政府機關並不願犧牲現行政策的一部分資源，來進行評估的工作。政策評估的研究，與任何其他的研究一樣，又均是耗資不貲的。凡是業餘的或兼任式的進行評估活動，乃無濟於事，無法克竟其功。職是之故，投注資源來進行評估研究，可能意謂著非犧牲部分政策資源不可，這乃是主其事者所不願推動的事[71]。

（十三）評估欠缺影響力

評估一旦完成，所提出的發現可能爲人所忽視或攻擊，提出各種理由，說明該研究未掌握要領或不周全。比如宣稱評估研究的設計不佳，使用的資料不足，抑或發現不能確定。大凡熱衷於某一項政策的職司者或受益人，不可能僅因評估研究指出：政策的成本多於效益的原因，而對該政策失去重視；更何況，評估研究有可能發生錯誤[72]。

---

[69] *Idem.*

[70] *Idem.*

[71] *Idem.*

[72] *Idem.*

柯爾門報告（Coleman Report）[73]即是一例。*T. R. Dye* 曾有一段發人深省、精闢絕倫的話，其謂：「政府主管人員以及政策支持者，往往構想精緻的理由，用以拒斥政策影響研究而得到消極性發現。縱然，有極度明顯的數據，足以證明他們所衷愛的政策績效不彰，甚至產生不良副作用時，他們還會這樣論證——(1)政策的影響是長期的，不能在目前就加以衡定而遽下斷語；(2)政策的影響在本質上是廣泛而普遍的，並無任何單一的標準或指標，足以衡定政策已完成的成就；(3)政策的影響是何等的細緻，何能以粗略的量表或統計量來加以認定或發現；(4)實驗研究不能有效地進行，因爲取消某些人的服務，進而觀察這種取消的作爲，所產生的影響，對他們而言是不公平的；(5)如接受與未接受服務之間，並未造成差異的事實，乃表示政策執行得不夠徹底所致，並指出有必要在政策上投入更多的資源；(6)一項政策若未能找出任何積極的影響，乃因研究本身的不足或偏誤所致，絕非政策本身出現問題[74]。」這種現象誠可促使政策評估者產生莫大的「無力感」，更可清楚地透視評估研究的艱難性。

綜結以上所述，我們乃本著「不諱疾忌醫」與「知恥知病、求新求行」的基本精神，毫無隱瞞且淋漓盡致的分析政策評估的困難，俾以對症下藥，指陳解決之道，研究航向的指針。蓋「問題之認定，爲解決問題」之道。

第四節　解決之道

政策評估既然遭到上述諸種困難，當前處境又是資金缺乏、財政

[73] 柯爾門報爲J. S. Coleman, etal.,對美國教育制度所進行的評估研究，但其備受攻擊：See G. G. Cain and H. W. Watts, "Problems in Making Policy Inferences from the Coleman Report", in P. H. Rossi and W. Williams, (eds.), *Evaluating Social Programs* (N. Y.: Semiar Press, 1972), p. 73-74.

[74] T. R. Dye, *op. cit.*, p. 321-322.

緊縮的時代，亦是資源成長已到極限的年代，政策評估乃刻不容緩之事。因此，如何針對前述的困難，加以適度的解決，而獲致政策評估所要達成的目標，即調整政策的內容與執行的過程，持續政策的執行，決定政策的終結，重組政策的問題，劃定政策賡續的範圍[75]。

（一）建構政策目標

政策分析者在評估一項政策的成敗之前，必先診斷有無任何社會問題存在，以及界定各項目標，用以指出如何進行或採取何種行動來改善那種情況。蓋政策目標的建構，爲決定評估標準的依據，判定目標成就的程度。在建構目標時，我們必須考量下列幾件事情：

1.政策目標的內容，與所具的特質：究竟政策的目標是要改變標的團體的知識、態度或行爲？我們所關注的重點是否在誘引更多的標的團體接觸、認識、有趣於政策，進而按政策的內容採取行動呢？

2.政策標的團體是誰：政策的方向是針對人類中哪幾個團體？我們是否企圖改變個人、團體或整個社區的人呢？我們是否直接地接觸到標的團體，抑或透過某些相關的團體的引介，間接地接觸到標的團體呢？這些問題的澄清，有助於發現目前和將來潛在的標的團體，並可界定要研究的對象或樣本。

3.期欲的變遷將來何時產生：我們所追求的政策目標是短程的、中程的、抑或是長程的；是立竿見影的抑或是漸進的；治標的或是治本的；不斷循環重複的或是單刀直入的？

4.單元性或多元性目標：政策的目標是否旨在追求單元的變遷，抑或一系列的變遷？這些變遷是否對所有的標的團體均是雷同抑或對不同團體的人，有不同的變化？一般而言，政策所追求的目標很少是

---

[75] 有關政策賡續的現象，參閱B. W. Hogwood and B. G. Peters, *op. cit.*, p. 225-245；林水波，「政策賡續的內涵、類型與過程」，憲政思潮第六十期，民國71年12月，頁85-99。

只有一種的，所以評估者必須提供衡量多元目標的量表，分配研究的優先順序；同時也要仔細的注意非預期或不要的副作用。

5.期望的政策成效幅度：我們究竟追求普及的抑或集中的幾個成果呢？在認定一項成功的政策之前，有無任何特殊的成效水準可資作爲決定的基準？有無任何特定的成就標準，我們必須配合的？總之，我們不能立下不切實際的政策目標。大多數行動政策的目標，最好是中庸一點才好，所追求的是改善而非完全消除問題情境，致力於減低損害和較佳的成效而非完全的防止。

6.政策目標如何達成：有哪些手段或方法致使政策的成功？政策的成功主繫於標的團體的自動合作，抑或需要採取法律的制裁才能克竟其功？標的團體是否要以正式的或非正式的申請才能接受到服務，要講求人情關係抑或完全秉公處理不受人情所左右呢[76]？

以上六種考慮旨在處理一些基本問題，而這些問題乃是建構一項政策目標時，吾人所必須回答的問題，俾便評估的研究。這些問題中，有的問題雖然與運作的目標無關，但其在決定評估研究時，究竟應選哪些目標在這件事上扮演著關鍵性角色，以及決定我們應如何設計評估的研究。蓋抽樣、控制的抉擇、量度工具的準備、臨場管理的方法以及分析的技術，深受上述那些問題的答案所影響。

（二）遵行籌畫評估的六大步驟

*E. J. Posavac*和*R. G. Carey*在「政策評估」一書上詳細指陳了六大步驟，殊值得我們借鏡，並可化解前述評估的困境。茲略述如下：

1.認定與政策相關的人：相關的人乃指謂對政策非常熱中的人，其生存可能受評估影響的人，涉入政策甚深的人，由政策得到部分或全部所得的人，其將來的地位或生涯受政策成敗所影響的人，政策服

[76] E. A. Suchman, *op. cit.*, p. 39-41.

務的接受者或可能的接受者等等。具體言之，相關的人包括政策執行人員，政策的負責者，政策的贊助者或提供經費的機關、政策服務的對象或接受者。

2.安排各項籌備會議：在最後決定進行政策評估與撰寫研究計畫之前，安排與前述相關人員的會議，用以蒐集一些背景資訊，諸如，何種人要求評估，要進行何種評估，爲何他們要這種評估，他們何時要這種評估，有哪些資源可加以利用？

3.決定要不要進行評估：一旦相關的人認定後，與其會談並蒐集到基本背景問題的資訊後，政策分析人員就要作一個意識性的抉擇，決定到底要不要進行評估。斯時要考慮下列幾種變項：時機是否適宜；情境是否允許；政策是否未經明確界定；資源是否充足；政策所針對的問題是否尚未明確界定；政策干預方法是否仍然未決；政策干預與立即成果間是否欠缺明確的邏輯關係，猶不得加以檢定；政策之主事者是否尚無權威或能力，用以貫徹評估的結果。經由這些考慮斟酌後，才決定是否進行評估，以免魯莽，反而不得要領與他人的合作和支援。

4.檢視有關的文獻：文獻之檢討，爲凝結經驗與知識的捷徑；設計研究計畫與發展新量度工具的基礎；從他人的研究中體認成敗的因素，構思一個腹案以克服方法論上、政治上與實務上可能遭到的難題；根據過去別人的研究，建立自己的架構體系，並有助於理論的發展。蓋任何研究無前其基礎，並非憑空杜撰而來，評估研究者根據前人的研究成果而設計研究幅度，正好顯示其在這一方面的造詣，並顯示本研究對該領域向前推進多少，瞭解最近的研究在實質上及方法上的進展。

5.決定應用的方法論：評估者在檢討有關的文獻後，必須做成某些方法論上的決定，諸如研究的策略與設計、母體與抽樣程序、控制或比較組之選定、運作化的量表製作、資料蒐集之方式以及統計分析的方法。

6.提出正式的研究計畫：評估者在文獻檢討與決定方法論上的各項考慮後，就可正式提出研究計畫，用以表示評估者與政策執行人員間，在政策的特質與目標上，所期望的評估類型上，政策目標的運作上，政策評估的基準上均達成協議並有一致的看法。總之，政策負責人充分瞭解評估過程，使他感到無慮之憂，進而表示熱中支持評估的進行，化解他或她在心理上的畏懼或惶恐，對評估的成功而言，乃至爲重要的[77]。

以上所陳的六個籌劃評估步驟，旨在化減評估的一些障礙，俾便評估的順利進行。兵法有云：「知己知彼，百戰不殆。」一項評估研究也當如此，瞭解各種情境，「溫故而知新」，構思最佳政策，進而突破評估的困境。

（三）審慎選擇評估的對象

一般而言，當政策本身並未發生任何問題；政策尚未有明確的定向；人們對政策所欲達到的目的，尚未有一致的見解或共識；機關並沒有充足的經費或十足適格中的評估員時，就非評估的有力時機[78]。職是之故，在從事任何評估之前，對於評估對象要有所選擇，如何選擇呢？*B. Bozeman*和*J. Massey*兩人就提出了十一個重要的指導原則[79]：

(1)評估政策行動與實際社會情況改變間，具有明顯因果關係存在的政策。因爲一項政策所根據因果關係不明確的話，評估的設計就

---

77 E. J. Posavac and R. G. Care, *Program Evaluation* (Englewood Cliffs, N. J.: Prentice-Hall, Inc., 1980), p. 27-40.

78 C. H. Weiss, *op. cit.*, p. 10-11.

79 B. Bozeman and J. Massey, "Investing in Policy Evaluation: Some Guidelines for Skeptical Public Managers", *PAR*, V.42 N.3 (May-June 1982), p. 266-269.

比較困難，研究結果的解釋也就更有問題。

(2)評估直接影響比溢出影響更重要而且顯著的政策。大凡政策的直接影響較為顯著而重要時，進行評估較易，因為溢出的影響，通常比較難以認定與衡量。

(3)評估短期效益具有價值的政策。一般而言，假如一項政策的效益在相當短期內能夠實現，通常就較易評估，花費亦較少。反之，一項政策的成效要在長期的運作以後才發生時，對之評估就較難，非但要對長期的效益、因遲延的影響而定下妥當的折扣率，而且還須衡量效益變動的情形。再者，由於時間太長，有可能介入一些外來的事件（如經濟情勢的變遷、教育制度的更改），干擾了評估的精確性。此外，還有一些實務上的問題，例如追蹤多年政策參與者的困難性也必須克服。

(4)從事具有推廣性的評估。一項評估結果，如具有推廣或類化到其地區的作用，則其比僅能應用在一個環境或系統內的評估，要來得更有價值。蓋一項可以推廣或類化的評估，可能不只對任何轄區的一項政策有用，其可用以評估許多的政策。例如，工作豐富化、參與管理、自主性的工作團體，以及彈性工作時間的實驗研究，可能導致整個組織的管理途徑或人事法規的改變。何況，評估若不只對一個轄區有用途，就有可能由數個轄區共同承擔評估的經費，且對政府之間的相互支助，也比較有吸引力。

(5)避免不成熟的評估。政策若未經充分地運作化，或尚未建立妥當之前的評估，乃是不成熟的評估。不成熟的評估，其所得到的資訊，可能比沒有資訊更糟糕。因為被評估的政策與需求資訊的政策全然不同。

(6)避免成本與效益關係甚低的政策進行評估。在進行評估之前，有關人員務必要先對評估的投資進行一項非正式的成本——效益分析。蓋政策的成本與效益關係，如若微乎其微，則任何可能得自政策評估的效益，亦是甚爲渺小，抑或只是虛有其表而已。

(7)評估決定政策績效的定素得以控制或操縱的政策。有些政策的成功，其所依賴的因素超乎控制的範圍之外，於是就這些政策而言，人們可能得以發現問題的所在，但要對其做進一步的探討，則束手無措，斯時就不必進行評估。

(8)執行政策所採取的各項處置，無法清晰而明確的加以指定時，避免績效評估。有些政策比別的政策更合乎績效的評估。政策執行時所做的各項處置，其得以指出的政策，乃是較好的績效評估對象。

(9)從事有關人員支持的評估。政策評估往往因得不到與評估有關的主要人員之支持，在氣勢上就較爲薄弱或較不受重視。大體而言，評估的成敗乃取決於政府有關人員，其是否支持、配合、協助與策劃評估工作。一旦各有關機關和人員贊同評估的進行，誠願合作評估的運作，則獲致有用的有價値的評估資訊之可能性，就顯著地增加了。

(10)依據有無可能的經費來源來考慮評估的作爲。有關官員在考慮投資政策評估時，必然會關注到經費的來源問題。因爲，一項評估研究的經費，若能得到全額或部分的補助，總要比全由自己一般的作業費下墊支的情形，更富有吸引力。一般而言，執行政策所需的經費，在財政緊縮的時代，已有捉襟見肘的窘境，何有餘裕再把有限的經費，用之於評估上[80]。是以，爭取經費爲政策評估的先決條件。

(11)發掘不必付代價的評估。有些學術研究人員渴望研究，博士

---

[80] 有關財政緊縮對於革新的影響，請參閱W. E. Walker and J. M. Chaiken, "The Effects of Fiscal Contraction on Inn ovation in the Public Sector", *Policy Sciences*, V. 15 N.2 (Dec. 1982), p. 141-165.

班學生要撰寫博士論文，這均是有關機關擬進行政策評估時，可資利用的對象，讓他們接近政策的運作過程，並提供必要的合作，可以進行成功的評估，而所費又渺小。這種人礦的發掘與應用，對於政策評估的推動有所俾助。

以上所述，乃是選擇政策評估對象的一些標準，依據這些標準來選定評估的對象，爾後再依前面所述的評估標準，針對政策的類型，從事各項評估。歸結言之，我們深信：縱然在資源匱乏的今日，政策評估仍具有重要的地位。不過，在評估上的花費，必須比過去更小心翼翼、戒愼恐懼。也許，由於預算的限制，迫使我們非更明智而精確地使用評估的發現不可，是以，我們對政策評估足以改進決策品質的能力，猶能保持過去所持樂觀的看法。

（四）加強心理建設

主持政策人員及實際從事推動政策的人員，往往恐懼評估可能阻礙任何革新的倡導，防止他們以新的技術來進行實驗；深恐他們主持的政策，在評估後有被終結的可能，進而危及其影響力與前途；懼怕評估所得的資料被濫用；誠恐質的分析法爲量的分析法所取代；非難評估方法，不能夠反映複雜的人類社會現象；擔心評估研究會浪費政策所需的經費；認爲評估對政策很少影響，在這種心理情境的制約下，抵制評估研究的研究，乃順理成章之事[81]。然而，這些指控與憂慮只具有部分的眞實性，不能據以否定評估的正面功能。尤其在當前的處境下，系統承擔過重的時代裡[82]，政策終結的現象，亦因人類通常甚少企圖發動任何終結的行爲，縱然有之，亦往往無法貫徹到底地進行政策終結過程，使其獲致最後終結的結果；政策變遷遂以政策

[81] E. J. Posavac and R. G. Carey, op, cit., p. 42-46.

[82] 有關系統承擔過重的負荷力，請參閱R. Rose, (ed.), *Challenge to Governance: Studies in Overloaded Politics* (Beverly Hills: Sage, 1980)一書。

賡續的方式最爲常態[83]，在這種情況下，主持政策的人員實不必顧慮太多。更何況，政策評估的要求，通常乃在政策有問題的跡象下才提出的，絕非無端就點燃的。*C.O. Jones* 的體認，值得我們深省，其略謂：「政策終結非但代表舊政策的結束，而且象徵著新政策的開始[84]。」我們實不必擔心政策可能有被終結的可能，而必須關切的，乃如何取代或賡續績效不彰的政策，使其趨向較完美，較能成就其目標。總之，檢討過去，方能策劃未來，鑑住才能知來。誠然，「決策錯誤之害甚於貪瀆」，如何防止決策的錯誤，政策評估有其所在的地位。

（五）建立健全的管理資訊系統

資訊技術的發展和應用的推廣，乃今日社會的特徵。公共政策的決定藉助於資訊，乃是必然的。政府各機關如何設置硬體並設計軟體程式，以供決策之需，是極宜推動的。

政策評估的研究旨在提供有關公共政策的因果資訊，描述政策運作與結果之間的關係。茲爲了達成這個目的，我們必須要有下列四種資訊：

(1)政策主持人、幕僚人員與其他利害關係人是否順服立法機關、行政機關與專業機關所訂下的法律和行政規則。

(2)標的團體和受益人所期望的資源和服務是否確實送到他們的手中。

(3)各項政策歷經長期的執行後，所造成的社會與經濟上的變遷。

[83] B. W. Hogwood and B. G. Peters, *op. cit.*, P. 229；林水波，前引文，頁87-88。

[84] C. O. Jones, *An Introduction to Study of Public Policy* (Belmont, Cal.: Wadsworth Publishing Co., 1970), p. 138-140.

(4)政策所造成的不同結果[85]。

以上這些資訊之獲致，有賴於偵視制度的健全，那就是管理資訊系統的設立，其乃是以電腦爲基礎的資訊處理系統，設計這種系統的目的，旨在支持一個系統或一個組織的運作、管理與決策功能[86]。管理資訊系統儲入了政策投入、政策過程、政策結果與政策產出的各項資訊，足以衡量政策的績效、效率、生產力，並可建立各項社會指標。因之，其對政策的變遷具有關鍵性的作用。一方面其可據以分析以往的資料，設計相關模式，以作爲政策變遷的參考；另一方面其可在既定的政策下，提供資訊，權衡系統的財力、物力及人力等資源，用以作爲進一步決策的參考[87]。

（六）精進政策評估的技術（包括方法論的加強）

政策評估的技術計有計畫評核術、重要路徑法、成本效益分析、成本效能分析等。這些方法的內涵，使用的方法，演算的程式，成本效益折扣的原則均須精鍊。方法論上應注意的事項，乃在提防樣本及非樣本所造成的偏誤。

總結而言，解決政策評估遭遇的困難之道，首在建構明確的目標，俾便擬定評估的標準；其次在於遵行籌劃評估的步驟，用以擬定周詳的計畫而有助於評估的進行；三爲愼選評估的對象，以免遭受阻力；四爲心理建設的強化，免除政策主事者心中的疑慮；五爲建立管理資訊系統，以爲蒐集、處理、分析與解釋資料的基礎；六爲評估技術的精進與方法論的加強。

[85] W. N. Dunn, *op. cit.*, p. 278-279.

[86] 參閱葉維銓，「管理資訊系統與公共政策形成相互運用的過程」，研考通訊，第3卷第11期（民國68年11月），頁2。

[87] G. B. Davis, *Management Information Systems* (N.Y.: McGraw-Hill, 1974), p. 4.

結語

（一）本分析的啓示

本分析歷經前面四節的鋪陳，我們得到下列幾種啓示：

1.政策評估的時代性：政策評估有其產生的背景，亦有其肩負的時代使命。比如郭俊次立法委員就以「國家政策與國家建設——國民的血汗錢究竟應該流到哪裡去？」為題，向行政院提出質詢，闡明：「這是一個資源缺乏的時代，亦是一個資源成長已到極限的年代。傳統對政策之樂觀想法已不復存在，人民需求與期望不斷提升，加上危機時有爆發可能，政策評估早為當代責任政府之急務[88]。」

2.政策評估的目的性：政策評估之宗旨，在於應用有系統和客觀的方法，評斷政策，用以提供各項證據，顯示政策的價值，政策對政策環境所造成的影響，政策的效能與效率而作為政策維持、終結與賡續的依據，由是其本身具有診斷、控制、管理與研究發展的功能，進而發現嶄新的問題，建構解決方案的途徑。

3.政策評估的政治性：政策評估的目的有時並不在達到調整、持續、終結與重新規劃的作用，而旨在遲延做成決定，規避責任，進行公共關係，符合經費要求，偽證、掩飾與攻擊，此其一。公平的標準，有時不能以形式的經濟規則或形式的道德原則加以解決，因為其乃屬於政治性問題，受到社會上權力分配的狀況，政策合法化過程中折衝妥協的影響，此其二。每個機關也經常以要維持現狀、反對革新、維護意識形態的承諾起見，抵制政策評估的進行，此其三。政策分析者一則不能過分遷就決策者的觀點與要求，而放棄自己的專業立場與良知，一味逢迎決策者；二則其也不能過分強調專業認同，而忽

[88] 立法院公報第71卷第84期，民國71年10月20日，頁55。

視政策的政治性因素[89]，此其四。

4.政策評估的艱難性：政策評估在標準的設立上，不易具體而客觀，此其一。干擾因素的排除上，政策評估有其先天的困難，此其二。人類心理上的恐懼保守而抵制評估的研究，此其三。社會價值隨著環境的變遷而變遷，亦是人們主觀的判斷的結果，甚難客觀的認定，此其四。政策與成果之間的因果關係，甚難斷定，此其五。財政的緊縮，致使評估研究的經費難求，此其六。標的團體的人數也不易確定，此其七。執行過程的神秘性，令人難窺其堂奧，此其八。

5.政策終結意義的特殊性：政策評估後一旦發現問題已獲解決，或問題非但未解決且衍生更多的問題時，就得終結該項政策。換言之，政策終結這個概念，隱含了一套期望、規則和慣例的終止，機關組織的裁撤；但其通常也是新期望的提出，新規則、慣例的建立，嶄新活動的展開，機關組織的更新與發展。

6.政策評估的審慎性：政策評估的對象有其限制，並非任何政策均可評估，有待審慎的選擇。

7.政策評估的不可偏廢性：過程評估有其基本的功能，諸如管理解釋、研究發展與考績等方面；而影響評估在於評估政策的績效、效率、充分性、公平性、妥當性，兩者實不可偏廢。

8.政策評估的批判性：任何政策評估，無論是影響評估或過程評估，均會對一項政策之優劣功能得失下一個判定，指出優點而須持續維持之虞，列舉應興應革的事項，指陳應「脫胎換骨」之事，考核應與以獎懲的人員，決定到底應增加經費來強化政策之運作，抑或減少經費以縮小政策的範圍，凡此均極富批判性。

9.政策評估的價值判斷性：政策評估在評斷上述諸種舉措時，均

[89] 參閱吳定，「政策分析概念探述」，前引文，頁461。

要涉及到價值的衡估。再者，政策評估標準的選擇與應用，均極富價值判斷。更何況，評估有助於建立價值前提，用以衡量過去的政策活動，其所造成的結果，是否具有可欲性或價值性。即如，政策評估要判斷政策成果，政策在實際滿足人民需求與價值的程度[90]。凡此均表示政策評估的價值判斷性。

10.政策評估、政策規劃與政策執行的連結性：政策評估不僅要瞭解政策運作的現狀，冀圖改進執行過程的困難，更要提供重新建構問題，尋求新目標及新解決方案的資訊。因之，這三種政策分析的步驟，彼此之間緊密結合在一起。三者之間以各種不同的溝通與順服之資訊，相互結合起來，構成功能的政策系統[91]。

11.政策評估的方法論性：政策評估研究，亦如其他的經驗研究一樣，著重方法論的嚴格遵守。舉凡研究策略與設計、母體與樣本、控制組與比較組、量表之製作、資料之蒐集、統計量的選擇，均必須符合方法論的原則。

12.政策評估的道德性：政策分析上有兩處涉及到道德問題，一是規劃時，一是實驗評估時。規劃時所選定的政策目標，是否符合人類的道德標準；實驗評估時，控制組被剝奪的政策享受，在道德上是否不對，在分配正義上是否不公平，均是值得注意的道德問題。更何況，政策評估後，可能發現，其對標的團體產生副作用，中途退出的影響，不當的介入他們的生活，這也是屬於政策評估的道德問題。比如，美國在推行大規模的國民住宅政策後，導致國民住宅地的犯罪升高和其他方面的社會解組或失序，乃是一項嚴重的道德問題[92]。

---

[90] W. N. Dunn, *Public Poljcy Analysis* (Pittsburgh: Univ. of Pittsburgh, 1977), p. X. 3. 7.

[91] 有關三者連結的情形，可參閱R. T. Nakamura and F. Smallwood, *The Politics of Policy Implementation* (N.Y.: Martin's Press, 1980).

[92] 有關實驗評估所產生的道德問題，可參閱H. Riecken and R. F. Boruth, *Social Experimentation: A Method for Planning and Evaluating Social Intervention* (N.Y.: Academic Press, 1974), p. 245-269.

13.政策評估對體系能力的影響性：近來報章雜誌有很大的篇幅在探討無力感的問題。比如，「加強公共關係消除政府推行公共政策的無力感」，「社會進步的大敵——無力感」，「消除無力感之道」，「從政治發展理論談如何維護政府的權威」，「公權力的危機與轉機」，「從『政策窘境』看公共政策運作的無力感」，「變『無力』爲『有力』如何？[93]」然而，一個政治系統的能力實應包括：展望、預期與影響未來的變遷，制定明智而有見識的政策，發展執行政策的各項計畫或方案，誘引與吸收資源，管理資源，以及評估目前的各項作爲用以指引將來的行動[94]。職是之故，評估一個系統目前正在做什麼事，做得好不好，目前各項活動做到的層次，可能歸納出各種經驗教訓，而爲將來行爲的航向與指針。政策評估深深影響到系統能力的提升。在要求消除無力感的今天，我們必須先找出，產生無力感的因素，究竟是在哪一節系統功能運作的環節上，然後才能對症下藥。

14.政策評估的諺語性：*H. A. Simon*對傳統行政理論的批判時，他曾指出：「傳統行政原則的致命性缺限，在於原則本身有如諺語一般。因爲任何一個行政原則，幾乎都可以找到另一個，看來似乎同樣合理並可接受的相反原則。即使這兩個相對的原則，足以形成全然不同的組織設計建議，不過，在理論上卻不能指出到底應適用哪一個原則才是正確的[95]。」政策評估亦面臨三大諺語的糾結，一爲政策評估

---

[93] 中國時報社論，民國72年1月10日；汪彝定，「社會進步的大敵——無力感」，中國時報，民國72年2月1日；聯合報社論，民國72年3月3日；江炳倫，「從政治發展理論談如何維護政府的權威」，中國時報，民國72年2月3日；曹俊漢，「從『政策窘境』看公共政策運作的無力感」，中國時報，民國72年2月20日；彭懷眞，「公權力的危機與轉機」，時報雜誌第166期，民國72年2月6日～12日，頁7-11。吳豊山，「變『無力』爲『有力』如何？」，自立晚報，民國72年3月14日。

[94] B. W. Honadle, “A Capacity-Building Framework: A Search for Concept and Purpose”, *PAR*, V. 41 N. 5 (Sep. –Oct, 1981), p. 577-579.

[95] H. A. Simon, *Administrative Behavior*, 3d ed., (N.Y.: The Free Press, 1976), p. 20.

在方法論的講究上，最好的標準應是實驗設計的研究；可是政策評估要涉及到行政與預算的考慮問題，實驗設計的花費龐大，又會引起前述的道德批判，於是在許多其他的情境制約下，又以有控制或無控制的時間數列設計，來探討政策的現狀與發展方向，其也能提供一些有用途、有價值的發現，而在這種情況下，我們應如何抉擇呢？二爲政策之主事者涉入評估的設計、進行與解釋愈深，評估的結果可能愈有可信性；然而非評估人員一旦介入研究的過程，他們可能將其需求投射在評估上，而不論這樣的作爲，是否完全配合方法論的要求，但在這種情況下，很可能影響到研究成果的品質與時宜性。三爲一項檢定評估好壞的標準，乃在於評估的結果影響到特定的政策決定之程度，即政策調整、持續、終結與重組的情形；然而評估者通常甚少按照這個基本命題進行評估，即甲項評估研究，會對政策主事者乙提供發現，用以影射乙主事者針對丙、丁、戊的事，做成己的政策決定；再者，一項向爲人所深信的事實，乃評估的種種發現，往往不爲評估者原本盼望會使用的人所使用，即言之，評估發現的影響力，在政策的主事者心目中，可能無足輕重[96]。

政策評估研究中，確實深受這三個諺語的影響。當評估者面對這三種困境時，首要對當時的行政情境有所瞭解與診斷，各項考慮角度分析後，再做抉擇。

（二）本分析的貢獻與限制

本分析歷經以上各節之論述，其貢獻與限制如下：

(1)本分析主要以圖書文件的研究法爲主，加諸以邏輯的推理與分析，在政策評估的理論與概念上的指陳後，已讓吾人認識目前政策評估研究的方向，並提供未來的研究者從事進一步研究的基礎。

---

[96] See R. F. Clark, “The Proverbs of Evaluation: Perspectives from CSA’s Experience”, *PAR*, V. 39 N. 6 (Nov.-Dec. 1979), p. 563-565.

(2)本分析在應用上或實務上提供了一些政策評估的技術，即如何設定標準，可能遭遇到的困難，如何設法加以解決。

(3)本分析在啓發人類的思維與體認人性上，有更進一步的探討，也使我們更認清社會的複雜性。

(4)在舉國要求變無力爲有力的時機下，指出一條研討的道路，用以指出無力的根本因素，以及克敵制勝之器。

(5)本分析可以提供經驗研究的基礎，即根據各項評估標準設定量表，以衡量各項政策的成效。

(6)本分析由於是理論性的探討，缺乏充分的經驗資料之佐證；對各項評估並未提出如何量化的方法，以及提供適當的量表。這乃是將來所要突破的。

（三）未來展望

這是一個資源缺乏的時代，亦是一個資源成長已快到極限的年代，各國均要求「無成長」（no-growth）的政治經濟學[97]之際，政策評估爲當代責任政府之急務。鑑於許多過去的評估研究，有圓木內方鑿不得其門而入的現象，產出甚多不太適合實際政策環境的評估研究，加上政策主事者在心理上的抵制，系統環境的動態性，以致政策評估的結果，大都發現政策的效果不太彰顯的現象，對現行政策的調整、修正與重組，未能產生評估應有的參照性功能[98]，職是之故，如何在現有的根基下，突破各項瓶頸，開創政策評估研究的坦途，乃爲政策分析研究者，當前義不容辭、刻不容緩所要肩負的時代使命。

---

[97] P. C. Sederberg and M. W. Taylor, "The Political Economy of No-Growth" *Policy Studies Journal*, V. 9 N. 4 (Spring 1981), p. 735-754.

[98] See S. M. Moody and C. C. McClintock, "Square Peg in Round Holes: Program Evaluation and Organizational Uncertainty", *Policy Studies Journal*, V. 9 N. 5 (Spring 1981), p. 644-663; H. T. Chen and P. H. Rossi, "The Multi-Goal, Theory-Driven Approach to Evaluation: A Model Linking Basic and Applied Social Sciences", *Social Forces*, V. 59 N.1 (Sep. 1980), p. 106-120.

*H. T. Chen*和*P. H. Rossi*所提出的「多重目標具有理論取向的評估研究途徑」（The Multi-Goal, Theory-Driven Approach to Evaluation），殊值得我們重視。這種研究途徑乃指謂「評估者應致力於提供一項政策所能做的、成就的，以及所不能做的無法成就的相關資訊[99]。」他們認爲這種研究途徑要比「官方目標固定的研究途徑」（official-goal-fixed approach）所能獲益之處更多：

(1)這種研究途徑，較有可能提供我們鑑定政策所成就的一些非零的效果（non-zero program effects）。

(2)這種研究途徑對政策執行者或決策者，能提供更多的資訊，俾便其做成較佳的決策。

(3)這種研究途徑得以促進社會科學理論的建構、發展與成長。

(4)這種研究途徑，自長期的角度而言，可能具有較高的效率，蓋其可減輕從事社會改革所需使用的資源，提高政策的效率。

(5)政策分析者使用這種途徑來從事評估的研究時，行政人員或執行人員抵制評估的可能性就更少了[100]。

由此觀之，政策評估未來的遠景，已由前人立下了美好的宏基，如何繼續開拓、灌溉、滋潤與關懷，乃是政策評估未來更受人重視，邁向理論建構的關鍵，成就政策評估所企圖達到的積極目標的前提。

---

[99] H. T. Chen and P. H. Rossi, *op. cit.*, p. 119.

[100] *Ibid.*, p. 119-120.

國家圖書館出版品預行編目資料

公共政策／林水波、張世賢著. -- 四版. -- 臺北市 : 五南, 2006.10
面； 公分.
ISBN 978-957-11-4458-0（平裝）
1.公共行政 2.行政決策
572.9 95015567

1P17

公共政策

作　　者— 林水波、張世賢
編輯主編— 劉靜芬
責任編輯— 李奇蓁
封面設計— 哲次設計
出 版 者— 五南圖書出版股份有限公司
發 行 人— 楊榮川
總 經 理— 楊士清
總 編 輯— 楊秀麗
地　　址：106台北市大安區和平東路二段339號4樓
電　　話：(02)2705-5066　　傳　　真：(02)2706-6100
網　　址：https://www.wunan.com.tw
電子郵件：wunan@wunan.com.tw
劃撥帳號：01068953
戶　　名：五南圖書出版股份有限公司

法律顧問　林勝安律師

出版日期　1982年 3 月初版一刷
　　　　　1984年10月二版一刷
　　　　　1991年12月三版一刷
　　　　　2006年10月四版一刷
　　　　　2025年 2 月四版七刷

定　　價　新臺幣580元